Jürgen Baumert · Petra Stanat · Rainer Watermann (Hrsg.)

Herkunftsbedingte Disparitäten im Bildungswesen: Differenzielle Bildungsprozesse und Probleme der Verteilungsgerechtigkeit

Jürgen Baumert · Petra Stanat
Rainer Watermann (Hrsg.)

Herkunftsbedingte Disparitäten im Bildungswesen: Differenzielle Bildungsprozesse und Probleme der Verteilungsgerechtigkeit

Vertiefende Analysen im Rahmen von PISA 2000

VS VERLAG FÜR SOZIALWISSENSCHAFTEN

Bibliografische Information Der Deutschen Bibliothek
Die Deutsche Bibliothek verzeichnet diese Publikation in der Deutschen Nationalbibliografie;
detaillierte bibliografische Daten sind im Internet über <http://dnb.ddb.de> abrufbar.

1. Auflage Mai 2006

Alle Rechte vorbehalten
© VS Verlag für Sozialwissenschaften | GWV Fachverlage GmbH, Wiesbaden 2006

Lektorat: Stefanie Laux

Der VS Verlag für Sozialwissenschaften ist ein Unternehmen von Springer Science+Business Media.
www.vs-verlag.de

Umschlaggestaltung: KünkelLopka Medienentwicklung, Heidelberg
Druck und buchbinderische Verarbeitung: Krips b.v., Meppel
Gedruckt auf säurefreiem und chlorfrei gebleichtem Papier
Printed in the Netherlands

ISBN-10 3-531-14741-2
ISBN-13 978-3-531-14741-3

Inhalt

Christina Limbird und Petra Stanat

Jürgen Baumert, Petra Stanat und Rainer Watermann

Vorwort

Der vorliegende Band ist der letzte in der Reihe der thematischen Berichte über die Ergebnisse von PISA 2000. Dieser Band ist den methodischen und theoretischen Grundlagen der Analyse des Zusammenhangs zwischen sozialer und ethnisch-kultureller Herkunft und der Leistungs- und Persönlichkeitsentwicklung von Schülerinnen und Schülern gewidmet. Die einzelnen Beiträge geben einen Überblick über den aktuellen Forschungsstand, begründen ein theoretisches Konzept zur mehrdimensionalen Erfassung sozialer und kultureller Ressourcen der Herkunftsfamilie, prüfen dieses Konzept empirisch in einem Struktur- und Prozessmodell und führen an ausgewählten Beispielen vor, welche methodischen Fallstricke bei Sozialstrukturanalysen auf institutioneller Ebene beachtet werden müssen. Es ist ein Anliegen dieses Bandes, oftmals vernachlässigte theoretische und methodische Standards bewusst zu machen.

In den beiden einleitenden Beiträgen wird ein Konzept zur mehrdimensionalen Erfassung sozialer und kultureller Ressourcen der Herkunftsfamilie vorgestellt, theoretisch begründet und im Hinblick auf Implementierbarkeit bei der Untersuchung von 15-Jährigen überprüft. Das Konzept erweist sich auch in *Large Scale Assessments* als zuverlässig handhabbar.

Der anschließende Beitrag entwickelt ein Struktur- und Prozessmodell der familialen Lebensverhältnisse und setzt dieses zum schulischen Kompetenzerwerb in mehreren Domänen in Beziehung. Nach der Anpassung an die Daten der nationalen Stichprobe wird das Modell international validiert. Auch im internationalen Vergleich kann das Modell strukturelle Gültigkeit beanspruchen. Zugleich wird aber auch sichtbar, dass das Zusammenspiel der unterschiedlichen sozialen und kulturellen Ressourcen der Herkunftsfamilie keinem universellen Prozess folgt, sondern unterschiedliche kulturelle Ausprägungen aufweist. Diese Befunde sprechen in aller Deutlichkeit gegen das in PISA 2003 gewählte Vorgehen einer Indexbildung für die soziale Herkunft. Ein solcher Index verstellt sowohl den Blick für die in den Ländern differenziell ablaufenden Vermittlungsprozesse als auch für die tatsächlichen sozialen Ungleichheitsverhältnisse in den Ländern.

An diesen Abschnitt schließen zwei Beiträge an, in denen die leistungsmäßige und soziale Stratifizierung des Schulsystems und deren Folgen für die Zusammensetzung der Schülerschaft untersucht wird. Im Zentrum beider Kapitel steht die Frage nach der Bedeutung der Komposition der Schülerschaft für die Leistungs- und Persönlichkeitsentwicklung von Jugendlichen. Die Untersuchung derartiger Konteffekte, deren korrekte Modellspezifikation allergrößte Schwierigkeiten bereitet, gehört zu den dornigsten Problemen in der Sozialforschung. Der erste der beiden Beiträge klärt die methodischen Grundlagen und entwickelt ein theoretisches Modell für Kontexteinflüsse und deren innerschulische Vermittlung. Die Modellprüfung führt zur Korrektur weit verbreiteter Vorstellungen über die Bedeutung der sozialen Zusammensetzung von Schulen. Der anschließende Beitrag konzentriert sich auf die Untersuchung der Auswirkungen eines steigenden Migrantenanteils auf die Leistungsentwicklung und die schulischen Sozialisationsprozesse von Schülerinnen und Schülern. Auch hier zeigt sich, dass bei einer korrekten Modellspezifikation als evident geltende Wirkungszuschreibungen in Frage gestellt werden.

Die beiden letzten Kapitel setzen das Migrationsthema in differenzierter Weise fort. Der erste Beitrag untersucht kontrastierend die Bildungsbeteiligung und die Leistungsresultate zweier Zuwanderergruppen: Zuwanderer aus der ehemaligen Sowjetunion und der Türkei. Auch in diesem Fall bewährt sich das theoretische Struktur- und Prozessmodell. In Abhängigkeit von den sozialen und kulturellen Ressourcen der Herkunftsfamilie werden differenzielle Benachteiligungs- und Integrationsmuster sichtbar. Der abschließende Beitrag wählt mit der Untersuchung von Sprachförderungsprogrammen eine konstruktive Perspektive. Die Übersicht zeigt zunächst eine unangemessene Fokussierung der Mehrzahl der Untersuchungen auf Probleme der Sprachfolge bei gleichzeitiger Vernachlässigung von Lernprozessen in multiethnisch zusammengesetzten Klassen, die in der Verkehrssprache unterrichtet werden. Hinsichtlich der Wirksamkeit von verschiedenen Ansätzen der Sprachförderung bei Schülerinnen und Schülern mit Migrationshintergrund ist die Befundlage alles andere als eindeutig. Die Mehrzahl der Untersuchungen weist methodische Mängel auf, die ihre Interpretierbarkeit stark beeinträchtigen. Der Beitrag weist aber auch darauf hin, dass sich der „Goldstandard" experimenteller Forschung – Feldexperimente mit Zufallszuweisung zur Experimental- und Kontrollgruppe – auch bei pädagogischen Interventionen einhalten lässt.

Jürgen Baumert, Petra Stanat und Rainer Watermann

Jürgen Baumert und Kai Maaz

1 Das theoretische und methodische Konzept von PISA zur Erfassung sozialer und kultureller Ressourcen der Herkunftsfamilie: Internationale und nationale Rahmenkonzeption

1.1 Einleitung

Im 20. Jahrhundert hat in Deutschland ein deutlicher Anstieg der Bildungsbeteiligungsquoten stattgefunden. Gleichzeitig hat die Bildungsforschung immer wieder darauf hingewiesen, dass der Zugang zu einzelnen Schulformen nicht allen Kindern und Jugendlichen in gleicher Weise offen steht. Seit der Veröffentlichung der PISA-Ergebnisse (Baumert u.a., 2001, 2002, 2003) ist die Thematik sozialer Disparitäten in der empirischen Bildungsforschung aktueller als je zuvor. Erstmals wurde im Rahmen einer großen internationalen Schulleistungsuntersuchung die soziale Herkunft von Schülerinnen und Schülern differenziert erfasst und mit den erreichten Lernständen in Beziehung gesetzt. In der Bundesrepublik zeigte sich ein im Vergleich zu anderen OECD-Staaten besonders enger und positiver Zusammenhang zwischen der Sozialschichtzugehörigkeit der Herkunftsfamilie und des erreichten Lernstandes in den Basiskompetenzen am Ende der Vollzeitschulpflicht (vgl. Baumert & Schümer, 2001). In einer differenzierten Analyse des Effekts der sozialen Herkunft auf die Lesekompetenz konnten Baumert, Watermann und Schümer (2003) zeigen, dass die Wirkung der Sozialschichtzugehörigkeit in hohem Maße über familiale Prozessmerkmale wie der kulturellen und kommunikativen Praxis in der Familie vermittelt war. Damit wurde deutlich untermauert, dass die soziale Herkunft von Schülerinnen und Schülern facettenreich ist und einen strukturellen Kontext beschreibt, in den Lern- und Entwicklungsprozesse eingebunden sind (vgl. Oevermann u.a., 1976). Erst die simultane Berücksichtigung von Struktur- und Prozessmerkmalen der Familienverhältnisse, wie sie im PISA-Framework explizit angestrebt wurde, vermittelt eine angemessene Vorstellung sozialer Ungleichheitsverhältnisse.

Das folgende Kapitel beschreibt, wie die differenzierten Merkmale des familiären Hintergrunds in der PISA-Studie operationalisiert wurden. Dabei wird zwischen Merk-

malen der sozioökonomischen Stellung, des kulturellen und des sozialen Kapitals unterschieden. Neben einer Beschreibung zentraler Indikatoren dieser Merkmale werden
auch die grundlegenden theoretischen Bezüge dargestellt.

1.2   Methodische Orientierungen zur Erfassung des familiären Hintergrunds

Die soziale Herkunft von Schülerinnen und Schülern wird üblicherweise mithilfe der
sozioökonomischen Stellung ihrer Familien bestimmt, das heißt mithilfe von Daten zur
relativen Position ihrer Eltern in einer sozialen Hierarchie, deren Ordnungsprinzipien
in der Verfügung über finanzielle Mittel, Macht oder Prestige bestehen. Da Informationen über Einkommensverhältnisse, Macht und soziale Anerkennung von Individuen
nicht einfach zu erhalten sind, wird die sozioökonomische Stellung in aller Regel über
die Berufstätigkeit erfasst, die Hinweise auf jeden der drei Aspekte ihrer Stellung in der
sozialen Hierarchie geben kann. Daten zum Beruf und zur beruflichen Stellung des Vaters oder beider Eltern waren auch in der Bildungsforschung immer die wichtigsten Kriterien, mit deren Hilfe die soziale Herkunft von Schülern bestimmt wurde. Erst seit
einigen Jahren werden – im Anschluss an die Arbeiten von Bourdieu (1972, 1982, 1983)
und Coleman (1987, 1988, 1990, 1996) – zuweilen auch andere Aspekte der sozialen
Herkunft berücksichtigt, und zwar das kulturelle und soziale Kapital der Familien, aus
denen die Schülerinnen und Schüler kommen. Mit der Erhebung von Merkmalen des
kulturellen und sozialen Kapitals zusätzlich zum sozioökonomischen Status ist es in
PISA möglich, erstmals den sozialen Hintergrund von Schülerinnen und Schülern differenziert zu beschreiben und analytisch zu zerlegen. Damit markiert PISA einen Wen-
depunkt in der Erhebung und Analyse sozialer Hintergrundmerkmale in der Bildungsforschung. Das Konzept eines mehrdimensionalen sozialen Hintergrunds wurde in der
Folge in verschiedenen Schulleistungsstudien eingesetzt (vgl. TOSCA; Köller u.a., 2004;
IGLU; Bos u.a., 2003, 2004).
   Die Begriffe „kulturelles Kapital" und „soziales Kapital" werden von Bourdieu bzw.
von Coleman für alle kulturellen und sozialen Ressourcen benutzt, die die Handlungs-
möglichkeiten von Personen erweitern und folglich auch ihre sozioökonomische Stellung positiv beeinflussen können. Bourdieu und Coleman entwickeln ihre theoretischen
Konzepte in Anlehnung an die Bildungsökonomie, die die ökonomische Vorstellung von
Kapital, wie es in Werkzeugen, Maschinen usw. verkörpert ist, erweitert hat und von Humankapital spricht, wenn es um die von Individuen erworbenen Fähigkeiten, Fertig-
keiten und Kenntnisse geht, die diesen neue Produktions- oder Erwerbsmöglichkeiten
eröffnen. Coleman schlägt unter Hinweis auf den Begriff „Humankapital" vor, soziale
Beziehungen ebenfalls als Kapital zu begreifen, da sie Handlungen ermöglichen oder
erleichtern können, die im Interesse der handelnden Personen liegen und ihren Zielen
dienen, kurz, da sie zur Bildung von Humankapital und zur Akkumulation von ökonomischem Kapital beitragen können (Coleman, 1988). „Kulturelles Kapital" und „sozia-

les Kapital" sind demnach weder für Bourdieu noch für Coleman bloße Metaphern. Beide betonen, dass kulturelles und soziales Kapital in ökonomisches Kapital konvertierbar sind und dass sie nur dort gebildet werden, wo Zeit und Kraft investiert werden, und das heißt auch, wo die entsprechenden ökonomischen Voraussetzungen gegeben sind.

Um den spezifischen Merkmalen des sozialen Hintergrunds gerecht zu werden, hat sich auch in der Bildungsforschung die Systematisierung sozialer Hintergrundmerkmale nach inhaltlichen Gesichtspunkten (sozioökonomische Stellung, kulturelles und soziales Kapital) bewährt. In der folgenden Darstellung einzelner Indikatoren soll diese Systematisierung beibehalten werden[1].

1.2.1 Sozioökonomische Stellung der Eltern

Für die Beschreibung der sozioökonomischen Stellung der Eltern kann auf die zuvor angesprochene methodische Systematisierung (Indizes, Kodiersysteme und Kategoriensysteme) zurückgegriffen werden. Als Kodiersystem wird die Klassifizierung der Berufe nach der ISCO-88 *(International Standard Classification of Occupation)* vorgestellt, die die Grundlage für die Bildung verschiedener Indizes (z.B. Berufsprestige und sozioökonomischer Status) bilden. Anschließend wird auf das EPG-Klassenschema als Beispiel für ein Kategoriensystem eingegangen.

Klassifizierung der Berufe

Die sozioökonomische Stellung der Familien wird – wie in der Sozialforschung üblich – auch in PISA in erster Linie auf der Basis von Angaben zur Berufsausübung der Eltern bestimmt. Diese Angaben wären aufgrund der unterschiedlichen ökonomischen Verhältnisse in den an PISA beteiligten Ländern kaum miteinander vergleichbar, wenn es keine entsprechenden Vorarbeiten zur internationalen Berufsklassifikation und zur Einordnung der Berufe in Modelle der Sozialstruktur gäbe. PISA kann sich auf die Arbeiten des Internationalen Arbeitsamts (1971) stützen, das bereits 1968 eine internationale Standardklassifikation der Berufe herausgegeben hat *(International Standard Classification of Occupations,* ISCO-68; siehe ILO, 1969), die 1988 an die Veränderungen der Arbeitswelt in den Industrienationen angepasst wurde (ISCO-88; siehe ILO, 1990). Die revidierte Fassung ist in allen an PISA teilnehmenden Ländern die Grundlage der Berufsverkodung.

In der ISCO-88 sind Berufe hierarchisch angeordnet (vgl. Abb. 1.1). Dabei befindet sich auf der untersten Ebene die zu klassifizierende Einheit als ausgeübte Tätigkeit, die definiert wird als die von einer Person wahrzunehmenden Aufgaben und Pflichten. Da sich Tätigkeiten in ihren Aufgaben und Pflichten ähneln, werden Tätigkeiten zu einzelnen Berufen (Berufsgattungen) zusammengefasst. Dabei kann es sein, dass sich die einzelnen Tätigkeiten innerhalb einer Berufsgattung in Bezug auf die zu erbringenden Leistungen *(output)* voneinander unterschieden. Trotz dieser Variabilität sind die auszuführenden Tätigkeiten doch hinreichend ähnlich, insbesondere in Bezug auf Fähigkei-

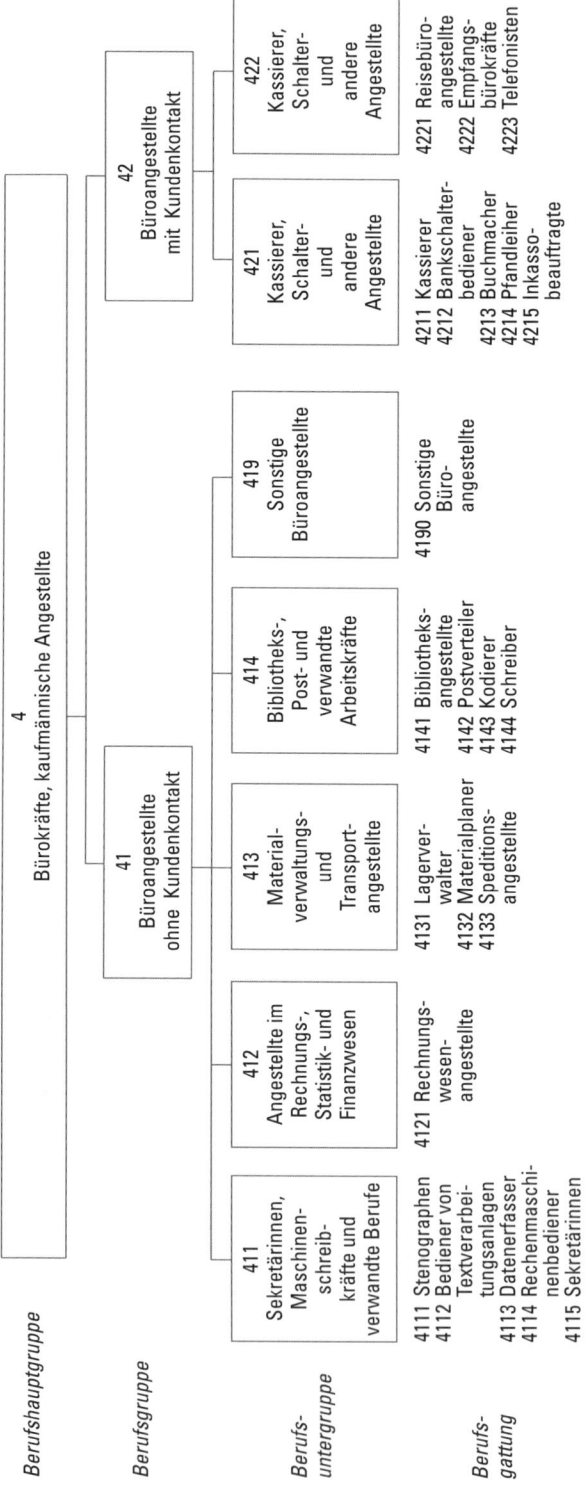

Abbildung 1.1   Beispiele der ISCO-Kodierung für Büroangestellte und kaufmännische Angestellte

ten, die für die Ausübung der Tätigkeiten benötigt werden *(input)*. Die ISCO-88 legt vier Gliederungsebenen fest, bestehend aus:

(a) 10 Berufshauptgruppen (inkl. Soldaten),

(b) 28 Berufsgruppen (Unterteilungen der Berufshauptgruppen),

(c) 116 Berufsuntergruppen (Unterteilungen der Berufsgruppen) und

(d) 390 Berufsgattungen (Unterteilungen der Berufsuntergruppen).

Am Beispiel Berufshauptgruppe 4 soll die ISCO-Klassifikation kurz verdeutlicht werden. In dieser Berufshauptgruppe sind Bürokräfte und kaufmännische Angestellte zusammengefasst. Sie wird in einem ersten Schritt in zwei Berufsgruppen unterteilt (41 = Büroangestellte ohne Kundenkontakt und 42 = Büroangestellte mit Kundenkontakt). Diese lassen sich dann wieder in verschiedene Berufsuntergruppen aufteilen, denen dann die Berufsgattungen zugeordnet werden. In Abbildung 1.1 ist die ISCO-Kodierung für die Berufshauptgruppe 4 graphisch dargestellt. Auf der Ebene der Berufsgattungen konnten jeweils nur Beispiele berücksichtigt werden.

Berufsprestigemaße

Auf der Basis der so genannten ISCO-Kodes lassen sich international valide Berufsrangskalen und Kategoriensysteme[2] bilden, mit deren Hilfe die Stellung von Personen in der sozialen Hierarchie einer Gesellschaft bestimmt werden kann. Die Klassifizierung oder Skalierung von Berufen nach sozialstrukturell bedeutsamen Kriterien ist in der soziologischen Forschung seit mehr als drei Jahrzehnten üblich. Die längste Tradition haben wahrscheinlich Berufsprestigemaße, die auf der Einschätzung der gesellschaftlichen Anerkennung von Berufen beruhen. Verschiedentlich ist die Verwendung von Prestigemaßen für die Analyse von Gesellschaftsstrukturen kritisiert worden, da sie weitgehend offen lassen, welche sozialstrukturell relevanten Gesichtspunkte in die Beurteilung der Reputation von Berufen eingehen (Wegener, 1988). Trotzdem gehören Prestigemaße auch heute noch zum Standardrepertoire sozialwissenschaftlicher Umfragen und werden unter Hinweis auf Treiman auch theoretisch gerechtfertigt (Ganzeboom u.a., 1992). Der wohl bekannteste Index für das Berufsprestige ist der von Treiman entwickelte *Standard Index of Occupational Prestige Scores* (Treiman, 1977) sowie der von Ganzeboom und Treiman (1996) weiterentwickelte *Standard Index of Occupational Prestige Scale* (SIOPS). Der Treiman-Index beruht auf empirischen Umfragedaten (etwa 85 Untersuchungen in knapp 60 Ländern). Von den Untersuchungspersonen wurden berufliche Tätigkeiten hinsichtlich ihres sozialen Ansehens eingestuft, woraus Treiman eine Standardskala mit Werten zwischen 0 und 100 konstruierte. Die Korrelationen mit anderen Prestigeskalen bestätigten die Validität dieses Instruments (vgl. u.a. Ganzeboom & Treiman, 2003; Wolf, 1995). Treiman konnte zeigen, dass der Prestigerang von Berufen weitgehend unabhängig vom untersuchten Land ist. Da sich der Treiman-Index auf der Basis von ISCO-Kodes erzeugen lässt, ist es möglich, ihn in PISA zu verwenden.

Sozioökonomischer Status

Neben dem Prestige gibt es ein weiteres international vergleichbares Messinstrument[3], das den sozioökonomischen Status der beruflichen Tätigkeit misst. Es handelt sich hierbei um den von Ganzeboom und Mitarbeitern (1992) entwickelten *International Socio-Economic Index of Occupational Status* (ISEI), der den Vorzug besitzt, die ökonomische Stellung vom Berufsprestige zu trennen. Die Autoren gehen davon aus, dass Schul- und Berufsbildung über Berufe in Einkommen und in Chancen zur Teilhabe an Macht umgesetzt werden; da Berufe bestimmte Qualifikationen voraussetzen und zu bestimmten Einkommen führen, sind sie als Vermittler zwischen Bildungsabschlüssen und Einkommenslagen zu betrachten. Demgemäß ordnen die Autoren Berufe so auf einer linearen Skala an, dass in einem pfadanalytischen Modell der indirekte Einfluss der Bildung auf das Einkommen maximiert und der direkte Einfluss gleichzeitig minimiert wird (vgl. Ganzeboom u.a., 1992, S. 10 f.). Der Internationale Sozioökonomische Index, der auf der Basis von Daten zu Bildung, Beruf und Einkommen von 74.000 Beschäftigten aus 16 Ländern auf diese Weise erzeugt worden ist, hat sich in Vergleichsuntersuchungen bewährt. Er wird in PISA bei allen internationalen Vergleichen als Standardindikator verwendet.

Die Abbildung 1.2 stellt die Werte für das Berufsprestige (SIOPS) und den sozioökonomischen Status (ISEI) für ausgewählte Berufe dar. Es zeigt sich, dass Berufsprestige und sozioökonomischer Status nicht parallel verlaufen, wohl aber erheblich kovariieren. Es gibt Berufe, die sich im Berufsprestige und dem sozioökonomischen Status von-

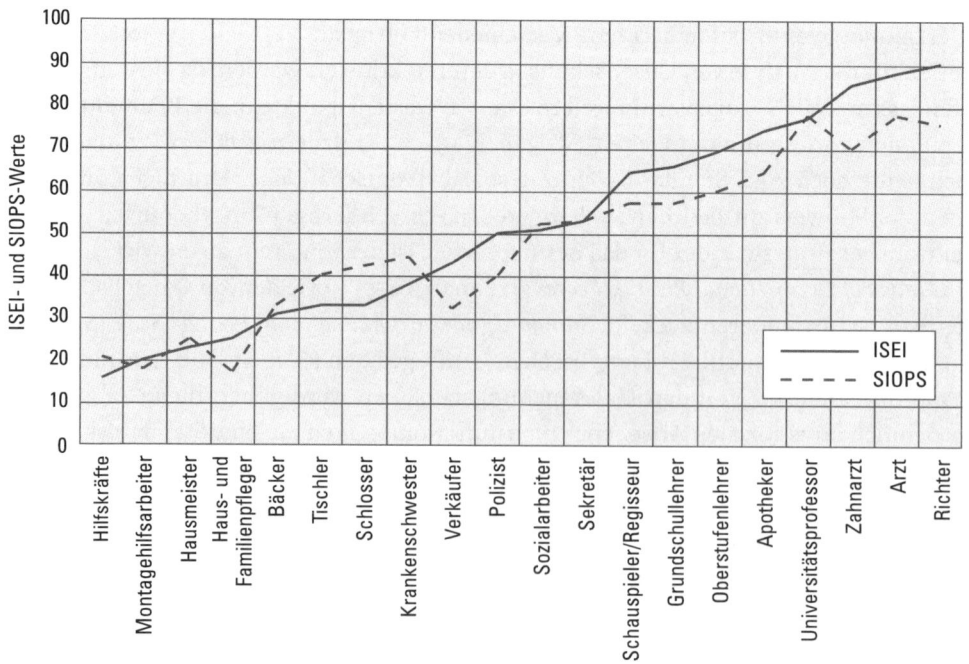

Abbildung 1.2   Sozioökonomischer Status (ISEI) und Berufsprestige (SIOPS) für ausgwählte Berufe

einander unterscheiden. Verkäufer beispielsweise haben einen höheren ISEI als Krankenschwestern. Betrachtet man hingegen das Berufsprestige, erhalten die Krankenschwestern höhere SIOPS-Werte. Dieser Unterschied lässt sich auch für hochqualifizierte Berufe beobachten. Professoren erlangen zusammen mit Ärzten die höchsten Prestigewerte, jedoch nicht die höchsten ISEI-Werte. Diese erreichen Richter.

EGP-Klassifikation

Während die Prestigemaße und die sozioökonomischen Indizes von relativ feinen Unterschieden zwischen Berufen ausgehen und diese in eine eindimensionale kontinuierliche Ordnung bringen, basieren andere Ansätze zur Erfassung der sozioökonomischen Stellung auf Gesellschaftstheorien, die die qualitativen Differenzen zwischen sozialen Schichten oder Klassen hervorheben. Diese Differenzen bestehen beispielsweise in der Verfügung über Kapital oder Arbeitskraft, akademische oder praktische Bildung. Da die verschiedenen Schichten oder Klassen einen je spezifischen Zugang zu Einkommen, Macht, Bildung und gesellschaftlicher Anerkennung haben, bieten sie der nachwachsenden Generation auch ganz unterschiedliche Entwicklungschancen; innerhalb einer Schicht oder Klasse sind die entsprechenden Unterschiede gering. Zu den Kategoriensystemen, die auf solchen Überlegungen basieren, gehört zum Beispiel das Schichtungsmodell von Kleining und Moore (1968), das in Deutschland häufig in der Bildungsforschung eingesetzt wurde (Fend, 1982; Tillmann u.a., 1979). In der soziologischen Forschung hat sich jedoch das von Goldthorpe, Payne und Llewellyn (1978) für Großbritannien ausgearbeitete Klassifikationsmodell durchgesetzt, das von Erikson, Goldthorpe und Portocarero (1979) für den internationalen Vergleich weiterentwickelt worden ist. Das Erikson-Goldthorpe-Portocarero-Modell (EGP) ist ein Kategoriensystem, das Berufe nach folgenden Gesichtspunkten ordnet: der Art der Tätigkeit (manuell,

Classes	Include
I	Higher-grade professionals, administrators, and officials; managers in large industrial establishments; large proprietors
II	Lower-grade professionals, administrators, and officials; higher-grade technicians; managers in small industrial establishments; supervisors of non-manual employees
IIIa	Routine non-manual employees, higher grade (in administration and commerce)
IIIb	Routine non-manual employees, lower grade (sales and services)
IVa und IVb	Small proprietors and artisans with or without employees
IVc	Farmers and smallholders; other self-employed in primary production
V	Lower-grade technicians; supervisors of manual workers
VI	Skilled manual workers
VIIa	Semi- and unskilled manual workers (not in agriculture)
VIIb	Agricultural and other workers in primary production

Quelle: Erikson & Goldthorpe, 1992, S. 38 f.

Tabelle 1.1   EGP-Klassenschema

nichtmanuell, landwirtschaftlich), der Stellung im Beruf (selbstständig, abhängig beschäftigt), den Weisungsbefugnissen (keine, geringe, große) und den zur Berufsausübung erforderlichen Qualifikationen (keine, niedrige, hohe). Im vollständigen Modell werden elf Klassen (inkl. Soldaten) voneinander unterschieden (vgl. Tab. 1.1).

Für das deutsche Beschäftigungssystem lassen sich die elf Klassen auch zu sechs Klassen zusammenfassen (vgl. Abb. 1.3).

Die EGP-Klassifikation ist theoretisch besser fundiert als die Berufsprestigeskalen und die sozioökonomischen Indizes und erlaubt – im Unterschied zu diesen – anschauliche Beschreibungen konkreter Personengruppen. Im Übrigen besitzt diese Klassifikation den besonders für Schuluntersuchungen wichtigen Vorzug, erhebungstechnisch von Bildungs- und Einkommensmaßen unabhängig zu sein, da insbesondere bei der Erhebung von Einkommensangaben mit Messfehlern gerechnet werden muss (Hoffmeyer-Zlotnik, 2003).

Die wichtigste Anwendung hat das EGP-Klassenmodell im Projekt CASMIN gefunden *(Comparative Analysis of Social Mobility in Industrial Nations)*, einer der wenigen gro-

---

I   Obere Dienstklasse
Zur oberen Dienstklasse gehören die Angehörigen von freien akademischen Berufen, führende Angestellte und höhere Beamte, selbstständige Unternehmer mit mehr als zehn Mitarbeitern und alle Hochschul- und Gymnasiallehrer, Ausschlaggebend für die Zuordnung zur oberen Dienstklasse sind Merkmale wie Verantwortung (auch für die Tätigkeit anderer), Entscheidungsbefugnis und Autonomie der Tätigkeit.

II   Untere Dienstklasse
Die Angehörigen der unteren Dienstklasse schließen sich im Einkommen an die Ränge der oberen Dienstklasse an. Sie verfügen jedoch in geringerem Ausmaß über Macht, Verantwortung und Autonomie in der Tätigkeitsausübung. Zu dieser Klasse gehören Angehörige von Semiprofessionen, Angehörige des mittleren Managements, Beamte im mittleren und gehobenen Dienst und technische Angestellte mit nichtmanueller Tätigkeit.

IIIa und IIIb   Routinedienstleistungen in Handel und Verwaltung
Zur Klasse IIIa zählen klassische Büro- und Verwaltungsberufe mir Routinetätigkeiten; der Klasse IIIb werden Berufe mit niedrig qualifizierten, nichtmanuellen Tätigkeiten wie zum Beispiel Verkaufs- und Servicetätigkeiten zugeordnet. Diese Tätigkeiten erfordern oftmals keine Ausbildung.

IVa–IVc   Selbstständige („Kleinbürgertum") und selbstständige Landwirte
Zur Klasse der Selbstständigen zählen alle Selbstständigen aus manuellen Berufen mit und ohne Mitarbeiter. Freiberufler werden dieser Klasse zugeordnet, wenn sie keinen hoch qualifizierten Beruf ausüben. In der Klasse der Selbstständigen können das Einkommen und die materielle Sicherheit abhängig von der Marktlage stark variieren. Gemeinsam ist den Personen eine hohe Autonomie der Beschäftigungssituation. Die Klasse wird bei Erikson und Goldthorpe (1992) dreifach unterteilt in Selbstständige mit Mitarbeitern, Selbständige ohne Mitarbeiter und selbstständige Landwirte.

V–VI   Facharbeiter und Arbeiter mit Leitungsfunktionen sowie Angestellte in manuellen Berufen
In der EGP-Klasse V werden untere technische Berufe zusammengefasst. Dazu gehören Vorarbeiter, Meister, Techniker, die in manuelle Arbeitsprozesse eingebunden sind, sowie Aufsichtskräfte im manuellen Bereich. Zur EGP-Klasse VI gehören abhängig Beschäftigte mit manueller Tätigkeit und abgeschlossener Berufsausbildung oder vergleichbarer Qualifikationen.

VIIa und VIIb   Un- und angelernte Arbeiter sowie Landarbeiter
Der Klasse VIIa werden alle un- und angelernten Berufe aus dem manuellen Bereich sowie einige Dienstleistungsberufe mit weitgehend manuellem Charakter und geringem Anforderungsniveau zugeordnet. Zur Klasse VIIb zählen alle Arbeiter, gelernt oder ungelernt, in der Land-, Forst- und Fischwirtschaft sowie der Jagd.

Quelle: Baumert & Schümer, 2001, S. 339.

Abbildung 1.3   EGP-Klassenschema: Sechs-Klassen-Version

ßen Studien, die die Bedeutung der sozialen Herkunft für den Bildungserfolg und die intergenerationelle soziale Mobilität international vergleichend untersuchen (Erikson & Goldthorpe, 1993; Müller, 1996). Die Gewähr dafür, dass das Modell in gleicher Weise verwendet wird, ist allerdings erst gegeben, seit Ganzeboom, Luijkx und Treiman (1989) in Zusammenarbeit mit Erikson und Goldthorpe ein Rekodiersystem entwickelt haben, das die Erzeugung der EGP-Klassen auf der Basis von ISCO-68- oder ISCO-88-Kodes gestattet, vorausgesetzt, es sind zusätzliche Informationen zur beruflichen Stellung und zu den Weisungsbefugnissen der Berufstätigen vorhanden. Da wir in Deutschland aufgrund einer Elternbefragung über die entsprechenden Informationen verfügen, wird, immer wenn dies möglich ist, auf das EGP-Modell zurückgegriffen. Bei internationalen Vergleichen ist man auf den weniger anschaulichen Internationalen Sozioökonomischen Index angewiesen.

Mit der Erhebung des Beschäftigungsverhältnisses (z.B. Vollzeit erwerbstätig, Teilzeit erwerbstätig, in Rente, arbeitslos usw.) wird ein weiterer Indikator der sozioökonomischen Stellung erfasst, der erste Anhaltspunkte über die Beteiligung von Personen am Erwerbsleben gibt. Schließlich bietet die Erfassung der Art des Beschäftigungsverhältnisses im Sinne der beruflichen Stellung in Anlehnung an die deutsche Sozialversicherungsklassifikation einen guten Indikator zur Beschreibung der sozioökonomischen Stellung, der auch mit anderen Merkmalen (z.B. Bildungsabschlüsse) kombiniert werden kann. In einer gemeinsamen Empfehlung des Arbeitskreises Deutscher Marktforschungsinstitute (ADM), der Arbeitsgemeinschaft Sozialwissenschaftlicher Institute (ASI) und des Statistischen Bundesamtes wurden demographische Standards zusammengestellt, in der auch eine Operationalisierung der beruflichen Stellung zu finden ist (Statistisches Bundesamt, 1999). In PISA wurde eine vereinfachte Version der beruflichen Stellung erhoben.

Indikatoren der sozioökonomischen Stellung in PISA

Die soziale Herkunft der Schülerinnen und Schüler wird in der PISA-Hauptuntersuchung mithilfe von drei Untersuchungsinstrumenten erfasst:
– dem internationalen Schülerfragebogen,
– dem in Deutschland entwickelten Schülerfragebogen, der den internationalen Schülerfragebogen ergänzt, und
– dem in Deutschland entwickelten Elternfragebogen, der ebenfalls der Ergänzung des internationalen Schülerfragebogens dient.

Um auch diejenigen Eltern zu erreichen, die nicht oder nur wenig Deutsch sprechen, ist der Elternfragebogen in die Sprachen der Migranten- und Einwanderergruppen übersetzt worden, die am stärksten in Deutschland vertreten sind. Nach dem Statistischen Jahrbuch 1999 für die Bundesrepublik kommen die größten Gruppen aus der Türkei, aus dem ehemaligen Jugoslawien und der ehemaligen Sowjetunion, aus Italien, Griechenland und Polen. Die Migranten und Flüchtlinge aus dem früheren Jugoslawien werden in ihrer jeweiligen Sprache, das heißt auf bosnisch, kroatisch oder serbisch angesprochen. Der Elternfragebogen liegt damit in insgesamt acht verschiedenen Übersetzungen vor.

Berufstätigkeit der Eltern: Mithilfe des internationalen Schülerfragebogens wurde der Erwerbstätigkeitsstatus beider Eltern erfasst sowie der Beruf, den sie ausüben oder zuletzt ausgeübt haben. Um die Berufe möglichst gut klassifizieren zu können, wurde nicht nur die Berufsbezeichnung, sondern auch eine Tätigkeitsbeschreibung verlangt. Mithilfe des in Deutschland eingesetzten Schülerfragebogens wurde zusätzlich die berufliche Stellung der Eltern erhoben, und zwar der deutschen Sozialversicherungsklassifikation entsprechend, die sehr häufig zur Bestimmung der sozialen Herkunft von Schülerinnen und Schülern verwendet wird. Zur Validierung der Schülerangaben wurden alle eben aufgeführten Angaben in Deutschland auch von den Eltern erbeten. Außerdem wurden die Eltern nach der Zahl ihrer Untergebenen gefragt, um ein Maß dafür zu bekommen, welche Weisungsbefugnisse sie in ihrem Beruf besitzen.

Die Angaben zur beruflichen Stellung und zu den Weisungsbefugnissen waren notwendig im Hinblick auf die geplante EGP-Klassifikation und um die Vergleichbarkeit der Befunde mit Ergebnissen deutscher Untersuchungen zu gewährleisten. Die Angaben zum Beruf, den die Eltern ausüben, wurden in allen Teilnehmerstaaten nach ISCO-88 verkodet und in den international validen sozioökonomischen Index ISEI transformiert. Auf der Basis der ISCO-Kodes sowie der Informationen zur beruflichen Stellung und den Weisungsbefugnissen war in Deutschland außerdem die Erzeugung der EGP-Klassen möglich.

Die Angaben zum Erwerbstätigkeitsstatus der Eltern, das heißt dazu, ob sie Vollzeit oder Teilzeit beschäftigt sind, ob sie arbeitslos oder aus anderen Gründen nicht erwerbstätig sind, lassen sich auch unabhängig von den übrigen Informationen zur Berufstätigkeit nutzen, und zwar unter zwei Aspekten:
– Längere Arbeits- oder Erwerbslosigkeit – vor allem des Hauptverdieners – führt in der Regel zu einer empfindlichen Verschlechterung der ökonomischen und sozialen Lebensverhältnisse einer Familie und gehört daher für viele Heranwachsende zu den objektiv und subjektiv kritischen Lebensereignissen, die sich negativ auf ihr Bildungsverhalten auswirken können.
– Wie Coleman verschiedentlich betont hat, kann die Vollbeschäftigung beider Eltern zu einem Mangel an Zeit zur Bildung sozialen Kapitals innerhalb und außerhalb der Familie führen. Mithilfe der Daten zum Erwerbstätigkeitsstatus kann geprüft werden, ob diese Annahme auch im Fall 15-jähriger Schülerinnen und Schüler gültig ist.

Relativer Wohlstand der Familie: Die sozioökonomische Stellung der Familie wurde im internationalen Schülerfragebogen auch anhand von Angaben zu den Wohnverhältnissen der Familie und zu ihrem Besitz von Gebrauchsgütern mit hohen Anschaffungskosten erfasst. Welche Besitztümer sich in allen an PISA teilnehmenden Ländern als Indikatoren für den relativen Wohlstand der Familie eignen, wurde im Feldtest erprobt. Da etliche der betrachteten Indikatoren tatsächlich nicht in allen Ländern gleich aussagekräftig waren, mussten die Listen für die Hauptuntersuchung revidiert werden. Der Häufigkeit von bestimmten Vorschlägen aus den beteiligten Ländern entsprechend wurden die Schülerinnen und Schüler in der Hauptuntersuchung danach gefragt, ob sie ein eigenes Zimmer haben und wie viele Badezimmer es bei ihnen zu Hause gibt, ob ihre

Familie über eine Geschirrspülmaschine oder einen Internetanschluss verfügt und wie viele Autos, Computer, Fernseher und Handys sie besitzt. Ob die Wohlstandsskalen, die aus den Items gebildet werden, tatsächlich transkulturell äquivalent sind, ist ohne Validierungsuntersuchungen schwer zu beurteilen.

1.2.2 Kulturelles Kapital

Bourdieu und Passeron haben schon in den 1960er Jahren die Aufmerksamkeit darauf gelenkt, wie eng der Bildungserfolg der Heranwachsenden mit ihrer Teilhabe an der herrschenden Kultur zusammenhängt, die – als bürgerliche Kultur – keineswegs unabhängig von den gegebenen sozialen Strukturen ist (Bourdieu & Passeron, 1971). Die Theorie des Verhältnisses der Gesellschaftsstruktur zur Struktur schulischen Lernens ist für die Schulforschung von großem Interesse, denn hier wird an den Bedingungen und Inhalten des schulischen Lernens selbst der Vermittlungsprozess thematisiert, durch den die herrschende Kultur erhalten und tradiert wird. Dass der Zugang zu Bildungseinrichtungen und der Erfolg, mit dem sie absolviert werden, von der Sozialschicht der Schülerinnen und Schüler abhängen, ist für Bourdieu und Passeron vornehmlich ein Ergebnis kultureller Passung. Dies zeigt sich besonders deutlich an den Schulproblemen ausländischer Kinder und Jugendlicher, die mit der Sprache und Kultur in ihrem Aufenthaltsland oft nur ungenügend vertraut sind (Schrader, Nikles, & Griese, 1976). Es zeigt sich ferner an den Schwierigkeiten von Schülerinnen und Schülern, die sich bewusst einer Gegenkultur zur bürgerlichen Kultur von Elternhaus und Schule verschrieben haben (vgl. Baumert & Schümer, 2001).

Bourdieu zufolge sind unter kulturellem Kapital alle Kulturgüter und kulturellen Ressourcen zu verstehen, die – als symbolische Machtmittel – dazu beitragen, dass in einem sozialen System die Qualifikationen, Einstellungen und Wertorientierungen vermittelt werden, die das System zu seiner Bestandserhaltung braucht. Bei Kulturgütern und kulturellen Ressourcen handelt es sich keineswegs nur um Sachgüter wie Kunstwerke oder Literatur, sondern auch um institutionalisierte Formen potenzieller Macht wie zum Beispiel Bildungszertifikate oder Titel. Insbesondere gehören zu den kulturellen Ressourcen die Wahrnehmungs-, Denk- und Handlungsschemata, die eine Person verinnerlicht hat. Das System von Regeln, das zur Ausbildung dieser Wahrnehmungs-, Deutungs- und Handlungsmuster führt, wird von Bourdieu und Passeron als Habitus bezeichnet. Nach Bourdieu kann kulturelles Kapital in drei Formen existieren: (1) als inkorporiertes (verinnerlichtes) Kapital, (2) objektiviertes Kapital in Form von Besitz kultureller Güter wie Bilder, Bücher oder Instrumente und (3) als institutionalisiertes Kapital zum Beispiel in Form von schulischen Zertifikaten (vgl. Bourdieu, 1983).

Das Konzept des kulturellen Kapitals ist von Bourdieu weiterentwickelt worden, um die Reproduktion der Sozialstruktur in Frankreich zu analysieren (Bourdieu, 1982, 1989; Krais, 1989). Im Vergleich zu den vielen soziologischen Arbeiten, die sozioökonomische Indizes berücksichtigen, ist der Umfang der empirischen Forschungsarbeiten, die das Konzept des kulturellen Kapitals im Sinne von Bourdieu nutzen, nicht gerade groß.

Sicher gibt es etliche Arbeiten, die, um die Frage nach den sozialen Bedingungen von Schülerleistungen zu beantworten, das in der Herkunftsfamilie vorhandene Human-kapital, also die Schul- oder Berufsbildung der Eltern, berücksichtigen. Andere Aspekte der Theorie Bourdieus spielen in der Regel aber nur in qualitativen Studien eine Rolle (Zinnecker & Silbereisen, 1996), obschon ihre Einbeziehung – als Ergänzung zu Indi-zes der sozioökonomischen Stellung – im Rahmen von quantitativen bildungssoziolo-gischen Untersuchungen aufgrund ihrer Prozessnähe besonders sinnvoll wären. In Deutschland haben Wessel, Merkens und Dohle (1997) Bourdieus Konzept zu operatio-nalisieren versucht (vgl. auch Merkens & Wessel, 2002).

Nach Bourdieu ist die Schule eine Mittelschichtinstitution, die einen Habitus verlangt und honoriert, wie er im Normalfall in Mittelschichtfamilien ausgebildet wird (siehe auch Lütkens, die die deutsche Schule bereits 1959 als „Mittelklasseninstitution" beschrieben hat). Zu diesem Habitus gehören schulrelevante Kenntnisse und Interessen, wie sie im Rahmen gemeinsamer Aktivitäten von Eltern und Kindern oder durch das elterliche Vor-bild vermittelt werden. Ein gutes Beispiel dafür ist im Kontext von PISA das Interesse am Lesen, das Kindern und Jugendlichen die Aneignung weiterer Kulturgüter ermög-licht und deshalb eine Schlüsselstellung in der Vermittlung kulturellen Kapitals ein-nimmt.

Das Konzept des kulturellen Kapitals lässt sich unter strukturellem und funktionalem Aspekt betrachten. Zu seiner strukturellen Seite gehören vor allem formale Bildungs-patente und der Besuch prestigereicher Einrichtungen, wie etwa der *Grandes Ecoles* in Frankreich oder der *Ivy League Universities* in den Vereinigten Staaten. Unabhängig von den tatsächlich erreichten Kompetenzen ist der Nachweis einer privilegierten Bildungs-geschichte ein symbolisches kulturelles Gut, das sich in Sozialstatus tauschen lässt. Zur funktionalen Seite des kulturellen Kapitals gehören die bereits erwähnten Wertorientie-rungen, Einstellungen und Kompetenzen, die die Grundlage für eine regelmäßige Teil-habe an der bürgerlichen Kultur sind.

Indikatoren für das kulturelle Kapital

Nationale Herkunft der Schüler und ihrer Eltern: Um Auskunft über die Vertrautheit der Schülerinnen und Schüler mit der in ihrem Aufenthaltsland vorherrschenden Kultur zu bekommen, wurde – international – das Geburtsland der Jugendlichen und der Eltern erfasst und nach der Sprache gefragt, die in der Familie „normalerweise" gesprochen wird. Der in Deutschland entwickelte Schülerfragebogen enthielt als Ergänzung dazu Fragen nach der Dauer ihres Aufenthalts in Deutschland, nach der Anzahl der Jahre, die die Schülerinnen und Schüler in einer Schule im Ausland verbracht haben, und nach ihrer Muttersprache. Der Elternfragebogen ergänzt die Daten zur nationalen Herkunft um eine Angabe zum Land, in dem der Sohn oder die Tochter eingeschult wurde.

Humankapital der Eltern: Im internationalen Schülerfragebogen wurden vier in vielen empirischen Untersuchungen bewährte Indikatoren für das Humankapital der Familie verwendet, und zwar die Schulbildung und die Berufsausbildung beider Eltern. Sie wur-den international mithilfe der *International Standard Classification of Education* (ISCED) erfasst (OECD, 1999), in Deutschland aber wesentlich differenzierter erhoben. Zur Kontrolle der Schülerangaben wurden ihre Eltern ebenfalls um diese Angaben gebeten. Die ausländischen Eltern wurden zusätzlich nach der Zahl ihrer Schulbesuchsjahre gefragt, um Schwierigkeiten bei der Interpretation der außerhalb Deutschlands erworbenen Bildungsabschlüsse zu vermeiden.

Kulturelle Praxis der Familie: Die Nähe zur bürgerlichen Kultur wurde – international – mithilfe von Fragen nach dem Besitz von Kulturgütern (Musikinstrumenten, Kunstwerken, klassischer Literatur und Gedichten) erfasst; dazu kamen Fragen nach schulrelevanten Besitztümern wie beispielsweise Taschenrechnern, Internetanschlüssen, Wörterbüchern oder Enzyklopädien und dem Besitz von Büchern. Außerdem gab es Fragen zum kulturellen Leben in der Familie (z.B. gemeinsam mit den Eltern klassische Musik hören oder über Bücher diskutieren) und zur Teilhabe der Schülerinnen und Schüler an sozial hoch bewerteten Formen der Kultur (z.B. Theater- oder Museumsbesuche). Der Elternfragebogen ergänzte den internationalen Schülerfragebogen um Angaben zur Häufigkeit, mit der sie ihrem Kind in seiner Vorschulzeit vorgelesen haben.

1.2.3 Soziales Kapital

Coleman und seine Mitarbeiter haben den Begriff „soziales Kapital" im Rahmen der Analyse der berühmten US-amerikanischen Längsschnittstudie *Highschool and Beyond* entwickelt (Coleman, Hoffer, & Kilgore, 1982), die gezeigt hat, dass Schülerinnen und Schüler, die katholische Privatschulen besuchen, vergleichbaren Schülerinnen und Schülern öffentlicher Schulen in ihren Schulleistungen überlegen sind4. Die Autoren führen den Leistungsvorsprung der Privatschülerinnen und -schüler darauf zurück, dass diese über ein höheres Maß an sozialem Kapital verfügen als die Schülerinnen und Schüler öffentlicher Schulen. Das heißt unter anderem, dass sie seltener als jene aus strukturell oder funktional beeinträchtigten Familien kommen und ihre Eltern mit den Eltern ihrer Mitschüler und mit den Lehrkräften der Schule in sozialen Beziehungen stehen, die zum Fortbestand der schulischen und kirchlichen Normen beitragen.

In nachfolgenden Arbeiten hat Coleman immer wieder darauf hingewiesen, welch bedeutende Rolle soziales Kapital bei der Bildung von Humankapital spielt. Coleman geht davon aus, dass Bildungseinrichtungen nur dann erfolgreich arbeiten können, wenn die Kinder und Jugendlichen soziales Kapital besitzen, das heißt, wenn sie in einem Netzwerk sozialer Beziehungen groß geworden sind, das die Übernahme sozial anerkannter Ziele, Werte und Einstellungen fördert und unterstützt. Normalerweise wird soziales Kapital in der Familie gebildet, in Verwandtschafts- und Nachbarschaftsgruppen, in religiösen oder ethnischen Gruppen, in Vereinen, Betrieben oder politischen Parteien. Durch die Struktur der sozialen Beziehungen in diesen Gemeinschaften wird ein Netz aus wechselseitigen Erwartungen und Verpflichtungen erzeugt, das Vertrauen bildet und Zusammenarbeit ermöglicht. In diesem Netz werden Informationen ausgetauscht, Normen gebildet und Normverletzungen geahndet.

Selbstverständlich gibt es auch soziale Gemeinschaften oder Subkulturen, in denen andere Normen gelten oder in denen die Normen der bürgerlichen Welt, die Eltern und Schule normalerweise durchzusetzen suchen, bewusst in Frage gestellt oder außer Kraft gesetzt werden. Die bereits erwähnte internationale Jugendkultur, die sich in den letzten Jahrzehnten entwickelt hat, kann als eine solche Alternativkultur verstanden werden, die die von Elternhaus und Schule geforderten und erbrachten Anstrengungen in ihrer Wirkung beeinträchtigen kann. Deshalb sind Informationen über die Bedeutung, die die Jugendkulturen im Leben der untersuchten Schülerinnen und Schüler spielen, von besonderem Interesse.

Wie beim kulturellen Kapital lässt sich auch beim sozialen Kapital ein struktureller von einem funktionalen Aspekt unterscheiden. Zum strukturellen Aspekt gehört die Verfügbarkeit sozialer Netzwerke innerhalb der Familie, das heißt, Eltern (und andere Familienmitglieder) müssen existent und präsent sein und Zeit für die Kinder haben. Zum funktionalen Aspekt sind Stil und Intensität der Kommunikation innerhalb und außerhalb der Familie zu rechnen. Mit der Analyse der Kommunikationsgewohnheiten in der Familie nähert sich Coleman den theoretischen Konzeptionen der Erziehungsstilforschung (Krohne & Hock, 1998; Schneewind, 1991).

Indikatoren für das soziale Kapital

Struktur, Größe und Erwerbstätigkeitsstatus der Familie: Mithilfe des internationalen Schülerfragebogens wurde erfasst, aus welchen Personen der Haushalt besteht, in dem die Jugendlichen leben, wie viele Geschwister sie haben und an welcher Stelle in der Geschwisterreihe sie stehen. Dazu kam die bereits bei der Berufstätigkeit aufgeführte Frage danach, ob ihre Eltern Vollzeit oder Teilzeit beschäftigt sind oder keiner Erwerbstätigkeit nachgehen, das heißt die Frage nach Indikatoren für einen strukturell bedingten Mangel an Zeit oder Gelegenheit zur Bildung sozialen Kapitals innerhalb und außerhalb der Familie.

Eltern-Kind-Beziehungen: Der internationale Schülerfragebogen des Feldtests erfasste verschiedene Aspekte der Eltern-Kind-Beziehungen, die mit der Bildung von sozialem Kapital zusammenhängen, unter anderem den Erziehungsstil des Elternhauses, die Häufigkeit, mit der sich die Eltern um das Fortkommen ihres Kindes in der Schule kümmern und es bei den Schularbeiten unterstützen.

1.3 Zusammenfassung

Die Ausführungen in diesem Kapitel haben gezeigt, dass der soziale Hintergrund durch eine Mehrdimensionalität gekennzeichnet ist. Im einfachsten Fall ist hier die Verkettung von Merkmalen der sozioökonomischen Stellung, des kulturellen sowie des sozialen Kapitals zu verstehen. Diese Mehrdimensionalität macht deutlich, dass sich der soziale Hintergrund einer Schülerin oder eines Schülers nicht umfassend mit einer Variable beschreiben lässt. Die vorgestellten Indikatoren haben gezeigt, dass es verschiedene Konzepte gibt, die zum Teil mehrere Dimensionen des sozialen Hintergrunds berücksichtigen. Hierbei ist es möglich, auf bereits erprobte und bewährte Operationalisierungen zurückzugreifen. Damit besteht die Möglichkeit, eigene Ergebnisse mit anderen Studien direkt in Bezug auf Merkmale des sozialen Hintergrunds zu vergleichen. Je nach Auswahl der Indikatoren ist auch eine internationale Vergleichbarkeit möglich, die insbesondere für die Bildungsforschung, man denke hier beispielsweise an die soziale Selektivität im Bildungssystem in Abgängigkeit von dessen institutioneller Struktur, bedeutsam ist.

Da es nicht möglich ist, alle Indikatoren des sozialen Hintergrunds umfassend zu berücksichtigen und dies auch in den meisten Fällen nicht notwendig ist, sollte eine gezielte Auswahl von Indikatoren erfolgen. Für Fragestellungen in der Bildungsforschung (z.B. Fragen nach sozialen Disparitäten in der Bildungsbeteiligung und des Kompetenzerwerbs) bieten sich differenzierte Operationalisierungen an, die zwischen Struktur- und Prozessmerkmalen unterscheiden (vgl. Baumert, Watermann, & Schümer, 2003; auch Kap. 3, in diesem Band). Strukturmerkmale können direkte Effekte auf die zu erklärende Variable (z.B. Bildungsbeteiligung) haben, der Effekt kann aber auch über andere Variablen, zum Beispiel Prozessmerkmale, vermittelt sein. Des Weiteren können je nach Analysestrategie weitere Ebenen, wie institutionelle oder psychologische Merkmale, in die Modelle hinzugenommen werden. Watermann und Maaz (2004) zeigen an einem Modell zur Vorhersage der Studienintention, wie der soziale Hintergrund von Schülerinnen und Schülern mit institutionellen und psychologischen Merkmalen zusammenwirkt.

Anmerkungen

[1] Neben dieser inhaltlichen Systematisierung lassen sich Merkmale des sozialen Hintergrunds auch nach methodischen Kriterien ordnen. Hierbei wird unterschieden zwischen:

(1) *Indizes*, die als kontinuierliche Skalen ein oder mehrere Merkmale auf einer Dimension abbilden können (z.B. Berufsprestige),

(2) *Kodierungssysteme*, die mitunter in Form von umfangreichen Vorarbeiten der Bildung von Indizes vorangestellt sind (z.B. Berufsklassifikation wie ISCO) sowie

(3) *Kategoriensysteme*, die Verteilungen in einer Population anschaulich darstellen können und dabei mehrere Dimensionen parallel berücksichtigen (z.B. EGP-Klassen).

[2] Einen Überblick über die Klassifikation von Berufen sowie zur Messung des beruflichen Status bzw. des Berufsprestiges geben Hoffmeyer-Zlotnik und Geis (2003) sowie Wolf (1995).

[3] Als eine Weiterentwicklung der Berufsprestigeskalen sind zunächst verschiedene sozioökonomische Indizes zu betrachten, die auf den grundlegenden Arbeiten Duncans zur US-amerikanischen Sozialstruktur basieren (Duncan, 1961a, 1961b) und die Reputation von Berufen anhand der Bildung und des Einkommens der Berufstätigen

schätzen. Diese Indizes werden kritisiert, weil sie theoretisch unbefriedigend sind und zu zirkulären Interpretationen führen, wenn sie zur Analyse von Bildungs- und Einkommensentwicklungen genutzt werden.

4   Coleman, der zumeist als der Autor betrachtet wird, der den Begriff des sozialen Kapitals in einen größeren theoretischen Rahmen gestellt hat, bezieht sich selbst auf frühere Quellen wie Loury (1977). Aber bereits Anfang der 1970er Jahre verwendete Bourdieu den Begriff in verschiedenen Studien. Soziales Kapital wird auch von Bourdieu im Zusammenhang mit ökonomischem und kulturellem Kapital thematisiert. „Das Sozialkapital ist die Gesamtheit der aktuellen und potentiellen Ressourcen, die mit dem Besitz eines dauerhaften Netzes von mehr oder weniger institutionalisierten *Beziehungen* gegenseitigen Kennens oder Anerkennens verbunden sind; oder, anders ausgedrückt, es handelt sich dabei um Ressourcen, die auf die *Zugehörigkeit zu einer Gruppe* beruhen." (Bourdieu, 1983, S. 190 f.)

Literatur

Baumert, J., & Schümer, G. (2001). Familiäre Lebensverhältnisse, Bildungsbeteiligung und Kompetenzerwerb. In J. Baumert, E. Klieme, M. Neubrand, M. Prenzel, U. Schiefele, W. Schneider, P. Stanat, K.-J. Tillmann, & M. Weiß (Hrsg.), *PISA 2000. Basiskompetenzen von Schülerinnen und Schülern im internationalen Vergleich* (S. 323–407). Opladen: Leske + Budrich.

Baumert, J., Artelt, C., Klieme, E., Neubrand, M., Prenzel, M., Schiefele, U., Schneider, W., Tillmann, K.-J., & Weiß, M. (Hrsg.). (2002). *PISA 2000. Die Länder der Bundesrepublik Deutschland im Vergleich.* Opladen: Leske + Budrich.

Baumert, J., Artelt, C., Klieme, E., Neubrand, M., Prenzel, M., Schiefele, U., Schneider, W., Tillmann, K.-J., & Weiß, M. (Hrsg.). (2003). *PISA 2000. Ein differenzierter Blick auf die Länder der Bundesrepublik Deutschland.* Opladen: Leske + Budrich.

Baumert, J., Klieme, E., Neubrand, M., Prenzel, M., Schiefele, U., Schneider, W., Stanat, P., Tillmann, K.-J., & Weiß, M. (Hrsg.). (2001). *PISA 2000. Basiskompetenzen von Schülerinnen und Schülern im internationalen Vergleich.* Opladen: Leske + Budrich.

Baumert, J., Watermann, R., & Schümer, G. (2003). Disparitäten der Bildungsbeteiligung und des Kompetenzerwerbs. Ein institutionelles und individuelles Mediationsmodell. *Zeitschrift für Erziehungswissenschaft, 6,* 46–72.

Bos, W., Lankes, E.-M., Prenzel, M., Schwippert, K., Valtin, R., & Walter, G. (Hrsg.). (2004a). *IGLU. Einige Länder der Bundesrepublik Deutschland im nationalen und internationalen Vergleich.* Münster: Waxmann.

Bos, W., Lankes, E.-M., Prenzel, M., Schwippert, K., Walter, G., & Valtin, R. (Hrsg.). (2004b). *Erste Ergebnisse aus IGLU. Schülerleistungen am Ende der vierten Jahrgangsstufe im internationalen Vergleich.* Münster: Waxmann.

Bourdieu, P. (1972). *Esquisse d'une théorie de la pratique: Précédé de troie études d'ethnologie kabyle.* Genf: Droz.

Bourdieu, P. (1982). *Die feinen Unterschiede: Kritik der gesellschaftlichen Urteilskraft*. Frankfurt a.M.: Suhrkamp.

Bourdieu, P. (1983). Ökonomisches Kapital, kulturelles Kapital, soziales Kapital. In R. Kreckel (Hrsg.), *Soziale Ungleichheiten* (S. 183–198). Göttingen: Schwartz (Soziale Welt, Sonderband 2).

Bourdieu, P. (1989). *La noblesse d'état: Grandes écoles et esprit de corps*. Paris: Éd. de Minuit.

Bourdieu, P., & Passeron, J.-C. (1971). *Die Illusion der Chancengleichheit. Untersuchungen zur Soziologie des Bildungswesens am Beispiel Frankreichs*. Stuttgart: Klett.

Coleman, J. S. (1987). Families and schools. *Educational Researcher, 16, 32–38*.

Coleman, J. S. (1988). Social capital in the creation of human capital. *American Journal of Sociology, 94, 95–120*.

Coleman, J. S. (1990). *Foundations of social theory*. Cambridge, MA: Belknap Press.

Coleman, J. S. (1996). Der Verlust sozialen Kapitals und seine Auswirkungen auf die Schule. In A. Leschinsky (Hrsg.), *Die Institutionalisierung von Lehren und Lernen* (S. 99–105). Weinheim: Beltz (Zeitschrift für Pädagogik, 34. Beiheft).

Coleman, J. S., Hoffer, T., & Kilgore, S. (1982). *Public, catholic and private schools compared*. New York: Basic Books.

Duncan, O. D. (1961a). Properties and characteristics of the socioeconomic index. In A. J. Reiss, Jr. (Ed.), *Occupations and social status* (pp. 139–161). New York: Free Press.

Duncan, O. D. (1961b). A socio-economic index for all occupations. In A. J. Reiss, Jr. (Ed.), *Occupations and social status* (pp. 109–138). New York: Free Press.

Erikson, R., & Goldthorpe, J. H. (1992). *The constant flux: A study of class mobility in industrial societies*. Oxford: Clarendon Press.

Erikson, R., & Goldthorpe, J. H. (1993). *The constant flux: A study of class mobility in industrial societies*. Oxford: Clarendon Press.

Erikson, R., Goldthorpe, J. H., & Portocarero, L. (1979). Intergenerational class mobility in three Western European societies: England, France and Sweden. *British Journal of Sociology, 30, 341–415*.

Fend, H. (1982). *Gesamtschule im Vergleich. Bilanz der Ergebnisse des Gesamtschulversuchs*. Weinheim: Beltz.

Ganzeboom, H. B. G., & Treiman, D. J. (1996). Internationally comparable measures of occupational status for the 1988 international standard classification of occupations. *Social Science Research, 25, 201–239*.

Ganzeboom, H. B. G., & Treiman, D. J. (2003). Three internationally standardised measures for comparative research on occupational status. In J. H. P. Hoffmeyer-Zlotnik & C. Wolff (Eds.), *Advances in cross-national comparison: A European working book for demographic und socio-economic variables* (pp. 159–193). New York: Kluwer.

Ganzeboom, H. B. G., de Graaf, P. M., Treiman, D. J., & de Leeuw, J. (1992). A standard international socio-economic index of occupational status. *Social Science Research, 21, 1–56*.

Ganzeboom, H. B. G., Luijkx, R., & Treiman, D. J. (1989). Intergenerational class mobility in comparative perspective. *Research in Social Stratification and Mobility, 8, 3–84*.

Goldthorpe, J. H., Payne, C., & Llewellyn, C. (1978). Trends in class mobility. *Sociology, 12,* 441–468.

Hoffmeyer-Zlotnik, J. H. O. (2003). „Stellung im Beruf" als Ersatz für eine Berufsklassifikation zur Ermittlung von sozialem Prestige. *ZUMA-Nachrichten, 27* (53), 114–127.

Hoffmeyer-Zlotnik, J. H. P., & Geis, A. J. (2003). Berufsklassifikation und Messung des beruflichen Status/Prestige. *ZUMA-Nachrichten, 27* (52), 125–138.

Hradil, S. (2001). *Soziale Ungleichheit in Deutschland.* Opladen: Leske + Budrich.

ILO – International Labour Office (Ed.). (1969). *International Standard Classification of Occupations* (rev. ed.). Geneva: ILO.

ILO – International Labour Office (Ed.). (1990). *International Standard Classification of Occupations: ISCO-88.* Geneva: ILO.

Internationales Arbeitsamt (Hrsg.). (1971). *Internationale Standardklassifikation der Berufe.* Stuttgart: Kohlhammer (Ausgabe 1968).

Kleining, G., & Moore, H. (1968). Soziale Selbsteinstufung (SSE). Ein Instrument zur Messung sozialer Schichten. *Kölner Zeitschrift für Soziologie und Sozialpsychologie, 20,* 502–552.

Köller, O., Watermann, R., Trautwein, U., & Lüdtke, O. (Hrsg.). (2004). *Wege zur Hochschulreife in Baden-Württemberg. TOSCA – Eine Untersuchung an allgemein bildenden und beruflichen Gymnasien.* Opladen: Leske + Budrich.

Krais, B. (1989). Soziales Feld, Macht und kulturelle Praxis. Die Untersuchungen Bourdieus über die verschiedenen Fraktionen der „herrschenden Klasse" in Frankreich. In K. Eder (Hrsg.), *Klassenlage, Lebensstil und kulturelle Praxis* (S. 47–70). Frankfurt a.M.: Suhrkamp.

Krohne, H. W., & Hock, M. (1998). Erziehungsstil. In D. H. Rost (Hrsg.), *Handwörterbuch Pädagogische Psychologie* (S. 105–110). Weinheim: Beltz.

Loury, G. C. (1977). A dynamic theory of racial income differences. In P. A. Wallace & A. M. LaMond (Eds.), *Women, minorities, and employment discrimination* (pp. 153–186). Lexington, MA: Lexington Books.

Merkens, H., & Wessel, A. (2002). *Zur Genese von Bildungsentscheidungen. Eine empirische Studie in Berlin und Brandenburg.* Baltmannsweiler: Schneider Verlag Hohengehren (Jugendforschung aktuell 7).

Müller, W. (1996). Class inequalities in educational outcomes: Sweden in comparative perspective. In R. Erikson & J. O. Jonsson (Eds.), *Can education be equalized? The Swedish case in comparative perspective* (pp. 145–182). Oxford: Westview Press.

OECD – Organisation for the Economic Co-Operation and Development. (1999). *Classifying educational programmes: Manual for ISCED-97 implementation in OECD countries.* Paris: OECD.

Oevermann, U., Kieper, M., Rothe-Bosse, S., Schmidt, M., & Wenskowski, P. (1976). Die strukturelle Einbettung von Sozialisationsprozessen. Empirische Ergebnisse zur Ausdifferenzierung des globalen Zusammenhangs von Schichtzugehörigkeit und gemessener Intelligenz sowie Schulerfolg. *Zeitschrift für Soziologie, 5,* 197–199.

Schneewind, K. A. (1991). *Familienpsychologie.* Stuttgart: Kohlhammer.

Schrader, A., Nikles, B., & Griese, H. (1976). *Die zweite Generation. Sozialisation und Akkulturation ausländischer Kinder in der Bundesrepublik.* Kronberg i.T.: Athenaeum.

Statistisches Bundesamt (Hrsg.). (1999). *Demographische Standards. Eine gemeinsame Empfehlung des Arbeitskreises Deutscher Markt- und Sozialforschungsinstitute (ADM), der Arbeitsgemeinschaft Sozialwissenschaftlicher Institute (ASI) und des Statistischen Bundesamtes. Ausgabe 1999.* Wiesbaden: Statistisches Bundesamt.

Tillmann, K.-J., Bussigal, M., Philipp, E., & Rösner, E. (1979). *Kooperative Gesamtschule. Modell und Realität. Eine Analyse schulischer Innovationsprozesse.* Weinheim: Beltz.

Treiman, D. J. (1977). *Occupational prestige in comparative perspective.* New York: Academic Press.

Wegener, B. (1988). *Kritik des Prestiges.* Opladen: Westdeutscher Verlag.

Wessel, A., Merkens, H., & Dohle, K. (1997). *Entscheidung ins Ungewisse. Schulwahlverhalten von Eltern und Schülern in Berlin und Brandenburg.* Berlin: Freie Universität, Institut für Allgemeine Pädagogik.

Wolf, C. (1995). Sozio-Ökonomischer Status und berufliches Prestige. Ein kleines Kompendium sozialwissenschaftlicher Skalen auf Basis der beruflichen Stellung und Tätigkeit. *ZUMA-Nachrichten, 9* (37), 102–136.

Zinnecker, J., & Silbereisen, R. K. (1996). *Kindheit in Deutschland. Aktueller Survey über Kinder und ihre Eltern.* Weinheim: Juventa.

Kai Maaz, Frauke Kreuter und Rainer Watermann

2 Schüler als Informanten?
Die Qualität von Schülerangaben zum sozialen Hintergrund

Die Analyse sozialer Disparitäten der Bildungsbeteiligung und des Kompetenzerwerbs setzt die differenzierte und valide Erfassung von Merkmalen des sozialen Hintergrunds voraus. Mit den theoretischen Konzepten des kulturellen und sozialen Kapitals sowie der sozioökonomischen Stellung liegt in PISA ein theoretischer Rahmen zur Operationalisierung des sozialen Hintergrunds vor, der in vielen Forschungskontexten Anwendung gefunden hat und mittlerweile einen internationalen Standard für die Erhebung sozialer Hintergrundmerkmale und die Analyse sozialer Disparitäten darstellt. Bei der empirischen Analyse sozialer Disparitäten darf jedoch nicht übersehen werden, dass die Erhebung dieser Merkmale mit Messproblemen behaftet sein kann.

In Schulleistungsuntersuchungen werden Merkmale der sozialen Herkunft entweder über Informationen von Schülerinnen und Schülern gewonnen oder über einen Elternfragebogen von den Eltern direkt erfragt. Stammen die Informationen zu den Bildungs-, Ausbildungs- und Berufsmerkmalen von den Schülerinnen und Schülern, liegen so genannte *Proxy-Angaben* zum sozialen Hintergrund vor. Eine Einschätzung der Qualität der Schülerangaben ist insbesondere dann wichtig, wenn für einige Schülerinnen und Schüler Angaben zum Elternhaus durch die Eltern nur eingeschränkt oder gar nicht vorhanden sind. Zu fehlenden Elternangaben kommt es zum Beispiel dann, wenn es Schülerinnen und Schüler versäumen, den Fragebogen an die Eltern weiterzugeben, oder die Eltern die Antworten bei allen oder bestimmten Fragen verweigern. Geht man davon aus, dass Eltern zuverlässigere Informationen über ihre Bildung und Ausbildung sowie ihre Positionierung im Berufssystem geben können als deren Kinder, sollte in Analysen nur dann auf die Angaben der Schülerinnen und Schüler zurückgegriffen werden, wenn diese verlässlich sind und es durch die Ersetzung nicht zu systematischen Messfehlern kommt. Inwieweit die Angaben der Schülerinnen und Schüler verlässlich sind, ist Gegenstand des Kapitels.

2.1   Problemstellung

Der sozioökonomische Status des Elternhauses wurde im internationalen Teil von PISA 2000 über Angaben der Schülerinnen und Schüler erfasst (so genannte Proxy-Angaben). Dabei wurden nicht nur die Informationen über die sozioökonomische Stellung von den Schülerinnen und Schülern erhoben, sondern auch die Indikatoren, die das kulturelle und soziale Kapital symbolisieren.

Die Proxy-Angaben von Schülerinnen und Schülern scheinen jedoch nicht für alle Items die gleiche Qualität zu besitzen (z.B. NCES, 1984). Im Rahmen von PISA fand auf internationaler Ebene keine Validierungsstudie der Angaben statt. In vier Nationen (Kanada, Tschechische Republik, Frankreich und Großbritannien) wurden informelle und in ihrer Aussagekraft sehr begrenzte Validierungsstudien zur Erfassung der beruflichen Stellung der Eltern durchgeführt. Dem internationalen PISA-Konsortium schienen die Differenzen zwischen Schüler- und Elternangaben gering, und es wurde festgestellt, „that useful data on parental occupation can be collected from 15-year-old students" (OECD, 2002, S. 220). Der Feldtest in Deutschland zeigte hingegen, dass Schülerinnen und Schüler dieser Altersgruppe zum Teil nicht ausreichend über die Berufstätigkeit ihrer Eltern informiert sind (Baumert u.a., 2000, S. 45). Deshalb wurde im Rahmen der nationalen Erweiterungsstudie (PISA-E, Baumert u.a., 2002) eine Elternbefragung durchgeführt, bei der unter anderem die schulische und berufliche Bildung erfragt sowie Indikatoren zur beruflichen Stellung erfasst wurden. Für die Auswertung der PISA-E-Studie und für die Auswertungen im vorliegenden Band wurden dann auch die Angaben der Eltern verwendet.

Fehlten die entsprechenden Elternangaben, wurde auf die Angaben der Schülerinnen und Schüler zu schulischen und beruflichen Merkmalen zurückgegriffen. In diesen Fällen ist die Rekonstruktion des sozialen Hintergrunds der Schülerinnen und Schüler vom Wissen der Kinder und Jugendlichen über Bildungs-, Ausbildungs- und Berufsmerkmale ihrer Eltern abhängig. Damit stellt sich bei der Erfassung von sozialen Hintergrundmerkmalen zwangsläufig die Frage nach der Qualität von Schülerangaben. Im Hinblick auf den internationalen Vergleich und damit auch die Auswertungen im ersten nationalen Ergebnisbericht stellt sich ebenfalls die Frage nach der Qualität der Schülerangaben. Die empirische Fragestellung dieses Kapitels lautet daher: Eignen sich Angaben von 15-jährigen Schülerinnen und Schülern zur Erfassung von sozialen Hintergrundmerkmalen?

2.2   Forschungsstand und theoretische Verankerung

2.2.1   Forschungsstand

Die Frage, ob man von Schülerinnen und Schülern zuverlässige Angaben über den sozialen Status der Eltern erheben kann, beschäftigte die Forschung bereits in den 1970er

Jahren. Anfänglich wurde dieses Thema hauptsächlich im angloamerikanischen Raum diskutiert (u.a. Kerckhoff, Mason, & Poss, 1973; Mare & Mason, 1980; Mason u.a., 1976; St. John, 1970). Im deutschsprachigen Raum lassen sich erst Mitte der 1980er Jahre Veröffentlichungen finden, die sich explizit mit der Genauigkeit von Schülerangaben über den sozialen Status der Eltern beschäftigen (Bauer, Langenheim, & Schork, 1984; Meulemann & Wieken-Mayser, 1984). Neuere Arbeiten zu diesem Thema wurden erst wieder zu Beginn des 21. Jahrhunderts publiziert (Ensminger u.a., 2000; Lien, Friestad, & Klepp, 2001; West, Sweeting, & Speed, 2001).

Die Ergebnisse der vorliegenden Studien sind wegen ihrer unterschiedlichen Studiendesigns und Methoden nur schwer miteinander vergleichbar. Hinzu kommt, dass es verschiedene Indikatoren des sozialen Hintergrunds gibt, wie Bildung, Beruf und Einkommen, die auch zu unterschiedlichen Beurteilungen der Genauigkeit führen. Versucht man den Ergebnisstand dennoch zusammenzufassen, zeigt sich, dass die Autoren größtenteils eine positive Schlussfolgerung ziehen. Schülerangaben sind demzufolge für die Beschreibung des sozialen Status der Eltern im Allgemeinen verwendbar (Borus & Nestel, 1973; Cohen & Orum, 1972; Meulemann & Wieken-Mayser, 1984; West, Sweeting, & Speed, 2001; Youngblood, 1977). Einige Studien kommen zu eher vorsichtigen Schlussfolgerungen (Ensminger u.a., 2000; Kayser & Summers, 1973; Kerckhoff, Mason, & Poss, 1973). Als „unbrauchbar" werden Schülerangaben nur in wenigen Fällen beschrieben (St. John, 1970).

Die referierten Studien beschreiben verschiedene Faktoren, die die Zuverlässigkeit von Schülerangaben beeinflussen können. So zeigt sich, dass sich die Qualität der Schülerangaben mit steigendem Alter der Kinder bzw. Jugendlichen verbessert (u.a. Ensminger u.a., 2000; Kerckhoff, Mason, & Poss, 1973; Mason u.a., 1976; Mare & Mason, 1980). Unterschiede werden auch in Abhängigkeit vom Bildungsniveau der Eltern konstatiert (Niemi, 1974). Borus und Nestel (1973) identifizieren Stadt-Land-Unterschiede. Des Weiteren zeigen sich Unterschiede in Abhängigkeit der besuchten Schulform, wobei zwischen öffentlichen Schulen auf der einen Seite und Privat- und Spezialschulen auf der anderen Seite unterschieden wird (Youngblood, 1977). Für die Bundesrepublik gibt es bislang nur vereinzelt Forschungen zu diesem Thema. Anhand einer Gymnasiastenstichprobe konnten Maaz und Watermann (2004) zeigen, dass die Angaben von Schülerinnen und Schüler am Ende der Gymnasialzeit als sehr zuverlässig bezeichnet werden können. Differenzierte Analysen für die Schülerschaft in der Sekundarstufe I fehlen bislang.

In einem Überblick hält Looker (1989) zusammenfassend fest, dass Proxy-Angaben von Schülerinnen und Schülern über den sozioökonomischen Status der Eltern als valide angesehen werden können, wenn es sich um *high-school seniors* handelt, die Kinder bei ihren Eltern wohnen und die Kinder nach Statusangaben gefragt werden, die für die Kinder Salienz besitzen. Diese empirischen Befunde legen eine Einbettung in einen breiteren theoretischen Kontext nahe, der eine Vorhersage kognitiv repräsentierter und damit gut zu beantwortender Fragen erlaubt.

2.2.2 Das kognitive Modell des Antwortverhaltens

Zur systematischen Untersuchung der Qualität von Proxy-Angaben eignet sich der Rückgriff auf allgemeinere Theorien, insbesondere zum kognitiven Prozess des Antwortverhaltens (Cannell, Miller, & Oksenberg, 1981; Strack & Martin, 1987; Tourangeau, 1984; Tourangeau, Rips, & Rasinski, 2000). Bei kognitiven Modellen zum Antwortverhalten werden semantische und episodische Erinnerungen berücksichtigt, die zur Interpretation von Fragen, zum Abruf gespeicherter Informationen, zur Beurteilung derselben und letztlich zur Auswahl der entsprechenden Antworten verwendet werden. Im Kern werden vier Stufen des Antwortprozesses *(interpretation, retrieval, judgement, response selection)* hervorgehoben, welche die kognitive Leistung des Befragten beschreiben, die in Abhängigkeit vom zu beurteilenden Objekt und in Abhängigkeit von den kognitiven Fähigkeiten des Befragten unterschiedlich gemeistert werden. Für die hier vorliegende Fragestellung lassen sich die einzelnen Stufen wie folgt zusammenfassen:

Entscheidend für die ersten beiden Stufen des kognitiven Antwortprozesses sind die Salienz und die kognitive Verankerung des mit der Frage in Verbindung stehenden Objekts. Bei gut ausgebildeten und leicht verfügbaren Kognitionen reicht die Erwähnung von wenigen Stichworten aus, um die entsprechenden kognitiven Strukturen zu aktivieren, die für die Beantwortung der Frage notwendig sind (Tourangeau & Rasinski, 1988, S. 300). Die Aktivierung erfolgt bei salienten und gut verankerten Kognitionen dann sogar automatisch (Fazio u.a., 1986). Handelt es sich um ungewohnte Fragen oder um Fragen, die sich auf ein Objekt beziehen, zu dem die Befragten keine gut ausgebildeten Kognitionen haben, muss zunächst nach Informationen gesucht werden, die für das präsentierte Objekt relevant sind (Dovidio & Fazio, 1992, S. 206; Tourangeau & Rasinski, 1988, S. 300). Dazu werden in der Frage, im Fragekontext oder der Befragungssituation enthaltene Schlüsselreize verwendet (Smith, 1984, S. 230; Tourangeau & Rasinski, 1988, S. 300). Befragte, die wenig über den präsentierten Stimulus wissen, sich dafür kaum interessieren oder noch nie darüber nachgedacht haben, werden in dieser Phase eine kognitive Vorstellung konstruieren müssen. Sprechen die Schlüsselreize ein kognitiv verankertes Skript an, werden alle mit diesem Skript verbundenen Elemente ebenfalls aktiviert und daraus ein Schluss gezogen (Abelson, 1979, S. 717). Zum Beispiel könnten Informationen zur schulischen Bildung der Eltern aufgrund ihrer konzeptionellen Nähe zur derzeitigen Situation der Schüler besser verankert und damit leichter abrufbar sein als die berufliche Bildung der Eltern. Die berufliche Bildung der Eltern ist hingegen möglicherweise kognitiv weniger gut verankert als die derzeitige Berufstätigkeit der Eltern.

Nicht nur die Interpretation der Frage und die Abrufbarkeit relevanter Informationen, sondern auch die Beurteilung der abgerufenen Informationen und ihre Einordnung in vorgegebene Antwortkategorien verlangen eine mentale Leistung von den Befragten (Tourangeau & Rasinski, 1988, S. 300). Häufig lassen sich die abgerufenen Informationen nicht auf einer Dimension abbilden. Eine Auswahl und Bewertung der Wichtigkeit der einzelnen Elemente muss daher stattfinden. Auch dieser Prozess ist kompliziert und fehleranfällig. Welche Antwort auch immer nach diesen mentalen Operationen gefunden wird, sie muss auf den in der Frage vorgegebenen Kategorien abbildbar sein (Alwin & Krosnick, 1991, S. 146). Es spielt dabei keine Rolle, wie die Befragten ihre Antwort generiert haben. Die Suche nach einer passenden Antwortkategorie wird zum Beispiel auch für diejenigen notwendig, die eine Kognition schnell abrufen konnten. Bei der Suche nach der passenden Antwortkategorie kann es zu einer erneuten Überarbeitung der Antwort kommen, wenn zum Beispiel die Befragten die Konsistenz ihrer Antwort zu vorangegangenen Fragen berücksichtigen (Tourangeau & Rasinski, 1988, S. 300). Zum Beispiel müssen die Schülerinnen und Schüler in der Lage sein, ihre Informationen über die Berufstätigkeit des Vaters oder der Mutter den vorgegebenen Kategorien zuzuordnen. Sind diese für die Schülerinnen und Schüler nicht trennscharf, kann es leicht zu kleineren Abweichungen kommen, die sich auf das Ausmaß der Übereinstimmung der Angaben von Eltern und Schülern auswirken.

Die kognitiven Herausforderungen bei der Antwortgenerierung spiegeln sich in den Befunden der Methodenforschung zur generellen Antwortqualität von Kindern und Jugendlichen wider. Dort zeigt sich, dass die Qualität der Antworten mit zunehmendem Alter und zunehmenden kognitiven Fähigkeiten der Befragten steigt und dass die Qualität leidet, wenn die abgefragten Informationen für die Kinder bzw. Jugendlichen (1) keine Relevanz besitzen, (2) ihr Wissen über das Erfragte begrenzt ist oder (3) zum Befragungsthema bisher keine Einstellungen ausgebildet wurden (vgl. u.a. Borgers, 2003; Vaillancourt, 1973).

2.2.3 Hypothesen

Auf der Grundlage dieses kognitiven Modells lassen sich Hypothesen zur Qualität von Schülerangaben in dem hier interessierenden Kontext ableiten. Es werden dabei Merkmale der sozialen Herkunft einbezogen, für die in der PISA-Studie Angaben von Eltern und Schülern vorliegen: die schulischen und beruflichen Bildungsabschlüsse sowie die Berufstätigkeit der Eltern. Folgende Hypothesen werden zur Qualität von Schülerangaben formuliert:

(1) Aufgrund eigener Erfahrungen mit dem allgemein bildenden Schulsystem sind bei Schülerinnen und Schülern Abschlüsse der Eltern, die im allgemein bildenden Schulwesen erworben wurden, kognitiv besser verankert als berufliche Bildungsabschlüsse. Fragen zu den Schulabschlüssen der Eltern sprechen also bekannte Schlüsselreize an. Davon ausgehend wird die Qualität der Schülerangaben für schulische Abschlüsse höher sein als für berufliche. Die Übereinstimmung zwischen Schüler- und Elternangaben ist dementsprechend im Bereich der schulischen Abschlüsse höher als im Bereich der beruflichen Bildungsabschlüsse.

(2) Im Vergleich zur beruflichen Bildung ist die Berufstätigkeit der Eltern für Schülerinnen und Schüler in den meisten Fällen sichtbar. Der Schluss von der Berufstätigkeit auf den beruflichen Bildungsabschluss der Eltern ist nur partiell möglich. Entsprechend besitzen die Schülerangaben zur Berufstätigkeit in Relation zur beruf-

lichen Bildung eine höhere Qualität. Die Übereinstimmung mit den Elternangaben wird für die Berufstätigkeit höher sein als für die berufliche Bildung.

(3) Die Qualität der Schülerangaben zur Berufstätigkeit der Eltern wird moderiert durch den Erwerbsstatus der Eltern. Wenn Eltern zum Zeitpunkt der Befragung nicht erwerbstätig sind oder das letzte Beschäftigungsverhältnis weit zurückliegt, ist die Berufstätigkeit kaum beobachtbar und das Wissen darüber eingeschränkt. Daher sollten die Schülerangaben zur Berufstätigkeit der Eltern im Fall einer Vollzeit- bzw. Teilzeiterwerbstätigkeit eine höhere Qualität aufweisen. Da Väter im Durchschnitt häufiger erwerbstätig sind als Mütter, kann zudem davon ausgegangen werden, dass die Schülerangaben zur Berufstätigkeit des Vaters eine höhere Übereinstimmung mit den Elternangaben aufweisen als die entsprechenden Angaben zur Mutter.

In der referierten Literatur beziehen sich differenzielle Effekte der Qualität des Antwortverhaltens im Wesentlichen auf das Alter und auf die Bildung bzw. die kognitiven Fähigkeiten der Befragten. Der Frage altersbedingter Unterschiede in der Qualität von Schülerangaben kann in PISA aufgrund der altershomogenen Stichprobe nicht nachgegangen werden. Anders verhält es sich für die kognitiven Grundfähigkeiten der Schülerinnen und Schüler, da diese entweder direkt über die gemessenen kognitiven Grundfähigkeiten bzw. die Schulleistungen oder indirekt über die Schulformzugehörigkeit zugänglich sind. Aufgrund der hohen Bedeutung der Analyse von Schulformunterschieden in Schulleistungsuntersuchungen wurde entschieden, die Antwortqualität der Schülerangaben nach Schulform zu untersuchen. Die Güte der Schülerangaben sollte hierbei insbesondere an Gymnasien höher sein als an den anderen Schulformen. Die Frage nach der schulformspezifischen Antwortqualität ist auch im Hinblick auf die von Baumert und Köller (1998) sowie Baumert, Köller und Schnabel (2000) festgestellten schulformspezifischen Entwicklungsmilieus in der Sekundarstufe I relevant.

2.3 Methode

Zur Beurteilung der Qualität von Schülerangaben zu Merkmalen der sozialen Herkunft bedarf es eines Maßstabs, mit dem man die Schülerangaben vergleichen kann. Wenn wir im Folgenden hierfür die Angaben der Eltern verwenden, soll damit keinesfalls unterstellt werden, Elternangaben seien messfehlerfrei. Auch Elternangaben sind mehr oder weniger fehlerbehaftet. Es kann zum Beispiel davon ausgegangen werden, dass nicht immer beide Elternteile gemeinsam den Elternfragebogen ausgefüllt haben und es sich in diesen Fällen um Proxy-Angaben für das eine Elternteil durch die Angaben des anderen handelt. Hat also die Mutter den Fragebogen allein ausgefüllt, sind die Angaben über Bildung und Beruf des Vaters ebenfalls Proxy-Angaben. Dennoch lassen die Untersuchungen zu Proxy-Angaben bei Erwachsenen auf eine gute Qualität dieser Angaben hoffen (für einen Literaturüberblick siehe auch Moore, 1988).

2.3.1 Konzepte der Übereinstimmung von Schüler- und Elternangaben

Werden die Elternangaben als Referenzpunkt gewählt, können mindestens vier verschiedene Validitätskonzepte unterschieden werden:

Validität als Übereinstimmung von Randverteilungen und Mittelwerten

Die wohl schwächste Annahme repräsentiert das Konzept der *marginalen Homogenität*. Hierbei wird lediglich davon ausgegangen, dass die Randverteilungen von Schüler- und Elternvariablen übereinstimmen. Hinsichtlich des allgemein bildenden und berufsbildenden Schulabschlusses würde dies bedeuten, dass die Schätzungen der relativen Häufigkeiten der jeweiligen Abschlüsse sowohl bei Verwendung der Eltern- als auch der Schülerangaben zu ähnlichen Ergebnissen führen. Wenngleich das Konzept der marginalen Homogenität vor allem aus der Analyse von kategorialen Variablen bekannt ist (vgl. Clogg & Shihadeh, 1994; Engel & Reinecke, 1994), lässt es sich ohne weiteres auch auf kontinuierliche Merkmale übertragen. So würde die Annahme der Gleichheit von Mittelwerten und Varianzen einen Test auf marginale Homogenität bedeuten. Für die Analyse der Übereinstimmung von Schüler- und Elternangaben bedeutet das Konzept der marginalen Homogenität nicht, dass bei Übereinstimmung der Randverteilungen auch eine faktische Übereinstimmung vorliegen muss. Die Übereinstimmung in den Randverteilungen bzw. Mittelwerten ist vor allem bei univariaten Analysen von Bedeutung, wenn zum Beispiel beim Vergleich der Verteilung sozialer Herkunft für verschiedene Schulformen der Anteil der Personen in den jeweiligen Schulformen bestimmt werden soll.

Geht man davon aus, dass keine perfekte Übereinstimmung von Schüler- und Elternangaben vorliegt, stellt sich die Frage nach einer beobachtbaren Über- bzw. Unterschätzung der elterlichen Bildungsabschlüsse durch die Schülerinnen und Schüler. Betrachtet man lediglich Randverteilungen, können sich Unter- oder Überschätzungen in den Schülerangaben gegenseitig kompensieren. Dabei entspricht einer vollständigen Kompensation das *Symmetrie*-Modell, welches davon ausgeht, dass sich in den gegenüberliegenden Zellen der Kreuztabelle (z.B. in den Zellen [1] und [2] sowie [2] und [1] in Abb. 2.1) jeweils die gleiche absolute Zahl von Fällen befinden (hier 15). In diesem Fall würde kein systematischer *bias* bezogen auf bestimmte Kategorien des Elternmerkmals bestehen. Da allerdings eine solche Gleichheit nicht zu erwarten ist, wenn sich die Zahl der Fälle, die das untere bzw. obere Tabellensegment (Dreieck) bilden, voneinander unterscheiden, kann dennoch eine andere Form der Symmetrie existieren, und zwar als Gleichheit in der *relativen* Häufigkeit von Fällen gegenüberliegender Zellen. Eine solche relative Gleichheit ist durch das *Quasi-Symmetrie*-Modell gegeben. In diesem Modell geht die relative Größe der beiden, das obere bzw. untere Tabellensegment bildenden Gruppen, in die Berechnung der modellimpliziten Häufigkeiten ein.

Die Prüfung der Gültigkeit des Quasi-Symmetrie-Modells ist zum Beispiel für den Vergleich der Verteilung sozialer Herkunft für verschiedene Schulformen bedeutsam. Würden zum Beispiel Schülerinnen und Schüler einer bestimmten Schulform eher dazu

Symmetrie-Modell

Schülerangabe	Elternangabe (1)	(2)	(3)
(1)	–	7,1 % 15	20,0 % 114
(2)	7,1 % 15	–	72,9 % 151
(3)	20,0 % 114	72,9 % 151	–

Quasi-Symmetrie-Modell

Schülerangabe	Elternangabe (1)	(2)	(3)
(1)	–	8,0 % 5	20,0 % 12
(2)	8,0 % 17	–	72,0 % 43
(3)	20,0 % 44	72,0 % 159	–

Abbildung 2.1   Schematische Darstellung des Symmetrie- und des Quasi-Symmetrie-Modells

neigen, die Bildungsabschlüsse der Eltern zu überschätzen, ist ein Vergleich der Randverteilungen nicht mehr ohne weiteres möglich.

Validität als Übereinstimmung von Werten

Die strengste Annahme in Bezug auf die Qualität von Schülerangaben besteht in der *faktischen Übereinstimmung* von Schüler- und Elternangaben. Dazu wird häufig auf die prozentuale Übereinstimmung (PÜ) zurückgegriffen, die das einfachste Maß der Übereinstimmungsmessung symbolisiert. Sie gibt den prozentualen Anteil der Fälle an, in denen Schüler und Eltern die gleichen Angaben machen (vgl. Fleiss, 1973; Wirtz & Caspar, 2002). In einer Kontingenztabelle eines zweimalig gemessenen Merkmals (durch Eltern und Schüler) wären die Fälle mit gleichen Werten in den Zellen der Hauptdiagonalen lokalisiert. Die Betrachtung einer direkten Übereinstimmung zwischen Schüler- und Elternangaben ist sehr anschaulich, berücksichtigt aber nicht, dass bereits per Zufall die Angaben der Schüler und Eltern übereinstimmen können. Mit der Berechnung von Cohens κ (kappa) kann diese Einschränkung berücksichtigt werden. Grundlage für die Berechnung von kappa ist die prozentuale Übereinstimmung. Zusätzlich wird das Verhältnis der beobachteten zu der bei Zufall erwarteten Übereinstimmung berücksichtigt. Kappa berechnet so den Anteil an Übereinstimmungen, der über die rein zufällig zu erwartende Übereinstimmung hinausgeht. Es ist ein standardisiertes Maß, das Werte zwischen –1 und 1 annehmen kann. Kappa nimmt den Wert null an, wenn die faktische Übereinstimmung derjenigen entspricht, die allein per Zufall zu erwarten ist; kappa wird 1 im Falle perfekter Übereinstimmung. Je größer die faktische Übereinstimmung, desto größer wird kappa für ein gegebenes Paar von Marginalverteilungen. Eine Weiterentwicklung von kappa erlaubt eine Gewichtung der Fehler in der Übereinstimmung zwischen beiden Beurteilungen (vgl. Cohen, 1969). Berechnet werden kann das gewichtete kappa über folgende Formel (vgl. Hildebrand, Laing, & Rosenthal, 1977, S. 106):

$$\kappa = 1 - \frac{\sum w_i * p_o}{\sum w_i * p_e}.$$

Dabei steht p_o für die beobachteten Anteile in allen Zellen außerhalb der Diagonalen der Kreuztabelle und p_e für die unter Unabhängigkeit erwarteten Anteile in diesen Zellen. Jede Zelle kann nun mit einem bestimmten Gewichtungsfaktor w_i versehen werden, je nachdem wie schwerwiegend eine Abweichung in der entsprechenden Zelle betrachtet wird. Damit kann spezifiziert werden, in welcher Form die Messfehler zu erwarten sind bzw. ob Messfehler erlaubt werden. Befindet sich ein Befragter auf der zu Grunde liegenden Dimension nahe an der Schwelle zwischen zwei Antwortkategorien, wäre es denkbar, dass er zufällig einmal die eine, einmal die andere Kategorie wählt. In diesem Fall würden Antworten von Schülerinnen und Schülern, deren Abweichung von den Elternangaben durch eine unscharfe Formulierung der Antwortkategorien erklärt werden kann, in den benachbarten Zellen der Diagonalen zu finden sein (Biemer & Trewin, 1997, S. 625). Unter der Annahme von Messfehlern könnte eine Spezifikation der Gewichte wie in Tabelle 2.1 dargestellt aussehen.

Die Gewichtung ermöglicht es auch, Abweichungen bei der Beurteilung der Güte von Schülerangaben unterschiedliche Bedeutungen beizumessen. Am einfachsten lässt sich dies an einem konkreten Beispiel erläutern. So kann für die schulische Bildung davon ausgegangen werden, dass bestimmte Abschlüsse auf dem latenten Kontinuum eine geringere Distanz zueinander aufweisen als andere und die Wahrscheinlichkeit für Messfehler hierdurch erhöht ist. Dieser Sachverhalt könnte zum Beispiel auf die Unterscheidung zwischen dem Hauptschulabschluss und dem Abgangszeugnis der Polytechnischen Oberschule (POS) nach der 8. Klasse zutreffen. Wenn Schülerinnen und Schüler sich in diesem Fall irren und die unmittelbar benachbarte Kategorie wählen, dann sollte ein derartiger Fehler bei der Beurteilung der Übereinstimmung weniger schwer wiegen als andere. Ein hoher Gewichtungsfaktor zeigt dabei an, dass eine inkorrekte Angabe der Schülerinnen und Schüler durch die Vorschrift eher toleriert wird. Der Gewichtungsfaktor kann nun je nach angenommener Distanz bzw. Ähnlichkeit von Kategorien in den Zellen der Kontingenztabelle variieren. Für die schulische Bildung wurden insbesondere

Schülerangabe	Elternangabe						
	(1)	(2)	(3)	(4)	(5)	(6)	(7)
(1) Kein Abschluss	1	0,25	0	0	0	0	0
(2) Abschluss an einer Sonderschule	0,25	1	0,25	0	0	0	0
(3) Abgang von der POS nach Klasse 8	0	0,25	1	0,25	0	0	0
(4) Hauptschulabschluss	0	0	0,25	1	0,25	0	0
(5) Mittlere Reife/POS Klasse 10	0	0	0	0,25	1	0,25	0
(6) Fachhochschulreife	0	0	0	0	0,25	1	0,25
(7) Abitur	0	0	0	0	0	0,25	1

POS = Polytechnische Oberschule.

Tabelle 2.1 Spezifikation der Gewichte für die Berechnung von kappa am Beispiel des allgemein bildenden Schulabschlusses (Gewichtung 1)

Abweichungen zwischen den Abschlüssen Fachhochschulreife und Abitur (Gewichtungsfaktor 0,75), dem Hauptschulabschluss und dem Abgang von der POS nach der 8. Klasse (Gewichtungsfaktor 0,50) sowie dem Abschluss an einer Sonderschule und der Kategorie kein Abschluss (Gewichtungsfaktor 0,25) eher zugelassen (vgl. Tab. 2.2a). Bei den berufsbildenden Abschlüssen wurde analog vorgegangen. Hier sollten Abweichungen insbesondere zwischen den folgenden Abschlüssen zugelassen werden: zwischen dem Universitätsabschluss und der Promotion (Gewichtungsfaktor 0,90), zwischen dem Fachhochschulabschluss, dem Universitätsabschluss und der Promotion (Gewichtungsfaktor 0,75), zwischen dem Berufsfachschulabschluss und dem Fachschulabschluss (Gewichtungsfaktor 0,50). Keine Abweichungen wurden unter anderem zwischen dem Fachschulabschluss und den akademischen Zertifikaten sowie zwischen dem Abschluss einer Lehre und dem Berufsfachschulabschluss zugelassen (vgl. Tab. 2.2b).

Die Gewichtung nach inhaltlichen Gesichtspunkten wird im Ergebnisteil als Gewichtung 2 bezeichnet und die generelle Gewichtung als Gewichtung 1.

Schülerangabe	Elternangabe						
	(1)	(2)	(3)	(4)	(5)	(6)	(7)
(1) Kein Abschluss	1	0,25	0	0	0	0	0
(2) Abschluss an einer Sonderschule	0,25	1	0	0	0	0	0
(3) Abgang von der POS nach Klasse 8	0	0	1	0,50	0	0	0
(4) Hauptschulabschluss	0	0	0,50	1	0	0	0
(5) Mittlere Reife/POS Klasse 10	0	0	0	0	1	0	0
(6) Fachhochschulreife	0	0	0	0	0	1	0,75
(7) Abitur	0	0	0	0	0	0,75	1

Tabelle 2.2a   Spezifikation der Gewichte für die Berechnung der allgemein bildenden Abschlüsse (Gewichtung 2)

Schülerangabe	Elternangabe						
	(1)	(2)	(3)	(4)	(5)	(6)	(7)
(1) Kein Abschluss	1	0	0	0	0	0	0
(2) Lehrabschluss	0	1	0	0,50	0	0	0
(3) Berufsfachschulabschluss	0	0	1	0,50	0	0	0
(4) Fachschulabschluss	0	0,50	0,50	1	0	0	0
(5) Fachhochschulabschluss	0	0	0	0	1	0,75	0,75
(6) Universitätsabschluss	0	0	0	0	0,75	1	0,90
(7) Promotion	0	0	0	0	0,75	0,90	1

Tabelle 2.2b   Spezifikation der Gewichte für die Berechnung der beruflichen Abschlüsse (Gewichtung 2)

Validität als Assoziation von Werten

Bei der Untersuchung der Übereinstimmung von Schüler- und Elternangaben ist es weiterhin sinnvoll, zwischen faktischer und relativer Übereinstimmung zu unterscheiden (vgl. Agresti, 1990). So kann die *relative Übereinstimmung* (bzw. Assoziation) zwischen zwei Merkmalen stark sein, nicht jedoch die faktische. Ein Beispiel verdeutlicht dies: Wären alle Schülerangaben um eine Einheit größer als die korrespondierenden Elternangaben, so läge zwar eine perfekte Assoziation bzw. Korrelation vor, jedoch keinerlei faktische Übereinstimmung in diesen Paaren. Zur Beschreibung der Assoziation von zwei Variablen existieren unterschiedliche Korrelationsmaße, die je nach Skalenniveau der Variablen benutzt werden können.

Validität als strukturelle Übereinstimmung

Von einer strukturellen Übereinstimmung soll in diesem Zusammenhang gesprochen werden, wenn Schüler- und Elternvariablen in gleicher Weise mit zentralen Drittvariablen korreliert sind. Zum Beispiel kann gefragt werden, ob die Schätzung der Korrelation zwischen der sozioökonomischen Stellung und der Lesekompetenz bei Verwendung von Elternangaben auf der einen Seite und der Verwendung von Schülerangaben auf der anderen Seite identisch ausfällt. Dies würde bedeuten, dass man in beiden Fällen zu identischen Parameterschätzungen käme (vgl. hierzu Kreuter, Maaz, & Watermann, 2005).

2.3.2 Datengrundlage und Instrumente

Die *Datengrundlage* für die nachfolgenden Analysen bildet die PISA-2000-Studie (vgl. Baumert u.a., 2001; OECD, 2001). Für den Vergleich der Angaben zur Berufstätigkeit wird auf die nationale Stichprobe der 15-Jährigen zurückgegriffen, die in den internationalen Vergleich eingegangen ist. Hierfür wurden in der Bundesrepublik im Haupttest (Frühjahr 2000) in 219 Schulen jeweils etwa 28 15-jährige Schülerinnen und Schüler getestet (N = 5.176). Diese Stichprobe wurde in zweierlei Hinsicht erweitert: Zum einen wurde die vorgesehene altersbasierte Stichprobe durch eine jahrgangsbasierte Stichprobe ergänzt, und zum anderen hat die Ständige Konferenz der Kultusminister der Länder (KMK) beschlossen, im Rahmen von PISA auch Leistungsvergleiche zwischen den Ländern der Bundesrepublik durchzuführen. Daher wurde die Stichprobe so erweitert, dass solche Vergleiche möglich werden. Pro Bundesland beläuft sich diese Erweiterung (PISA-E) auf rund 50 bis 110 Schulen (N = 28.815) (vgl. Baumert u.a., 2002). Für den Vergleich der Bildungsabschlüsse kann auf die PISA-E-Stichprobe zurückgegriffen werden. In beiden Stichproben wurden Sonderschüler und Berufsschüler aus den Analysen ausgeschlossen.

Der *allgemein bildende Schulabschluss* wurde in geschlossener Form erfragt. Vorgegeben wurden folgende Kategorien: (1) keine Schule besucht; (2) ohne Abschluss von der Schule abgegangen; (3) Abschluss einer Sonderschule/Förderschule; (4) Abschluss der Polytechnischen Oberschule nach der 8. Klasse; (5) Hauptschulabschluss, Volksschulabschluss; (6) Realschulabschluss, mittlere Reife, Abschluss der Polytechnischen Oberschule nach der 10. Klasse; (7) Fachhochschulreife; (8) Hochschulreife, Abitur; (9) sonstiger Schulabschluss (vgl. Kunter u.a., 2002).

Der *berufliche Bildungsabschluss* wurde von den Eltern und Schülern ebenfalls in geschlossener Form erfragt. Vorgegeben wurden die folgenden Kategorien: (1) keine abgeschlossene Ausbildung; (2) abgeschlossene Lehre, Abschluss an einer Berufsaufbauschule; (3) Abschluss an einer Berufsfachschule, Handelsschule; (4) Abschluss an einer Fachschule, Meister- oder Technikerschule, einer Schule des Gesundheitswesens; (5) Fachhochschulabschluss, Diplom (FH), Abschluss an einer Berufsakademie; (6) Hochschulabschluss (Magister, Diplom, Staatsexamen); (7) Promotion (Doktorprüfung); (8) sonstiger beruflicher Abschluss (vgl. Kunter u.a., 2002).

Sowohl die allgemein bildenden als auch die beruflichen Bildungsabschlüsse werden im Ergebnisteil in verschiedenen Kategorisierungen verwendet. Für den allgemein bildenden Schulabschluss wurde eine Variable mit vier Kategorien gebildet. In der ersten Kategorie befinden sich Personen ohne schulischen Abschluss, mit Sonderschulabschluss und mit dem Abgangszeugnis nach der 8. Klasse der POS. Die zweite Kategorie bilden Personen mit Hauptschul- bzw. Volksschulabschluss. Die dritte Kategorie symbolisiert die mittlere Reife, und die vierte Kategorie fasst die Fachhochschulreife und die allgemeine Hochschulreife zusammen. Für den beruflichen Abschluss wurden Variablen mit sechs bzw. fünf Kategorien gebildet. In der Fünf-Kategorien-Variante sind alle akademischen Abschlüsse (Fachhochschuldiplom, Universitätsdiplom und Promotion) zu einer Kategorie zusammengefasst. In der Sechs-Kategorien-Version wird zwischen dem Abschluss an einer Fachhochschule einerseits und dem Universitätsabschluss inklusive Promotion unterschieden.

Die Erhebung der *Berufstätigkeit* der Eltern erfolgte über zwei offene Fragen. Zuerst wurde nach dem Beruf, den die Eltern zurzeit ausüben, gefragt bzw., wenn sie derzeit nicht erwerbstätig sind, nach dem zuletzt ausgeübten Beruf. Anschließend wurde nach der konkreten beruflichen Tätigkeit gefragt, die in den Berufen ausgeübt werden bzw. wurden. Diese Angaben bildeten die Grundlage für die Kodierung nach der *International Standard Classification of Occupations* (ISCO-88) (ILO, 1990). In der ISCO-88 sind Berufe hierarchisch angeordnet. Jeder Beruf wird durch eine vierstellige Ziffernkombination dargestellt. So legt die ISCO-88 vier Gliederungsebenen fest: 10 Berufshauptgruppen (inkl. Soldaten), 28 Berufsgruppen (Unterteilungen der Berufshauptgruppen), 116 Berufsuntergruppen (Unterteilungen der Berufsgruppen) und 390 Berufsgattungen (Unterteilungen der Berufsuntergruppen).

Sozioökonomischer Status. Aus den ISCO-Kodes wird als Maß für den sozioökonomischen Status der international vergleichbare Index ISEI *(International Socio-Economic Index of Occupational Status;* Ganzeboom u.a., 1992) gebildet, der in PISA 2000 das Standardmaß für den sozioökonomischen Status der Herkunftsfamilie darstellt.

2.4 Ergebnisse

Mithilfe der in Abschnitt 2.3 vorgestellten Methoden (prozentuale Übereinstimmung, kappa und Test auf Symmetrie bzw. Quasi-Symmetrie) wurden die eingangs formulierten Hypothesen untersucht. Ausgewählte Ergebnisse zur Einschätzung der Qualität der Schülerangaben werden in den folgenden Abschnitten vorgestellt. In einem ersten Schritt erfolgt eine Analyse der Qualität von Angaben zur schulischen und beruflichen Bildung. Anschließend wird auf die berufliche Bildung im Vergleich zu den Angaben zur Berufstätigkeit eingegangen. Da nicht alle Elternteile berufstätig sind, soll in einem dritten Schritt für die Übereinstimmungsanalyse der Angaben zur Berufstätigkeit der Erwerbstätigkeitsstatus berücksichtigt werden. Abschließend werden differenzierte Analysen für die Schülerschaft in der Sekundarstufe I vorgenommen, indem die Antwortqualität schulformspezifisch betrachtet wird.

2.4.1 Qualität der Schülerangaben zur schulischen und beruflichen Bildung

Eingangs wurde vermutet, dass Schülerinnen und Schüler eher in der Lage sind, Angaben über die schulische als über die berufliche Bildung ihrer Eltern zu machen. Bevor dieser Vergleich der beiden Bildungsabschlüsse vorgenommen wird, soll zunächst die Übereinstimmung zwischen Schüler- und Elternangaben dieser Bildungsabschlüsse überprüft werden.

In den Tabellen 2.3a und 2.3b ist die Verteilung der Schüler- und Elternangaben in einer Kontingenztabelle für den allgemein bildenden Schulabschluss differenziert für Mütter und Väter dargestellt. Es sei darauf hingewiesen, dass diese differenzierten Antwortkategorien zur Klassifikation der schulischen und beruflichen Abschlüsse sowohl bei Schülern als auch bei den Eltern differenziertes Wissen über die Strukturen des Bildungswesens voraussetzen. Die Qualität der Schülerangaben kann deshalb auch durch die im Zeitverlauf unterschiedliche Verwertbarkeit von Bildungsabschlüssen beeinflusst werden, sowie durch die zunehmende Entkoppelung von Schulform und Zertifikat (vgl. Baumert, Trautwein, & Artelt, 2003; Baumert, Cortina, & Leschinsky, 2003; Maaz u.a., 2004). Auf beide Entwicklungen kann hier nicht weiter eingegangen werden. Der Gedanke wird jedoch in der Diskussion noch einmal aufgegriffen.

In den Tabellen 2.3a und 2.3b ist deutlich zu erkennen, dass sich die im allgemein bildenden Schulsystem erworbenen Zertifikate auf den Hauptschul- bzw. Volksschulabschluss, die mittlere Reife und das Abitur (auch Fachhochschulreife) konzentrieren. Betrachtet man die Muster in den Tabellen 2.3a und 2.3b, fällt die starke Besetzung der Hauptdiagonalen auf. In der Hauptdiagonalen befinden sich die Fälle, in denen Schüler- und Elternangaben übereinstimmen. Markiert sind weiterhin die häufigsten Werte innerhalb jeder Spalte, das heißt diejenigen Abschlüsse, die – gegeben die Elternangabe – von den Schülern am häufigsten gewählt wurden. Es zeigt sich, dass mit Ausnahme der Kategorien „Abgangszeugnis der 8. Klasse der POS", „Fachhochschulreife" und „sonstiger Abschluss" die Hauptdiagonale deutlich am stärksten besetzt ist. Die prozentuale

Übereinstimmung zwischen Schüler- und Elternangaben (inkl. der Kategorie „sonstiger Abschluss") ist daher in beiden Fällen recht hoch, bei den Vätern 64,8 Prozent und bei den Müttern 69,7 Prozent. Es ist leicht zu erkennen, dass im Falle einer Abweichung von der Hauptdiagonalen eine deutliche Konzentration der Angaben in den jeweils benachbarten Zellen der Hauptdiagonalen zu beobachten ist. Die Abweichungen folgen somit keinem zufälligen Muster, sondern sie sind systematisch mit den Elternangaben assoziiert (vgl. Tab. 2.3a und 2.3b).

In den quantitativ bedeutsamsten Abschlüssen (Hauptschulabschluss, mittlere Reife und Abitur) gibt es sehr hohe Übereinstimmungen zwischen Eltern- und Schülerangaben. Dies soll am Beispiel des Bildungsabschlusses der Mutter verdeutlicht werden. Von

Schülerangabe		Elternangabe								
		(1)	(2)	(3)	(4)	(5)	(6)	(7)	(8)	(RV)
(1)	Kein Abschluss	243	6	168	106	49	5	20	38	635
(2)	Abschluss an einer Sonderschule	6	43	6	21	3	0	1	6	86
(3)	Abgang von der POS nach Klasse 8	8	4	204	47	120	8	13	3	407
(4)	Hauptschulabschluss	100	24	133	3.493	830	82	70	95	4.827
(5)	Mittlere Reife/POS Klasse 10	41	5	232	768	7.929	462	260	164	9.861
(6)	Fachhochschulreife	3	0	12	54	578	357	156	27	1.187
(7)	Abitur	2	1	18	53	523	360	3.252	75	4.284
(8)	Sonstiger Abschluss	50	2	122	179	293	98	288	160	1.192
(RV)	Randverteilung	453	85	895	4.721	10.325	1.372	4.060	568	22.479

Tabelle 2.3a Schülerangaben (Zeilen) zum allgemein bildenden Schulabschluss der Mutter nach Elternangaben (Spalten) (absolute Häufigkeiten und Randverteilung)

Schülerangabe		Elternangabe								
		(1)	(2)	(3)	(4)	(5)	(6)	(7)	(8)	(RV)
(1)	Kein Abschluss	169	3	135	109	52	4	21	31	524
(2)	Abschluss an einer Sonderschule	0	23	3	12	6	0	3	2	49
(3)	Abgang von der POS nach Klasse 8	11	3	309	91	158	8	11	14	605
(4)	Hauptschulabschluss	90	28	175	3.121	638	119	90	140	4.401
(5)	Mittlere Reife/POS Klasse 10	31	12	355	853	5.029	351	247	190	7.068
(6)	Fachhochschulreife	1	0	24	109	384	397	207	41	1.163
(7)	Abitur	6	1	25	88	417	463	3.383	132	4.515
(8)	Sonstiger Abschluss	50	3	110	203	264	89	238	179	1.136
(RV)	Randverteilung	358	73	1.136	4.586	6.948	1.431	4.200	729	19.461

Tabelle 2.3b Schülerangaben (Zeilen) zum allgemein bildenden Schulabschluss des Vaters nach Elternangaben (Spalten) (absolute Häufigkeiten und Randverteilung)

allen Schülerinnen und Schülern, die angeben, ihre Mutter habe einen Hauptschulabschluss (N = 4.827), stimmen 3.493 der Schülerangaben (72,4 %) genau mit der Elternangabe überein. Der Schulabschluss von Müttern mit Hauptschulabschluss wird von knapp 4 Prozent der Studienteilnehmerinnen und -teilnehmer unterschätzt und von 22 Prozent überschätzt. Von den Schülerinnen und Schülern, die den Abschluss der Mütter mit Hauptschulabschluss überschätzen, wählten 73 Prozent die unmittelbar benachbarte Kategorie (mittlere Reife). So gesehen ist die zunächst hohe Überschätzung zu relativieren. Mütter, die laut ihren eigenen Angaben die Polytechnische Oberschule nach der 8. Klasse mit einem Abgangszeugnis verlassen haben, erhalten von ihren Kindern am häufigsten die mittlere Reife zugesprochen. Auch Müttern mit Fachhochschulreife und sonstigen Bildungsabschlüssen wird von ihren Kindern häufiger ein Realschulabschluss zugeschrieben.

Besitzt die Mutter die mittlere Reife, dann schätzen rund drei Viertel der Schülerinnen und Schüler dies korrekt ein. Rund 80 Prozent der Schülerinnen und Schüler, deren Mütter die allgemeine Hochschulreife (Abitur) erworben haben, geben eine korrekte Angabe für den Bildungsabschluss ihrer Mütter. Deutlich fehlerbehafteter ist die Kategorie „Fachhochschulreife". Hier stimmen die Schülerangaben in lediglich 25 Prozent der Fälle überein. Allerdings lässt sich eine deutliche Konzentration der abweichenden Antworten in den benachbarten Zellen (mittlere Reife/POS und Abitur) beobachten. Für die häufigere Fehlklassifizierung der Fachhochschulreife können auf der Grundlage des kognitiven Modells des Antwortverhaltens unseres Erachtens zwei Vermutungen geäußert werden: Zum einen kommt die Fachhochschulreife im Vergleich zu anderen Abschlüssen überhaupt seltener vor und ist damit bei den Schülerinnen und Schülern weniger gut kognitiv repräsentiert. Zum anderen handelt es sich bei der Fachhochschulreife um eine Qualifikation, die in der Regel an verschiedenen Schulformen der Sekundarstufe II bzw. im beruflichen Schulwesen erworben wird. Ein derart differenziertes Wissen über Abschlüsse in weiterführenden Schulformen der Sekundarstufe II kann bei 15-Jährigen noch nicht vorausgesetzt werden.

Auch bei den Vätern wählen die Kinder eher seltener die Fachhochschulreife als Abschluss. Interessanterweise geben sie in diesem Fall eher das Abitur an und überschätzen damit den tatsächlichen Schulabschluss des Vaters. Dies könnte damit zusammenhängen, dass Väter noch immer häufiger in prestigeträchtigeren Berufen tätig sind als Mütter und dass der Beruf des Vaters den Erwerb der allgemeinen Hochschulreife eher nahe legt als der der Mutter.

Bei den beruflichen Bildungsabschlüssen lässt sich ein vergleichbares Muster wie bei den allgemein bildenden Abschlüssen beobachten. Die Hauptdiagonale ist sehr stark besetzt und in den jeweils benachbarten Zellen lässt sich eine Konzentration abweichender Antworten erkennen. Deutlich ist sichtbar, dass mit größerer Entfernung zur Hauptdiagonalen die Zellenbesetzungen erkennbar schwächer werden (vgl. Tab. 2.4a und 2.4b). Trotzdem gibt es, anders als bei den allgemein bildenden Abschlüssen, Berufsqualifikationen, die nur schwer voneinander zu unterscheiden sind. Für den Bereich der mittleren Qualifikationen sind hier der Lehrabschluss und der Abschluss an einer Berufsfachschule zu nennen und für den Bereich der höheren Qualifikationen die Unterscheidung zwischen Fachhochschulabschluss und Universitätszertifikat.

Geht man davon aus, dass die schulische Bildung besser kognitiv repräsentiert ist als die berufliche, müssten Unterschiede in der Übereinstimmung zwischen Schüler- und Elternangaben zwischen beiden Zertifikaten erkennbar werden. Um diesen Vergleich durchzuführen, werden die prozentuale Übereinstimmung (PÜ) sowie kappa als Übereinstimmungsmaß herangezogen. Dabei wird das in Abschnitt 2.3 beschriebene gewichtete kappa in zwei Varianten verwendet. Neben der unterschiedlichen Gewichtung werden auch verschiedene Kategorisierungen der Abschlussvariablen berücksichtigt. In den

Schülerangabe		Elternangabe								
		(1)	(2)	(3)	(4)	(5)	(6)	(7)	(8)	(RV)
(1)	Kein Abschluss	**1.118**	304	161	69	23	21	2	115	1.813
(2)	Lehrabschluss	391	**4.378**	**1.777**	**868**	191	102	9	**208**	7.924
(3)	Berufsfachschulabschluss	144	1.885	1.474	634	172	69	10	154	4.569
(4)	Fachschulabschluss	35	390	249	693	137	89	4	53	1.650
(5)	Fachhochschulabschluss	20	101	101	220	432	401	4	41	1.320
(6)	Universitätsabschluss	16	49	37	101	208	**1.256**	15	35	1.717
(7)	Promotion	4	19	8	22	4	47	**129**	7	240
(8)	Sonstiger Abschluss	201	232	219	181	84	106	5	117	1.145
(RV)	Randverteilung	1.929	7.358	4.026	2.788	1.251	2.118	178	730	20.378

Tabelle 2.4a   Schülerangaben (Zeilen) zum beruflichen Abschluss der Mutter nach Elternangaben (Spalten) (absolute Häufigkeiten und Randverteilung)

Schülerangabe		Elternangabe								
		(1)	(2)	(3)	(4)	(5)	(6)	(7)	(8)	(RV)
(1)	Kein Abschluss	**412**	212	49	48	13	11	2	91	838
(2)	Lehrabschluss	221	**4.387**	**878**	689	192	74	13	**263**	6.717
(3)	Berufsfachschulabschluss	64	1.251	551	349	169	95	5	120	2.604
(4)	Fachschulabschluss	39	718	267	**1.272**	160	87	8	112	2.663
(5)	Fachhochschulabschluss	10	105	52	145	593	452	13	68	1.438
(6)	Universitätsabschluss	17	54	23	72	262	**1.276**	41	56	1.901
(7)	Promotion	0	14	7	5	7	60	**409**	26	528
(8)	Sonstiger Abschluss	174	241	170	161	86	84	10	123	1.049
(RV)	Randverteilung	937	6.982	1.997	2.741	1.582	2.139	501	859	17.738

Tabelle 2.4b   Schülerangaben (Zeilen) zum beruflichen Abschluss des Vaters nach Elternangaben (Spalten) (absolute Häufigkeiten und Randverteilung)

Tabellen 2.5 und 2.6 sind die Ergebnisse zusammengefasst. In allen Fällen ist die Übereinstimmung bei den schulischen Abschlüssen der Eltern besser als bei den beruflichen.

Sowohl bei den schulischen als auch bei den beruflichen Abschlüssen ist zu erkennen, dass ein Zusammenfassen einzelner Kategorien mit einer Verbesserung der Übereinstimmung einhergeht. Die Berechnung des gewichteten kappa erfolgte nach den in Abschnitt 2.3 beschriebenen zwei Richtlinien. In der ersten Gewichtung wurden alle Zellen direkt neben der Hauptdiagonalen mit dem gleichen Gewicht versehen. Die

	Mutter		Vater	
	PÜ	kappa	PÜ	kappa
Schulabschluss (7 Kategorien)[1]	74,3	0,63	69,9	0,59
Schulabschluss (4 Kategorien)[2]	77,8	0,66	74,6	0,64
Schulabschluss (7 Kategorien) Gewichtung 1[3]	86,4	0,71	83,3	0,67
Schulabschluss (7 Kategorien) Gewichtung 2[4]	76,6	0,65	73,5	0,62

PÜ = Prozentuale Übereinstimmung.

[1] (1) kein Abschluss, (2) Abschluss an einer Sonderschule, (3) Abgang von der POS nach Klasse 8, (4) Hauptschulabschluss, (5) mittlere Reife/POS Klasse 10, (6) Fachhochschulreife, (7) Abitur.
[2] (1) kein Abschluss/Abschluss an einer Sonderschule/Abgang von der POS nach Klasse 8, (2) Hauptschulabschluss, (3) mittlere Reife/POS Klasse 10, (4) Fachhochschulreife/Abitur.
[3] Einheitliche Gewichtungsfaktoren für alle an die Hauptdiagonale grenzenden Zellen (vgl. Abschnitt 2.3).
[4] Inhaltliche Gewichtungsfaktoren (vgl. Abschnitt 2.3).

Tabelle 2.5   Übereinstimmung der Angaben zum schulischen Abschluss (prozentuale Übereinstimmung und kappa) (ohne sonstiger Abschluss)

	Mutter		Vater	
	PÜ	kappa	PÜ	kappa
Beruflicher Abschluss (7 Kategorien)[1]	50,9	0,35	55,8	0,42
Beruflicher Abschluss (6 Kategorien)[2]	51,2	0,35	56,4	0,42
Beruflicher Abschluss (5 Kategorien)[3]	54,6	0,39	61,6	0,47
Beruflicher Abschluss (7 Kategorien) Gewichtung 1[4]	76,2	0,53	76,5	0,59
Beruflicher Abschluss (7 Kategorien) Gewichtung 2[5]	59,4	0,40	66,6	0,48

PÜ = Prozentuale Übereinstimmung.

[1] (1) kein Abschluss, (2) Lehrabschluss, (3) Berufsfach-, Handelsschulabschluss, (4) Fach-, Meister-, Technikerschulabschluss, (5) Fachhochschulabschluss (Diplom FH), (6) Universitätsabschluss, (7) Promotion.
[2] (1) kein Abschluss, (2) Lehrabschluss, (3) Berufsfach-, Handelsschulabschluss, (4) Fach-, Meister-, Technikerschulabschluss, (5) Fachhochschulabschluss (Diplom FH), (6) Universitätsabschluss und Promotion.
[3] (1) kein Abschluss, (2) Lehrabschluss, (3) Berufsfach-, Handelsschulabschluss, (4) Fach-, Meister-, Technikerschulabschluss, (5) Fachhochschulabschluss (Diplom FH), Universitätsabschluss und Promotion.
[4] Einheitliche Gewichtungsfaktoren für alle an die Hauptdiagonale grenzenden Zellen (vgl. Abschnitt 2.3).
[5] Inhaltliche Gewichtungsfaktoren (vgl. Abschnitt 2.3).

Tabelle 2.6   Übereinstimmung der Angaben zum beruflichen Abschluss (prozentuale Übereinstimmung und kappa) (ohne sonstiger Abschluss)

zweite Gewichtung erfolgte nach inhaltlichen Gesichtspunkten. Hierfür wurden entweder Abweichungen zwischen einzelnen Abschlüssen zugelassen oder aber nicht zugelassen (vgl. hierzu ausführlicher Abschnitt 2.3). Im vorliegenden Fall führt die einheitliche Gewichtung 1 zu den besten Übereinstimmungsmaßen bei den allgemein bildenden und beruflichen Bildungsabschlüssen. Die mit der inhaltlichen Gewichtung 2 errechneten Maße der Übereinstimmung fallen schlechter aus als mit genereller Gewichtung. Sie ist aber vergleichbar mit den Übereinstimmungskennwerten nach einer inhaltlichen Kategorisierung der differenzierten Abschlussvariablen (vgl. Tab. 2.5 und 2.6).

2.4.2 Qualität der Schülerangaben zur Berufstätigkeit im Vergleich zur beruflichen Bildung

Die Erfassung der Berufstätigkeit erfolgte über zwei offene Fragen. Eltern und Schüler sollten angeben, in welchem Beruf sie bzw. ihre Eltern tätig sind und welche Tätigkeit sie in diesem Beruf ausüben. Diese Angaben bildeten die Grundlage für die Kodierung nach der *International Standard Classification of Occupations* (ISCO-88) (zur Beschreibung der Kodierung siehe Kap. 1, in diesem Band). Die Berufstätigkeit der Eltern liegt so in kodierter Form als vierstelliger Zahlenkode (ISCO-4-Steller) vor. Ein Vergleich der Eltern- und Schülerangaben zeigt für die Berufstätigkeit des Vaters, gemessen mit dem ISCO-4-Steller (kappa = 0,39), eine vergleichbare Übereinstimmung wie die Angaben zum beruflichen Bildungsabschluss (kappa = 0,42) (vgl. Tab. 2.7). Bei den Müttern wird der in Abschnitt 2.2 postulierte Zusammenhang, dass Fragen zur beruflichen Tätigkeit weniger fehleranfällig sind als Fragen zur beruflichen Bildung, deutlich erkennbar. Ein Vergleich des vierstelligen ISCO-Kodes der Berufstätigkeit führt bei den Müttern zu einer besseren Übereinstimmung (kappa = 0,47) als ein Vergleich der Angaben zu den beruflichen Bildungsabschlüssen (kappa = 0,35). Eine prozentuale Übereinstimmung von

	Mutter		Vater	
	PÜ	kappa	PÜ	kappa
Beruflicher Abschluss (7 Kategorien)[1]	50,9	0,35	55,8	0,42
Berufsgattung (ISCO-4-Steller)	49,2	0,47	39,6	0,39
Berufsuntergruppe (ISCO-3-Steller)	55,6	0,53	48,7	0,47
Berufsgruppe (ISCO-2-Steller)	65,2	0,62	57,5	0,54
Berufshauptgruppe (ISCO-1-Steller)	69,9	0,63	63,9	0,57

ISCO = International Standard Classification of Occupations.

[1] (1) kein Abschluss, (2) Lehrabschluss, (3) Berufsfach-, Handelsschulabschluss, (4) Fach-, Meister-, Technikerschulabschluss, (5) Fachhochschulabschluss (Diplom FH), (6) Universitätsabschluss, (7) Promotion.

Tabelle 2.7   Prozentuale Übereinstimmung und kappa für die Berufstätigkeit und den beruflichen Bildungsabschluss

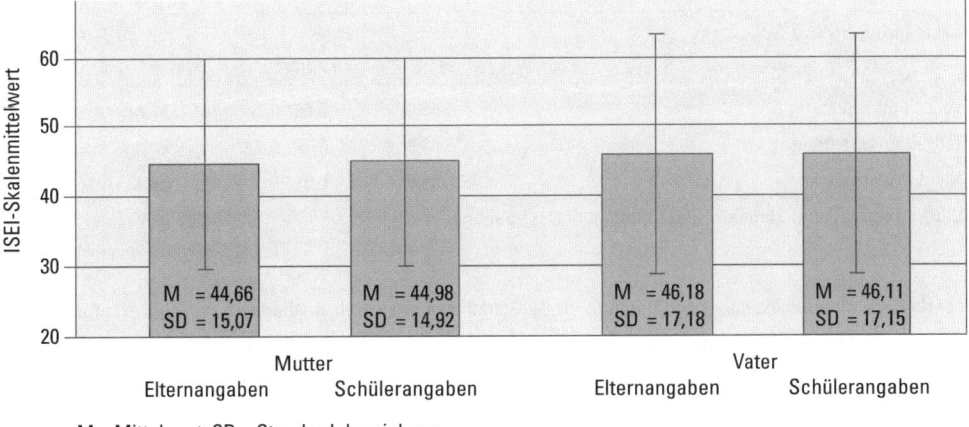

M = Mittelwert, SD = Standardabweichung.

Abbildung 2.2 Sozioökonomischer Status der Mütter und Väter, gemessen mit dem International Socio-Economic Index of Occupational Status (ISEI) (Mittelwerte und Standardabweichungen)

49,2 Prozent kann für den Bereich der Berufstätigkeit als hoch betrachtet werden. Berücksichtigt man für den Vergleich der Berufstätigkeit weniger Informationen des ISCO-Kodes, erhöhen sich erwartungsgemäß sowohl die prozentuale Übereinstimmung als auch kappa (vgl. Tab. 2.7).

In der empirischen Forschung werden auf Basis der ISCO-Kodes verschiedene Indizes gebildet, die sich als Instrumente für die Messung der sozioökonomischen Stellung bewährt haben. In der PISA-Studie stellt der von Ganzeboom und Mitarbeiter (1992) entwickelte Index *International Socio-Economic Index of Occupational Status* (ISEI) das Standardmaß für die Berücksichtigung des sozioökonomischen Status der Herkunftsfamilie dar. Dieses Maß kann aus den ISCO-Kodes generiert werden und ist international vergleichbar. Deshalb wird im Folgenden auf den ISEI zurückgegriffen und das Konzept der marginalen Homogenität und der Übereinstimmung im Sinne der Assoziation von Werten berücksichtigt. In Abbildung 2.2 sind die Mittelwerte und Standardabweichungen des sozioökonomischen Status für die Mutter und den Vater, getrennt nach Schüler- und Elternangaben, dargestellt. Dabei ist zu erkennen, dass sich die Angaben zwischen Eltern und Schülerinnen und Schülern im Mittel nicht voneinander unterscheiden. Auch lässt sich bei den Schülerangaben keine größere Streuung beobachten. Betrachtet man die korrelativen Zusammenhänge zwischen Eltern- und Schülerangaben, lassen sich sowohl bei den Müttern (r = 0,77) als auch bei den Vätern (r = 0,79) starke Zusammenhänge beobachten.

Berufsgruppe (ISCO-2-Steller)	Mutter		Vater	
	PÜ	kappa	PÜ	kappa
Vollzeit erwerbstätig	63,4	0,60	57,6	0,55
Teilzeit erwerbstätig	69,9	0,67	64,3	0,62
Nicht erwerbstätig	55,6	0,51	58,4	0,53

ISCO = International Standard Classification of Occupations.

Tabelle 2.8   Übereinstimmung der Angaben zur Berufstätigkeit nach Erwerbstätigkeitsstatus (prozentuale Übereinstimmung und kappa)

2.4.3 Qualität der Schülerangaben zur Berufstätigkeit für derzeit Erwerbstätige und derzeit nicht Erwerbstätige

Gemäß den oben aufgestellten Hypothesen sollte die Berufstätigkeit der Eltern kognitiv besser repräsentiert sein, wenn die Eltern zum Zeitpunkt der Befragung berufstätig sind. Wie die Tabelle 2.8 zeigt, ist dies interessanterweise bei Müttern der Fall, bei Vätern gilt dieser Zusammenhang lediglich für die Teilzeiterwerbstätigen. Mögliche Ursachen dafür sind mit den vorliegenden Daten nicht prüfbar. Denkbar ist, dass ein unterschiedliches Ausmaß an Kontakt zwischen Elternteil und Kind eine Rolle spielt, wenn es um die Verankerung der Informationen zur Berufstätigkeit geht. So ist es zum Beispiel denkbar, dass Kinder erwerbstätiger Mütter dennoch mehr Einblick in die berufliche Tätigkeit ihrer Mütter bekommen. Die Kontakthäufigkeit zwischen Eltern und Kindern wurde in PISA 2000 jedoch nur gemeinsam und nicht für die Elternteile getrennt abgefragt. Eine Alternativhypothese könnte sein, dass die Berufsfelder der (Teilzeit beschäftigten) Mütter (noch) nicht so stark ausdifferenziert sind wie die der Väter und die kognitive Repräsentation der Berufstätigkeit damit einfacher vollzogen werden kann. Zudem ist es denkbar, dass für nichterwerbstätige Mütter die Phase der Erwerbstätigkeit weiter zurückliegt und der Kontrast zwischen erwerbstätigen und nichterwerbstätigen Müttern deutlicher ausfällt.

2.4.4 Schulformspezifische Antwortqualität

Für eine differenzierte Analyse der Effekte der sozialen Herkunft zum Beispiel für den Zugang zu weiterführenden Bildungseinrichtungen oder auf die Leistungsperformanz ist es wichtig zu wissen, ob die Antwortqualität der Schülerinnen und Schüler zu diesen Merkmalen schulformspezifisch variiert (vgl. auch Kreuter, Maaz, & Watermann, 2005). Tabelle 2.9 zeigt, dass es in der Qualität der Proxy-Angaben für den allgemein bildenden Schulabschluss zum Teil deutliche Unterschiede zwischen den Schulformen gibt. Bei den Schülerinnen und Schülern des Gymnasiums lässt sich mit Abstand die beste Übereinstimmung beobachten. Dies signalisieren sowohl die Werte der prozentualen Über-

	Mutter				Vater			
	Gewichtung 1		Gewichtung 2		Gewichtung 1		Gewichtung 2	
	PÜ	kappa	PÜ	kappa	PÜ	kappa	PÜ	kappa
Hauptschule	78,9	0,50	68,3	0,52	75,2	0,41	62,9	0,42
Schule mit mehreren Bildungsgängen	86,2	0,60	78,9	0,58	82,2	0,58	75,4	0,56
Realschule	86,7	0,66	75,5	0,62	83,1	0,62	71,9	0,59
Gesamtschule	83,6	0,65	70,6	0,57	81,5	0,64	67,1	0,54
Gymnasium	90,0	0,80	81,5	0,71	87,4	0,76	79,3	0,67

Gewichtung 1: Einheitliche Gewichtungsfaktoren für alle an die Hauptdiagonale grenzenden Zellen (vgl. Abschnitt 2.3);
Gewichtung 2: Inhaltliche Gewichtungsfaktoren (vgl. Abschnitt 2.3).

Tabelle 2.9   Allgemein bildender Schulabschluss differenziert nach Schulform der Schülerinnen und Schüler (prozentuale Übereinstimmung und kappa)

	Mutter				Vater			
	Gewichtung 1		Gewichtung 2		Gewichtung 1		Gewichtung 2	
	PÜ	kappa	PÜ	kappa	PÜ	kappa	PÜ	kappa
Hauptschule	76,5	0,42	56,5	0,35	75,4	0,43	63,2	0,39
Schule mit mehreren Bildungsgängen	75,7	0,41	58,3	0,28	76,7	0,46	64,5	0,32
Realschule	76,6	0,45	57,4	0,32	76,1	0,53	65,6	0,41
Gesamtschule	76,0	0,50	58,9	0,38	72,8	0,51	63,9	0,44
Gymnasium	76,1	0,60	62,7	0,47	78,1	0,65	70,4	0,55

Gewichtung 1: Einheitliche Gewichtungsfaktoren für alle an die Hauptdiagonale grenzenden Zellen (vgl. Abschnitt 2.3);
Gewichtung 2: Inhaltliche Gewichtungsfaktoren (vgl. Abschnitt 2.3).

Tabelle 2.10   Beruflicher Schulabschluss differenziert nach Schulform der Schülerinnen und Schüler (prozentuale Übereinstimmung und kappa)

einstimmung als auch die kappa-Werte für beide Gewichtungen (vgl. Tab. 2.9). Schülerinnen und Schüler der Hauptschule erreichen insgesamt gute Übereinstimmungswerte, doch im Vergleich zu den Gymnasiasten fallen diese deutlich schlechter aus. Keine Unterschiede gibt es zwischen Schülerinnen und Schülern an Gesamtschulen, Realschulen und Schulen mit mehreren Bildungsgängen. Dieses Muster der Übereinstimmung zwischen den verschiedenen Schulformen lässt sich für die Abschlüsse der Mütter und Väter beobachten (vgl. Tab. 2.9).

Für den beruflichen Abschluss gibt es in der Übereinstimmung bei den Müttern nur minimale Schulformunterschiede. Beim beruflichen Bildungsabschluss des Vaters zeigt sich ein in Relation zum allgemein bildenden Schulabschluss vergleichbares Muster, wenn auch auf niedrigerem Niveau (vgl. Tab. 2.10).

Insgesamt hat der Vergleich der Übereinstimmungsgüte nach den verschiedenen Schulformen gezeigt, dass über alle Schulformen hinweg wenigstens eine gute Übereinstimmung zwischen Eltern- und Schülerangaben erzielt wird. Geht man davon aus, dass der Besuch einer spezifischen Schulform in der Sekundarstufe I mit den kognitiven Leistungen der jeweiligen Schülerschaft korreliert ist, deuten die berichteten Ergebnisse darauf hin, dass bei besserer kognitiver Fähigkeit die Übereinstimmung der Bildungsvariablen an Güte bzw. Qualität gewinnt.

Über- und Unterschätzung

Wie erwartet, zeigen die Ergebnisse zur Übereinstimmungsanalyse, dass keine perfekte Übereinstimmung zwischen Eltern- und Schülerangaben festgestellt wird. Die Werte der prozentualen Übereinstimmung und die kappa-Werte zeigen aber auch, dass Schüler- und Elternangaben nicht unabhängig voneinander sind. Um den korrelativen Zusammenhang zwischen Schüler- und Elternangaben zu prüfen, wurden Korrelationen für ordinale Variablen berechnet (Korrelation nach Spearman). Die Werte von r = 0,76 für die Väter und r = 0,78 für die Mütter bei den allgemein bildenden Schulabschlüssen und r = 0,68 (Väter) und r = 0,61 (Mütter) bei den beruflichen Bildungsabschlüssen bestätigen die zuvor beschriebenen Ergebnisse, dass Schüler- und Elternangaben stark positiv miteinander korreliert sind. Des Weiteren war zu erkennen, dass bei Abweichung von Schüler- und Elternangaben eine deutliche Konzentration der Angaben in den von der Hauptdiagonalen benachbarten Zellen zu erkennen ist. Dies deutet darauf hin, dass Abweichungen keinem zufälligem Muster folgen, sondern in positiver Weise mit den Elternangaben assoziiert sind.

In einem letzten Schritt soll daher geprüft werden, wie sich die nicht übereinstimmenden Antworten zueinander verhalten. Dies ist jedoch nur möglich, wenn die Übereinstimmung zwischen Schüler- und Elternangaben in der Modellierung adäquat berücksichtigt wird. Das heißt, bei der Modellprüfung müssen die in der Hauptdiagonalen beobachteten Häufigkeiten exakt reproduziert werden. Mithilfe log-linearer Modelle, die mit dem Programm LEM (Vermunt, 1997) geschätzt wurden, kann diese Bedingung berücksichtigt werden. Zunächst wird versucht, das Modell der *Quasi-Unabhängigkeit* von Schüler- und Elternangaben auf die Daten anzupassen. Dabei wird neben der Berücksichtigung der beobachteten Übereinstimmung in der Verteilung oberhalb und unterhalb der Hauptdiagonalen zusätzlich Unabhängigkeit zwischen Schüler- und Elternangaben angenommen. Eine Prüfung auf Quasi-Unabhängigkeit führt für die allgemein bildenden Schulabschlüsse der Väter (L^2 = 317,68; df = 5; p = 0,000; DI = 0,0239) und der Mütter (L^2 = 533,91; df = 5; p = 0,000; DI = 0,0251) zu einer Modellablehnung. Mit der Ablehnung des Quasi-Unabhängigkeits-Modells ist eine weitere Frage zu beantworten, die die Form der Unterschiedlichkeit in den Kategorien des Merkmals analysiert. Damit kann bei den Bildungsabschlüssen der Eltern eine Über- oder Unterschätzung der „wahren" Bildungsabschlüsse vorliegen. Es wird also gefragt, inwieweit sich Über- und Unterschätzung gegenseitig kompensieren. Eine vollständige Kompensation entspricht der *Symmetrieannahme*, die impliziert, dass die Zahl der Über-

		Mutter				Vater		
	df	L^2	p	DI	df	L^2	p	DI
Hauptschule	3	11,1722	0,0108	0,0138	3	31,9311	0,0000	0,0302
Schule mit mehreren Bildungsgängen	3	10,6777	0,0136	0,0063	3	3,9130	0,2710	0,0051
Realschule	3	25,5396	0,0000	0,0107	3	7,9848	0,0463	0,0104
Gesamtschule	3	22,6111	0,0000	0,0179	3	6,5304	0,0885	0,0109
Gymnasium	3	5,5644	0,1348	0,0033	3	1,5618	0,6681	0,0015
Gesamt	3	43,8581	0,0000	0,0074	3	33,6594	0,0000	0,0087

DI = Dissimilaritätsindex.

Tabelle 2.11   Allgemein bildender Schulabschluss der Eltern nach Bildungsgang (Quasi-Symmetrie)

schätzungen durch die gleiche Zahl an Unterschätzungen in den gegenüberliegenden Zellen einer Kreuztabelle ([1] und [2] sowie [2] und [1]) kompensiert wird. Eine Symmetrieannahme schwächerer Ordnung stellt das Modell der *Quasi-Symmetrie* dar. Von der Annahme der Quasi-Symmetrie spricht man, wenn die jeweiligen relativen erwarteten Häufigkeiten über der Hauptdiagonalen mit den entsprechenden relativen erwarteten Häufigkeiten unterhalb der Hauptdiagonalen übereinstimmen. Das heißt, es gibt keinen systematischen *bias* in die eine Richtung (Überschätzung) oder in die andere Richtung (Unterschätzung). Das Symmetrie-Modell muss für die Väter (L^2 = 129,80; df = 6; p = 0,000; DI = 0,0198) und Mütter (L^2 = 132,43; df = 6; p = 0,000; DI = 0,0164) zurückgewiesen werden. Tabelle 2.11 stellt die Modellprüfung auf Quasi-Symmetrie für die allgemein bildenden Schulabschlüsse der Väter und Mütter insgesamt und differenziert nach der besuchten Schulform der Schülerinnen und Schüler dar. Für die Schulabschlüsse der Väter kann das Modell der Quasi-Symmetrie gut angepasst werden. Differenziert nach den besuchten Bildungsgängen ergeben sich leichte Unterschiede. Für Schülerinnen und Schüler des Gymnasiums kann die beste Modellanpassung berichtet werden. Das heißt, Über- und Unterschätzungen durch die Schülerinnen und Schüler werden in diesem Bildungsgang besonders gut kompensiert. Dieser Unterschied könnte durch das homogene Qualifikationsniveau der Väter zu Stande kommen, wenn Väter von Gymnasiasten überwiegend selbst das Abitur oder die mittlere Reife gemacht haben.

2.5   Zusammenfassung und Diskussion

Abschließend sollen die wichtigsten Ergebnisse noch einmal zusammengefasst und einige Konsequenzen diskutiert werden. Die zentrale Fragestellung dieses Kapitels beschäftigte sich mit der Qualität von Schülerangaben zu Merkmalen des sozialen Hintergrunds. Während in der Forschung die Qualität von Angaben der Probanden im Allgemeinen in verschiedenen Disziplinen untersucht wird, stellt die Analyse der Antwortqualität von Schülerangaben zu zentralen Merkmalen des sozialen Hintergrunds, hier vor allem die Erfassung von Bildungs- und Berufsmerkmalen der Eltern, in der sozialwissenschaftlichen Forschung im Allgemeinen und in der empirischen Bildungsforschung im Speziellen ein wesentliches Forschungsdesiderat dar. Wenngleich dieses Thema bereits in den 1970er Jahre bearbeitet wurde, findet sich keine kontinuierliche Forschungstradition zu diesem Thema. Nur vereinzelt widmete man sich dieser Fragestellung in der deutschsprachigen Forschung.

In den Analysen zeigte sich, dass gemäß den aus der kognitiven Theorie des Antwortverhaltens abgeleiteten Hypothesen die Angaben zu den allgemein bildenden Schulabschlüssen weniger fehlerhaftet sind als die Angaben zur beruflichen Bildung. Weiterhin waren Schülerinnen und Schüler besser in der Lage, Angaben zur Berufstätigkeit der Eltern zu generieren als Angaben zum beruflichen Qualifikationsniveau. Zudem war die Qualität der Angaben zur Berufstätigkeit der Eltern dann höher, wenn die Eltern zum Zeitpunkt der Befragung berufstätig (Voll- oder Teilzeit) waren. Die vorliegenden Analysen zeigen, dass Schülerinnen und Schüler durchaus zuverlässige Informanten für die Erhebung des allgemein bildenden Schulabschlusses sowie der Berufstätigkeit der Eltern sind.

In der vorliegenden Darstellung mussten aus Platz- und Datengründen einige Aspekte unberücksichtigt bleiben. Zum einen ist die Erhebung von Bildungs- und Ausbildungsmerkmalen der Eltern von Schülerinnen und Schülern grundsätzlich mit einer kognitiven Leistung verbunden, die Schülerinnen und Schülern zudem eine gewisse Abstraktionsleistung abverlangt. Der Zusammenhang zwischen kognitiven Fähigkeiten der Schüler und der Qualität der Proxy-Angaben wird an anderer Stelle genauer untersucht (Kreuter, Maaz, & Watermann, 2005). Zum anderen kann – wie bereits angedeutet – die Erfassung der schulischen und beruflichen Merkmale von zwei Entwicklungen beeinflusst werden: (1) Modernisierungsentwicklungen im Bildungssystem, die zu einer Variation der institutionellen Landschaft führen, und (2) die Verwertbarkeit erworbener Bildungszertifikate.

In einem Schulsystem, in dem einzelne Schulformen mit spezifischen Zertifikaten gekoppelt sind, ist die Erhebung von Bildungsmerkmalen der Eltern vergleichsweise unproblematisch, weil ein Zertifikat in der Regel auch nur an einer Schulform erworben werden kann. Die Eltern der befragten Schülerinnen und Schüler haben in einer Zeit ihren Schulabschluss erworben, in der diese Koppelung noch relativ stabil gewesen ist. In der Folge kam es unter anderem durch verschiedene Reformbemühungen zu einer Lockerung dieser engen Koppelung von Schulform und Zertifikat, so dass die Kindergeneration ein Bildungssystem durchläuft, das durch eine gewisse Entkoppelung von Schulform und Zertifikat gekennzeichnet ist. Das heißt, der Besuch einer Schulform lässt nicht zwingend auf das erworbene schulische Zertifikat schließen. Formal gleiche Schulzertifikate (z.B. mittlere Reife) können demnach an unterschiedlichen Institutionen sowohl im allgemein bildenden als auch im beruflichen Schulwesen erworben werden (Baumert, Cortina, & Leschinsky, 2003). Damit könnte es für Schülerinnen und Schüler schwieriger sein, den Schulabschluss der Eltern einzuschätzen.

Seit den 1950er Jahren lässt sich ein Trend zu einer verstärkten Partizipation an höherer Bildung feststellen. Damit verbunden, so Offe (1975), müssten für den Allokationsprozess am Arbeitsmarkt andere Kriterien als Bildung wirksam werden. In diesem Zusammenhang schreibt Geißler (1978, S. 482): „Was viele besitzen, kann nicht das ausschlaggebende Kriterium für die Verteilung von Privilegien an wenige sein." Im Zuge einer sich ändernden Qualifikationsstruktur spricht Mertens (1984) vom Qualifikationsparadox. Das heißt, höhere Qualifikationen sind keine höheren Qualifikationen mehr, wenn immer mehr Menschen diese Qualifikation erwerben. Sie werden so zu einer neuen Regelqualifikation (vgl. auch Fölling-Albers, 2000). Zusammenfassend müsste sich diese Entwicklung darin äußern, dass sich die Wahrscheinlichkeit, mit einem höheren Schulabschluss Zugang zu statushohen Positionen zu bekommen, seit den 1970er Jahren verringert hat. Als Folge dieser Entwicklung postuliert Beck (1986), dass „das Bildungssystem in den siebziger Jahren seine statusverteilende Funktion eingebüsst [hat, d. Verf.]" (S. 224). Für die Erhebung von Bildungs- und Ausbildungsmerkmalen hieße dies, dass aus der Verortung im Beschäftigungssystem nicht mehr zwingend auf das schulische und berufliche Qualifikationsniveau geschlossen werden kann, also zum Beispiel ein in einem Architekturbüro angestellter Technischer Zeichner das Abitur abgelegt und auch ein Hochschulstudium durchlaufen haben kann. Wenngleich sich diese Entwicklung beobachten lässt und erwerbsinadäquate Beschäftigung ein Strukturelement des Arbeitsmarktes darstellt, konnte Müller (1998) nach einer Analyse verschiedener Forschungsarbeiten unter anderem zeigen, dass in der langfristigen Entwicklung der Zusammenhang zwischen erworbenen Bildungszertifikaten und dem Statusniveau beim Berufseinstieg enger geworden ist. Damit lässt sich der berufliche Status heute besser als zu früheren Zeiten durch den Bildungsabschluss vorhersagen, was aber nicht in umgekehrter Richtung funktionieren muss.

Zusammenfassend kann festgehalten werden, dass Schülerinnen und Schüler als zuverlässige Informanten zur Erhebung von Bildungs- und Berufsmerkmalen der Eltern betrachtet werden können. Nicht untersucht wurden Gründe, warum Schüler- und Elternangaben nicht übereinstimmen, bzw. Faktoren, die die Zuverlässigkeit der Schülerangaben beeinflussen können. An dieser Stelle wird weiterführender Forschungsbedarf offensichtlich.

Literatur

Abelson, R. P. (1979). Differences between belief and knowledge systems. *Cognitive Science, 3,* 355–366.

Agresti, A. (1990). *Categorical data analysis.* New York: Wiley.

Alwin, D. F., & Krosnick, J. A. (1991). The reliability of survey attitude measurement: The influence of question and respondent attributes. *Sociological Methods & Research, 20,* 139–181.

Bauer, A., Langenheim, H., & Schork, B. (1984). Kinder als Informanten. Eine empirische Untersuchung über die Zuverlässigkeit der Schichteinstufung der Eltern durch

Schüler aus der 4. Klasse. In H. Meulemann & K.-H. Reuband (Hrsg.), *Soziale Realität im Interview. Empirische Analysen methodischer Probleme* (S. 241–250). Frankfurt a.M.: Campus.

Baumert, J., Artelt, C., Klieme, E., Neubrand, M., Prenzel, M., Schiefele, U., Schneider, W., Tillmann, K.-J., & Weiß, M. (Hrsg.). (2002). *PISA 2000. Die Länder der Bundesrepublik Deutschland im Vergleich.* Opladen: Leske + Budrich.

Baumert, J., Cortina, K. S., & Leschinsky, A. (2003). Grundlegende Entwicklungen und Strukturprobleme im allgemein bildenden Schulwesen. In K. S. Cortina, J. Baumert, A. Leschinsky, K. U. Mayer, & L. Trommer (Hrsg.), *Das Bildungswesen in der Bundesrepublik Deutschland. Strukturen und Entwicklungen im Überblick* (S. 52–147). Reinbek: Rowohlt.

Baumert, J., Klieme, E., Neubrand, M., Prenzel, M., Schiefele, U., Schneider, W., Stanat, P., Tillmann K.-J., & Weiß, M. (Hrsg.). (2001). *PISA 2000. Basiskompetenzen von Schülerinnen und Schülern im internationalen Vergleich.* Opladen: Leske + Budrich.

Baumert, J., Klieme, E., Neubrand, M., Prenzel, M., Schiefele, U., Schneider, W., Tillmann, K.-J., & Weiss, M. (2000). *Soziale Bedingungen von Schulleistungen. Zur Erfassung von Kontextmerkmalen durch Schüler-, Schul- und Elternfragebögen.* Berlin: Max-Planck-Institut für Bildungsforschung. <http://www.mpib-berlin.mpg.de/pisa/Kontextmerkmale.pdf> (11.01.2005)

Baumert, J., & Köller, O. (1998). Nationale und internationale Schulleistungsstudien: Was können sie leisten, wo sind ihre Grenzen. *Pädagogik, 50* (6), 12–18.

Baumert, J., Köller, O., & Schnabel, K. U. (2000). Schulformen als differenzielle Entwicklungsmilieus – eine ungehörige Fragestellung? In Gewerkschaft Erziehung und Wissenschaft (Hrsg.), *Messung sozialer Motivation. Eine Kontroverse* (S. 28–68). Frankfurt a.M.: GEW.

Baumert, J., Trautwein, U.,, & Artelt, C. (2003). Schulumwelten – institutionelle Bedingungen des Lehrens und Lernens. In J. Baumert, C. Artelt, E. Klieme, M. Neubrand, M. Prenzel, U. Schiefele, W. Schneider, K.-J. Tillmann, & M. Weiß (Hrsg.), *PISA 2000. Ein differenzierter Blick auf die Länder der Bundesrepublik Deutschland* (S. 261–331). Opladen: Leske + Budrich.

Beck, U. (1986). *Risikogesellschaft. Auf dem Weg in eine andere Moderne.* Frankfurt a.M.: Suhrkamp.

Biemer, P. B., & Trewin, D. (1997). A review of measurement error effects on the analysis of survey data. In L. E. Lyberg, P. B. Biemer, M. Collins, E. de Leeuw, C. Dippo, N. Schwarz, & D. Trewin (Eds.), *Survey measurement and process quality* (pp. 603–632). New York: Wiley.

Borgers, N. (2003). *Questioning children's responses.* Amsterdam: NUGI.

Borus, M. E., & Nestel, G. (1973). Response bias in reports of father's education and socio-economic status. *Journal of the American Statistical Association, 68,* 816–820.

Cannell, C., Miller, P., & Oksenberg, L. (1981). Research on interviewing techniques. *Sociological methodology, 12,* 389–437.

Clogg, C. C., & Shihadeh, E. S. (1994). *Statistical models for ordinal variables.* Thousand Oaks, CA: Sage.

Cohen, J. (1969). Weighted kappa: Nominal scale agreement with provision for scaled disagreement or partial credit. *Psychological Bulletin, 70*, 213–220.

Cohen, R. S., & Orum, A. M. (1972). Parent-child consensus on socioeconomic data obtained from sample surveys. *Public Opinion Quarterly, 36*, 95–98.

Dovidio, J. F., & Fazio, R. H. (1992). New technologies for the direct and indirect assessment of attitudes. In J. M. Tanur (Ed.), *Questions about questions* (pp. 204–237). New York: Russell.

Engel, U., & Reinecke, J. (1994). *Panelanalyse: Grundlagen, Techniken, Beispiele.* Berlin: de Gruyter.

Ensminger, M. E., Forrest, C. B., Riley, A. W., Kang, M., Green, B. F., Starfield, B., & Ryan, S. A. (2000). The validity of measures of socioeconomic status of adolescents. *Journal of Adolescent Research, 15*, 392–419.

Fazio, R. H., Sanbonmatsu, D. M., Powell, M. C., & Kardes, F. R. (1986). On the automatic activation of attitudes. *Journal of Personality and Social Psychology, 50*, 229–238.

Fleiss, J. L. (1973). *Statistical methods for rates and proportions.* New York: Wiley.

Fölling-Albers, M. (2000). Entscholarisierung von Schule und Scholarisierung von Freizeit. Überlegungen zu Formen der Entgrenzung von Schule und Kindheit. *Zeitschrift für Soziologie der Erziehung und Sozialisation, 20*, 118–131.

Ganzeboom, H. B. G., De Graaf, P. M., Treiman, D. J., & De Leeuw, J. (1992). A standard international socio-economic index of occupational status. *Social Science Research, 21*, 1–56.

Geißler, R. (1978). Bildung und Sozialchancen. Hypothesen zur Statusordnung durch das Bildungssystem. *Kölner Zeitschrift für Soziologie und Sozialpsychologie, 30*, 468–487.

Hildebrand, D. K., Laing, J. D., & Rosenthal, H. (1977). Prediction analysis of cross classification. New York: Wiley.

ILO – International Labour Office (Ed.). (1990). *International standard classification of occupations. ISCO-88.* Geneva: ILO.

Kayser, B. D., & Summers, G. F. (1973). The adequacy of student reports of parental SES characteristics. *Sociological Methods and Research, 1*, 303–315.

Kerckhoff, A. C., Mason, W. M., & Poss, S. S. (1973). On the accuracy of children's reports of family social status. *Sociology of Education, 46*, 219–247.

Kreuter, F., Maaz, K., & Watermann, R. (2005). Messung sozialer Herkunft in Schulleistungsuntersuchungen: Der Zusammenhang zwischen der Qualität von Schülerangaben und den Leistungen. In U. Engel (Hrsg.), *Bildung und soziale Ungleichheit. Methodische und strukturelle Analysen* (S. 9–53). Bonn: InformationsZentrum Sozialwissenschaften.

Kunter, M., Schümer, G., Artelt, C., Baumert, J., Klieme, E., Neubrand, M., Prenzel, M., Schiefele, U., Schneider, W., Stanat, P., Tillmann, K.-J., & Weiß, M. (2002). *PISA 2000. Dokumentation der Erhebungsinstrumente.* Berlin: Max-Planck-Institut für Bildungsforschung (Materialien aus der Bildungsforschung 72).

Lien, N., Friestad, C., & Klepp, K.-I. (2001). Adolescents proxy reports of parents socio-economic status: How valid are they? *Journal of Epidemiology & Community Health, 55*, 731–737.

Looker, E. D. (1989). Accuracy of proxy reports of parental status characteristics. *Sociology of Education, 62*, 257–276.

Maaz, K., Nagy, G., Trautwein, U., Watermann, R., & Köller, O. (2004). Institutionelle Öffnung trotz bestehender Dreigliedrigkeit. Auswirkungen auf Bildungsbeteiligung, schulische Kompetenzen und Berufsaspirationen. *Zeitschrift für Soziologie der Erziehung und Sozialisation, 24*, 146–165.

Maaz, K., & Watermann, R. (2004). Die Erfassung sozialer Hintergrundmerkmale bei Schülern und Hinweise zu ihrer Validität. In W. Bos, E.-M. Lankes, N. Plaßmeier, & K. Schwippert (Hrsg.), *Heterogenität. Eine Herausforderung an die empirische Bildungsforschung* (S. 209–229). Münster: Waxmann.

Mason, W. M., Hauser, R. M., Kerckhoff, A. C., Poss, S. S., & Manton, K. (1976). Models of response error in student reports of parental socioeconomic characteristics. In W. H. Sewell, R. M. Hauser, & D. L. Featherman (Eds.), *Schooling and achievement in American society* (pp. 443–494). New York: Academic Press.

Mare, R. D., & Mason, W. M. (1980). Children's report of parental socioeconomic status. *Sociological Methods and Research, 9*, 178–198.

Mertens, D. (1984). Das Qualifikationsparadox. Bildung und Beschäftigung bei kritischer Arbeitsmarktperspektive. *Zeitschrift für Pädagogik, 30* (4), 439–455.

Meulemann, H., & Wieken-Mayser, M. (1984). Kategorien der Sozialstatistik und Alltag der Familie. Die Übereinstimmung von Gymnasiasten des 10. Schuljahres mit ihren Eltern in Angaben und Struktur zur sozialen Position der Familie. In H. Meulemann & K.-H. Reuband (Hrsg.), *Soziale Realität im Interview. Empirische Analysen methodischer Probleme* (S. 251–280). Frankfurt a.M.: Campus.

Moore, J. C. (1988). Self/proxy response status and survey response quality: A review of the literature. *Journal of Official Statistics, 4* (2), 155–172.

Müller, W. (1998). Erwartete und unerwartete Folgen der Bildungsexpansion. In J. Friedrichs, M. R. Lepsius, & K. U. Mayer (Hrsg.), *Die Diagnosefähigkeit der Soziologie* (S. 81–112). Opladen: Westdeutscher Verlag (Kölner Zeitschrift für Soziologie und Sozialpsychologie, Sonderheft 38).

NCES – National Center for Education Statistics. (1984). *High school and beyond. A national longitudinal study for the 1980's: Quality of responses of high school student to questionnaire items.* Washington, DC: NCES.

Niemi, R. G. (1974). *How family members perceive each other: Political and social attitudes in two generations.* New Haven, CT: Yale University Press.

OECD – Organisation for Economic Co-operation and Development. (2001). *Knowledge and skills for life: First results from PISA 2000.* Paris: OECD.

OECD – Organisation for Economic Co-operation and Development. (2002). PISA 2000 technical report (ed. by R. Adams & M. Wu). Paris: OECD. <http://www.pisa.oecd.org/dataoecd/53/19/33688233. pdf> (11.01.2005)

Offe, C. (1975). Bildungssystem, Beschäftigungssystem und Bildungspolitik. Ansätze zu einer gesamtgesellschaftlichen Funktionsbestimmung des Bildungssystems. In Deutscher Bildungsrat (Hrsg.), *Gutachten und Studien der Bildungskommission 50* (S. 217–252). Stuttgart: Klett.

Smith, T. W. (1984). Nonattitudes: A review and evaluation. In C. F. Turner & E. Martin (Eds.), *Surveying subjective phenomena* (Vol. 2, pp. 215–255). New York: Sage.

St. John, N. (1970). The validity of children's reports of their parents' educational level: A methodological note. *Sociology of Education, 43,* 255–269.

Strack, F., & Martin, L. (1987). Thinking, judging, and communication: A process account of context effects in attitude surveys. In H. Hippler, N. Schwarz, & S. Sudman (Eds.), *Social information processing and survey methodology* (pp. 123–148). New York: Springer.

Tourangeau, R. (1984). Cognitive science and survey methods. In T. Jabine, M. Straf, J. M. Tanur, & R. Tourangeau (Eds.), *Cognitive aspects of survey methodology: Building a bridge between disciplines* (pp. 340–356). Washington: National Academy Press.

Tourangeau, R., & Rasinski, K. A. (1988). Cognitive processes underlying context effects in attitude measurement. *Psychological Bulletin, 103,* 299–314.

Tourangeau, R., Rips, L. J., & Rasinski, K. A. (2000). *The psychology of survey response.* New York: Cambridge University Press.

Vaillancourt, P. M. (1973). Stability of children's survey responses. *Public Opinion Quarterly, 37,* 373–387.

Vermunt, J. K. (1997). *LEM: A general program for the analysis of categorical data.* Tilburg: Tilburg University.

West, P., Sweeting, H., & Speed, E. (2001). We really do know what you do: A comparison of reports from 11-year-olds and their parents in respect of parental economic activity and occupation. *Sociology, 35,* 539–559.

Wirtz, M., & Caspar, F. (2002). *Beurteilerübereinstimmung und Beurteilerreliabilität. Methoden zur Bestimmung und Verbesserung der Zuverlässigkeit von Einschätzungen mittels Kategoriensystemen und Ratingskalen.* Göttingen: Hogrefe.

Youngblood, R. L. (1977). Student-parent agreement on socio-economic indicators: A research note from Manila. *Public Opinion Quarterly, 41,* 396–399.

Rainer Watermann und Jürgen Baumert

3 Entwicklung eines Strukturmodells zum Zusammenhang zwischen sozialer Herkunft und fachlichen und überfachlichen Kompetenzen: Befunde national und international vergleichender Analysen

3.1 Forschungsstand zu sozialen Disparitäten des Kompetenzerwerbs

Mit dem *Programme for International Student Assessment* (PISA; Baumert u.a., 2001) wurde durch eine differenzierte Erfassung von Schülermerkmalen sozialer Herkunft eine methodisch solide Basis für die Untersuchung des Zusammenhangs von Sozialschichtzugehörigkeit und Kompetenzerwerb im internationalen Vergleich geschaffen. Die nationale Erweiterung (PISA-E; Baumert u.a., 2002) ermöglicht darüber hinaus die Analyse sozialer Disparitäten im nationalen Vergleich. Um den Zusammenhang zwischen Sozialschichtzugehörigkeit zu quantifizieren, haben Baumert und Schümer (2002) die Regression von den jeweiligen Kompetenzwerten auf den internationalen Index für den sozioökonomischen Standard der Familie (ISEI) geschätzt. Diese Regressionsfunktion erlaubt bei gegebenem Sozialstatus eine Vorhersage des erreichten Kompetenzniveaus. Zur Schätzung genügte eine lineare Regressionsgleichung. Die Regressionsgerade wird als *sozialer Gradient* des jeweiligen Kompetenzbereichs bezeichnet. Die Steigung des Gradienten bildet die Veränderungsrate ab, mit der die jeweilige Kompetenz einer Änderung der Sozialschicht um eine Standardabweichung folgt. Sie ist ein Indikator für den Anteil der Ungleichheit im jeweiligen Leistungsbereich, der auf die soziale Herkunft zurückgeführt werden kann. Der soziale Gradient gilt mittlerweile als Standardmaß zur Beschreibung des sozialen Gefälles bei metrisch erfassten Sachverhalten. Baumert und Schümer (2002) haben die Regressionsanalysen für die in PISA erfassten Kompetenzbereiche für alle an PISA teilnehmenden Staaten und für die Länder der Bundesrepublik durchgeführt. Die Befunde sind über die verschiedenen Kompetenzbereiche hinweg konsistent, sodass an dieser Stelle die Befunde zur Lesekompetenz stellvertretend berichtet werden können.

Abbildung 3.1, in der Ergebnisse für ausgewählte PISA-Staaten und für die deutschen Länder zusammengestellt sind, gibt ein eindrucksvolles Bild von der Variabilität der Stei-

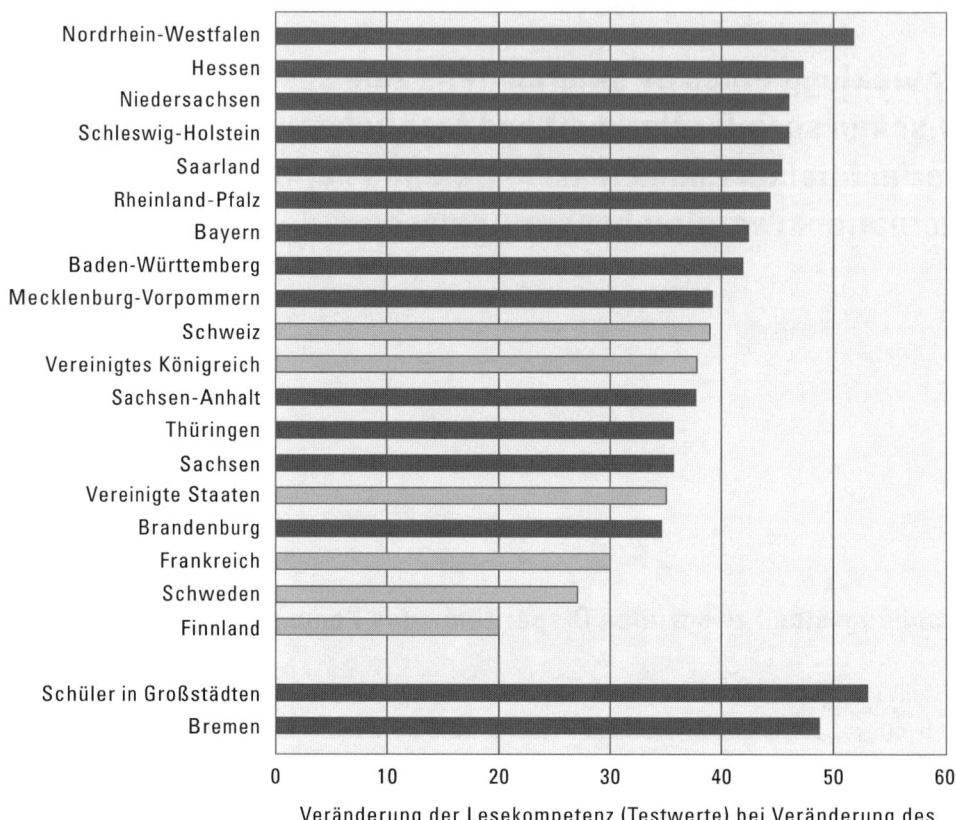

Veränderung der Lesekompetenz (Testwerte) bei Veränderung des
sozioökonomischen Status um eine Standardabweichung

Abbildung 3.1   Steigung des sozialen Gradienten der Lesekompetenz nach Ländern der Bundesrepublik und
ausgewählten OECD-Staaten (Baumert & Schümer, 2002)

gungen der sozialen Gradienten bei weitgehend vergleichbarer Sozialstruktur der Länder. Die Unterschiede werden besonders deutlich, wenn man die Gradienten für Finnland und Deutschland vergleicht. In Finnland liegt das mittlere Leistungsniveau von 15-Jährigen bei 545 Punkten. Gleichzeitig beträgt die Steigung des Gradienten knapp 20 Punkte; bei Veränderung der Sozialschicht um eine Standardabweichung steigt oder sinkt die Lesekompetenz um 20 Punkte. In Deutschland liegt das mittlere Leistungsniveau bei konstanter Sozialschicht bei 484 Punkten. Gleichzeitig hat der soziale Gradient in Deutschland die steilste Steigung von allen der an PISA beteiligten OECD-Staaten. Verändert sich die Sozialschichtzugehörigkeit in Deutschland um eine Standardabweichung, folgt die Lesekompetenz mit knapp 45 Punkten – das ist mehr als der doppelte Wert, der für Finnland ermittelt wurde.

Erweitert man den Blick auf die Länder der Bundesrepublik, erhält das Bild noch schärfere Konturen. Abbildung 3.1 zeigt, dass in den meisten deutschen Ländern im Ver-

gleich zu anderen OECD-Staaten die soziale Lage der Herkunftsfamilie einen ungewöhnlich starken Effekt auf die im Alter von 15 Jahren erreichte Lesekompetenz hat. In
Deutschland ist die Steilheit der sozialen Gradienten sowohl auf den vergleichsweise
engen Zusammenhang zwischen sozialer Herkunft und Lesekompetenz – die Korrelation beträgt in der Gesamtstichprobe r = .41 – als auch auf die extrem große Leistungs-
streuung der 15-Jährigen, nicht aber auf eine ungewöhnlich heterogene Sozialstruktur
in den Ländern zurückzuführen. Selbst die Steigungen der sozialen Gradienten in den
neuen Ländern, die keine quantitativ bedeutsame Zuwanderung zu verzeichnen haben,
unterscheiden sich nicht nennenswert von den entsprechenden Werten im Vereinigten
Königreich oder den Vereinigten Staaten – also Staaten, die häufig als Beispiele für große
soziale Disparitäten angeführt werden.

PISA 2000 bestätigt damit Befunde aus früheren internationalen Vergleichsstudien, in
denen zum Teil beträchtliche Schulleistungsunterschiede in Abhängigkeit von der sozia-
len Herkunft von Schülerinnen und Schülern zu Gunsten von sozial besser gestellten
Jugendlichen festgestellt worden waren. So haben etwa die *IEA Reading Literacy Study* (RLS;
Elley, 1994) und die *IEA Third International Mathematics and Science Study* (TIMSS; Beaton
u.a., 1996) gezeigt, dass in allen Teilnehmerstaaten Unterschiede in der soziokulturellen
Herkunft – wenngleich diese auf Grundlage divergierender Konzepte erfasst wurden – mit
Unterschieden in den Schülerleistungen in den Bereichen der Mathematik, der Naturwis-
senschaften und der Lesekompetenz einhergehen (für die RLS siehe Yang & Gustafsson,
2004; für die TIMSS siehe Yang, 2003). Es gelingt somit keinem Teilnehmerland, Schülerleistungen von der sozialen Herkunft der Schülerinnen und Schüler zu entkoppeln.
Gleichzeitig ließen sich auch in diesen Studien substanzielle Unterschiede zwischen den
Ländern in der Größenordnung des sozialen Herkunftseffekts identifizieren.

3.2 Ökonomisches, soziales und kulturelles Kapital: Struktur- und Prozessmerkmale familiärer Lebensverhältnisse

Die soziale Herkunft von Schülerinnen und Schülern wird üblicherweise mithilfe der
sozioökonomischen Stellung ihrer Familien bestimmt, das heißt mithilfe von Daten zur
relativen Position ihrer Eltern in einer sozialen Hierarchie, deren Ordnungsprinzipien
in der Verfügung über finanzielle Mittel, Macht oder Prestige bestehen. Da Informationen über Einkommensverhältnisse, Macht und soziale Anerkennung von Individuen
nicht einfach zu erhalten sind, wird die sozioökonomische Stellung in aller Regel über
die Berufstätigkeit erfasst, die Hinweise auf jeden der drei Aspekte geben kann. In der
Regel werden in der Sozialstrukturforschung zur Bestimmung des sozioökonomischen
Status die vom internationalen Arbeitsamt in Genf entwickelte Klassifikation der Berufe
(ISCO-88) und/oder die aus der Sozialversicherung bekannte Einteilung nach der Stellung im Beruf herangezogen. Gelegentlich werden zusätzlich die Bildungsabschlüsse
von Vater und/oder Mutter berücksichtigt. Auch der referierte Forschungsstand beruht
im Wesentlichen auf diesen Informationen.

Seit geraumer Zeit wird insbesondere in der qualitativ arbeitenden Sozialforschung darauf hingewiesen, dass die Indizierung der familiären Herkunft allein durch Strukturmerkmale wie den sozioökonomischen Status oder den erreichten Bildungsabschluss theoretisch unbefriedigend sei. Um die intergenerationelle Stabilität sozialer Disparitäten und die Wirkungsweise der Herkunft besser zu verstehen, sollten Aspekte familiärer Lebensverhältnisse berücksichtigt werden, die näher an die eigentlichen Vermittlungsprozesse heranreichen. In Anlehnung an die auf Bourdieu (1983) und Coleman (1988) zurückgehenden Konzepte des ökonomischen, kulturellen und sozialen Kapitals hat PISA den Ansatz gewählt, familiäre Lebensverhältnisse über Strukturmerkmale hinaus anhand des konsumtiven Verhaltens sowie der kulturellen und kommunikativen Praxen in den Familien zu beschreiben. Baumert und Maaz (Kap. 1, in diesem Band) behandeln diese Konzepte eingehend.

In der Forschungspraxis haben die Konzepte des kulturellen und sozialen Kapitals im Bourdieu'schen Sinne vor allem in qualitativen Studien Berücksichtigung gefunden (Helsper, 2001; Stanton-Salazar, 2001). Dagegen hat das Konstrukt des sozialen Kapitals, wie es Coleman konzipiert hat, auch in quantitativen Studien, die den Zusammenhang von sozialer Herkunft und Bildungsbeteiligung bzw. Kompetenzerwerb untersuchen, gerade in den letzten Jahren zunehmend Berücksichtigung gefunden (vgl. die Übersicht bei Dika & Singh, 2002). Quantitative Untersuchungen, die das Konzept des kulturellen Kapitals bzw. die Konzepte des kulturellen und sozialen Kapitals nutzen, sind allerdings rar (Jungbauer-Gans, 2004; Kalmijn & Kraaykamp, 1996; Roscigno & Ainsworth-Darnell, 1999; Wessel, Merkens, & Dohle, 1997; Zinnecker & Silbereisen, 1996).

Analysen, die das Zusammenspiel von Strukturmerkmalen familiärer Lebensverhältnisse wie sozioökonomischen Status, Bildungsniveau und Migrationsstatus einerseits und Prozessmerkmalen familiärer Lebensverhältnisse wie kulturellem und sozialem Kapital andererseits in den Auswirkungen auf den Kompetenzerwerb systematisch untersuchen, wurden von Baumert, Watermann und Schümer (2003) mit Daten aus PISA 2000 vorgelegt. Mithilfe von Strukturgleichungsmodellen ließ sich für die alten und neuen Länder der Bundesrepublik Deutschland nachweisen, dass die Effekte der sozioökonomischen Stellung und des beruflichen Bildungsabschlusses primär über die kulturelle Praxis vermittelt waren. Angaben von Schülerinnen und Schülern über kulturelle Aktivitäten in der Familie und den Besitz von Kulturgütern tragen somit als Vermittler zwischen Sozialschicht und Kompetenzerwerb substanziell zur Erklärung von Leseleistungsunterschieden bei. Dagegen waren die Effekte des in Anlehnung an Coleman (1988) erhobenen sozialen Kapitals als auch des konsumtiven Verhaltens – bei Kontrolle des kulturellen Kapitals – gering. Weiterhin waren Prozessmerkmale familiärer Lebensverhältnisse über ihre Rolle als Vermittler hinaus von substanzieller Bedeutung für die Lesekompetenz. Sie besaßen einen eigenständigen, das heißt einen von der Sozialschichtzugehörigkeit und des elterlichen Bildungsabschlusses unabhängigen, Effekt auf die Leseleistung.

3.3 Entwicklung eines Strukturmodells zum Zusammenhang zwischen sozialer Herkunft und fachlichen und überfachlichen Kompetenzen

Will man ein tragfähiges Modell, das die Effekte sozialer Herkunft auf fachliche und überfachliche Kompetenzen theoretisch anleiten könnte, entwickeln, wird man zunächst Struktur- und Prozessmerkmale der familiären Herkunft zu unterscheiden haben. Aufgrund der Forschungslage zu sozialen Disparitäten der Bildungsbeteiligung und des Kompetenzerwerbs sind auch in einem sparsamen Modell mindestens drei Strukturmerkmale der Lebensverhältnisse von Familien zu berücksichtigen. Dies sind (1) der sozioökonomische Status, (2) das Bildungsniveau und (3) der Migrationsstatus einer Familie. Um auf der Prozessebene Aspekte des ökonomischen, sozialen und kulturellen Kapitals zu berücksichtigen, sind Angaben über das allgemeine konsumtive Verhalten einer Familie, ihre kulturellen Praxen und ihre sozialen Verkehrsformen notwendig – Merkmale, deren Ausprägung wiederum von den familiären Strukturbedingungen abhängig ist. Auf der Prozessebene werden primär jene Ressourcen erzeugt, die eine erfolgreiche Bildungskarriere der jüngeren Generation unterfüttern. Abbildung 3.2 gibt die Grundstruktur dieses Vermittlungsmodells sozialstruktureller Disparitäten wieder. Der Abbildung sind auch die theoretischen Annahmen über die differenziellen Wirkungen von Strukturmerkmalen zu entnehmen. Während für den sozioökonomischen Status ein Einfluss auf alle Prozessmerkmale postuliert wird, werden differenzielle Auswirkungen vom Bildungsniveau und Migrationsstatus erwartet. Nach den Modellannahmen sollen das Bildungsniveau regulative Bedeutung für die kulturelle und kommunikative Praxis und der Migrationsstatus für das ökonomische Verhalten und die kulturelle Praxis einer Familie haben. Einflüsse auf Bildungsverläufe sind nur von den kulturellen und kommunikativen Ressourcen, nicht aber vom allgemeinen konsumtiven Verhalten der Familie zu erwarten.

Das theoretische Modell geht nicht nur von vermittelten Auswirkungen der Strukturmerkmale familiärer Lebensverhältnisse aus, sondern es rechnet auch mit unabhängigen Effekten. Entsprechend der von Breen und Goldthorpe (1997) in Anlehnung an Boudon (1974) entwickelten Theorie des intergenerationellen Statuserhalts sollte sich der sozioökonomische Status – vermittelt über das elterliche Entscheidungsverhalten – unabhängig von und zusätzlich zu der kulturellen und kommunikativen Praxis einer Familie auf die *Bildungsbeteiligung in der Sekundarstufe I* auswirken. Dieses sozialschichtabhängige Entscheidungsverhalten für qualitativ höherwertige Bildungsgänge in der Sekundarstufe ist in Abbildung 3.2 nicht eigens aufgeführt. Die nach Sozialschicht differierende Beteiligung an höherwertigen Bildungsgängen geht aber mit differenziellen Fördereffekten einher und wirkt sich damit zusätzlich auf den Zusammenhang zwischen Sozialschichtzugehörigkeit und Kompetenzerwerb aus. Auf diesen institutionellen Vermittlungseffekt werden wir im folgenden Abschnitt noch genauer eingehen. Schließlich wird erwartet, dass der Migrationsstatus einer Familie per se die Bildungskarrieren von Migrantenkindern tangiert.

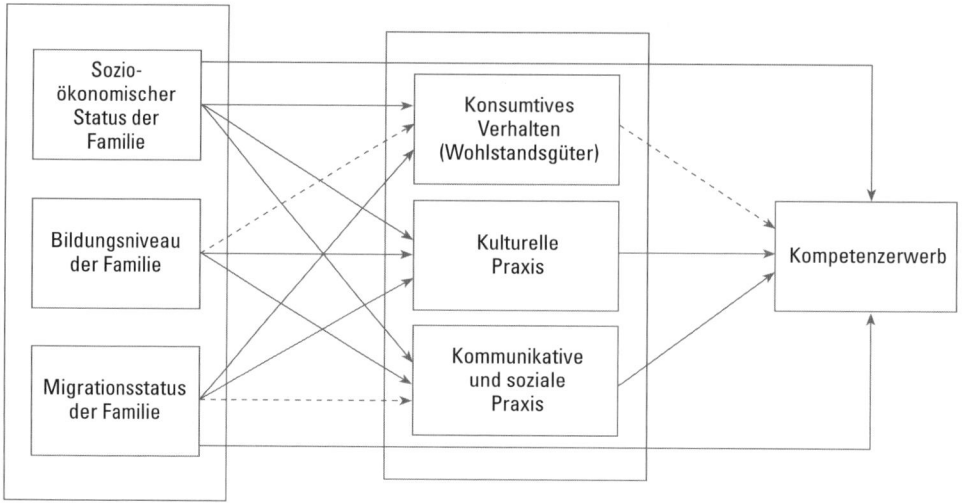

Abbildung 3.2   Modell des Zusammenhangs zwischen Struktur- und Prozessmerkmalen familialer Lebensverhältnisse und des Kompetenzerwerbs

3.4 Ein institutionelles und individuelles Mediationsmodell

Das in Abbildung 3.2 skizzierte Modell zum Zusammenhang zwischen familiärer Herkunft und Kompetenzerwerb verdeutlicht das theoretische Zusammenspiel zwischen Struktur- und Prozessmerkmalen der familiären Lebensverhältnisse und deren Bedeutung für den Kompetenzerwerb. Wenn das Modell einer empirischen Prüfung standhält, stellt es gegenüber Modellen, die zwar multivariat angelegt sind, aber nur Strukturmerkmale berücksichtigen, und allemal gegenüber Analysen nur bivariater Zusammenhänge einen Fortschritt dar. Dennoch ist das Modell unter psychologischen und soziologischen Gesichtspunkten unbefriedigend, da die psychologischen und institutionellen Vermittlungsmechanismen zwischen familiärer Herkunft und Kompetenzerwerb ausgeblendet werden. Von pädagogischem Interesse sind aber gerade diese Vermittlungsprozesse. Wir haben daher in Abbildung 3.3 ein relativ einfaches psychologisches und institutionelles Mediationsmodell skizziert, das mit den Daten aus PISA 2000 zwar nicht geprüft werden kann, jedoch zu einem besseren Verständnis des Zusammenhangs zwischen Struktur- und Prozessmerkmalen sozialer Herkunft einerseits und den erreichten Kompetenzen andererseits beiträgt.

Dieses Modell unterscheidet das Geschehen vor und nach dem Übergang in die Sekundarstufe I, wobei der Entscheidungsprozess beim Grundschulübergang als das Zusammenspiel von Elternhaus und Schule unberücksichtigt bleibt. Vor dem Übergang in die Sekundarstufe I besitzen sozialstrukturelle und Prozessmerkmale eine förderliche

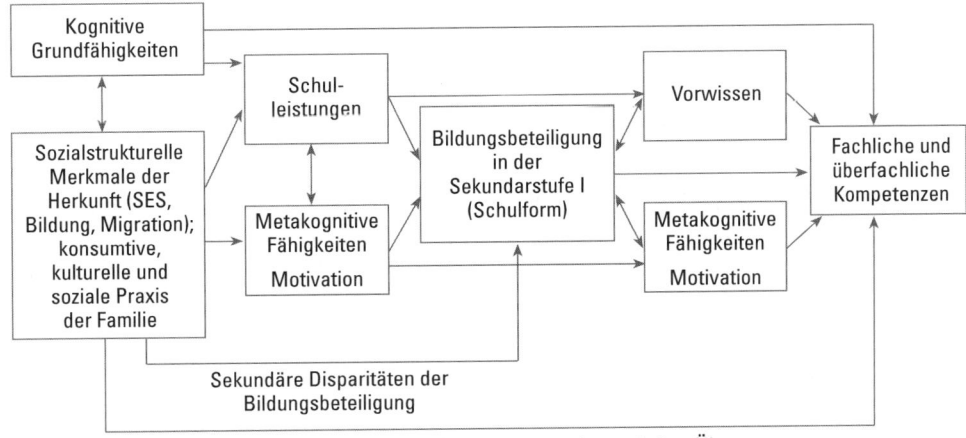

Abbildung 3.3   Psychologisches und institutionelles Mediationsmodell zum Zusammenhang zwischen Merkmalen der familiären Herkunft und Kompetenzerwerb

Wirkung auf Schulleistungen, motivationale und metakognitive Merkmale (primäre Herkunftseffekte), die eine wichtige Voraussetzung für die Übergangsentscheidung darstellen. Wie im Abschnitt zuvor angedeutet, muss auch mit einem sekundären Herkunftseffekt bei der Bildungsentscheidung für eine weiterführende Schulform gerechnet werden.

Baumert und Köller (1998) sowie Baumert, Köller und Schnabel (2000) haben zeigen können, dass Schulformen in der Sekundarstufe I differenzielle Entwicklungsumwelten für den Kompetenzerwerb darstellen. Ein Schüler lernt in der Regel – bei ähnlicher Ausgangsleistung – auf dem Gymnasium mehr hinzu als auf Realschulen, Gesamtschulen oder Hauptschulen. Dieser Effekt wird in Abbildung 3.3 durch den direkten Pfad von der Bildungsbeteiligung auf die im Alter von 15 Jahren erreichten Kompetenzen indiziert. Dadurch fällt mit der Entscheidung für einen Bildungsgang der Sekundarstufe I auch eine Entscheidung über Chancen der Kompetenzentwicklung, und zwar auch dann, wenn Schüler mit vergleichbaren kognitiven, motivationalen und sozialen Eingangsvoraussetzungen in die weiterführenden Schulformen der Sekundarstufe I überwechseln. Schon allein deshalb muss jedes Mediationsmodell eine institutionelle Komponente enthalten, mit der Übergangsentscheidungen abgebildet werden. In Abbildung 3.3 dient die Schulformzugehörigkeit in der Sekundarstufe I als institutioneller Indikator, die sekundären Disparitäten der Bildungsbeteiligung und des Kompetenzerwerbs bleiben jedoch unspezifiziert.

Primär bedeutsam für die Leistungsentwicklung auch innerhalb von Bildungsgängen sind allerdings Vorwissen, motivationale und metakognitive Merkmale, also Fähigkeiten und Dispositionen, die auch am Ende der Grundschulzeit die Basis für die Übergangsentscheidung in das weiterführende Schulwesen bilden (Baumert & Schümer, 2001;

Ditton, 1992; Lehmann, Peek, & Gänsfuß, 1997). Diese leistungsrelevanten Merkmale kovariieren wiederum mit sozialer und kultureller Herkunft. Ein derartiges Prozessmodell lässt sich adäquat nur im Rahmen einer Längsschnittuntersuchung spezifizieren, deren Messzeitpunkte das institutionelle Übergangsgeschehen einschließen.

Derartige Längsschnittuntersuchungen, die den Übergang von der Grundschule in die Sekundarstufe I betrachten, sind allerdings rar bzw. noch nicht so weit fortgeschritten, dass sie bereits tragfähige Befunde liefern könnten[1]. Becker (2004) vermittelt einen Eindruck davon, wie lückenhaft das Wissen über das Wechselspiel von primären und sekundären sozialen Herkunftseffekten beim Übergang in die Sekundarstufe I ist und welche Forschungsfragen sich ergeben.

Baumert, Watermann und Schümer (2003) haben sich im Rahmen von PISA in Bezug auf die Lesekompetenz Fragen der Vermittlung des sozialen Herkunftseffekts explorativ angenähert. Dabei berücksichtigen sie die Restriktionen von Querschnittuntersuchungen. Als psychologische Vermittlungsvariablen verwenden sie kognitive Grundfähigkeiten und Lesegeschwindigkeit (als Proxi für Vorkenntnisse) sowie Motivationsmerkmale. Die institutionelle Vermittlung wird durch die Bildungsgangszugehörigkeit repräsentiert. Nach diesem Modell beeinflussen Struktur- und Prozessmerkmale familiärer Lebensverhältnisse vermittelt über psychologische Prozessmerkmale und institutionelle Bildungsentscheidungen die Kompetenzentwicklung. Das Modell erlaubt auch zumindest tentativ die Trennung von primären und sekundären Disparitäten der Bildungsbeteiligung bzw. des Kompetenzerwerbs. Sekundäre Disparitäten entstehen durch direkte, nicht über Leistungs- und Motivationsmerkmale bzw. über Bildungsgangentscheidungen vermittelte Einflüsse der familiären Herkunft. Die korrekte Schätzung dieser sekundären Disparitäten hängt maßgeblich von der adäquaten Spezifikation des psychologischen Mediationsmodells ab. In Abbildung 3.3 dürfte dieser Modellteil unterspezifiziert sein, sodass die sekundären Disparitäten tendenziell überschätzt werden.

Da die PISA-Daten für eine empirisch tragfähige Prüfung der dargestellten institutionellen und psychologischen Mediationseffekte nicht geeignet sind, beschränken wir uns im Folgenden auf die Analyse des Zusammenspiels von familiären Struktur- und Prozessmerkmalen einerseits sowie fachlichen und überfachlichen Schülerleistungen andererseits.

Fasst man die bisherigen Überlegungen zusammen, so lassen sich folgende Hypothesen formulieren:

- Die soziale Herkunft wirkt sich im Zusammenspiel von Struktur- und Prozessmerkmalen familiärer Lebensverhältnisse vermittelt über die Bildungsbeteiligung auf den Erwerb fachlicher und überfachlicher Kompetenzen in der Sekundarstufe aus. Disparitätserzeugende Effekte von Strukturmerkmalen werden überwiegend durch die kulturelle und soziale Praxis von Familien vermittelt.
- Der sozioökonomische Status und der Migrationshintergrund einer Familie beeinflussen unmittelbar die Bildungsbeteiligung und – darüber vermittelt – den Erwerb fachlicher und überfachlicher Kompetenzen. Sie stellen neben dem kulturellen und sozialen Kapital einer Familie unabhängige Ressourcen bzw. Risiken dar.

– Der Migrationsstatus einer Familie hat in den alten und neuen Ländern unterschiedliche Bedeutung. Aufgrund der selektiven Zuwanderung in die ehemalige DDR wirkt der Migrationsstatus in den neuen Ländern weniger diskriminierend.

– Die Struktur- und Prozessmerkmale familiärer Lebensverhältnisse wirken sich auf den Kompetenzerwerb aus und führen zu primären Disparitäten.

– Familiäre Lebensverhältnisse sind für den Erwerb fachlicher und überfachlicher Kompetenzen von unterschiedlicher Bedeutung. Zum einen führt die nach Sozialschicht differierende Bildungsbeteiligung dazu, dass die Leistungsschere im Bereich domänenspezifischer Kompetenzen wie dem Lesen und der Mathematik im Laufe der Sekundarstufe I weiter auseinander geht, als dies für den Bereich domänenunspezifischer Kompetenzen wie dem Problemlösen der Fall ist. Zum anderen besitzt die kulturelle Praxis innerhalb von Familien über die Vermittlung einer Sprach- und Lesekultur einen stärkeren Effekt auf die Lesekompetenz als auf die mathematische und die Problemlösekompetenz (primärer Herkunftseffekt).

3.5 Überprüfung des Modells in den alten und neuen Ländern

3.5.1 Instrumente

Strukturmerkmale familiärer Lebensverhältnisse

Die Strukturmerkmale der familiären Lebensverhältnisse wurden durch folgende Kennwerte erfasst: Zur Beschreibung des *sozioökonomischen Status* dient der Internationale Sozioökonomische Index (ISEI), den Ganzeboom u.a. (1992) vorgeschlagen haben (vgl. auch Ganzeboom & Treiman, 1996). Als bester Prädiktor für den Kompetenzerwerb erwies sich in PISA der jeweils höchste Sozialstatus in einer Familie. Der Mittelwert betrug im Jahr 2000 M = 49,15 bei einer Standardabweichung von SD = 15,2. Das *berufliche Bildungsniveau* wird durch den höchsten beruflichen Bildungsabschluss in der Familie indiziert. Auch dieser Indikator zeigte sich gegenüber Angaben entweder nur für die Mutter oder nur für den Vater als überlegen. Es wurden sieben Abschlussniveaus unterschieden, die eine Rangordnung bilden: (1) Hauptschulbesuch ohne Lehre, (2) Hauptschulbesuch mit Lehre, (3) Realschulbesuch mit und ohne Lehre, (4) Haupt- oder Realschulabschluss mit anschließendem Fachschulbesuch, (5) Abitur ohne Studium, (6) Fachhochschulabschluss und (7) Besuch einer wissenschaftlichen Hochschule. Der *Migrationsstatus* einer Familie wird mit einer dreistufigen Variablen beschrieben. Der Kennwert gibt Auskunft darüber, ob (1) kein Elternteil, (2) ein Elternteil oder (3) beide Eltern im Ausland geboren wurden. Mit zunehmender Kinderzahl werden in vielen Familien die monetären Spielräume und fast immer die zeitlichen Ressourcen für kulturelle Aktivitäten knapper. Gleichzeitig gewinnt das Zusammenleben der Kinder untereinander größere Bedeutung. Um diese die kulturelle und kommunikative Praxis einer Familie beeinflussenden Prozesse zumindest anzudeuten, wird die *Zahl der Kinder im Haushalt* als eigene Variable im Strukturmodell abgebildet.

Prozessmerkmale familiärer Lebensverhältnisse

Auf der Prozessebene wurden das konsumtive Verhalten und die kulturellen und kommunikativen Praxen einer Familie jeweils mehrfach durch Indizes oder Skalen operationalisiert. Um die *kulturelle Praxis* einer Familie zu beschreiben, wurden zwei Skalen und ein Einzelitem herangezogen. Die kulturelle Praxis im engeren Sinne wird durch *Investitionen in Kulturgüter,* deren Anschaffung auf ein regelmäßiges kulturelles Engagement hinweist, und durch gemeinsame kulturelle Aktivitäten von Eltern und Kindern beschrieben. Die interne Konsistenz der Skala für Investitionen in Kulturgütern liegt bei $\alpha = .70$; Beispielitems sind: „Wie viele Bücher habt Ihr zu Hause?" oder „Gibt es bei Dir zu Hause ... Kunstwerke/Bücher mit Gedichten?" Die Skala für die *kulturellen Aktivitäten* erreicht eine interne Konsistenz von $\alpha = .66$; ein Beispielitem lautet: „Wie oft hast Du im letzten Jahr ... ein Theater besucht?" Die *kommunikative Praxis* von Familien wird durch zwei Indizes operationalisiert, die sich auch zu einer gemeinsamen Skala mit einer internen Konsistenz von $\alpha = .64$ zusammenfassen lassen. Der erste Index erfasst die *allgemeine Gesprächsintensität* in der Familie (Beispielitem: „Wie oft kommt es im Allgemeinen vor, dass Deine Eltern sich Zeit nehmen, um einfach nur mit Dir zu reden?"). Der zweite Index erfasst die *Diskussion über kulturelle Sachverhalte* (Beispielitem: „Wie oft kommt es im Allgemeinen vor, dass Deine Eltern mit Dir über Bücher, Filme oder Fernsehsendungen diskutieren?"). Der konsumtive Spielraum einer Familie wird durch den Besitz an teuren Wohlstandsgütern zu charakterisieren versucht (Beispielitem: „Wie viele der folgenden Dinge habt Ihr zu Hause? ... Fernseher/Autos/Badezimmer). Weitergehende Informationen zur Erfassung von Prozessmerkmalen familiärer Lebensverhältnisse in PISA finden sich bei Kunter u.a. (2002).

Fachliche Kompetenzen

Für die Operationalisierung im Messmodell wurden zwei Item*parcels* verwendet. Die *Lesekompetenz* wird als latentes Konstrukt modelliert. Bei den drei Indikatoren der Lesekompetenz handelt es sich um die drei Untertests „Informationsentnahme", „Textimmanente Interpretation" und „Reflektieren und Bewerten", für die in PISA eigens Rasch-Werte berechnet wurden. Die hohen bivariaten Zusammenhänge zwischen den drei Untertests rechtfertigen die Modellierung als ein latentes Konstrukt. Es wird jeweils der auf der Basis der *Item Response Theory* geschätzte erste *Plausible Value* verwendet. Für die Modellierung der *Mathematikleistung* kann nicht auf entsprechende Untertests zurückgegriffen werden. Deshalb wurde die Mathematikleistung mithilfe des ersten *Plausible Value* gemessen.

Überfachliche Kompetenzen

Neben dem Leseverständnis und der Mathematikleistung als kulturelle Basiskompetenz wurden in PISA weitere überfachliche Personmerkmale erfasst. Bei einem dieser Maße handelt es sich um *Problemlösekompetenzen bei Planungsaufgaben,* die im Folgenden neben der Lesekompetenz als Kriterium betrachtet werden sollen. Zur Erfassung der Problemlösekompetenz wurden in PISA zwei Planungsaufgaben, die sich bereits in früheren Untersuchungen bewährt hatten, adaptiert und weiterentwickelt (Klieme, Artelt, & Stanat, 2001; Klieme u.a., 2001). Die erste Aufgabe heißt „Energiesparen in der Schule", die zweite „Wir legen einen Schulgarten an". Beiden Aufgaben liegt ein Problemverständnis zu Grunde, das an die Arbeiten von Dörner (1979) anschließt. Eine Aufgabe soll dann und nur dann als Problem bezeichnet werden, wenn der Bearbeiter diese nicht im ersten Zugriff unter Nutzung einer eingeübten Routine lösen kann, sondern zuvor eine Barriere überwinden muss. Diese Barriere kann sowohl in einer erforderlichen Zielbestimmung als auch in der Identifikation, Auswahl und Sequenzierung geeigneter Mittel und Wege oder in der Kombination von beidem liegen. Ob eine Aufgabe für eine Person ein Problem darstellt oder nicht, hängt vom verfügbaren Vorwissen ab, sodass es keine allgemeine, personunabhängige Definition eines Problems geben kann. Eine Aufgabe, die für eine 15-jährige Schülerin ein nahezu unlösbares Problem ist, kann für ihren Lehrer eine Routineaufgabe und damit problemlos sein. Bei den beiden in PISA verwendeten Planungsaufgaben liegen die Hürden vornehmlich im Bereich der Auswahl und Koordination der Mittel, in gewissem Maße aber auch bei der noch notwendigen Zielklärung. Beide Aufgaben stellen für 15-Jährige komplexe Anforderungen hinsichtlich des sprachlichen Verständnisses, der Raumvorstellung, Problempräzisierung und der Maßnahmenkoordination dar. Die Planungsaufgaben sind im Fächergefüge der Schule nicht zu verorten. Sie nehmen technische, ökonomische, physikalische und biologische Fragestellungen im weitesten Sinne auf – insofern sind sie nicht schulunabhängig –, verlangen aber kein spezifisches Fachwissen. Ihre Bearbeitung erfordert die Aktualisierung von Weltwissen, dessen Erwerb in modernen Gesellschaften nicht an spezifische Kulturen oder Lebensverhältnisse gebunden ist. Insofern sollte der Zusammenhang zwischen sozialer Herkunft und den in PISA erfassten Problemlösekompetenzen relativ schwach sein. Die Schülerinnen und Schüler erhielten sechs Teilaufgaben, von denen sich vier auf die Energiesparaufgabe und zwei auf die Schulgartenaufgabe beziehen. Im Strukturgleichungsmodell wurde analog zur Lesekompetenz die Problemlösekompetenz als eine latente Variable modelliert. Als Indikatoren für die latente Variable wurden drei Item*parcels* verwendet. Jedes der drei *parcels* setzte sich aus Scores für jeweils zwei Aufgaben zusammen. Die Item*parcels* wiesen – in Relation zu den Untertests der Lesekompetenz – eine geringere, aber dennoch befriedigende Trennschärfe auf. Dies belegt die höhere Spezifität der Projektaufgaben im Vergleich zu den Untertests der Lesekompetenz.

3.5.2 Stichprobe und methodisches Vorgehen

Die Prüfung des Modells erfolgt auf der Grundlage der Stichprobe der nationalen Erweiterung der PISA-Studie (PISA-E). Es werden insgesamt 34.161 15-Jährige einbezogen. Sonder- und Berufsschüler wurden ausgeschlossen. Durch die Nutzung von Schulen als primärer Stichprobeneinheit erfolgt die Ziehung der Schüler nicht unabhängig voneinander. Diese Klumpung führt – je stärker sich Schulen untereinander unterscheiden – zu einer Herabsetzung der Stichprobeneffizienz. Dieser Designeffekt muss bei inferenzstatistischen Prüfungen entweder durch eine entsprechende Reduktion der Freiheitsgrade oder durch die Verwendung von Prüfverfahren, die keine einfachen Zufallsstichproben voraussetzen, berücksichtigt werden. Das Programm Mplus (Version 3.11; Muthén & Muthén, 1998–2004), mit dem die nachfolgenden Analysen durchgeführt wurden, erlaubt es, bei der Schätzung der Standardfehler und Prüfung der Signifikanzen den Designeffekt zu berücksichtigen.

In *Large Scale*-Untersuchungen wie PISA stellen fehlende Werte ein häufiges Problem dar. So hat sich in eigens durchgeführten Selektivitätsanalysen herausgestellt, dass fehlende Werte in den Variablen zur sozialen Herkunft mit den individuellen Leistungen negativ korreliert sind. Bei leistungsschwächeren Personen fehlen also häufiger Angaben zur Sozialschicht. Will man beispielsweise die individuellen Leistungen der Schülerinnen und Schüler durch deren soziale Herkunft vorhersagen, verringert der Ausschluss von Personen ohne gültige Werte in diesen Variablen die Validität der Ergebnisse. Ebenso überschätzt man Leistungsmittelwerte, wenn man nur Schülerinnen und Schüler berücksichtigt, für die Angaben zur Sozialschichtzugehörigkeit verfügbar sind. Mittlerweile hat sich die Einsicht durchgesetzt, dass der Einsatz leistungsstarker Algorithmen zur nachträglichen Schätzung fehlender Werte gegenüber dem paar- oder fallweisen Ausschluss der Daten eindeutig zu bevorzugen ist (vgl. Little & Rubin, 1987). Daher wurden mithilfe des im Programm NORM (Schafer, 1999) implementierten EM-Algorithmus die fehlenden Werte mittels *multiple imputation* geschätzt. Es wurden fünf Datensätze mit „kompletten" Daten erzeugt. Anschließend wurden die Analysen mit jedem der fünf Datensätze durchgeführt. Aufgrund der sehr hohen Stabilität der Befunde werden nachfolgend die mit dem ersten Datensatz ermittelten Ergebnisse berichtet.

Die postulierten Zusammenhänge zwischen Merkmalen der familiären Lebensverhältnisse und der Lesekompetenz wurden mithilfe von Strukturgleichungsmodellen (Bollen, 1989; Reinecke, 2005) überprüft. Charakteristisch für den Strukturgleichungsansatz ist die Trennung von Mess- und Strukturmodellen. Durch die Spezifikation von Messmodellen, in denen die Beziehungen zwischen manifesten und latenten Variablen festgelegt werden, erhält man im Strukturmodell messfehlerbereinigte Schätzungen für die Beziehungen zwischen den latenten Variablen. Als exogene Variable gehen der höchste sozioökonomische Index, der höchste berufliche Bildungsabschluss und der Migrationsstatus in das Modell ein. Von diesen exogenen Variablen gehen direkte Pfade auf die Prozessmerkmale familiärer Lebensverhältnisse und die Lesekompetenz. Von den Prozessmerkmalen weisen Pfade auf die Lesekompetenz. Damit sind die Prozessmerkmale Vermittler zwischen Strukturmerkmalen und der Lesekompetenz.

3.5.3 Ergebnisse

Aufgrund der unterschiedlichen Zuwanderungsmuster in alten und neuen Ländern der Bundesrepublik wurde das Modell des Zusammenhangs zwischen Struktur- und Prozessmerkmalen der familiären Lebensverhältnisse und der Lese- bzw. Problemlösekompetenz für die alten und neuen Länder der Bundesrepublik getrennt geschätzt. Die

Abbildungen 3.4 und 3.5 zeigen die schließlich angepassten Strukturmodelle. Als Strukturmerkmale der Familienverhältnisse dienen der jeweils höchste sozioökonomische Status und höchste Bildungsabschluss eines Elternteils sowie der Migrationsstatus von Vater und Mutter. Die Kinderzahl – eigentlich ein Strukturmerkmal – wurde als Prozessmerkmal modelliert, weil davon auszugehen ist, dass das generative Verhalten von Familien durch die Strukturmerkmale beeinflusst wird. Weitere Prozessmerkmale sind die kulturelle und kommunikative Praxis und das konsumtive Verhalten. Die Modelle für die alten und neuen Länder wurden im Mehrgruppenmodell simultan angepasst, wobei die Spezifikation der Messmodelle für die Personen in den alten und den neuen Ländern von der Annahme der τ-Äquivalenz, das heißt identisch geschätzter Faktorladungen und frei geschätzter Messfehler, ausging. Die Invarianz der Faktorladungen ist eine notwendige Voraussetzung für eine strikt vergleichende Interpretation der Parameter des Strukturmodells. Das Modell der τ-Äquivalenz wurde gegen ein weniger restriktives Mo-

	Kulturelle Praxis	Kommunikative Praxis	Konsumtives Verhalten	Lesen	Problem-lösen
Kulturelle Aktivitäten	1,00[a] .58/.59				
Investitionen in Kulturgüter	.64 .75/.70				
Allgemeine Gesprächsintensität		1,00[a] .70/.71			
Diskussionen über kulturelle Sachverhalte		1,08 .79/.76			
Besitz an teuren Wohlstandsgütern (parcel 1)			1,00[a] .56/.66		
Besitz an teuren Wohlstandsgütern (parcel 2)			1,08 .73/.58		
Lesekompetenz: Informationsentnahme				1,00[a] .94/.93	
Lesekompetenz: Textimmanente Interpretation				1,02 .97/.97	
Lesekompetenz: Reflektieren und Bewerten				1,07 .92/.90	
Problemlösen: Energiesparaufgabe (parcel 1)					1,00[a] .68/.63
Problemlösen: Energiesparaufgabe (parcel 2)					.96 .57/.50
Problemlösen: Schulgartenaufgabe (parcel 3)					1,17 .66/.60

[a] Aus Identifikationsgründen auf den Wert 1 fixiert.

Tabelle 3.1   Unstandardisierte Parameterschätzungen (obere Zeile) des Messmodells in den alten und neuen Ländern (Annahme der τ-Äquivalenz); in der unteren Zeile befinden sich die standardisierten Koeffizienten für die alten (erster Wert) und die neuen Länder (zweiter Wert)

	Kulturelle Praxis	Kommuni- kative Praxis	Konsum- tives Verhalten	Kinder zahl	Lesen	Problem- lösen	Mathe- matik
Kulturelle Praxis		.55	.37	.02	.51	.43	.45
Kommunikative Praxis	.53		.11	−.09	.27	.22	.23
Konsumtives Verhalten	.29	.12		−.01	.34	.25	.32
Kinderzahl	.05	.06	.02		−.15	−.15	−.17
Lesekompetenz	.47	.25	.13	−.07		.79	.82
Problemlösen	.38	.21	.09	−.07	.78		.71
Mathematische Kompetenz	.38	.20	.14	−.08	.77	.66	

Tabelle 3.2 Interkorrelationen zwischen Mediatoren und abhängigen Variablen im Strukturgleichungsmodell nach Region (alte Länder: oberhalb der Diagonalen; neue Länder: unterhalb der Diagonalen)

dell getestet, in dem die Faktorladungen zwischen den latenten und manifesten Variablen frei geschätzt wurden. Das restriktivere Modell erwies sich als nicht signifikant schlechter als das unrestringierte. Die Modellgütekriterien weisen auf eine sehr gute Verträglichkeit des Modells mit den Daten hin (χ^2 [df = 163, N = 34.161] = 2011,9; p < .001, RMSEA = .018, TLI = .988).

Die für die Schülerinnen und Schüler in den alten und neuen Ländern identisch geschätzten Parameter des Messmodells sind in der Tabelle 3.1 abgebildet. Die Reliabilitäten der Indikatoren der latenten Variablen sind in allen Fällen befriedigend. Wie bereits angedeutet wurde, sind die Leseindikatoren in Relation zu den Problemlöseindikatoren trennschärfer. Bevor wir uns den Pfadkoeffizienten der angepassten Strukturgleichungsmodelle zuwenden, soll ein Blick auf die bivariaten Zusammenhänge zwischen den Modellvariablen geworfen werden. Diese vermitteln einen ersten Eindruck von den Interdependenzen der einbezogenen Merkmale. In Tabelle 3.2 sind die modellimpliziten Interkorrelationen zwischen den Prozessmerkmalen (Mediatoren) und den abhängigen Kompetenzmaßen nach Region (alte vs. neue Länder) dargestellt.

Vier Ergebnisse scheinen hierbei von Relevanz: Erstens ist die im Vergleich zu den anderen Prozessmerkmalen hohe Bedeutung der kulturellen Praxis für alle drei Kompetenzmaße hervorzuheben. Der kommunikativen Praxis kommt eine geringere Bedeutung zu, wenngleich sie mit der kulturellen Praxis hoch korreliert ist (r = .55 bzw. r = .53). Zweitens wird deutlich, dass mit Ausnahme der Kinderzahl die Zusammenhänge zwischen der kulturellen und kommunikativen Praxis und den Kompetenzmaßen für die Lesekompetenz durchweg etwas höher sind als für die Problemlöse- bzw. die mathematische Kompetenz. Die Unterschiede sind zwar gering, aber dennoch sichtbar. Drittens ist das konsumtive Verhalten in den alten Ländern deutlich enger mit den Kompetenzmaßen verknüpft. Viertens kommt der Kinderzahl in den neuen Ländern eine geringere Bedeutung für den Kompetenzerwerb zu als in den alten. Inwieweit es sich hier um Effekte von Drittvariablen handelt, kann erst nach Betrachtung der multivariaten Ergebnisse entschieden werden.

In den Tabellen 3.3 und 3.4 werden die bivariaten Zusammenhänge zwischen den unabhängigen Variablen und den abhängigen Variablen des Modells berichtet. Dabei folgen – mit Ausnahme der Beziehungen für den Migrationsstatus – die Zusammenhänge in den alten und neuen Ländern einem vergleichbaren Muster. Unterschiede zwischen alten und neuen Ländern finden sich vor allem in zwei Punkten: Zum einen sind die Größenordnungen der Zusammenhänge in den alten Ländern durchweg höher als in den neuen. Dies bedeutet, dass die Koppelung von Struktur- und Prozessmerkmalen untereinander sowie mit dem Kompetenzerwerb in den neuen Ländern geringer ist als in den alten. Zum anderen diskriminiert der Migrationsstatus in den alten Ländern in einem bedeutsameren Maße zwischen den abhängigen Variablen als in den neuen.

Im Folgenden werden die Parameter des Strukturmodells betrachtet. Sämtliche Pfade des Strukturmodells wurden über die Gruppen hinweg frei geschätzt. Pfade, die in beiden Gruppen keine statistische Signifikanz erreichten, wurden jeweils auf null gesetzt. Die Abbildungen 3.4 und 3.5 geben die standardisierten Strukturparameter der Modelle

	Kulturelle Praxis	Kommuni- kative Praxis	Konsum- tives Verhalten	Kinder zahl	Lesen	Problem- lösen	Mathe- matik
Sozioökonomischer Status	.54	.20	.38	−.05	.41	.34	.39
Beruflicher Bildungsabschluss	.57	.21	.36	−.05	.36	.30	.34
Migrationsstatus	−.19	−.07	−.43	.17	−.20	−.28	−.32

Tabelle 3.3 Bivariate Korrelationen zwischen Strukturmerkmalen einerseits und den Prozessmerkmalen bzw. abhängigen Variablen andererseits (alte Länder)

	Kulturelle Praxis	Kommuni- kative Praxis	Konsum- tives Verhalten	Kinder zahl	Lesen	Problem- lösen	Mathe- matik
Sozioökonomischer Status	.43	.13	.29	−.00	.30	.25	.29
Beruflicher Bildungsabschluss	.47	.18	.26	.00	.26	.20	.23
Migrationsstatus	−.01	−.00	−.13	.03	−.00	−.08	−.09

Tabelle 3.4 Bivariate Korrelationen zwischen Strukturmerkmalen einerseits und den Prozessmerkmalen bzw. abhängigen Variablen andererseits (neue Länder)

für alte und neue Länder wieder. Nicht abgebildet sind die im Modell geschätzten Kovarianzen zwischen den Residuen der Prozessmerkmale einerseits und der Kompetenzmerkmale andererseits.

Ein Blick auf den multiplen Determinationskoeffizienten der Lesekompetenz im Modell für die alten Länder liefert den ersten interessanten Befund. Der durch die Variablen des Modells aufgeklärte Varianzanteil der Lesekompetenz liegt mit 35 Prozent weit über dem schon hohen Wert von 25 Prozent, den man allein bei Berücksichtigung der familiären Strukturmerkmale (sozioökonomische Stellung, Bildungsniveau und Migrationsstatus) erhält. Familiäre Prozessmerkmale erhöhen den Prozentsatz der aufgeklärten Varianz also um 10 Prozent. Bei der Problemlösekompetenz liegen die Kennwerte mit 25 Prozent (Gesamtmodell) und 17 Prozent (nur Strukturmerkmale) deutlich niedriger. Die Mathematik nimmt diesbezüglich eine Mittelstellung ein, da die erklärten Varianzanteile 29 Prozent für das Gesamtmodell und 22 Prozent für die Strukturmerkmale betragen. Diese Befundlage belegt, dass die Koppelung zwischen Merkmalen der familiären Lebensverhältnisse und schulischem Kompetenzerwerb systematisch und bedeutsam unterschätzt wird, wenn ausschließlich Strukturmerkmale einbezogen werden. Erst die simultane Berücksichtigung von Struktur- und Prozessmerkmalen der Familienverhältnisse vermittelt eine angemessene Vorstellung von den tatsächlich anzutreffenden Ungleichheitsrelationen. Die Kritik der qualitativen Sozialforschung an der unzuläng-

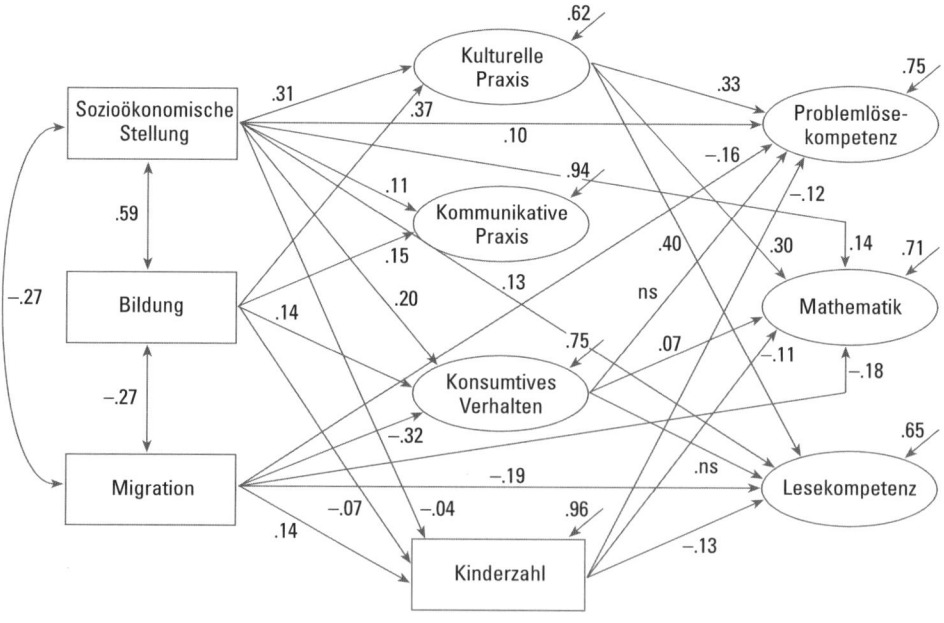

Abbildung 3.4   Parameterschätzungen des Strukturmodells für die alten Länder (standardisierte Parameter aus Mplus; Residualkorrelationen zwischen den latenten Variablen wurden geschätzt, der besseren Übersicht wegen jedoch nicht eingetragen)

lichen Erfassung sozialer und kultureller Herkunft in den meisten quantitativen Untersuchungen zur Sozialstruktur scheint berechtigt.

Vergleicht man den Befund für die alten Länder mit dem Resultat für die neuen Länder, wird das von Baumert und Schümer (2002) berichtete Ergebnis der geringeren Verknüpfung von sozialer Herkunft und Kompetenzerwerb in den neuen Ländern bestätigt. Aber auch in den neuen Ländern wird die Bedeutung der sozialen Herkunft erheblich unterschätzt, wenn man nur Strukturmerkmale berücksichtigt. In den neuen Ländern erklärt das Gesamtmodell 26 Prozent der Varianz der Lesekompetenz, 17 Prozent der Varianz der Problemlösekompetenz und 18 Prozent der Varianz der Mathematikleistung. Die Strukturmerkmale allein erklären 12 Prozent der Varianz im Lesen, 8 Prozent der Varianz im Problemlösen und 11 Prozent der Varianz der Mathematikleistung.

Sowohl in den alten wie auch in den neuen Ländern stellen die Prozessmerkmale familiärer Lebensverhältnisse wichtige Mediatoren der sozialstrukturellen Verhältnisse dar. Die Auswirkungen des Bildungsniveaus einer Familie auf den Erwerb fachlicher und überfachlicher Kompetenzen werden vollständig durch die kulturelle Praxis der Familie vermittelt. In Übereinstimmung mit den Annahmen Bourdieus scheint das kulturelle Kapital der beste Prädiktor für den Kompetenzerwerb in der Schule zu sein. Dagegen ist für die in Anlehnung an Coleman konzipierte kommunikative Praxis kein spezifischer,

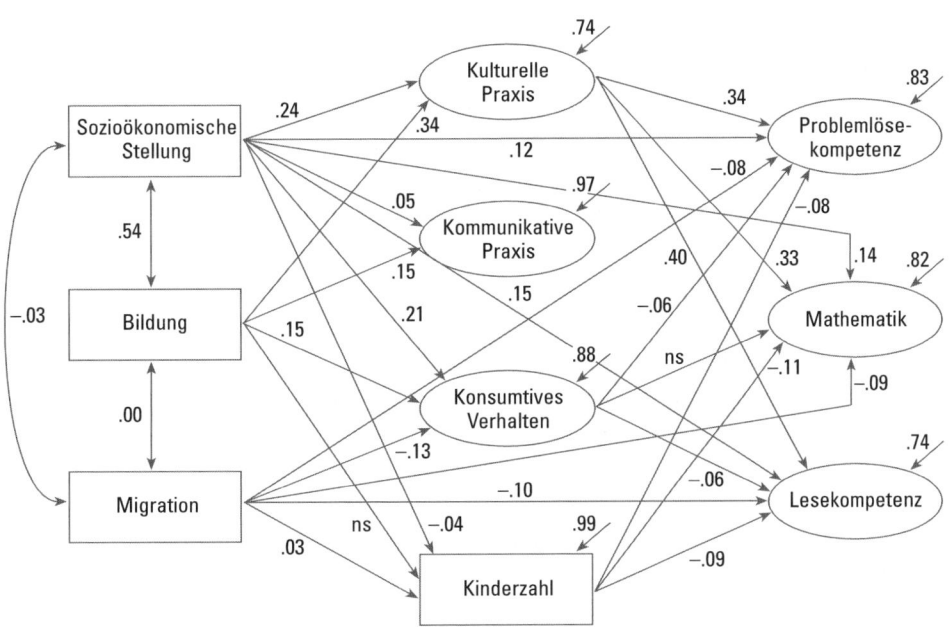

Abbildung 3.5   Parameterschätzungen des Strukturmodells für die neuen Länder (standardisierte Parameter aus Mplus; Residualkorrelationen zwischen den latenten Variablen wurden geschätzt, der besseren Übersicht wegen jedoch nicht eingetragen)

über die Wirkungen der anderen Prozessmerkmale hinausgehender Effekt nachweisbar. Allerdings könnte der negative Einfluss der Geschwisterzahl auch auf Folgen einer Veränderung der Kommunikationsmuster in der Familie hinweisen. Im Unterschied zum Bildungsniveau einer Familie werden die Effekte des sozioökonomischen Status nicht vollständig über die familiären Prozessmerkmale vermittelt. Dies könnte als Auswirkung des Statuserhaltsmotivs interpretiert werden. Erwartungsgemäß lassen sich von den Prozessmerkmalen unabhängige Effekte des sozioökonomischen Status auf die fachlichen und überfachlichen Lernleistungen nachweisen. Diese Effekte sind in den alten und neuen Ländern praktisch gleich groß. Bei sämtlichen direkten Effekten der Herkunftsvariablen auf die abhängigen Variablen werden primäre und sekundäre Herkunftseffekte sowie institutionelle und kompositionelle Effekte vermischt (zur Unterscheidung von institutionellen und kompositionellen Effekten vgl. Kap. 4, in diesem Band).

Ein Vergleich der beiden in den Abbildungen 3.4 und 3.5 wiedergegebenen Modelle macht die unterschiedliche Bedeutung des Zuwanderungsstatus in den alten und neuen Ländern unmittelbar deutlich. Der Migrationsstatus einer Familie ist in den alten Ländern ein im Hinblick auf die sozioökonomische Stellung, das berufliche Bildungsniveau und das generative Verhalten diskriminierendes Merkmal. Zugewanderte in den neuen Ländern sind diesbezüglich praktisch unauffällig. In den alten und neuen Ländern besitzt der Migrationsstatus jeweils negative Effekte auf die Kompetenzmaße, wobei diese in den alten Ländern aber deutlich stärker ausgeprägt sind.

Schließlich wird die Hypothese bestätigt, dass die Unterschiede in den kulturellen Praxen von Familien die Lesekompetenz stärker tangieren als die Problemlöse- und die mathematische Kompetenz. Bei den großen Fallzahlen der nationalen Erweiterungsstichprobe lässt sich die Differenz in den Regressionskoeffizienten auch zufallskritisch absichern. Hier scheint der kulturelle Sozialisationseffekt über die Vermittlung einer Sprachkultur den Erwerb von Lesekompetenz positiv zu unterfüttern.

3.5.4 Zusammenfassung und Diskussion der nationalen Ergebnisse

Mithilfe von Strukturgleichungsmodellen konnte belegt werden, dass sich der soziokulturelle Hintergrund Heranwachsender im Zusammenspiel von Struktur- und Prozessmerkmalen familiärer Lebensverhältnisse auf fachliche und überfachliche Kompetenzen in der Sekundarstufe I auswirkt. Die disparitätserzeugenden Effekte von familiären Strukturmerkmalen werden überwiegend durch die kulturelle Praxis von Familien vermittelt. Disparitätsuntersuchungen, die sich auf die Analyse bivariater Zusammenhänge beschränken oder multivariat angelegt sind, aber nur Strukturmerkmale der Familienverhältnisse berücksichtigen, unterschätzen die Bedeutung der familiären Herkunft für den Kompetenzerwerb der nachwachsenden Generation systematisch. Erst die simultane Berücksichtigung von Struktur- und Prozessmerkmalen der Familienverhältnisse vermittelt eine angemessene Vorstellung der tatsächlich anzutreffenden Ungleichheitsverhältnisse.

Das Bourdieu'sche Konzept des kulturellen Kapitals lässt sich auch in flächendeckenden Schulleistungsuntersuchungen sparsam operationalisieren und reliabel erfassen. Informationen über die kulturelle Praxis einer Familie tragen substanziell zur Vorhersage des Kompetenzerwerbs der jüngeren Generation bei. Es spricht für die Konstruktvalidität des Konzepts, wenn durch dieses Prozessmerkmal die Auswirkungen des familiären Bildungsniveaus auf den Kompetenzerwerb vollständig vermittelt werden. Dagegen hat sich das im Sinne von Coleman konzipierte soziale Kapital empirisch weniger gut bewährt. In der vorliegenden Untersuchung wurde das soziale Kapital nur in einem Aspekt, nämlich dem der kommunikativen Praxis in der Familie, erfasst. Trotz zufrieden stellender Reliabilität trug diese Komponente nichts zur Vorhersage des Kompetenzerwerbs bei, obwohl erwartungsgemäß Zusammenhänge mit den Strukturmerkmalen familiärer Lebensverhältnisse nachgewiesen werden konnten. Ob die unbefriedigende Konstruktvalidität eine Folge der Instrumentierung ist oder die von Hallinan und Kubitschek (1999) geäußerte Kritik an diesem Konstrukt bestätigt, muss offen bleiben.

Aufgrund der selektiven Zuwanderung in die ehemalige DDR wirkt der Migrationsstatus in den neuen Ländern im Hinblick auf die Lernstände in den fachlichen und überfachlichen Kompetenzen weniger diskriminierend. Sieht man einmal von der quantitativ unbedeutenden Gruppe der Asylbewerber ab, sind Zugewanderte in den neuen Ländern hinsichtlich ihres sozioökonomischen Status, des Bildungsniveaus und des generativen Verhaltens praktisch unauffällig. Inwieweit insbesondere in den alten Ländern die negativen Effekte des Migrationsstatus auf den Kompetenzerwerb über die in der Familie gesprochene Verkehrssprache und/oder die unterschiedliche Verweildauer vermittelt sind, darüber geben unter anderem Müller und Stanat (Kap. 6, in diesem Band) im Detail Auskunft (vgl. zudem Baumert, Watermann, & Schümer, 2003).

Wir haben in Abschnitt 3.5 darauf hingewiesen, dass ein theoretisches Modell der Wirkungsweise familiärer Struktur- und Prozessmerkmale in jedem Fall individuelle Fähigkeits- und Motivationsunterschiede und institutionelle Übergangsentscheidungen zu berücksichtigen hat. So ist davon auszugehen, dass die psychologischen und institutionellen Vermittlungsmechanismen kumulativ zu den sozialen Unterschieden im Kompetenzerwerb beitragen. Die Anlage der PISA-Studie ist jedoch weniger geeignet, um solche primären und sekundären Herkunftseffekte empirisch zu trennen. Baumert, Watermann und Schümer (2003) haben sich der Frage explorativ angenähert. Sie fanden in Regressionsanalysen Hinweise auf sekundäre Disparitäten der Bildungsbeteiligung in den alten Ländern, die auf direkte Effekte der Sozialschichtzugehörigkeit und damit auf Motive des Statuserhalts zurückzuführen sind. Für die neuen Länder gab es keine entsprechenden Hinweise. Sekundäre Disparitäten des Kompetenzerwerbs, die innerhalb der Schulformen des gegliederten Systems entstehen, konnten nicht ausgeschlossen werden. Die nachgewiesenen direkten Effekte von Strukturmerkmalen der Familienverhältnisse können sowohl als Beleg für sozial erzeugte sekundäre Ungleichheiten, aber auch als Ergebnis der in den Modellen nicht ausreichend erfassten Übergangsauslese interpretiert werden. In dieser Ambivalenz werden die Grenzen von Querschnittuntersuchungen deutlich sichtbar.

3.6 Die Überprüfung des Modells im internationalen Vergleich

Im Anschluss an die nationale Überprüfung des Strukturmodells stellt sich die Frage, inwieweit das Strukturmodell der Vermittlung sozialer Herkunftseffekte durch familiäre Prozessmerkmale nicht nur national angepasst werden, sondern auch transkulturelle Validität beanspruchen kann. Hat die kulturelle Praxis als Vermittler zwischen Sozialstruktur und Basiskompetenzen in allen PISA-Staaten primär maßgebliche Bedeutung? Unterscheiden sich die Länder in ihren Vermittlungsmustern? Gibt es Länder, in denen die kommunikative Praxis eine in Relation zur kulturellen Praxis vergleichbare oder sogar größere Rolle spielt? Werden auch im internationalen Vergleich die Ungleichheitsrelationen systematisch unterschätzt, wenn nur Strukturmerkmale, nicht jedoch Prozessmerkmale familiärer Lebensverhältnisse Beachtung finden?

Mittlerweile haben einige Arbeiten auf der Grundlage der theoretischen Begriffe des kulturellen und sozialen Kapitals den Versuch unternommen, näher an die vermittelnden Prozesse, die mit der Sozialschichtzugehörigkeit zusammenhängen, heranzukommen. Turmo (2004) beispielsweise untersucht für die skandinavischen Länder Dänemark, Finnland, Island, Norwegen und Schweden die Effekte des ökonomischen, kulturellen und sozialen Kapitals in Bezug auf die naturwissenschaftlichen Kompetenzen 15-Jähriger. Unter Rückgriff auf die in PISA 2000 ermittelten Skalenwerte zeigt er, dass in den untersuchten Ländern das kulturelle Kapital der Familien den stärksten Effekt auf die naturwissenschaftliche Kompetenz ausübt, während ökonomisches und soziales Kapital bei Kontrolle des kulturellen Kapitals praktisch keine weitere Varianz in der naturwissenschaftlichen Kompetenz erklärt. Während die Wirkungsweise der Prozessmerkmale in den fünf skandinavischen Ländern relativ konsistent ist, sind die Unterschiede in den Ungleichheitsrelationen zwischen den Ländern substanziell. In Finnland, Island und Schweden ist die Größenordnung der durch die Prozessmerkmale erklärten Varianz in der naturwissenschaftlichen Kompetenz deutlich geringer als in Norwegen und Dänemark.

Jungbauer-Gans (2004) untersucht auf der Grundlage eines Vergleichs zwischen Deutschland, Frankreich und der Schweiz die Bedeutung des ökonomischen, kulturellen und sozialen Kapitals für die Lesekompetenz. Sie greift hierzu ebenfalls auf die im Rahmen von PISA 2000 berechneten Skalenwerte zurück. Im Unterschied zu Turmo (2004) trägt sie zusätzlich den familiären Strukturmerkmalen (sozioökonomischer Status, berufliche Bildung und Migrationshintergrund) Rechnung, und sie geht ähnlich wie Baumert, Watermann und Schümer (2003) der Frage nach, inwieweit die Prozessmerkmale zur Vermittlung des Effekts der Sozialschichtzugehörigkeit auf die Lesekompetenz geeignet sind. Ihre Ergebnisse fügen sich in die bei Turmo (2004) für die skandinavischen Länder berichteten Befunde ein. Praktische Bedeutsamkeit erreicht auch in Deutschland, Frankreich und der Schweiz lediglich das kulturelle Kapital, wohingegen das soziale und ökonomische Kapital kaum von Bedeutung sind. Weiterhin wird der Effekt der Sozialschichtzugehörigkeit nicht vollständig durch die Prozessmerkmale vermittelt, es bleibt ein direkter Effekt der sozioökonomischen Stellung (ISEI) bestehen. Somit erklären familiäre Struktur- und Prozessmerkmale spezifische und gemeinsame Varianzanteile in der Lesekompetenz. Jungbauer-Gans (2004) fasst die Befunde sowohl als Bestätigung des von Bourdieu (1983) vertretenen Modells der kulturellen Reproduktion (indiziert durch die Vermittlung der Sozialschichtzugehörigkeit) als auch im Sinne des auf DiMaggio (1982) zurückgehenden Kompensationsmodells (indiziert durch den spezifischen Effekt der Prozessmerkmale) auf.

Im Kern deuten die Befunde dieser Untersuchungen auf eine hohe Konsistenz der Wirkungsweisen des kulturellen, sozialen und ökonomischen Kapitals bei gleichzeitig variablen Größenordnungen in den Ungleichheitsverhältnissen in diesen Ländern hin. Die Arbeiten stimmen darin überein, dass auf der Prozessebene maßgeblich das kulturelle Kapital in der Familie den Effekt der Sozialschichtzugehörigkeit auf die Lernstände vermittelt, während das soziale Kapital eine geringe Bedeutung zu haben scheint.

Ein Desiderat der bisherigen Forschung besteht in der weitgehend ungeprüften Annahme der konfiguralen Invarianz der verschiedenen Prozessmerkmale in den Teilnehmerländern. So zeigt beispielsweise die Arbeit von Yang und Gustafsson (2004) recht eindrücklich, dass sich die Dimensionalität der Prozessmerkmale von Land zu Land durchaus unterscheiden kann. In ihren Analysen der Daten der *IEA Reading Literacy Study* ließen sich in einer Reihe von Ländern die Indikatoren für kulturelles und ökonomisches Kapital empirisch nicht trennen, sodass kulturelle und ökonomische Ressourcen in eine einzige Dimension zusammenfielen. Aufgrund der nicht eindeutigen Forschungslage soll daher im Folgenden für alle an PISA beteiligten Staaten *erstens* die Dimensionalität der Prozessmerkmale familiärer Lebensverhältnisse geprüft werden. Sollten die Messmodelle über die Länder hinweg vergleichbar sein, wird *zweitens* auch die relative Bedeutung der einzelnen Konstrukte für die Lesekompetenz in den verschiedenen Ländern analysiert.

3.6.1 Instrumentierung, Stichprobe und methodisches Vorgehen

Die Analysen wurden durchgängig mit den internationalen Datensätzen aus PISA 2000 durchgeführt. Im Unterschied zu den nationalen Analysen wurde nur die Lesekompetenz als Kriterium betrachtet, da (a) Problemlösekompetenzen in PISA 2000 international nicht erfasst wurden und (b) aufgrund des *Multi-Matrix*-Designs nur für die Hälfte der Schülerinnen und Schüler Leistungswerte für die mathematischen Kompetenzen vorlagen. Weiterhin stand nicht in allen Ländern die Variable Kinderzahl zur Verfügung, sodass diese im Folgenden ebenfalls unberücksichtigt bleibt. Ansonsten wurden die Variablen analog zu den nationalen Analysen gebildet. Die Reliabilitäten der Skalen bzw. Indikatoren zur Erfassung der kulturellen, kommunikativen und konsumtiven Praxis in der Familie waren in den Ländern von vergleichbarer und testtheoretisch hinreichender Güte.

Üblicherweise werden Dimensionalitätsüberprüfungen in konfirmatorischen Faktorenanalysen im Rahmen des Strukturgleichungsansatzes durchgeführt, in dem allein die Messtheorie ohne Einbeziehung von Strukturparametern getestet wird. Im vorliegenden Fall stünden jedoch für das von der Theorie her zu favorisierende Drei-Faktoren-Modell mit sechs Indikatoren keine Freiheitsgrade mehr zur Verfügung, die einen Test des Modells ermöglicht hätten. Wir haben daher die Freiheitsgrade durch die Testung des kompletten Strukturgleichungsmodells sozusagen erkauft. Bei der Prüfung der Dimensionalität der Prozessmerkmale wurde folgendermaßen vorgegangen: In einem ersten Schritt wurde geprüft, ob ein Generalfaktor die Prozessmerkmale abzubilden vermag. Anschließend wurde ein Modell mit zwei Faktoren spezifiziert, in dem die Indikatoren der kulturellen und kommunikativen Praxis einen gemeinsamen Faktor bilden und die Indikatoren des konsumtiven Verhaltens einen zweiten Faktor aufspannen. Die Zusammenfassung der Skalen zur kulturellen und kommunikativen Praxis zu einer Dimension lag darin begründet, dass die Beziehungen der Indikatoren untereinander höher ausfielen als zu den Indikatoren konsumtiven Verhaltens. Schließlich wurde ein Modell mit drei Faktoren – kulturelle Praxis, kommunikative Praxis und konsumtives Verhalten – geschätzt. In allen Modellsequenzen war das Strukturmodell saturiert, das heißt, es wurden sämtliche Pfadkoeffizienten, Kovarianzen sowie Residualkovarianzen im Strukturmodell zugelassen, um maximale Vergleichbarkeit über die Teilnehmerstaaten hinweg zu gewährleisten.

Die Berechnungen wurden mit dem Programm Mplus (Version 3.11; Muthén & Muthén, 1998–2004) durchgeführt. Im Unterschied zu den nationalen Analysen wurden fehlende Werte nicht imputiert *(multiple imputation)*, sondern es wurde das in Mplus implementierte *Full-Information-Maximum-Likelihood*-Verfahren benutzt, das auf der Grundlage der Rohdaten und unter der Annahme, dass die fehlenden Werte *missing at random* sind, zu erwartungstreuen und effizienten Parameterschätzungen kommt. Zur Beurteilung der Modellgüte wurden neben dem χ^2-Test der *Root Mean Square Error of Approximation* (RMSEA) und der *Standardized Root Mean Square Residual* (SRMR) herangezogen. Beide Indizes sind im Gegensatz zum χ^2-Test wenig sensibel gegenüber Veränderungen der Stichprobengröße und sollten insbesondere bei großen Stichproben bevorzugt zur Beurteilung der Modellgüte verwendet werden. RMSEA unter .06 und SRMR unter .05 sprechen für eine sehr gute Passung eines spezifizierten Modells (siehe z.B. Marsh, Balla, & McDonald, 1988). Außerdem wurde mit dem *Bayesian Information Criterion* (BIC) auf ein informationstheoretisches Maß zurückgegriffen, das sich vor allem für Vergleiche von nichtgeschachtelten Modellen eignet. Je kleiner der BIC-Wert, desto besser ist das Modell (Rost, 2004). Das Programm „Mplus" bieter darüber hinaus die Möglichkeit, den Design-Effekt bei der Berechnung der Standardfehler und der Modellanpassung zu berücksichtigen (Analyseoption Type = Complex, vgl. Muthén & Satorra, 1995).

3.6.2 Ergebnisse

Ein Blick auf die Gütemaße der Modelle verdeutlicht, dass Modelle, in denen die Prozessmerkmale ein- bzw. zweidimensional spezifiziert wurden, nicht mit den Daten verträglich sind (vgl. Tab. 3.5). Erst die Spezifikation von Modellen mit drei Faktoren führt zu einer in allen Teilnehmerländern guten Anpassung an die Daten. Dementsprechend wird im Folgenden genauer auf die Befunde zu diesen Modellen eingegangen.

Land	Modell mit 1 Faktor				Modell mit 2 Faktoren				Modell mit 3 Faktoren			
	χ^2	RMSEA	SRMR	BIC	χ^2	RMSEA	SRMR	BIC	χ^2	RMSEA	SRMR	BIC
Australien	1754,0	.084	.057	264261,7	1342,9	.077	.052	263582,4	408,7	.045	.019	262468,3
Belgien	1646,9	.071	.055	341127,9	1253,8	.066	.045	340584,6	267,9	.031	.016	339150,7
Brasilien	1170,3	.070	.065	239653,9	703,0	.057	.055	239100,2	165,6	.027	.022	238314,7
Dänemark	1724,3	.092	.064	208178,6	1092,7	.077	.048	207461,6	387,0	.048	.023	206714,9
Deutschland	1838,9	.090	.063	238062,9	1284,3	.079	.047	237382,4	232,5	.034	.016	236166,1
Finnland	1345,7	.075	.059	234518,9	1059,8	.071	.055	234236,6	344,4	.042	.021	233380,3
Frankreich	1726,4	.087	.056	235676,6	1109,3	.074	.040	235025,7	171,0	.028	.010	234089,4
Griechenland	1292,2	.075	.057	241270,2	929,7	.067	.061	240844,9	195,5	.031	.022	239961,5
Irland	1745,1	.097	.062	196191,7	942,4	.075	.052	195490,0	302,9	.044	.020	194919,4
Island	974,4	.076	.055	161905,9	707,4	.069	.046	161637,5	234,9	.040	.020	161206,6
Italien	1447,1	.077	.057	245005,9	1050,2	.069	.044	244435,7	218,4	.032	.013	243514,4
Japan	974,0	.067	.055	206686,6	859,1	.066	.051	206582,6	299,9	.041	.019	206008,3
Kanada	5932,2	.065	.058	1503318,4	4648,2	.061	.046	1498771,7	1141,0	.032	.020	1492876,0
Korea	1844,1	.095	.075	239088,3	1465,5	.089	.069	238707,8	260,9	.039	.026	237551,3
Liechtenstein	229,0	.111	.067	15968,5	210,9	.113	.084	15956,1	63,2	.049	.023	15897,6
Litauen	917,2	.069	.072	199847,2	697,5	.063	.064	199572,2	188,0	.033	.020	198853,5

χ^2 = Chiquadrat-Statistik, RMSEA = Root Mean Square Error of Approximation, SRMR = Standardized Root Mean Square Residual, BIC = Bayesian Information Criterion.

Tabelle 3.5 Modellgütestatistiken für Modelle mit 1 bis 3 Faktoren nach Land

Land	Modell mit 1 Faktor				Modell mit 2 Faktoren				Modell mit 3 Faktoren			
	χ^2	RMSEA	SRMR	BIC	χ^2	RMSEA	SRMR	BIC	χ^2	RMSEA	SRMR	BIC
Luxemburg	1435,1	.091	.059	179451,1	1206,6	.089	.051	179205,4	199,0	.026	.014	178239,8
Mexiko	1659,7	.086	.056	230747,1	1330,8	.082	.046	230330,4	197,1	.031	.017	229119,9
Neuseeland	1488,6	.091	.059	190637,9	920,0	.076	.048	190094,4	287,7	.044	.020	189544,5
Niederlande	814,8	.081	.060	125479,4	637,4	.075	.051	125298,5	218,9	.045	.024	124855,9
Norwegen	1392,0	.083	.070	202482,9	959,4	.073	.059	201993,9	301,0	.042	.023	201214,8
Österreich	1838,9	.090	.063	238062,9	1284,3	.079	.047	237382,4	232,5	.034	.016	236166,1
Polen	1659,0	.097	.068	173519,3	1085,6	.082	.066	173034,9	185,2	.034	.021	172121,0
Portugal	1432,1	.080	.050	228641,0	1175,7	.077	.041	228268,1	245,6	.036	.012	227278,2
Russische Föderation	1650,7	.071	.059	332042,8	1209,3	.064	.054	331695,4	124,2	.019	.011	330461,6
Schweden	2449,6	.108	.070	221982,3	1601,2	.092	.057	221063,2	573,8	.058	.032	220209,0
Schweiz	1773,8	.078	.062	316407,4	1134,5	.065	.044	315363,3	271,0	.033	.021	314262,6
Spanien	1801,1	.077	.058	309568,2	1296,2	.069	.046	308906,2	225,9	.029	.019	307570,2
Tschechien	1748,0	.082	.058	260840,6	1406,6	.078	.052	260395,0	320,2	.038	.019	259361,4
Ungarn	1525,2	.080	.058	236861,3	1259,3	.077	.053	236549,1	319,9	.040	.031	235455,7
Vereinigte Staaten	1761,1	.097	.068	192289,0	1047,6	.079	.068	191350,3	215,3	.036	.016	190328,6
Vereinigtes Königreich	1908,2	.065	.055	474351,2	1271,3	.056	.041	473077,6	326,6	.029	.018	471291,1

χ^2 = Chiquadrat-Statistik, RMSEA = Root Mean Square Error of Approximation, SRMR = Standardized Root Mean Square Residual, BIC = Bayesian Information Criterion.

noch Tabelle 3.5   Modellgütestatistiken für Modelle mit 1 bis 3 Faktoren nach Land

Die Tabelle 3.6 gibt die standardisierten Faktorladungen der jeweiligen Messmodelle in den Teilnehmerstaaten wieder. Es zeigt sich ein beeindruckender Befund: Mit wenigen Ausnahmen fallen die Faktorladungen über die Länder hinweg sehr homogen aus. Im Bereich der kulturellen Praxis weist die Skala „Investition in Kulturgüter" durchweg die höheren Faktorladungen auf als die Skala „Kulturelle Aktivitäten". Bei der kommunikativen Praxis sind die Faktorladungen der Skala „Kulturelle Inhalte" in den überwiegenden Fällen höher als die der Skala „Intensität der Kommunikation". Im Bereich des konsumtiven Verhaltens wird deutlich, dass die beiden gebildeten Item*parcels* in einigen Ländern weniger hoch miteinander korreliert sind und daher geringere Faktorladungen aufweisen. Dies ist in Finnland, den Niederlanden und der Russischen Föderation der Fall. Im internationalen Vergleich werden kulturelle und kommunikative Praxis reliabler gemessen als das konsumtive Verhalten. Dennoch deutet das Bild auf eine länderübergreifend geltende Messtheorie hin. Setzt man in einem Mehrgruppenmodell die Faktorladungen, nicht jedoch die Fehlervarianzen, in den Messmodellen über alle Länder gleich, prüft man also die Annahme der τ-Äquivalenz über die Länder hinweg, führt dies zu einer zufrieden stellenden Modellanpassung (RMSEA = .06). Um den Besonderheiten der einzelnen Länder Rechnung zu tragen, werden wir im Folgenden nicht die Ergebnisse aus dem Mehrgruppenmodell, sondern aus den spezifischen Länderanalysen berichten.

Die Schätzungen der Strukturparameter sind in Tabelle 3.7 dargestellt. Um die Ergebnisse noch anschaulich in tabellarischer Form darstellen zu können, werden ausschließlich die direkten Effekte der manifesten und latenten Konstrukte der sozialen Herkunft auf die Lesekompetenz berichtet. Betrachtet man zunächst die Effekte der kulturellen Praxis in der Familie, dann stellt dieser Kapitalfaktor mit Ausnahme von Brasilien, Dänemark und Portugal den durchgehend bedeutsamsten Faktor in allen Teilnehmerländern dar. In den Niederlanden sind beide Prozessmerkmale von vergleichbarer Bedeutung. Die kulturelle Ausstattung einer Familie entscheidet demnach auch international maßgeblich über den Erwerb der Lesekompetenz. Die Höhe der Pfadkoeffizienten ist mit Ausnahme von Brasilien substanziell. Bei der Interpretation ist in einigen Fällen Vorsicht geboten. So treten insbesondere in den Modellen für Litauen, Polen, die Russische Föderation, Ungarn und Spanien Suppressoreffekte auf, die sich auf die Höhe der Pfadkoeffizienten zwischen kultureller Praxis und Lesekompetenz einerseits und zwischen konsumtivem Verhalten und Lesekompetenz andererseits auswirken. In all diesen Fällen stellt das konsumtive Verhalten die Suppressorvariable dar, die den Vorhersagewert der kulturellen Praxis erhöht, indem sie für das Kriterium nicht relevante Anteile der anderen Prädiktoren unterdrückt (für Details zu Suppressoreffekten vgl. Bortz, 1979). Dadurch korreliert der Rest der kulturellen Praxis dann höher mit dem Kriterium als zuvor, und auch der negative Effekt des konsumtiven Verhaltens nimmt in seiner Größenordnung zu.

Unabhängig hiervon kann festgestellt werden, dass in 22 von 32 Ländern die kommunikative Praxis einen signifikanten Beitrag zur Vorhersage der Lesekompetenz leistet. Dies ist im Unterschied zu den Ergebnissen der nationalen Analyse auch in Deutsch-

Land	Kulturelle Praxis		Kommunikative Praxis		Konsumtives Verhalten		Lesekompetenz		
	AKT	INV	INT	KULT	P1	P2	INF	INT	BEW
Australien	.77	.54	.68	.89	.59	.54	.96	1,00	.95
Belgien	.73	.62	.65	.80	.56	.36	.97	.99	.94
Brasilien	.76	.44	.74	.85	.59	.43	.90	1,01	.88
Dänemark	.75	.54	.73	.80	.51	.62	.96	.99	.92
Deutschland	.78	.57	.69	.84	.61	.45	.96	1,00	.94
Finnland	.68	.48	.62	.84	.39	.43	.94	1,00	.93
Frankreich	.78	.52	.65	.81	.52	.57	.96	.98	.93
Griechenland	.80	.35	.58	.89	.63	.36	.95	1,00	.90
Irland	.75	.48	.67	.81	.58	.57	.96	.99	.94
Island	.60	.49	.66	.82	.45	.57	.95	.99	.93
Italien	.69	.49	.65	.77	.74	.36	.95	.99	.94
Japan	.70	.45	.67	.90	.47	.32	.93	1,00	.86
Kanada	.74	.59	.66	.85	.62	.59	.96	1,00	.94
Korea	.69	.48	.66	.95	.45	.44	.94	.96	.84
Liechtenstein	.64	.56	.72	.85	.45	.62	.95	.99	.92
Litauen	.68	.38	.60	.91	.44	.36	.95	.99	.91
Luxemburg	.82	.50	.75	.75	.56	.57	.96	.99	.94
Mexiko	.76	.61	.72	.85	.64	.53	.91	1,00	.84
Neuseeland	.77	.49	.65	.85	.58	.57	.96	.99	.95
Niederlande	.68	.56	.68	.80	.39	.43	.95	.99	.91
Norwegen	.77	.38	.71	.85	.43	.61	.95	1,00	.94
Österreich	.78	.57	.69	.84	.61	.45	.96	1,00	.94
Polen	.68	.53	.73	.84	.62	.48	.94	1,00	.92
Portugal	.82	.50	.68	.83	.74	.38	.96	1,00	.96
Russische Föderation	.65	.50	.66	.83	.48	.38	.91	1,00	.90
Schweden	.76	.46	.67	.80	.56	.62	.93	1,00	.90
Schweiz	.74	.55	.71	.77	.52	.62	.95	.99	.92
Spanien	.69	.53	.66	.83	.59	.41	.95	.99	.92
Tschechien	.68	.57	.72	.77	.77	.28	.95	1,00	.91
Ungarn	.74	.52	.63	.83	.56	.27	.95	1,00	.92
Vereinigte Staaten	.79	.58	.64	.65	.64	.65	.96	.99	.96
Vereinigtes Königreich	.77	.60	.66	.81	.63	.53	.96	.99	.95

AKT = Kulturelle Aktivitäten, INV = Investition in Kulturgüter, INT = Intensität der Kommunikation, KULT = Kulturelle Inhalte, P1 = Itemparcel 1, P2 = Itemparcel 2, INF = Informationen ermitteln, INT = Textimmanente Interpretation, BEW = Reflektieren und Bewerten; standardisierte Faktorladungen innerhalb von Teilnehmerstaaten aus länderspezifischen Analysen; alle Faktorladungen sind auf dem 0,1-Prozent-Niveau signifikant.

Tabelle 3.6   Standardisierte Faktorladungen der Messmodelle nach Teilnehmerländern

Land	HISEI	HISCED	MIG	KULT	KOMM	KONS	R^2
Australien	.16	.04	−.03[a]	.33	.13	−.01[a]	.27
Belgien	.20	.03[a]	−.27	.42	.03[a]	−.15	.36
Brasilien	.16	.08	−.03	.10	.18	.05a	.18
Dänemark	.09	.16	−.14	.16	.26	−.03[a]	.29
Deutschland	.14	.02[a]	−.19	.29	.09	−.01[a]	.25
Finnland	.08	.02[a]	−.09	.29	.10	−.02[a]	.16
Frankreich	.12	−.07	−.08	.37	.09	.14	.31
Griechenland	.22	.07	−.12	.28	.14	−.16	.23
Irland	.21	−.02[a]	.01[a]	.31	.03[a]	.02[a]	.20
Island	.05	−.03	−.06[a]	.47	.03[a]	−.19	.21
Italien	.11	.06[a]	−.01[a]	.32	.08	−.10	.19
Japan	.01[a]	_[b]	−.02[a]	.35	.17	−.19	.21
Kanada	.12	.05	−.07	.30	.08	.02[a]	.20
Korea	.05	.10	_[b]	.33	.17	−.19	.19
Liechtenstein	.07[a]	−.04[a]	−.23	.52	−.02[a]	.01[a]	.38
Litauen	.15	.07	.01[a]	.58	−.01[a]	−.40	.33
Luxemburg	.14	−.02[a]	−.26	.30	.14	.05[a]	.38
Mexiko	.14	.12	−.12	.38	.13	−.21	.29
Neuseeland	.20	.00[a]	−.11	.24	.09	.08	.21
Niederlande	.15	.02[a]	−.22	.24	.27	−.09[a]	.34
Norwegen	.13	−.06	−.07	.34	.14	−.04[a]	.22
Österreich	.14	.02	−.19	.29	.09	−.01[a]	.25
Polen	.15	.08[a]	−.05[a]	.46	−.01[a]	−.31	.34
Portugal	.24	−.06	−.02[a]	.22	.30	−.02[a]	.31
Russische Föderation	.14	.01	.04	.68	−.01[a]	−.52	.33
Schweden	.12	−.05	−.14	.34	.04[a]	−.04[a]	.19
Schweiz	.17	−.01[a]	−.21	.27	.14	.07	.33
Spanien	.15	.05	−.04[a]	.52	.06[a]	−.25	.32
Tschechien	.15	.09	.00[a]	.48	−.02[a]	−.15	.35
Ungarn	.15	.13	−.03[a]	.57	−.04[a]	−.35	.50
Vereinigte Staaten	.11	.03[a]	−.02[a]	.32	.05	.15	.28
Vereinigtes Königreich	.20	.02[a]	−.09	.38	.05	.00[a]	.30

HISEI = Höchster sozioökonomischer Index in der Familie, HISCED = Höchster beruflicher Bildungsabschluss in der Familie, MIG = Migrationsstatus, KULT = Kulturelle Praxis, KOMM = Kommunikative Praxis, KONS = Konsumtives Verhalten, R^2 = Erklärte Varianz, [a] = Nicht signifikante Koeffizienten, [b] = In Japan und Korea lagen keine Angaben zum Bildungshintergrund bzw. Migrationsstatus vor.

Tabelle 3.7   Regression der Lesekompetenz auf Struktur- und Prozessmerkmale sozialer Herkunft unter Berücksichtigung des konsumtiven Verhaltens (standardisierte Regressionskoeffizienten und R^2-Schätzungen aus Mplus)

land der Fall, was möglicherweise darauf zurückgeführt werden kann, dass die – die kommunikative Praxis beeinflussende – Variable Kinderzahl nicht im Modell enthalten ist. Die Ergebnisse bezüglich des konsumtiven Verhaltens in der Familie sind weniger eindeutig. So sind in einigen Ländern wie zum Beispiel den Vereinigten Staaten und Frankreich über die kulturelle und kommunikative Praxis hinaus positive Effekte des konsumtiven Verhaltens der Familie festzustellen. Es hat hier den Anschein, als könne der ökonomische Spielraum genutzt werden, um zusätzliche Gewinne für den Kompetenzerwerb des Kindes zu erzielen. In der überwiegenden Mehrheit der Länder jedoch scheint das konsumtive Verhalten keine zusätzliche sozialisatorische Bedeutung zu besitzen. Schließlich sind in Spanien, insbesondere jedoch in den ehemals sozialistischen Ländern Litauen, Polen, Russische Föderation und Ungarn negative Effekte des konsumtiven Verhaltens feststellbar. In diesen Ländern scheint der ökonomische Spielraum wenigstens partiell von Werten wie Bildung und der Kultivierung von Lebensformen abgekoppelt zu sein.

Ein wiederum einheitliches Bild ergibt sich hinsichtlich des Effekts der Sozialschichtzugehörigkeit (HISEI) auf die Lesekompetenz, der nicht vollständig über die Prozessmerkmale vermittelt und mit Ausnahme von Japan und Liechtenstein in allen Teilnehmerstaaten signifikant ist. Demgegenüber fällt die Erklärungskraft des Bildungshintergrunds deutlich geringer aus, wenngleich in einigen Ländern – Dänemark, Korea, Mexiko und Ungarn – diese Variable sehr wohl eine Rolle spielt. Substanzielle Unterschiede zwischen den Ländern werden hinsichtlich des unabhängigen Effekts des Migrationshintergrunds sichtbar, der nicht auf die Unterschiede in der kulturellen, kommunikativen und konsumtiven Praxis von Familien zurückgeht, sondern durch Unterschiede in den Zuwanderungsmustern und der Integration von Zuwanderern in den Teilnehmerstaaten zu erklären ist. Über die Einbeziehung beispielsweise der Verweildauer in einem Land oder der in der Familie gesprochenen Sprache würde man auch bezüglich dieses Strukturmerkmals näher an die Vermittlung dieses Effekts herankommen. Die den Migrationshintergrund betreffenden Fragen werden an anderer Stelle analysiert und diskutiert (vgl. Kap. 6, in diesem Band).

Vor dem Hintergrund der deutlichen Länderunterschiede im Ausmaß der sozialen Ungleichheit, die durch die erklärten Varianzen in der Lesekompetenz in der letzten Spalte der Tabelle 3.7 quantifiziert werden, beeindruckt die Konsistenz in der vermittelnden Wirkung der Prozessmerkmale familiärer Lebensverhältnisse. Der Umstand, dass in fast allen Ländern die kulturelle Praxis den stärksten Effekt aufweist und die Strukturmerkmale ihrerseits Effekte auf die Lesekompetenz aufweisen, deutet darauf hin, dass die Ungleichheitsverhältnisse in allen Ländern unterschätzt werden, wenn man auf Prozessmerkmale verzichtet.

Möchte man die durch Struktur- und Prozessmerkmale sozialer Herkunft erklärte Varianz in den abhängigen Variablen als Maß für die soziale Disparität interpretieren, dann erschwert das wechselnde Vorzeichen des konsumtiven Verhaltens die Interpretation. Um zu vergleichenden Aussagen über das Ausmaß sozialer Disparitäten in den Ländern zu kommen und die relative Position Deutschlands im Ausmaß der Disparitäten zu be-

Land	HISEI	HISCED	MIG	KULT	KOMM	R^2
Australien	.15	.04	−.03[a]	.33	.13	.27
Belgien	.14	.01[a]	−.26	.38	.04[a]	.34
Brasilien	.17	.09	−.03	.13	.19	.18
Dänemark	.09	.16	−.13	.15	.26	.28
Deutschland	.14	.02[a]	−.19	.29	.09	.25
Finnland	.07	.02[a]	−.09	.28	.10	.16
Frankreich	.16	−.04	−.12	.40	.09	.30
Griechenland	.19	.04	−.10	.22	.15	.21
Irland	.21	−.02[a]	.00[a]	.31	.03[a]	.20
Island	.04[a]	−.05[a]	−.03[a]	.41	.03[a]	.18
Italien	.10	.05[a]	−.00[a]	.29	.10	.18
Japan	.02[a]	−[b]	−.01[a]	.30	.20	.18
Kanada	.13	.06	−.07	.31	.07	.20
Korea	.03[a]	.11	−[b]	.18	.22	.17
Liechtenstein	.08[a]	−.04[a]	−.23	.52	−.02[a]	.37
Litauen	.11	.01[a]	.03[a]	.38	.08	.22
Luxemburg	.14	−.03[a]	−.27	.32	.14	.38
Mexiko	.10	.09	−.12	.26	.16	.27
Neuseeland	.22	.01[a]	−.12	.26	.08	.20
Niederlande	.13	.00[a]	−.20	.23	.27	.34
Norwegen	.11	−.07	−.06	.34	.13	.22
Österreich	.14	.02[a]	−.19	.29	.09	.25
Polen	.14	.01[a]	−.08[a]	.38	−.00[a]	.23
Portugal	.24	−.07	−.01[a]	.21	.29	.32
Russische Föderation	.17	− .02[a]	−.00	.30	.09	.19
Schweden	.11	−.06	−.12	.34	.03[a]	.19
Schweiz	.18	.00[a]	−.23	.29	.13	.33
Spanien	.07	.03	−.06	.43	.09	.29
Tschechien	.12	.08	.00[a]	.46	−.01[a]	.33
Ungarn	.09	.11	−.03	.50	−.00[a]	.39
Vereinigte Staaten	.15	.06[a]	−.04[a]	.38	.03[a]	.27
Vereinigtes Königreich	.20	.02[a]	−.09	.39	.05[a]	.30

HISEI = Höchster sozioökonomischer Index in der Familie, HISCED = Höchster beruflicher Bildungsabschluss in der Familie, MIG = Migrationsstatus, KULT = Kulturelle Praxis, KOMM = Kommunikative Praxis, R^2 = Erklärte Varianz, [a] = Nicht signifikante Koeffizienten, [b] = In Japan und Korea lagen keine Angaben zum Bildungshintergrund bzw. Migrationsstatus vor.

Tabelle 3.8   Regression der Lesekompetenz auf Struktur- und Prozessmerkmale sozialer Herkunft
(standardisierte Regressionskoeffizienten und R^2-Schätzungen aus Mplus)

stimmen, wurden alle Modelle auch ohne Berücksichtigung des konsumtiven Verhaltens berechnet. Die Ergebnisse dieser Analysen sind in Tabelle 3.8 dargestellt. Wie zu erkennen ist, ändern sich die Größenordnungen des R^2 in bedeutsamem Maße lediglich in Litauen, Polen, der Russischen Föderation und Ungarn. Ansonsten ändern sich die Ungleichheitsverhältnisse jedoch kaum. Interpretiert man die sozialen Disparitäten des Kompetenzerwerbs auf der Grundlage dieser „korrigierten" Maße erklärter Varianz, dann relativiert sich die im ersten Abschnitt dieses Kapitels dargestellte Sonderstellung Deutschlands deutlich. Unter 32 Ländern nimmt Deutschland mit einer Varianzaufklärung von 25 Prozent eine mittlere Position ein. Damit wird deutlich, dass die Berücksichtigung von Prozessmerkmalen nicht nur zu einer angemesseneren Schätzung der Ungleichheitsverhältnisse beiträgt, sondern darüber hinaus das Ergebnis des internationalen Vergleichs substanziell beeinflussen kann. Bivariate und auf Strukturmerkmale begrenzte Analysen liefern lediglich ein unvollständiges Bild.

3.6.3 Zusammenfassung und Diskussion der internationalen Ergebnisse

Zusammenfassend weisen die Ergebnisse des internationalen Vergleichs darauf hin, dass die anhand der nationalen Erweiterungsstudie in PISA 2000 entwickelte und empirisch geprüfte Modellstruktur zur Wirkungsweise der Sozialschichtzugehörigkeit auch jenseits unterschiedlicher kultureller Kontexte Geltung beanspruchen kann. Ohne Ausnahme wurden die kulturelle, kommunikative und konsumtive Praxis als spezifische Dimensionen der familiären Ausstattung und Lebensverhältnisse identifiziert. Dies verweist auf die grundsätzlich gegebene Möglichkeit, familiäre Ressourcen von Schülerinnen und Schülern auch in groß angelegten international vergleichenden Schulleistungsuntersuchungen wie PISA in ihrer Struktur- und mehrdimensionalen Prozessqualität zu erfassen. Weiterhin kann geschlussfolgert werden, dass auch die Wirkungsweise der Prozessmerkmale über die unterschiedlichen Kontexte hinweg recht vergleichbar und durch den primär maßgeblichen Effekt der kulturellen Ressourcen einer Familie gekennzeichnet ist. Dass das Zusammenspiel von Struktur- und Prozessmerkmalen beim Erwerb der Lesekompetenz jedoch keinem universellen Prinzip folgt, ist anhand von länderspezifischen Effekten deutlich geworden. In einer nicht unbeträchtlichen Zahl von Ländern erfuhr das Vermittlungsmodell eine spezifische Akzentuierung dadurch, dass die kommunikative Praxis und das konsumtive Verhalten differenzielle Effekte auf die Lesekompetenz aufwiesen. Weiterhin war die Bedeutung des konsumtiven Verhaltens in einigen Ländern sehr unterschiedlich. Diese Befundlage stützt das Argument einer mehrdimensionalen Betrachtung familiärer Ressourcen. Darüber hinaus ist auch in den internationalen Analysen deutlich geworden, dass die Ungleichheitsverhältnisse bei einem Verzicht auf Prozessmerkmale systematisch unterschätzt werden. Alle genannten Aspekte – die faktorielle Validität der Konstrukte, ihre differenzielle Vorhersagekraft und die bei einer analytischen Trennung von Struktur- und Prozessmerkmalen angemessene Schätzung der Ungleichheitsverhältnisse – sprechen gegen das in PISA 2003 gewählte Vorgehen der auf Basis einer Hauptkomponentenanalyse vorgenommenen Indexbildung. Dies verstellt sowohl den Blick für die in den Ländern differenziell ablaufenden Vermittlungsprozesse als auch für die wahren sozialen Ungleichheitsverhältnisse in den Ländern.

Anmerkung

1   Vgl. das von Blossfeld und Mitarbeitern begonnene Projekt „Bildungsprozesse, Kompetenzentwicklung und Selektionsentscheidungen im Vor- und Grundschulalter" (http://www.ifb-bamberg.de/forschungen/biks.htm) sowie das von Esser und Stocké durchgeführte Projekt „Bildungsaspirationen und Bezugsgruppen" (http://www.mzes.uni-mannheim.de/projekte/pro_zeig_d.php?Recno=99).

Literatur

Baumert, J., Artelt, C., Klieme, E., Neubrand, M., Prenzel, M., Schiefele, U., Schneider, W., Tillmann, K.-J., & Weiß, M. (Hrsg.). (2002). PISA 2000. *Die Länder der Bundesrepublik Deutschland im Vergleich*. Opladen: Leske + Budrich.

Baumert, J., Klieme, E., Neubrand, M., Prenzel, M., Schiefele, U., Schneider, W., Stanat, P., Tillmann, K.-J., & Weiß, M. (Hrsg.). (2001). *PISA 2000. Basiskompetenzen von Schülerinnen und Schülern im internationalen Vergleich*. Opladen: Leske + Budrich.

Baumert, J., & Köller, O. (1998). Nationale und internationale Schulleistungsstudien. Was können sie leisten, wo sind ihre Grenzen? *Pädagogik, 50*, 12–18.

Baumert, J., Köller, O., & Schnabel, K. U. (2000). Schulformen als differentielle Entwicklungsmilieus – eine ungehörige Fragestellung? In Gewerkschaft Erziehung und Wissenschaft (Hrsg.), *Messung sozialer Motivation. Eine Kontroverse* (S. 28–68). Frankfurt a.M.: Bildungs- und Förderungswerk der GEW (Schriftenreihe des Bildungs- und Förderungswerks der GEW 14).

Baumert, J., & Schümer, G. (2001). Familiäre Lebensverhältnisse, Bildungsbeteiligung und Kompetenzerwerb. In J. Baumert, E. Klieme, M. Neubrand, M. Prenzel, U. Schiefele, W. Schneider, P. Stanat, K.-J. Tillmann, & M. Weiß (Hrsg.), *PISA 2000. Basiskompetenzen von Schülerinnen und Schülern im internationalen Vergleich* (S. 323–407). Opladen: Leske + Budrich.

Baumert, J., & Schümer, G. (2002). Familiäre Lebensverhältnisse, Bildungsbeteiligung und Kompetenzerwerb im nationalen Vergleich. In J. Baumert, C. Artelt, E. Klieme, M. Neubrand, M. Prenzel, U. Schiefele, W. Schneider, K.-J. Tillmann, & M. Weiß (Hrsg.), *PISA 2000. Die Länder der Bundesrepublik Deutschland im Vergleich* (S. 159–202). Opladen: Leske + Budrich.

Baumert, J., Watermann, R., & Schümer, G. (2003). Disparitäten der Bildungsbeteiligung und des Kompetenzerwerbs. Ein institutionelles und individuelles Mediationsmodell. *Zeitschrift für Erziehungswissenschaft, 6* (1), 46–71.

Beaton, A. E., Mullis, I. V. S., Martin, M. O., Gonzalez, E. J., Kelly, D. L., & Smith, T. A. (1996). *Mathematics achievement in the middle school years: IEA's Third International Mathematics and Science Study*. Chestnut Hill, MA: Boston College.

Becker, R. (2004). Soziale Ungleichheit von Bildungschancen und Chancengleichheit. In R. Becker & W. Lauterbach (Hrsg.), *Bildung als Privileg? Erklärungen und Befunde zu den Ursachen der Bildungsungleichheit* (S. 161–193). Wiesbaden: VS Verlag für Sozialwissenschaften.

Bollen, K. A. (1989). *Structural equation models with latent variables*. New York: Wiley.

Bortz, J. (1979). *Statistik für Sozialwissenschaftler* (3. Aufl.). Berlin: Springer.

Boudon, R. (1974). *Education, opportunity and social inequality*. New York: Wiley.

Bourdieu, P. (1983). Ökonomisches Kapital, kulturelles Kapital, soziales Kapital. In R. Kreckel (Hrsg.), *Soziale Ungleichheiten* (S. 183–198). Göttingen: Schwartz (Soziale Welt, Sonderband 2).

Breen, R., & Goldthorpe, J. H. (1997). Explaining educational differentials: Towards a formal rational action theory. *Rationality and Society, 9* (3), 275–305.

Coleman, J. (1988). Social capital in the creation of human capital. *American Journal of Sociology, 94* (Issue supplement), S95–S120.

Dika, S. L., & Singh, K. (2002). Applications of social capital in educational literature: A critical synthesis. *Review of Educational Research, 72* (1), 31–60.

DiMaggio, P. (1982). Cultural capital, educational attainment, and marital selection. *American Journal of Sociology, 90* (6), 1231–1261.

Ditton, H. (1992). *Ungleichheit und Mobilität durch Bildung. Theorie und empirische Untersuchung über sozialräumliche Aspekte von Bildungsentscheidungen*. Weinheim: Juventa.

Dörner, D. (1979). *Problemlösen als Informationsverarbeitung* (2. Aufl.). Stuttgart: Kohlhammer.

Elley, W. B. (Ed.). (1994). *The IEA study of reading literacy: Achievement and instruction in thirty-two school systems*. Exeter, UK: Pergamon Press.

Ganzeboom, H. B. G., & Treiman, D. J. (1996). Internationally comparable measures of occupational status for the 1988 International Standard Classification of Occupations. *Social Science Research, 25*, 201–239.

Ganzeboom, H. B. G., de Graaf, P. M., Treiman, D. J., & de Leeuw, J. (1992). A standard international socio-economic index of occupational status. *Social Science Research, 21*, 1–56.

Hallinan, M. T., & Kubitschek, W. N. (1999). Conceptualizing and measuring school social networks: Comment on Morgan and Sørensen. *American Sociological Review, 64* (5), 687–693.

Helsper, W., Böhme, J., Kramer, R.-T., & Lingkost, A. (2001). *Schulkultur und Schulmythos*. Opladen: Leske + Budrich.

Jungbauer-Gans, M. (2004). Einfluss des sozialen und kulturellen Kapitals auf die Lesekompetenz. Ein Vergleich der PISA-2000-Daten aus Deutschland, Frankreich und der Schweiz. *Zeitschrift für Soziologie, 33*, 375–397.

Kalmijn, M., & Kraaykamp, G. (1996). Race, cultural capital, and schooling: An analysis of trends in the United States. *Sociology of Education, 69* (1), 22–34.

Klieme, E., Artelt, C., & Stanat, P. (2001). Fächerübergreifende Kompetenzen: Konzepte und Indikatoren. In F. E. Weinert (Hrsg.), *Leistungsmessungen in Schulen* (S. 203–218). Weinheim: Beltz.

Klieme, E., Funke, J., Leutner, D., Reimann, P., & Wirth, J. (2001). Problemlösen als fächerübergreifende Kompetenz. Konzeption und erste Resultate aus einer Schulleistungsstudie. *Zeitschrift für Pädagogik, 47* (2), 179–200.

Kunter, M., Schümer, G., Artelt, C., Baumert, J., Klieme, E., Neubrand, M., Prenzel, M., Schiefele, U., Schneider, W., Stanat, P., Tillmann, K.-J., & Weiß, M. (2002). *PISA 2000: Dokumentation der Erhebungsinstrumente.* Berlin: Max-Planck-Institut für Bildungsforschung (Materialien aus der Bildungsforschung 72).

Lehmann, R. H., Peek, R., & Gänsfuß, R. (1997). *Aspekte der Lernausgangslage von Schülerinnen und Schülern der fünften Klassen an Hamburger Schulen. Bericht über die Untersuchung im September 1996.* Hamburg: Behörde für Schule, Jugend und Berufsbildung, Amt für Schule.

Little, R. J., & Rubin, D. B. (1987). *Statistical analysis with missing data.* New York: Wiley.

Marsh, H. W., Balla, J. R., & McDonald, R. P. (1988). Goodness-of-fit indices in confirmatory factor analyses: The effect of sample size. *Psychological Bulletin, 103,* 391–410.

Meulemann, H., & Wiese, W. (1984). Bildungsexpansion und Bildungschancen. *Zeitschrift für Sozialisationsforschung und Erziehungssoziologie, 4,* 287–306.

Muthén, L. K., & Muthén, B. O. (1998–2004). *Mplus user's guide.* Los Angeles: Muthén & Muthén.

Muthén, B. O., & Satorra, A. (1995). Complex sample data in structural equation modeling. *Sociological Methodology, 25,* 267–316.

Reinecke, J. (2005). *Strukturgleichungsmodelle in den Sozialwissenschaften.* München: Oldenbourg.

Roscigno, V. J., & Ainsworth-Darnell, J. W. (1999). Race, cultural capital, and educational resources: Persistent inequalities and achievement returns. *Sociology of Education, 72,* 158–178.

Rost, J. (2004). *Lehrbuch Testtheorie – Testkonstruktion.* Bern: Huber.

Schafer, J. L. (1999). NORM: Multiple imputation of incomplete multivariate data under a normal model (Version 2) [Software for Windows 95/98/NT] <http://www.stat,psu.edu/~jls/misoftwa.html>

Stanton-Salazar, R. D. (2001). *Manufacturing hope and despair: The school and kin support networks of U.S.-Mexican youth.* New York: Teachers College Press.

Turmo, A. (2004). Scientific Literacy and socio-economic background among 15-year-olds: A nordic perspective. *Scandinavian Journal of Educational Research, 48* (3), 287–305.

Wessel, A., Merkens, H., & Dohle, K. (1997). *Entscheidung ins Ungewisse. Schulwahlverhalten von Eltern und Schülern in Berlin und Brandenburg.* Berlin: Freie Universität, Institut für Allgemeine Pädagogik.

Yang, Y. (2003). Dimensions of socio-economic status and their relationship to mathematics and science achievement at individual and collective levels. *Scandinavian Journal of Educational Research, 47,* 21–41.

Yang, Y., & Gustafsson, J.-E. (2004). Measuring socio-economic status at individual and collective levels. *Educational Research and Evaluation, 10* (3), 259–288.

Zinnecker, J., & Silbereisen, R. K. (1996). *Kindheit in Deutschland. Aktueller Survey über Kinder und ihre Eltern.* Weinheim: Juventa.

Jürgen Baumert, Petra Stanat und Rainer Watermann

4 Schulstruktur und die Entstehung differenzieller Lern- und Entwicklungsmilieus

4.1 Entwicklung der Problemstellung

4.1.1 Schulstruktur und Schulumwelten

Sichtbarstes Ergebnis der Gliederung eines Systems in Schulformen, auf die sich Schülerinnen und Schüler nach Leistungsgesichtspunkten verteilen, ist die Homogenisierung von Schülergruppen. Hinsichtlich der Leistung ist diese Wirkung nicht nur erwünscht, sondern eigentlicher Sinn der Maßnahme. Dem liegt die Vorstellung zu Grunde, Unterricht könne in relativ homogenen Leistungsgruppen besser auf Schülervoraussetzungen abgestimmt und damit zum Zwecke der Förderung aller optimiert werden. Da Schulleistungen aber auch mit der Sozialschichtzugehörigkeit kovariieren, ist mit der Verteilung auf institutionell getrennte Bildungsgänge immer auch die soziale Trennung von Schülerinnen und Schülern verbunden. Soziale Segregation ist die Kehrseite institutioneller Leistungsdifferenzierung (Baumert, Trautwein, & Artelt 2003). Dies gilt auch, wenn Schülerinnen und Schüler in nicht gegliederten Systemen innerhalb einer einzelnen Schule auf Züge verteilt werden oder nach Leistung differenzierte Kurse wählen (Heck, Price, & Thomas, 2004; Oakes & Wells, 1996; Oakes u.a., 1990).

Die Verteilung von Schülerinnen und Schülern auf unterschiedliche Schulformen in der Sekundarstufe I führt zu einer leistungsmäßigen und sozialen Stratifizierung von Bildungseinrichtungen. Abbildung 4.1 zeigt, wie eng der Zusammenhang zwischen der sozialen Zusammensetzung der Schülerschaft einer Schule und deren mittlerem Fähigkeitsniveau ist. 70 Prozent der Fähigkeitsvarianz zwischen Schulen wird durch das mittlere soziale Niveau der Schülerschaft erklärt. Ein näherer Blick auf die Verteilung der Schulformen, die ebenfalls in der Abbildung zu erkennen ist, verdeutlicht darüber hinaus zwei wichtige Sachverhalte. Die separate Klumpung von Hauptschulen und Gymnasien an den Rändern der Verteilung belegt die Segregation des Systems, wobei die entscheidende Trennlinie zwischen Gymnasien einerseits und Hauptschulen andererseits ver-

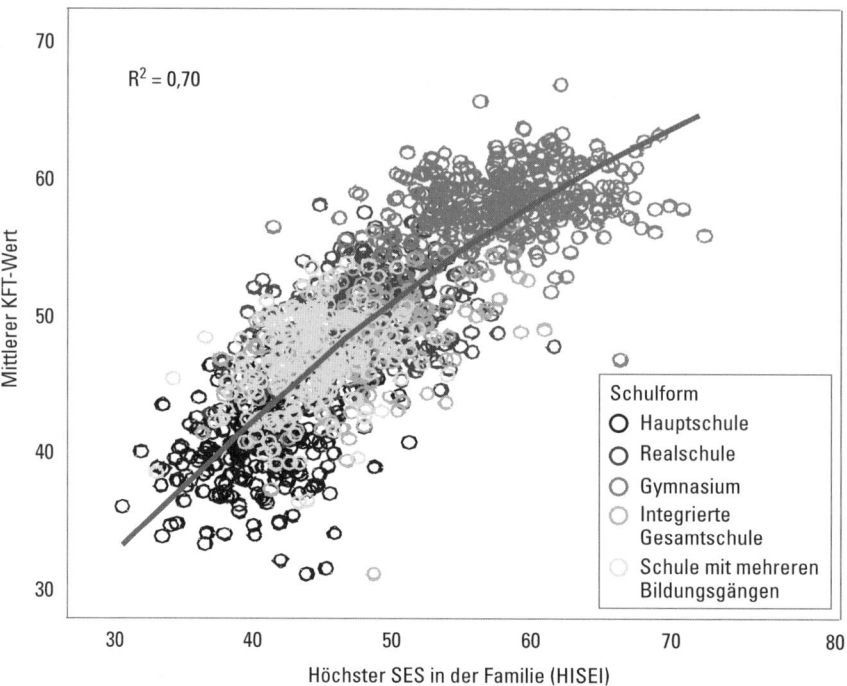

Abbildung 4.1   Zusammenhang zwischen Sozialschicht und kognitiven Grundfähigkeiten auf Schulebene
(linearer und quadratischer Trend)

läuft. Die Abbildung zeigt aber auch, wie sehr sich im mittleren Fähigkeits- und Sozialschichtbereich Schulen mit mehreren Bildungsgängen, Integrierte Gesamtschulen und
Realschulen in der Zusammensetzung ihrer Schülerschaft überschneiden. Dass sich die
Leistungsverteilungen von Schülerinnen und Schülern unterschiedlicher Schulformen
auf individueller Ebene relativ weit überlappen, ist bereits mehrfach berichtet worden
(Baumert u.a., 1997, 2001; Helmke & Jäger, 2002; Lehmann u.a., 1995, 1999, 2000,
2002). Dass dies in ähnlicher Weise auch für Schulen unterschiedlicher Schulformen
gilt, ist ein bemerkenswerter Befund – zumindest was die in Abbildung 4.1 erkennbaren
Ausmaße der Überlappung betrifft. Eine Hauptschule mit Realschulniveau oder eine
Realschule mit Hauptschulniveau sollten ebenso Ausnahmen darstellen wie ein Gymnasium mit Realschulniveau oder umgekehrt. Ganz offensichtlich unterscheiden sich
nicht nur Schulen unterschiedlicher Schulformen, sondern auch Schulen derselben
Schulform erheblich, und zwar sowohl hinsichtlich der sozialen Zusammensetzung als
auch des Fähigkeitsniveaus ihrer Schülerschaft (Baumert, Trautwein, & Artelt, 2003).
Beide Sachverhalte – sowohl die starke Differenzierung als auch die breite Überlappung –
werden im Folgenden im Auge zu behalten sein.

Die leistungsmäßige und soziale Stratifizierung des Systems kommt insbesondere in
der großen Distanz zwischen den beiden Randclustern der Gymnasien und Haupt-

schulen zum Ausdruck. Die Konzentration einer nennenswerten Gruppe von Hauptschulen im unteren Leistungs- und Sozialschichtbereich ist das Ergebnis einer langfristigen Entwicklung der letzten Jahrzehnte, bei der die Bildungsexpansion und der Bedeutungsverlust der Hauptschule, die europäische Arbeitsmigration und eine Schulpolitik, die durch die Einführung weiterer Schulformen die Gliederung des Systems verstärkte, zusammenspielten (Cortina u.a., 2003). In einer kürzlich erschienenen Arbeit konnten Solga und Wagner (2004) anhand von Daten der Berliner Lebensverlaufsstudie des Max-Planck-Instituts für Bildungsforschung (Hillmert & Kröhnert, 2001) noch einmal zeigen, wie sich die soziale Zusammensetzung der Schülerschaft an Hauptschulen etwa ab 1965 veränderte. Die Veränderung war zunächst positiv, insofern der Anteil von Schülerinnen und Schülern, deren Väter oder Mütter keine Ausbildung abgeschlossen hatten, zurückging. Dies war ein Ergebnis der faktischen Generalisierung der Berufsausbildung als Mindestvoraussetzung für den erfolgreichen Eintritt in den Arbeitsmarkt. Gleichzeitig stieg aber in vergleichbarer Relation der Anteil von Schülerinnen und Schülern an, die aus Familien kamen, deren Haushaltsvorstand einer nur gering qualifizierten Tätigkeit nachging. In den 1980er Jahren schließlich nahm auch der Anteil von Hauptschülern zu, die in instabilen Familienverhältnissen aufwuchsen. Bereits 1992 konnte Köhler auf der Grundlage der Mikrozensen von 1976 und 1989 einen sich in diesem Zeitraum vollziehenden Wandel der Sozialstruktur der Hauptschülerschaft belegen. Auch er zeigt einen Rückgang des Anteils von Hauptschülern mit Eltern ohne Berufsausbildung, der allerdings – zum Nachteil der Hauptschule – hinter dem Gesamttrend zurückblieb. Sichtbarstes Merkmal des Strukturwandels waren nach dem Mikrozensus jedoch die Verdreifachung des Anteils von Hauptschülern ohne deutsche Staatsangehörigkeit und der relative Anstieg der Zahl von Jugendlichen aus Familien, die Arbeitslosen- oder Sozialhilfe bezogen.

Auf individueller Ebene variieren mit der Sozialschichtzugehörigkeit weitere sozio- und ethnisch-kulturelle Merkmale wie Bildungsniveau oder Migrationshintergrund der Familie, aber auch individuelle Leistungsvoraussetzungen und Lernbiographien. Dies gilt in ähnlicher Weise auch für Schulen. Beschreibt man schulische Umwelten anhand zentraler Dimensionen der soziokulturellen Zusammensetzung der Schülerschaft, ergibt sich ein Syndrom von Kompositionsmerkmalen, das zu einer kumulativen Privilegierung oder Benachteiligung von Schulen führen kann. Abbildung 4.2 beschreibt die Schulformen der Bundesrepublik anhand einiger wichtiger Kompositionsmerkmale. Dazu gehören:

- der mittlere Sozialstatus der Familien als Hinweis auf die sozioökonomischen Ressourcen einer Schule,
- der Anteil von Vätern, die nicht Vollzeit erwerbstätig sind, als Indikator für familiäre Belastung,
- die Anteile von Eltern mit Hochschulreife bzw. ohne Berufsabschluss als Indikator für die kulturellen Ressourcen einer Schule,
- der Anteil von Familien, in denen Deutsch nicht Verkehrssprache ist, als ethnisch-kultureller Indikator,

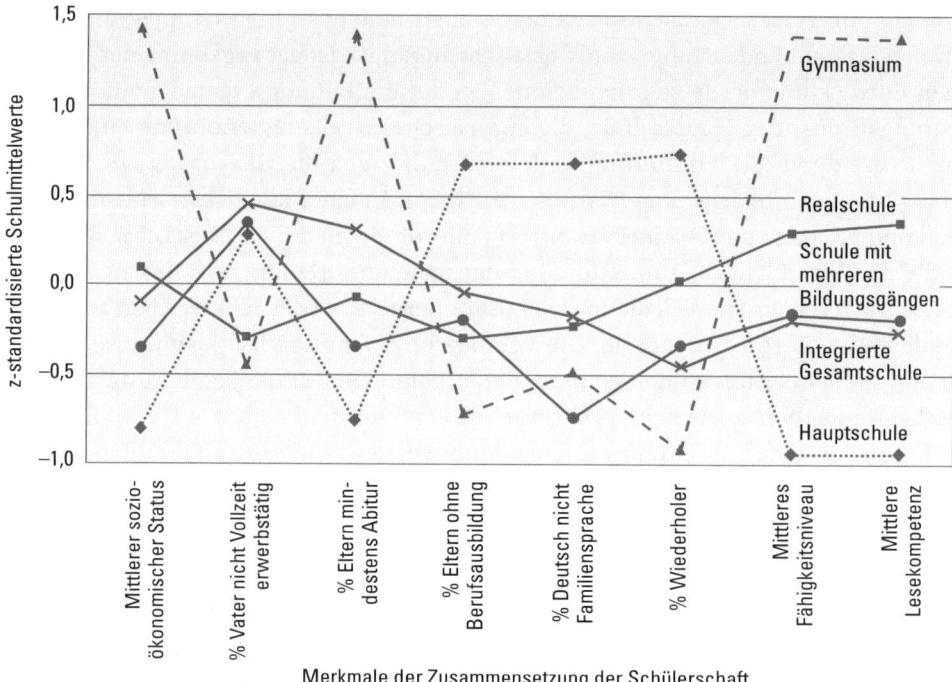

Abbildung 4.2   Kompositionsprofile von Schulen unterschiedlicher Schulformen (z-standardisierte Schulmittelwerte)

– der Anteil von Wiederholern unter den 15-Jährigen als Hinweis auf lernbiographische Belastungen und schließlich
– das mittlere Niveau der kognitiven Grundfähigkeiten und der Lesekompetenz als Leistungsmerkmale.

Dem Betrachter der Abbildung springen unmittelbar die spiegelbildlich verlaufenden Profile von Hauptschule und Gymnasium ins Auge. Ganz offensichtlich handelt es sich hier um sozialökologisch weitgehend unterschiedliche Schulumwelten. Für die Realschule, die Integrierte Gesamtschule und die Schulen mit mehreren Bildungsgängen bestätigt sich der schon aus Abbildung 4.1 zu entnehmende Eindruck einer größeren Ähnlichkeit der Kompositionsprofile, auch wenn bei genauerem Hinsehen jeweils charakteristische Besonderheiten sichtbar werden.

4.1.2 Schulformen als differenzielle Lern- und Entwicklungsmilieus

Schulprofilunterschiede der beschriebenen Größenordnung legen geradezu zwangsläufig den Schluss nahe, dass diese unterschiedlichen Schulumwelten auch differenzielle Lern- und Entwicklungsmilieus darstellen – und zwar gleichermaßen im Hinblick auf die Leistungs- als auch auf die Persönlichkeitsentwicklung. Wenn wir von differenziellen Lern- und Entwicklungsmilieus sprechen, ist damit gemeint, dass junge Menschen *unabhängig von und zusätzlich zu* ihren unterschiedlichen persönlichen, intellektuellen, kulturellen, sozialen und ökonomischen Ressourcen je nach besuchter Schulform differenzielle Entwicklungschancen erhalten, die schulmilieubedingt sind und sowohl durch den Verteilungsprozess als auch durch die institutionellen Arbeits- und Lernbedingungen und die schulformspezifischen pädagogisch-didaktischen Traditionen erzeugt werden. Augenschein und Alltagserfahrung, die in der Regel keinerlei Möglichkeit bieten, individuelle Mitgift, Verteilungsfolgen und institutionelle Einflüsse zu trennen, finden die Milieuunterschiede im Vergleich der Arbeits- und Lernbedingungen und deren Ergebnissen an unterschiedlichen Schulformen schlagend bestätigt. Die Unterschiede scheinen in allen Dimensionen des Kompetenzerwerbs sichtbar zu werden: den Fachleistungen, motivationalen Orientierungen, Verkehrsformen und sozialen Kompetenzen und nicht zuletzt auch in der Selbstregulationsfähigkeit. Dieser Gesamteindruck legt den Schluss auf paradoxe Wirkungen der Leistungsdifferenzierung nahe, insofern der Verteilungsvorgang selbst – im Widerspruch zu seinen Zielsetzungen – die optimale individuelle Förderung zumindest eines Teils der Schülerinnen und Schüler erschwert oder gar verhindert. Trifft dieser Schluss zu?

Angesichts der Bedeutung, die diese Frage für das deutsche Schulsystem besitzt, ist die Forschungslage in Deutschland dürftig. Auf der Grundlage der Längsschnittstudie *Bildungsverläufe und psychosoziale Entwicklung im Jugend- und jungen Erwachsenenalter* (BIJU) konnten Köller und Baumert (2001, 2002) sowie Baumert, Trautwein und Artelt (2003) differenzielle Leistungsentwicklungen für Schülerinnen und Schüler unterschiedlicher Schulformen im Zeitraum vom 7. bis zum Ende des 10. Schuljahres für mehrere Länder der Bundesrepublik nachweisen. Da diese Befunde für den Gang der Argumentation von großer Bedeutung sind, sollen die deskriptiven Ergebnisse am Beispiel der Fächer Englisch und Mathematik noch einmal knapp dargestellt werden. Es wird zu diesem Zweck ein methodisch neu aufbereiteter und neu skalierter Datensatz verwendet, bei dem fehlende Werte durch multiple Imputation geschätzt wurden. Eine genauere Beschreibung des Datensatzes und des Vorgehens findet sich weiter unten im Abschnitt 4.4.

Abbildungen 4.3a und 4.3b zeigen die linearen Trends der Leistungsentwicklung für die Fächer Englisch und Mathematik an den Schulen der Sekundarstufe I in Nordrhein-Westfalen und im westlichen Teil Berlins zwischen dem Beginn der 7. und dem Ende der 10. Jahrgangsstufe in den Schuljahren 1991/92 bis 1995/96. Die Leistungswerte wurden mithilfe eines Ankeritem-Designs für jedes Fach auf einer über alle Messzeitpunkte hinweg gemeinsamen Metrik abgebildet. Die Einheiten sind Logits der ursprünglichen Rasch-Skala. Die Abbildungen zeigen die unterschiedlichen schulformspezifischen Leistungsentwicklungen, die zu einer sichtbaren Öffnung der Leistungsschere führen, wobei die Spreizung infolge des bei Messwiederholung auftretenden Regressionseffekts unterschätzt wird (Campbell & Kenny, 1999). Worauf sind diese unterschiedlichen Leistungsentwicklungen aber zurückzuführen? Mindestens drei Erklärungsmöglichkeiten hat man in Rechnung zu stellen:

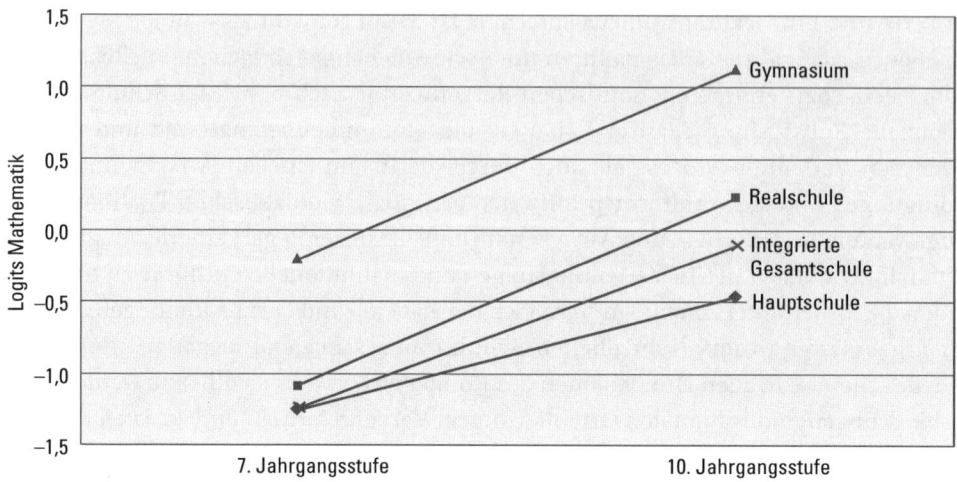

NRW, Berlin-West, N = 2.964; 7. Jahrgangsstufe: M = –0,81, SD = 0,96.

Abbildung 4.3a   Leistungsentwicklung im Fach Mathematik von der 7. bis zur 10. Jahrgangsstufe

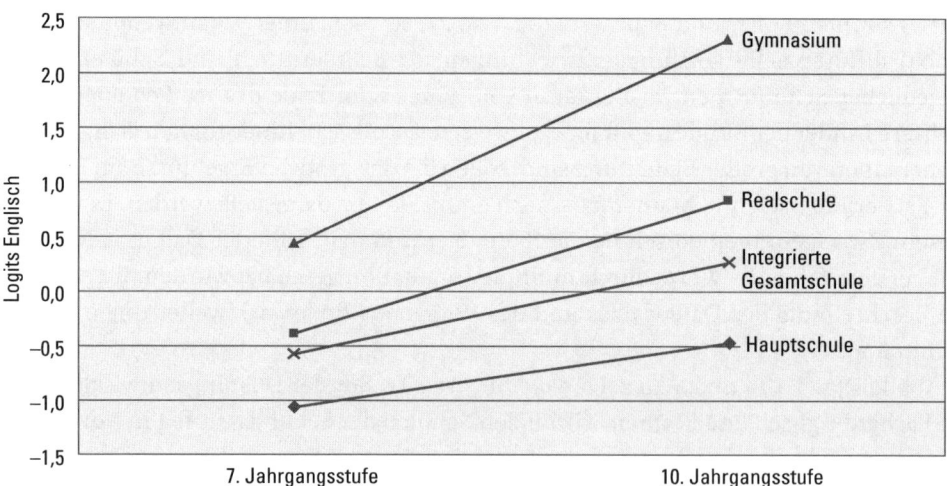

NRW, Berlin-West, N = 2.964; 7. Jahrgangsstufe: M = –0,27, SD = 1,12.

Abbildung 4.3b   Leistungsentwicklung im Fach Englisch von der 7. bis zur 10. Jahrgangsstufe

(1) Differenzielle Lernraten: In Abhängigkeit von ihrem Vorwissen machen Schülerinnen und Schüler unterschiedlich große Lernfortschritte (individueller Matthäus-Effekt).

(2) Institutionelle Unterschiede, die in unterschiedlichen Stundentafeln, Lehrplänen und Unterrichtskulturen zum Ausdruck kommen.

(3) Kompositionseffekte, die auf die unterschiedliche leistungsmäßige, soziale, kulturelle und lernbiographische Zusammensetzung der Schülerschaft zurückzuführen sind (institutioneller Matthäus-Effekt).

Köller und Baumert (2001) versuchten in einem mehrebenenanalytischen Design, das eine Trennung von individuellen und Schuleinflüssen erlaubt, die drei Effekte gleichzeitig zu berücksichtigen. Sie konnten anhand einer Stichprobe von 2.730 Schülerinnen und Schülern aus 107 Schulen der Sekundarstufe I aus den Ländern Berlin, Mecklenburg-Vorpommern, Nordrhein-Westfalen und Sachsen-Anhalt zeigen, dass auf individueller Ebene das Vorwissen und auf institutioneller Ebene die Schulform die wichtigsten Prädiktoren der Mathematikleistung am Ende der Sekundarstufe I sind, wohingegen die Auswirkungen des mittleren Leistungsniveaus einer Schule – der Kompositionseffekt – bei Kontrolle der Schulform klein bleiben. Nach diesen Ergebnissen scheinen in unterschiedlichen Schulformen tatsächlich differenzielle Lern- und Entwicklungsmilieus zu entstehen, die allerdings weniger auf die unterschiedliche Zusammensetzung der Schülerschaft als vielmehr auf *institutionell* bedingte Unterschiede in den curricularen Vorgaben und Instruktionskulturen zurückführbar sind. Die Untersuchung prüft allerdings nicht, inwieweit über die leistungsmäßige Zusammensetzung hinaus soziokulturelle Kontexte zur Milieubildung beitragen und welche Bedeutung das Zusammenwirken von Schulform und Fähigkeitsniveau – also der konfundierte Effekt von Komposition und Institution – für die Leistungsentwicklung besitzt.

Auch im Hinblick auf die Persönlichkeitsentwicklung erweisen sich Schlussfolgerungen, die von einem auf Alltagserfahrung basierenden Gesamteindruck ausgehen, als korrekturbedürftig, wenn sie einer genaueren Prüfung unterzogen werden. Zunächst scheint es unmittelbar einleuchtend zu sein, dass eine in intellektueller, soziokultureller und lernbiographischer Hinsicht unterschiedliche Zusammensetzung der Schülerschaft auch Folgen für die Persönlichkeitsentwicklung aller Schülerinnen und Schüler – etwa für Facetten des Selbstkonzepts oder das Selbstwertgefühl, für motivationale Orientierungen, Aspirationen, aber auch soziale Kompetenzen – haben sollte. Diese Vermutung ist besonders dann nahe liegend, wenn sich an einzelnen Schulen oder Schulformen Schülerinnen und Schüler mit Risikomerkmalen konzentrieren. Allerdings wird dabei in der Regel übersehen, dass sich Selbstbewertungsprozesse primär im sozialen Vergleich vollziehen. Und auch die Entstehung von motivationalen Tendenzen, Zielorientierungen oder Berufsaspirationen ist vom sozialen Vergleich nicht unabhängig (vgl. zusammenfassende Überblicke bei Wagner, 1999, und Köller, 2004). Klassen und Schulen unterschiedlicher Schulformen bilden distinkte Referenzgruppen, die jeweils auf unterschiedlichen Fähigkeitsniveaus den Rahmen für soziale Vergleiche bereitstellen.

Die Auswirkungen dauerhafter Leistungsgruppierungen sind am besten im Hinblick auf selbstbezogene Fähigkeitskognitionen untersucht. Schülerinnen und Schüler mit gleicher individueller Leistung nehmen die eigenen Fähigkeiten unterschiedlich wahr, wenn sie Klassen oder Schulen mit unterschiedlichem Leistungsniveau angehören: Schülerinnen und Schüler, die eine Schule mit niedrigerem Leistungsniveau besuchen, entwickeln ein besseres Selbstkonzept als jene Schüler, die bei gleichen Leistungen eine Schule mit höherem Leistungsniveau besuchen. Marsh (1987, 1990) hat in Anlehnung an Davis (1966) dieses Phänomen als *Big-Fish-Little-Pond Effect* (BFLPE) bezeichnet. In empirischen Studien spiegelt sich der Fischteich-Effekt in negativen Koeffizienten der Regression der individuellen Selbstwahrnehmung der Begabung auf die mittlere Gruppenleistung wider, wenn gleichzeitig der Einfluss der individuellen Leistung kontrolliert wird. Diese Befunde sind mittlerweile vielfach repliziert worden (Marsh, Kong, & Hau, 2000, und zusammenfassend Köller, 2004).

In Deutschland ist dieser Referenzgruppeneffekt für die unterschiedlichen Schulformen insbesondere von Fend u.a. (1976) und Schwarzer und Jerusalem (1982) nachgewiesen worden. Dabei blieb jedoch die Rolle des Fähigkeitsniveaus von Klassen oder Schulen innerhalb von Schulformen unberücksichtigt. Köller und Baumert (2001) nahmen in der bereits zitierten Untersuchung diese Fragestellung im Anschluss an Marsh, Kong und Hau (2000) wieder auf. Sie konnten in einer mehrebenenanalytischen Auswertung zeigen, dass bei Kontrolle der individuellen Leistungsfähigkeit das Begabungsselbstkonzept von Schülerinnen und Schülern mit steigendem mittlerem Fähigkeitsniveau ihrer Schule sinkt. Im Hinblick auf die Schulformen bedeutet dies, dass Gymnasiasten bei gleicher individueller Fähigkeit die eigene Begabung kritischer einschätzen als Real- oder gar Hauptschüler. Berücksichtigte man das Fähigkeitsniveau einer Schule und die Schulform simultan, nahm der negative Kompositionseffekt zu, während für das Gymnasium im Vergleich zur Hauptschule ein schwacher positiver Effekt der Schulformzugehörigkeit erkennbar war, der sich allerdings nicht zufallskritisch absichern ließ. Bei Kontrolle des Leistungsniveaus der Schülerschaft zeichnete sich also ab, dass Gymnasiasten von der Reputation ihrer Schulform in der Selbstwahrnehmung zu profitieren schienen – in der Literatur spricht man in Anlehnung an Cialdini u.a. (1997) von einem *Basking-in-Reflected-Glory Effect* (BIRGE): Man genießt das Renommee der eigenen Institution. Umgekehrt kann man den sich andeutenden spiegelbildlichen Effekt für die Hauptschule als Hinweis auf die immer wieder vermuteten Stigmatisierungs- oder Labeling-Prozesse interpretieren (Schümer, 2004; Solga, 2005; Solga & Wagner, 2004). Im Vergleich zu dem dominanten Referenzgruppeneffekt sind diese möglichen Einflüsse mit umgekehrter Wirkungsrichtung jedoch zu vernachlässigen. Nach diesen Ergebnissen stellen Hauptschulen im Hinblick auf die Persönlichkeitsentwicklung also eher selbstwertschützende Nischen dar – und zwar auch und gerade dann, wenn das Fähigkeitsniveau der Schülerschaft sinkt. In der Studie von Köller und Baumert (2001) bleibt offen, inwieweit ihre Befunde auch auf andere selbstbezogene Kognitionen oder auf Berufsaspirationen übertragbar sind.

4.2 Leistungsgruppierung und Kompositionseffekte: Überblick über den Forschungsstand

Leistungsdifferenzierung innerhalb von Schulen

International betrachtet findet sich die am weitesten verbreitete Form der Leistungsdifferenzierung *innerhalb* von Schulen – sei es, dass Schüler und Schülerinnen fachbezogen oder fachübergreifend für längere Zeit unterschiedlichen Leistungsgruppen zugewiesen werden oder sei es, dass sie Kurse wählen, die zumindest implizit eine Aufteilung nach Leistung bedeuten, wie dies häufig bei Fremdsprachenwahlen der Fall ist. Diese Art der Leistungsdifferenzierung findet man in vielen Ländern schon in Grundschulen, regelmäßig in der Sekundarstufe I und fast immer in Einrichtungen der Sekundarstufe II – und zwar auch dann, wenn der Gesetzgeber mit seinen Schulstrukturentscheidungen eine solche Differenzierung gerade vermeiden wollte, wie dies Duru-Bellat und Mingat (1998) für das *Collège Unique* in Frankreich zeigen konnten. In der englischsprachigen Literatur werden diese Formen der Leistungsdifferenzierung unter dem Begriff *tracking* zusammengefasst. Die Auswirkungen von *tracking* sind seit langem Gegenstand der Forschung, sodass mittlerweile eine solide Wissensbasis vorliegt, die kürzlich von Hattie (2002) in einem Forschungsbericht dokumentiert wurde. Der Hauptbefund seiner Reanalysen besagt, dass diese Form der Leistungsdifferenzierung den Erwartungen einer optimalen Förderung unterschiedlich leistungsstarker und unterschiedlich befähigter Schülerinnen und Schüler *nicht* gerecht wird. Die Auswirkung von *tracking* auf die Leistungsentwicklung ist insgesamt gering. Die Effektstärken gehören zu den geringsten aller pädagogischen Interventionen. Darüber hinaus lassen sich häufig Wechselwirkungen zwischen Leistungsvoraussetzungen und Gruppierungsmaßnahme nachweisen. Leistungsdifferenzierung scheint am ehesten für die leistungsstärksten Schülerinnen und Schüler vorteilhaft zu sein, während sich für schwächere Schüler keine oder sogar negative Effekte abzeichnen (vgl. auch Hoffer, 1992). Dieser Befund wird auch durch jüngere europäische Studien von Duru-Bellat und Mingat (1998) und die Reanalyse von Daten der *National (British) Child Development Study* (NCDS) von Robertson und Symons (1996) bestätigt. Die Auswirkungen von schulinternen Differenzierungsmaßnahmen auf selbstbezogene Kognitionen und Prozesse der Selbstbewertung sind nach Hatties (2002) Übersicht ebenfalls gering. Allerdings sind Referenzgruppeneffekte in Form des beschriebenen *Big-Fish-Little-Pond*-Effekts nachweisbar (Dar & Resh, 1986; Marsh & Hattie, 1996; Marsh, Kong, & Hau, 2000).

Qualitative Studien zum Unterrichtsgeschehen belegen dagegen in großer Übereinstimmung, dass sich Kurse unterschiedlichen Leistungsniveaus oftmals erheblich unterscheiden. Schüler und Schülerinnen in den unteren Kursen erhalten einen Unterricht, der anspruchsloser, fragmentierter, repetitiver und weniger variantenreich ist und oftmals von weniger engagierten und weniger fähigen Lehrkräften erteilt wird (Gamoran & Berends, 1987; Gamoran u.a., 1995; Oakes, 1993; Oakes, Gamoran, & Page, 1992; Van Houtte, 2004). Hattie (2002) machte auf den Widerspruch zwischen diesen relativ konsistenten qualitativen Befunden und den geringen Effektstärken der quantitativen Studien aufmerksam. Er sieht darin einen Hinweis, dass Schülerinnen und Schüler in unteren Leistungskursen bei einem verbesserten Unterricht in ihrer Leistungsentwicklung vom *tracking* profitieren könnten. Die Schlussfolgerungen des Forschungsberichts sind eindeutig: „It seems that the quality of teaching and the nature of the student interactions are the key issues, rather than the compositional structure of the classes." (Hattie, 2002, S. 463)

Zusammensetzung der Schülerschaft von Schulen: Kompositionseffekte

Im Vergleich zur Forschungslage zur schulinternen Leistungsdifferenzierung sind die Befunde zum Einfluss der unterschiedlichen Zusammensetzung der Schülerschaft von Schulen weniger eindeutig. Auf der einen Seite steht Colemans berühmte Studie von 1966 *Equality of Educational Opportunity,* in der er feststellt, dass die soziale Zusammensetzung der stärkste die Schulleistung beeinflussende Faktor einer Schule sei, auf der anderen Seite sind die grundlegenden Arbeiten von Hauser (1970) und Hauser, Sewell und Alwin (1976) zu nennen, in denen diese zum Schluss kommen, dass die meisten berichteten Kontexteffekte nichts weiter als das Resultat fehlspezifizierter Modelle seien.

Die Frage nach der Wirkung von Schulkomposition ist ein zentraler Gegenstand der Schuleffektivitätsforschung. Denn Art und Größe der geschätzten Kompositionseffekte haben unmittelbare Bedeutung für die Beurteilung schulischer Interventionen. Kompositionseffekte, die Größenordnungen praktischer Bedeutsamkeit erreichen, sind als restringierende oder förderliche Bedingungen für die schulische Arbeit und deren Erfolgsaussichten zu interpretieren. Sie sind also *affordances and constraints* für pädagogische Programme. Wenn sich in der Tat gravierende Auswirkungen der leistungsmäßigen, sozialen, kulturellen oder lernbiographischen Zusammensetzung der Schülerschaft von Schulen nachweisen lassen, stellt ein solches Ergebnis die Logik der meisten akzeptierten Evaluationsprogramme in Frage, in denen die originäre pädagogische Leistung von Schulen als Mehrwert *(value added)* gegenüber den *individuellen* Eingangsvoraussetzungen der Schüler und Schülerinnen definiert wird (Arnold, 1999; Thomas & Peng, 2004; Watermann u.a., 2003). In diesem Fall reicht es für eine faire Beurteilung von Schulen nicht mehr aus, deren unterschiedliche Eingangsselektivität (Vorwissen, SES, ethnische Herkunft) allein auf individueller Ebene zu berücksichtigen. Die bisherige Befundlage der Schuleffektivitätsforschung ist hinsichtlich Art und Größe der Kompositionseffekte jedoch nicht schlüssig, auch wenn kaum mehr Zweifel bestehen, dass mit Auswirkungen einer unterschiedlichen Zusammensetzung der Schülerschaft von Schulen zu rechnen ist. Die Uneindeutigkeit ist einerseits auf theoretisch unbefriedigende Definitionen von Kompositionseffekten und andererseits auf oftmals gravierende methodische Mängel der Untersuchungen zurückzuführen. Umso verdienstvoller ist es, dass Thrupp, Lauder und Robinson (2002, S. 484 ff.) in ihrem Literaturbericht zu *school composition* einen theoretischen Referenzrahmen zur Wirkung von Kompositionseffekten und ein Forschungsmodell entwickelt haben, das explizite Gütestandards ausweist. Vor diesem Hintergrund lassen sich Untersuchungen und deren Ergebnisse besser beurteilen und einordnen.

Zu den wichtigsten Untersuchungen aus dem Vereinigten Königreich gehört die Längs-schnittstudie von Sammons, Thomas und Mortimore (1997), in der Kompositionseffekte unter Kontrolle des Vorwissens geprüft werden. Die Autoren berichten Auswirkungen der *sozialen* Zusammensetzung von Schulen, die in ihrer Stärke von Fach zu Fach variieren und im Englischunterricht besonders zu Buche schlagen. Eine simultane Modellierung von Leistungs- und sozialen Merkmalen unterbleibt jedoch. In methodischer Hinsicht bei-spielhaft ist immer noch die Reanalyse der *Highschool-and-Beyond*-(HS&B)-Daten aus den Vereinigten Staaten, die Bryk, Lee und Holland (1993) vorgelegt haben. Sie zeigen, dass nicht nur die soziale Zusammensetzung der Schülerschaft einer Schule Auswirkungen auf die Leistungsentwicklung hat, sondern auch, dass diese Effekte über das curriculare Angebot und die soziale Organisation der Schule vermittelt werden. Dass auch die Ver-fügbarkeit sozialer Netzwerke eine schulische Ressource darstellt, kann Pong (1998) an-hand einer Reanalyse der *National Educational Longitudinal Study* (NELS) ebenfalls für die Vereinigten Staaten zeigen. Sie findet, dass ein hoher Anteil von allein erziehenden El-tern – auch bei Kontrolle der sozialen Herkunft – einen negativen Kompositionseffekt auf die Leistungsentwicklung von Jugendlichen ausübt, der allerdings durch die ökonomi-schen Ressourcen einer Schule und das Engagement der Eltern zu einem großen Teil kompensiert werden kann. Zwei neuseeländische Untersuchungen von Nash und Harker (1997) und Lauder, Hughes und Watson (1999) arrondieren das Bild. Auch sie belegen fähigkeitsbezogene, soziale und soziokulturelle Kompositionseffekte, deren Zusammen-spiel allerdings wiederum unberücksichtigt bleibt.

Die wohl interessanteste Studie aus dem angelsächsischen Bereich ist die Reanalyse des Längsschnittdatensatzes der Zweiten Mathematikstudie der IEA (SIMS) von Zimmer und Thoma (2000). Für diese Analyse werden vier Länder, Belgien, Frankreich, Neu-seeland und Kanada (Ontario), berücksichtigt. Auf der individuellen Ebene werden das Vorwissen, soziale Herkunft und weitere familiale Merkmale kontrolliert und auf Klas-senebene, die als Indikator für Schulverhältnisse interpretiert wird, eine Reihe von Kom-positionsmerkmalen berücksichtigt. Die wichtigsten Ergebnisse der Analyse lassen sich folgendermaßen zusammenfassen:

(1) Der Anstieg des mittleren Fähigkeitsniveaus einer Schule/Klasse übt – mit abneh-mendem Wirkungsgrad (negativer quadratischer Trend) – einen positiven Einfluss auf die Leistungsentwicklung aus.

(2) Es lässt sich eine Wechselwirkung zwischen Fähigkeitsniveau und Vorwissen nach-weisen: Schwächere Schüler profitieren von einem ansteigenden Fähigkeitsniveau der Klasse am meisten.

(3) Eine zunehmende Leistungsheterogenität der Lerngruppe wirkt sich bei konstantem Fähigkeitsniveau positiv auf die Leistungsentwicklung aus, wobei wiederum eine ver-gleichbare ordinale Interaktion mit dem individuellen Vorwissen nachweisbar ist.

(4) Auch unter Kontrolle des Fähigkeitsniveaus der Klasse lässt sich ein positiver Effekt der sozialen Zusammensetzung der Schülerschaft nachweisen; allerdings profitieren leistungsschwächere Schüler vom sozialen Niveauanstieg stärker.

(5) Diese Effekte scheinen über die Länder hinweg stabil zu sein.

Die Reanalyse von Zimmer und Thoma zeichnet sich insbesondere durch die systematische Spezifikation der unterschiedlichen Kompositionsfacetten aus. Dennoch bleibt offen, inwieweit die Analysen einer Überprüfung standhalten können. Die Autoren ignorieren die geschachtelte Struktur des Datensatzes und führen alle Auswertungen auf individueller Ebene durch, nachdem sie die Kompositionsmerkmale den einzelnen Probanden zugewiesen haben. Dieses Vorgehen dürfte zu einer Unterschätzung aller Standardfehler führen, sodass die Korrektheit der inferenzstatistischen Schlüsse in Frage steht. Für den flämischen Teil Belgiens bleibt ferner die Gliederung der Sekundarschule in unterschiedliche Schulformen unberücksichtigt, sodass nicht entscheidbar ist, inwieweit die berichteten Kompositionseffekte zumindest zum Teil Auswirkungen der institutionellen Differenzierung sind.

Die für die deutsche Situation wichtigsten Arbeiten zum Zusammenspiel von Schülerzusammensetzung und Institution sind in den letzten Jahren von einer belgischen Arbeitsgruppe um van Damme und Opdenakker vorgelegt worden. Es handelt sich dabei um Ergebnisse des so genannten LOSO-Projekts *(Longitudinal Research in Secondary Education)*, das im flämischen Teil Belgiens die Leistungs- und Motivationsentwicklung von Jugendlichen in der Sekundarstufe I in Abhängigkeit von der institutionellen Gliederung des Systems in Schulformen und den sozialen und fähigkeitsbezogenen Merkmalen der Schülerschaft einer Schule untersucht (Opdenakker & van Damme, 2000, 2001, 2004; Opdenakker u.a., 2002; van Damme u.a., 2002). Diese Studie erlaubt nicht nur durch ihre längsschnittliche Anlage und das Sampling von zwei Klassen pro Schule die Spezifikation adäquater Analysemodelle, sondern sie prüft darüber hinaus auch systematisch den Zusammenhang zwischen Kompositions- und Prozessmerkmalen auf der Schulebene (Opdenakker, in Druck b). Aufgrund des gegliederten Sekundarschulwesens im flämischen Teil Belgiens beziehen sich die Untersuchungen auf institutionelle Rahmenbedingungen, die am ehesten mit Verhältnissen in den deutschsprachigen Ländern vergleichbar sind. Methodisch entsprechen die Analysen der Forschungsgruppe weitgehend den von Thrupp, Lauder und Robinson (2002) formulierten Gütekriterien.

Die Autoren zeigen zunächst, dass der größte Teil der Leistungsvarianz zwischen Schulen in gegliederten Systemen eine Folge der selektiven Schulformzuweisung ist und folglich zu einem erheblichen Teil durch die individuellen Merkmale des Vorwissens und der sozialen Herkunft erklärt werden kann (Opdenakker & van Damme, 2001). Sie zeigen ferner, dass das Leistungsniveau einer Schule (Kompositionseffekt) und die Schulformzugehörigkeit (Institutionseffekt) Einflüsse in ähnlicher Größenordnung auf die Leistungsentwicklung im Fach Mathematik ausüben, die auch nachweisbar sind, wenn beide Faktoren simultan berücksichtigt werden (Opdenakker, in Druck a). Auch die soziale Zusammensetzung der Schülerschaft hat einen signifikanten Einfluss auf die Leistungsentwicklung im Fach Mathematik, der jedoch dann nicht mehr nachweisbar ist, wenn gleichzeitig das mittlere Fähigkeitsniveau der Schule kontrolliert wird. Der soziale Kompositionseffekt ist also vollständig mit der Leistungszusammensetzung der Schülerschaft konfundiert. Dies stimmt mit Ergebnissen, die Luyten und van der Hoeven-van Doornum (1995) für niederländische Grundschulen berichten, überein. Diese Befunde sprechen gegen die Generalisierbarkeit der Ergebnisse von Zimmer und Thoma (2000). Die Autoren können ferner zeigen, dass die Kompositionseffekte zu einem erheblichen Teil über Schulprozessmerkmale wie Lehrerkooperation oder Lernklima vermittelt werden, wobei Interaktionseffekte zwischen Prozessmerkmalen und kognitiven und sozialen Schülervoraussetzungen auftreten. Leistungsstärkere Schüler aus sozial schwachen Verhältnissen scheinen am meisten von gut geführten Schulen zu profitieren (Opdenakker & van Damme, 2001). Die bislang publizierten Ergebnisse zu motivationalen Merkmalen besagen, dass sich Schulen hinsichtlich motivationaler und emotionaler Merkmale im Unterschied zu Fachleistungen nur geringfügig unterscheiden (Opdenakker & van Damme, 2000). Resultate zu Kompositions- oder Institutionseffekten liegen für diesen Bereich noch nicht vor.

Von ähnlichem Interesse für Deutschland sind die von Ramseier und Brühwiler (2003) vorgelegten Analysen Schweizer PISA-Daten. Die Autoren modellieren in einem mehrebenenanalytischen Design den Zusammenhang zwischen sozialen und ethnisch-kulturellen Kompositionsmerkmalen von Schulen und der Leseleistung von 15-Jährigen unter Konstanthaltung der Schulformzugehörigkeit. Die Autoren berichten einen signifikanten sozialen Kompositionseffekt, der in einer Größenordnung liegt, den auch Baumert und Schümer (2001, S. 466) gefunden haben, aber in der deutschen Stichprobe nicht zufallskritisch absichern konnten. Ebenso können sie bestätigen, dass die ethnisch-kulturelle Zusammensetzung einer Schule leistungsrelevant ist. Mit dem Anteil fremdsprachiger Schüler sinken die Mathematikleistungen. Die sozialen und ethnisch-kulturellen Kompositionseffekte sind weitgehend konfundiert, sodass die Effekte bei simultaner Modellierung nicht mehr einzeln nachweisbar sind. Die wichtige Frage, inwieweit die sozialen und kulturellen Merkmale mit dem Leistungs- und Fähigkeitsniveau verbunden sind, bleibt ungeprüft.

Wie sieht die Forschungslage in Deutschland aus? Man kann sie – zugegebenermaßen etwas polemisch – mit einem Satz charakterisieren: starke Überzeugungen und schwache Daten. Bei allen Schulstrukturfragen spielen Annahmen über Kompositionseffekte eine zentrale Rolle. Dies gilt vor allem für die Analyse der Situation der Hauptschule, aber in modifizierter Form auch für die Integrierte Gesamtschule. In der Regel werden der Rückgang des relativen Schulbesuchs an Hauptschulen und die Veränderung der sozialen, ethnischen und kulturellen Zusammensetzung der Schülerschaft an Hauptschulen als Ausgangspunkt genommen, um auf durchgreifende Veränderungen des Sozialisationsmilieus mit schwerwiegenden Folgen für die Identitätsentwicklung und die Berufs- und Lebenschancen von Hauptschulabsolventen zu schließen (Bronder, Ipfling, & Zenke, 1998; Eckert, 2001; Hansen & Rolff, 1990; Hiller, 1989; Rösner, 1989). In jüngeren Arbeiten gehen Solga und Wagner (2001, 2004) und Solga (2005) von der Annahme Colemans, dass die soziale Zusammensetzung der Schülerschaft einer Schule der wichtigste die Leistungsentwicklung beeinflussende Faktor sei, als gesichertem Tatbestand aus, um dann auf der Grundlage von Befunden zur Veränderung der sozialen Zusammensetzung der Hauptschule Kompositionshypothesen abzuleiten. Solga und Wagner können anhand der Berliner Lebensverlaufsstudie zeigen, dass in den 1970er und 1980er Jahren der Anteil jener Schülerinnen und Schüler an Hauptschulen, die aus instabilen Familienverhältnissen stammen oder deren Eltern gering qualifizierten Tätigkeiten nachgehen, im Vergleich zu den 1960er Jahren zugenommen hat. Sie schließen daraus unter Berufung auf Coleman auf zwei Kompositionseffekte:

- Das intellektuelle und soziale Anregungspotenzial dieser Schulen habe systematisch verloren mit negativen Auswirkungen für die schulischen Leistungen und die Entwicklung der Sozialkompetenz, und
- durch die Konzentration von identitätsbeschädigten Schulversagern hätten die aktivierbaren sozialen Ressourcen von Hauptschülerinnen und Hauptschülern deutlich abgenommen mit negativen Folgen für Selbstbewusstsein, Motivation und Berufsaspirationen.

Sie verweisen auf Eckert (2001), der schreibt: „Wenn die Hauptschule immer mehr leistungsfähige Schüler an weiterführende Schulen abgibt, erleben Jugendliche ihren Erfolg und Misserfolg ‚hautnah‘, das heißt nicht als Klassenschicksal, sondern als individuelle Leistung und individuelles Versagen (...). [So erzeugt das System] systematisch auch immer misserfolgsängstliche, depressive oder aggressive Sitzenbleiber oder Absteiger. (...) Nicht die in der Herkunftsfamilie *bestehende,* sondern die in der schulischen Selektion *entstehende* Klassenlage ist offenbar das Problem." (Eckert, 2001, S. 461 f.) Der Abstand zwischen der unzureichenden empirischen Evidenz und den sich anschließenden bildungspolitischen Empfehlungen ist ungewöhnlich groß.

Die wichtigste Arbeit zur Bedeutung der fähigkeits- und leistungsbezogenen Zusammensetzung von Lerngruppen für die Genese des Selbstkonzepts der akademischen Begabung, Interessenentwicklung und Kurswahlverhalten hat Köller (2004) vorgelegt. Er kann auf der Grundlage von Längsschnittdaten den *Big-Fish-Little-Pond*-Effekt (BFLPE) – wie Köller und Baumert (2001) für Schulen – für Schulklassen der Sekundarstufe I in Deutschland replizieren. Er zeigte, dass der BFLP-Effekt in Form des negativen Regressionsgewichts der auf Klassenebene aggregierten Schülerleistungen den Saldo aus einem negativen Kontrasteffekt (durch soziale Vergleiche) und einem positiven Assimilationseffekt (Effekt der prestigeträchtigen Schulform) darstellt (Köller, 2004, S. 141). Dabei hat der soziale Vergleich die weitaus größere Bedeutung. Diese Ergebnisse widersprechen schulformbezogenen Stigmatisierungsannahmen, die sich auf Selbstbewertungsprozesse der eigenen Person beziehen. Anderseits konnten Köller und Baumert (2001) für die Leistungsentwicklung sowohl fähigkeitsbezogene Kompositions- als auch Schulformeffekte nachweisen. Allein die Tatsache, dass neben und unabhängig von den Einflüssen der leistungsmäßigen Zusammensetzung der Schülerschaft einer Schule starke Institutionseffekte zu finden sind, weist auf die Unzulänglichkeit von Theorien hin, die eine suboptimale Leistungsentwicklung an Hauptschulen primär über stigmatisierende Bedeutungszuschreibung und die davon abhängige normative Kultur der Altersgruppe zu erklären versuchen.

Einen weiteren Versuch, die Lücke zwischen Kontexthypothesen und Datenlage zu schließen, haben Baumert und Schümer (2001) in ihrem Beitrag zum ersten PISA-Bericht „Schulformen als selektionsbedingte Lernmilieus" unternommen. In einem einfachen mehrebenenanalytischen Design überprüfen sie, wie sich die Schätzungen von Effekten der sozialen Komposition von Schulen in Abhängigkeit von mehr oder weniger korrekt spezifizierten Modellen verändern. Tabelle 4.1 gibt noch einmal ihre Befunde wieder. Im Modell I replizieren sie das Coleman-Modell, auf das sich Solga und Wagner (2004) und Solga (2005) beziehen. Die dramatischen Effekte der sozialen Komposition von Schulen sind unübersehbar und übertreffen in der Größenordnung alles, was wir aus den Vereinigten Staaten kennen. Modell II zeigt, dass diese Dramatik – ganz im Sinne Hausers (1970) – zum überwiegenden Teil auf Fehlspezifikation des Modells auf individueller und schulischer Ebene zurückzuführen ist. Berücksichtigt man die kognitiven Grundfähigkeiten zunächst als Indikator für individuelles Vorwissen und dann in aggregierter Form als Kompositionsmerkmal, verringert sich der Einfluss der sozialen Zusammensetzung der Schülerschaft auf ein Achtel des ursprünglichen Werts. Im dritten Modell, in dem auch die Schulformzugehörigkeit berücksichtigt wird, zeigen sich ein institutioneller Effekt der Schulform, ein fähigkeitsbezogener Kompositionseffekt und ein schwacher Effekt der sozialen Zusammensetzung, der jedoch bei der gegebenen Stichprobengröße nicht zufallskritisch abgesichert werden kann.

An diese Analyse knüpft Schümer (2004) mit ihrem Beitrag „Zur doppelten Benachteiligung von Schülern aus unterprivilegierten Gesellschaftsschichten" an. Sie erweitert das Spektrum berücksichtigter Kompositionsfacetten um kulturelle, ethnische und lernbiographische Merkmale und greift auf die größere Stichprobe der PISA-E-Untersuchung zurück. Schümer entwickelt die These eines geteilten Bewusstseins von Hauptschülerinnen und Hauptschülern, nach der Selbstbewertungsprozesse zwar im sozialen Vergleich erfolgen, aber Hauptschüler gleichwohl mit den Selektionsmechanismen des Schulsystems vertraut seien und realistisch wahrnähmen, „wo sie selbst im hierarchisch gegliederten System stehen und wie ihre Position von anderen bewertet wird" (Schümer, 2004, S. 75). Sie postuliert einen Stigmatisierungseffekt, der zu niedrigen Selbstwirksamkeitsurteilen und negativen Selbsteinschätzungen führe und entwicklungshemmend wirke. Darüber hinaus geht sie ähnlich wie Solga und Wagner davon aus, dass die Konzentration von Personen mit langjährigen Misserfolgskarrieren, die sich in negativem Selbstwertgefühl, Schulverdrossenheit und Unterrichtsstörungen äußerten, ein weiteres Kompositionsmerkmal darstellte, das kollektiv – über die individuelle Benachteiligung hinaus – auf alle Schülerinnen und Schüler wirke. Empirisch überprüft sie die Auswirkungen fähigkeitsbezogener, soziokultureller, ethnisch-kultureller und lernbiographischer Kompositionsmerkmale auf die Leseleistung von 15-Jährigen. Die Frage, inwieweit selbstbezogene Kognitionen oder motivationale Orientierungen kontextabhängig sind, bleibt ungeprüft. Schümers empirische Analysen sind ein Fortschritt gegenüber dem Versuch von Baumert und Schümer (2001) und allemal gegenüber evidenzfernen Vermutungen. Die wichtigsten Ergebnisse lassen sich folgendermaßen zusammenfassen:

(1) In Übereinstimmung mit Opdenakker (in Druck a) kann sie zeigen, dass im deutschen Schulsystem die Schulform und die intellektuelle Zusammensetzung der Schülerschaft die beiden wichtigsten Faktoren für die Ausbildung unterschiedlicher Lern- und Entwicklungsmilieus sind.

Prädiktoren[2]	Modell 1	Modell 2	Modell 3
Individualebene			
Sozialschicht	**11,1**	**7,8**	**7,8**
Kognitive Grundfähigkeiten		**46,1**	**46,1**
R^2 *(innerhalb von Schulen)*	*0,03*	*0,42*	*0,42*
Schulebene			
Mittlere Sozialschicht (HISEI)	**109,1**	**11,8**	6,8
Mittlere kognitive Grundfähigkeiten		**50,7**	**37,1**
Schulform (Referenzkategorie Realschule)			
Hauptschule			**−22,5**
Gymnasium			11,7(*)
Schule mit mehreren Bildungsgängen			−2,9
Integrierte Gesamtschule			−9,4
R^2 *(zwischen Schulen)*	*0,61*	*0,85*	*0,86*

[1] Parameterschätzungen mit Mplus 3.11 (Muthén & Muthén, 2004).
[2] Kontinuierliche Prädiktoren auf individueller Ebene z-standardisiert; signifikante Koeffizienten fett; (*) = signifikant auf dem 10-Prozent-Niveau.

Tabelle 4.1   Parameterschätzung für *Random-Intercept*-Modelle zur Vorhersage der Lesekompetenz (15-Jährige; internationale Stichprobe; gewichtet)[1]

(2) Die Ergebnisse zeigen ferner, dass ein hoher Anteil von Schülern aus ausgeprägt bildungsfernen Elternhäusern ein leistungsrelevantes Kompositionsmerkmal über die intellektuelle Zusammensetzung der Schülerschaft und die Schulformzugehörigkeit hinaus darstellt.

(3) Schließlich werden auf der institutionellen Ebene Wechselwirkungen zwischen der sozialen Zusammensetzung einer Schule und der Schulformzugehörigkeit nachgewiesen. Soziokulturelle Kompositionseffekte scheinen nur in Haupt-, Realschulen und Integrierten Gesamtschulen aufzutreten. Sie sind aus unterschiedlichen Gründen in Gymnasien und Schulen mit mehreren Bildungsgängen nicht zu finden[1].

Zusammenfassung der Forschungsbefunde

Fasst man die wichtigsten Ergebnisse dieses Überblicks zusammen, so sind folgende Resultate festzuhalten:

– Schulinterne Maßnahmen der Leistungsdifferenzierung werden den Erwartungen einer optimalen Förderung unterschiedlich leistungsstarker und unterschiedlich befähigter Schülerinnen und Schüler nicht gerecht. Mit dem *tracking*, wie es etwa in den Vereinigten Staaten praktiziert wird, sind kaum Auswirkungen auf die Leistungsentwicklung verbunden.

– Es lassen sich jedoch Wechselwirkungen zwischen individuellen Leistungsvoraussetzungen und schulinternen Gruppierungsmaßnahmen nachweisen. Die leistungsstärksten Schülerinnen und Schüler scheinen am ehesten von Leistungsdifferenzierungen zu profitieren, während für schwächere Schüler keine oder eher negative Effekte erkennbar sind.

- Weiterhin lassen sich regelmäßig sowohl stabile Kompositionseffekte der Leistungszusammensetzung der Schülerschaft von Schulen als auch institutionelle Effekte einer Schulformgliederung belegen, die für die Leistungsentwicklung in unterschiedlichen Fächern bedeutsam sind. Diese Effekte sind in ihrer Größenordnung substanziell.
- Ebenso sind leistungsrelevante Auswirkungen der sozialen und soziokulturellen – vor allem ethnischen – Zusammensetzung von Schulen festzustellen. Soziale und kulturelle Effekte sind in erheblichem Maße konfundiert.
- Es ist unklar, in welchem Ausmaß fähigkeitsbezogene und soziale Kompositionsmerkmale der Schülerschaft miteinander vermischt sind. Je nach Schulstruktur ist mit Unterschieden zu rechnen.
- In gegliederten Systemen können Interaktionen zwischen Schulformzugehörigkeit und der sozialen Komposition der Schülerschaft auftreten. Es ist unklar, ob dies auch für die fähigkeitsbezogene Zusammensetzung von Schulen gilt.
- Die Bedeutung lernbiographischer Kompositionsmerkmale, wie etwa des Anteils von Wiederholern, ist im Zusammenwirken anderer Kompositionsfacetten praktisch unerforscht.
- Es fehlt an Arbeiten, in denen die Bedeutung von Kompositionsmerkmalen simultan sowohl für die Leistungs- als auch für die Persönlichkeitsentwicklung untersucht wird.

4.3 Fragestellungen

Untersuchung von Kompositionseffekten in Querschnittstudien: Ein verfehlter Versuch?

Der Überblick über die Forschungslage hat gezeigt, dass die realistische Schätzung von schulischen Kompositionseffekten unter anderem von der korrekten Spezifikation des Individualmodells abhängt. Bei Arbeiten, die den Zusammenhang zwischen Merkmalen der Schülerzusammensetzung und Leistungsergebnissen untersuchen, ist insbesondere die Kontrolle differenzieller Eingangsselektivität von Schulen kritisch. Untersuchungen, in denen keine Maße für das Vorwissen zur Verfügung stehen, führen in der Regel zur Überschätzung von Kompositionseffekten, da nicht erfasste individuelle Eingangsunterschiede auf aggregierter Ebene als Artefakte wieder auftreten. Dies ist ein notorisches Problem für Querschnittstudien. Üblicherweise bemüht man sich, das Problem zu entschärfen, indem die differenzielle Eingangsselektivität über soziale Hintergrundmerkmale und allgemeine Fähigkeitsmaße, wie zum Beispiel die Intelligenz, zu kontrollieren versucht wird. Dem liegen die beiden stillschweigenden Annahmen zu Grunde, dass diese Merkmale über die Zeit stabil und von der Schule weitgehend unabhängig seien und domänenspezifisches Vorwissen über allgemeine Fähigkeitsmaße approximiert werden könne. Während die Stabilitätsannahme für soziale Herkunftsmerkmale unmittelbar plausibel ist, treffen die beiden Voraussetzungen für allgemeine kognitive Fähigkeitsmaße nicht oder nur eingeschränkt zu. Es ist offen, wie groß der daraus resultierende Fehler bei der Schätzung von Kompositionseffekten ist und in welche Richtung er wirkt. Abschnitt 4.5 soll zu einer Klärung dieser für Analysen mit PISA-Daten essenziellen Frage beitragen, indem auf der Grundlage der Längsschnittstudie BIJU zwei prototypische Modelle für die Schätzung von Kompositionseffekten vergleichend geprüft werden.

Milieubestimmende Dimensionen der Zusammensetzung der Schülerschaft und die Entwicklung eines Vermittlungsmodells

Die systematische Untersuchung von Kompositionseffekten bedarf einer theoretischen Vorstellung darüber, welche Kompositionsmerkmale der Schülerschaft für die Leistungs- und Persönlichkeitsentwicklung von Schülerinnen und Schülern bedeutsam sind und über welche Vermittlungsprozesse sich ihre kollektive Wirkung entfaltet. Denn Kontext- und Kompositionsbedingungen von Schulen wirken in den seltensten Fällen direkt auf Leistungs- und Entwicklungsprozesse ein. Vielmehr werden sie sowohl durch die Leistungs- und Verhaltensnormen der Peer-Gruppe als auch durch organisatorische, curriculare, didaktische und nicht zuletzt kulturelle Arrangements, für die Schulleiter und Lehrkräfte verantwortlich sind, vermittelt und moderiert. In Abschnitt 4.6 werden Lern- und Entwicklungsmilieu bestimmende Kompositionsmerkmale in ihrem wechselseitigen Zusammenhang identifiziert und in ein theoretisches Vermittlungsmodell eingeordnet.

Komposition oder Institution: Was zählt?

Es ist keineswegs ausgemacht, ob die unterschiedlichen Dimensionen der Schülerzusammensetzung gleichermaßen leistungs- und entwicklungsbedeutsam sind, auch wenn im Rahmen der Schuleffektivitätsforschung immer wieder die soziale Zusammensetzung der Schülerschaft im Mittelpunkt des Interesses steht. Dies ist in nicht gegliederten Schulsystemen auch unmittelbar einleuchtend. Denn Varianz zwischen Schulen erzeugen hier regionale soziale Differenzierungs- und Segregationsprozesse, die sich in der Zusammensetzung der Schülerschaft von Schulen unterschiedlicher Einzugsbereiche abbilden. Dies bedeutet aber noch nicht zwangsläufig, dass die soziale Zusammensetzung der Schülerschaft das entscheidende, das Lern- und Entwicklungsmilieu einer Schule bestimmende Kompositionsmerkmal ist. Nach Dreeben und Barr (1988) ist es vor allem das mit der sozialen Zusammensetzung kovariierende Fähigkeitsniveau der Schülerschaft, auf das Lehrkräfte organisatorisch, curricular und didaktisch adaptiv reagieren. In gegliederten Schulsystemen wird dieser Sachverhalt weitaus deutlicher. Denn Zuweisungsentscheidungen fallen hier primär unter Leistungsgesichtspunkten, auch wenn sekundäre soziale Disparitäten bei Übergangsentscheidungen immer wieder nachweisbar sind (Baumert & Schümer, 2001; Baumert, Trautwein, & Artelt, 2003; Ditton, 2004a, 2004b; Lehmann, Peek, & Gänsfuß, 1997). Darüber hinaus lassen sich in gegliederten Schulsystemen differenzielle Schulumwelten nicht allein auf Gruppierungsprozesse zurückführen. Sie werden auch und – wie Baumert und Schümer (2001) und Schümer (2004) gezeigt haben – vielleicht stärker noch durch institutionell vorgeformte Lehr-/Lernarrangements erzeugt, die ihre Verankerung in schulformspezifischen Traditionen der Didaktik und der Lehrerausbildung finden. Die Separierung von Kompositions- und Institutionseffekten ist ein Anliegen der Analysen des Abschnitts 4.7.

Kompositionsmerkmale und Leistungsentwicklung: Wechselwirkungen zwischen Kompositionsmerkmalen und Schulformen

Die Forschungsliteratur ist hinsichtlich der relativen Bedeutung fähigkeitsbezogener und sozialer Kompositionsmerkmale unschlüssig. Auswirkungen der sozialen Zusammensetzung lassen sich immer dann nachweisen, wenn nicht gleichzeitig das Fähigkeitsniveau einer Schule oder – bei gegliederten Systemen – die Schulformzugehörigkeit kontrolliert wird. Um in dieser Hinsicht zu größerer Klarheit zu kommen, wird im Abschnitt 4.8 der Zusammenhang zwischen fähigkeitsbezogenen, soziokulturellen, ethnisch-kulturellen und lernbiographischen Kompositionsmerkmalen und den Leistungsergebnissen einer Schule unter Berücksichtigung einer möglichen Wechselwirkung mit der institutionellen Gliederung des Systems systematischer untersucht.

Kompositionsmerkmale und die normative Kultur der Peer-Gruppe

Bis heute herrschen – vor allem in der Soziologie – Ansätze zur Erklärung von Kompositionseffekten vor, die von der normativen Kultur der Altersgruppe (McDill & Rigsby, 1973) und von sozialen Bedeutungszuschreibungen der signifikanten Umwelt im Anschluss an Goffman (1974, 1977) als dem primären Vermittlungsweg ausgehen (Solga, 2005). Dagegen akzentuieren Dreeben und Barr (1988) insbesondere die Bedeutung organisatorischer, curricularer und didaktischer Vermittlungsmechanismen. Barr und Dreeben (1983, 1991) und Dreeben und Barr (1988) haben ein mehrfach gestuftes Modell für die Vermittlung von Kompositionseffekten entworfen. Sie unterscheiden drei Haupttransmissionswege: organisatorische, curriculare und didaktische Arrangements in Reaktion auf die fähigkeitsbezogene Zusammensetzung der Schülerschaft, die normative Kultur der Peer-Gruppe sowie Vergleichsprozesse innerhalb von und zwischen Referenzgruppen. Auf der Grundlage der PISA-Erhebung aus dem Jahr 2000 lassen sich Vermittlungsprozesse, die über Lehrererwartungen, Curriculum und Unterricht verlaufen, nicht modellieren – erst PISA 2003 eröffnet diese Möglichkeit. PISA 2000 verfügt jedoch über ausgewählte Indikatoren für Leistungs- und Verhaltensnormen der Peer-Kultur. In Abschnitt 4.9 wird anhand von Beispielen geprüft, inwieweit die normative Kultur der Altersgruppe ein Bindeglied zwischen Merkmalen der Schülerzusammensetzung und den Leistungsergebnissen einer Schule darstellt.

Zusammensetzung der Schülerschaft und Persönlichkeitsentwicklung: Selbstbewertungsprozesse und Berufsaspirationen

Die Organisationsziele der Schule sind mehrkriterial. Idealtypisch bieten Schulen Entwicklungsumwelten, deren Gelegenheitsstruktur Kompetenz- und Persönlichkeitsentwicklung gleichermaßen fördert und unterstützt. In Abschnitt 4.10 soll deshalb in Ergänzung zu den leistungsbezogenen Fragestellungen der Zusammenhang zwischen

Kompositionsmerkmalen von Schulen einerseits und Selbstwirksamkeitsüberzeugungen und Berufsaspirationen – beides Indikatoren für Aspekte der Persönlichkeitsentwicklung – andererseits untersucht werden. Die Zusammensetzung einer Schülerschaft definiert den Rahmen für soziale Vergleiche – innerhalb und zwischen Gruppen –, die für Selbstbewertungsprozesse und die Entstehung motivationaler Orientierungen große Bedeutung haben. In Abschnitt 4.10 wird überprüft, welche Rolle Kompositionsmerkmale für die Genese von Selbstwirksamkeitsüberzeugungen und Berufsaspirationen spielen und ob dabei primär soziale Vergleiche innerhalb von Referenzgruppen oder institutionelle Reputationszuschreibungen und Stigmatisierungen wirksam sind.

Zusammensetzung der Schülerschaft von Schulen und regionale Strukturbedingungen: Typisierung von Schulen

In Abschnitt 4.11 soll abschließend explorativ untersucht werden, ob sich innerhalb von Schulformen Schulen nach der Zusammensetzung ihrer Schülerschaft typisieren lassen und inwieweit sich die Zugehörigkeit zu einem Kompositionstypus durch regionale Kontextbedingungen vorhersagen lässt. Von besonderem Interesse sind in diesem Zusammenhang die lokale Konzentration von Migrantenfamilien und regionale Konkurrenzbedingungen zwischen Schulformen und deren Abhängigkeit vom Grad der institutionellen Differenzierung des Systems.

4.4   Datengrundlage und methodisches Vorgehen

Die folgenden Analysen verwenden Daten der nationalen Erweiterung der PISA-Stichprobe 2000 (PISA-E), einen neu aufbereiteten Datensatz der Längsschnittstudie BIJU, der vier Messzeitpunkte umfasst, sowie amtliche Regionaldaten, die auf der Ebene von Kreisen und kreisfreien Städten in der Datenbank Regio-Stat (Statistisches Bundesamt, 2003) regelmäßig ausgewiesen werden. Die Regionaldaten wurden auf Kreisebene mit den Schuldaten der PISA-E-Stichprobe kombiniert.

Die PISA-E-Stichprobe liefert für das Jahr 2000 repräsentative Daten für 15-Jährige und Neuntklässler an den allgemein bildenden Schulen aller Länder der Bundesrepublik Deutschland. Gewisse Abstriche sind nur für die Stadtstaaten Berlin und Hamburg vorzunehmen (vgl. Baumert u.a., 2002). Für die folgenden Analysen wird die Teilstichprobe der 15-Jährigen verwendet. Es gibt aber auch gute Argumente, für Kompositionsanalysen die Substichprobe der Schülerinnen und Schüler der 9. Jahrgangsstufe heranzuziehen, da sie möglicherweise die über Peers und Lehrkräfte verlaufenden Vermittlungsprozesse von Kompositionseffekten besser abzubilden erlaubt (vgl. Stanat, in diesem Band). Andererseits stellen die 15-Jährigen eine korrektere Abbildung der Population der Hauptschülerschaft dar, da auch Personen, die vor dem Erreichen der 9. Jahrgangsstufe die Schule verlassen, erfasst werden. Dieser Teil der Schülerschaft stellt an Hauptschulen wahrscheinlich eine Gruppe mit erhöhten lernbiographischen Risikofaktoren dar. Da die folgenden Analysen besonderes Augenmerk auf die lernbiographische Zusammensetzung von Hauptschulen legen, fiel die Entscheidung für die Verwendung der Teilstichprobe der 15-Jährigen.

In Berlin und Hamburg konnten die für PISA-E vorab festgelegten Beteiligungsraten nicht erreicht werden. Deshalb wurden beide Länder aus der deskriptiven Berichterstattung ausgeschlossen (Baumert u.a., 2002, S. 28 f.). Ausfallanalysen haben gezeigt, dass die Leistungen der Hauptschüler in Berlin und die der Gesamtschüler in Hamburg in der realisierten Stichprobe überschätzt werden. Dennoch werden im Folgenden die gesamten Stichproben beider Länder herangezogen, um die Varianz der Schulen im Hinblick auf die Schülerzusammensetzung möglichst nicht einzuschränken. Dies ist vertretbar, da keine deskriptiven Ländervergleiche berichtet werden. Wir folgen damit der Argumentation von Schümer (2004), die geltend macht, dass durch die Überschätzung von Leistungsergebnissen die Entdeckung von Kompositionseffekten in konservativer Weise erschwert werde.

Die folgenden Analysen nutzen sowohl Individual- als auch aggregierte Schuldaten der PISA-E-Stichprobe. Die PISA-Ergänzungsstichprobe wurde so gezogen, dass sie für jedes Land der Bundesrepublik die Population der 15-Jährigen, die noch allgemein bildende Schulen besuchen, repräsentativ abbildet (zur Stichprobenbeschreibung vgl. Baumert u.a., 2002). Dies gilt für Schulen jedoch nur eingeschränkt. Schülerinnen und Schüler eines einzigen Altersjahrgangs geben nur ein approximatives Bild der sozialen und leistungsmäßigen Zusammensetzung einer Schule der Sekundarstufe I, da interne Selektionsprozesse – zum Beispiel Klassenwiederholung und Frühabgang – nicht berücksichtigt werden. Eine zweite Einschränkung für die Repräsentativität von Schuldaten resultiert aus dem Verfahren der Stichprobenziehung. Um die gleiche Ziehungswahrscheinlichkeit für jeden Schüler zu gewährleisten, musste eine leichte Überpräsentation von Schulen mit großer Jahrgangsstärke in Kauf genommen werden. Diese Verzerrung kann nicht durch eine nachträgliche Gewichtung auf Schulebene ausgeglichen werden, da genaue Populationsdaten über Schulgrößen fehlen. Schließlich gibt es einen weiteren Vorbehalt hinsichtlich der Verwendung von auf Schulebene aggregierten Individualdaten, der Sachsen-Anhalt betrifft. Da für Sachsen-Anhalt in der amtlichen Statistik Bildungsgänge innerhalb von Schulen mit mehreren Bildungsgängen zum Erhebungszeitpunkt als eigene Schulen ausgewiesen wurden und die Stichprobenziehung dieser Abgrenzung folgen musste, ist die Aggregation von Individualdaten auf Schulebene für Schulen mit mehreren Bildungsgängen in Sachsen-Anhalt nicht möglich. Deshalb wird Sachsen-Anhalt in allen folgenden Analysen aus der Stichprobe ausgeschlossen.

Die Schulstichprobe wurde so gewichtet, dass sie die Populationsverhältnisse der allgemein bildenden Schulen der Sekundarstufe I in allen Ländern und für die Bundesrepublik Deutschland insgesamt abbildet. Die Angaben über Schulpopulationen wurden für das Jahr 2000 mit Ausnahme des Landes Mecklenburg-Vorpommern der Datenbank GENESIS des Statistischen Bundesamtes entnommen. Da in Mecklenburg-Vorpommern die an das Statistische Bundesamt gemeldeten Schuldaten von den Angaben der Schullisten, die das Kultusministerium veröffentlicht, abwichen, wurden die überprüften Angaben des Ministeriums herangezogen. Um verlässliche Schätzungen auf Schulebene zu erhalten, wurden im Anschluss an Felson und Reed (1986) alle Schulen, in denen die Stichprobe der 15-Jährigen unter zehn Schülerinnen und Schülern lag, aus der Analysestichprobe ausgeschlossen. Grundlage der folgenden Untersuchungen ist eine Stichprobe von N = 31.395 15-Jährigen und N = 1.330 Schulen aus 15 Ländern der Bundesrepublik. Für die Auswertungen werden vollständige Datensätze verwendet, bei denen fehlende Werte mithilfe des Programms NORM (Schafer, 1997) mit dem Verfahren der multiplen Imputation geschätzt wurden (vgl. Baumert, Watermann, & Schümer, 2003, S. 60; Rubin, 1987). Für die in den Analysen berücksichtigten Variablen liegt der Anteil fehlender Werte in der Regel unter 10 Prozent; in wenigen Fällen wird eine Rate von etwa 15 Prozent erreicht.

Um die Sozialstruktur und den relativen Schulbesuch erweiterter Einzugsbereiche von Schulen zumindest näherungsweise charakterisieren zu können, wurde der Schuldatensatz der PISA-E-Stichprobe mit den amtlichen Kennziffern der Landkreise und kreisfreien Städte aus der Regionalstatistik kombiniert. Damit ist es möglich, die verfügbaren Strukturangaben für die Landkreise und kreisfreien Städte als Näherungswerte für die Indikatorisierung der Einzugsbereiche von Schulen zu verwenden. Dabei ist uns selbstverständlich bewusst, dass Landkreise oder kreisfreie Städte nur höchst unzulängliche Approximationen von Einzugsbereichen darstellen. Einzugsbereiche von Schulen sind in der Regel kleiner als Landkreise oder Städte, können aber auch über Kreisgrenzen hinausgehen. Diese mangelnde Deckung hat zur Folge, dass Indikatoren auf Kreisebene fehlerbehaftet sind, da die Variabilität von Schuleinzugsbereichen innerhalb von Kreisen und kreisfreien Städten unberücksichtigt bleibt. Dies mindert die Wahrscheinlichkeit, Zusammenhänge zwischen regionalen Strukturmerkmalen und Populationsverhältnissen an einzelnen Schulen zu finden. In der Regel werden deshalb Zusammenhänge, sofern sie überhaupt sichtbar werden, systematisch unterschätzt.

Zusätzlich wird für Kontrollanalysen der Datensatz der Längsschnittuntersuchung BIJU herangezogen. Berücksichtigt werden die Daten der ersten vier Erhebungswellen, die zwischen den Schuljahren 1991/92 und 1995/96 in der 7. und 10. Jahrgangsstufe stattgefunden haben. Der verwendete Längsschnittdatensatz umfasst eine Stichprobe von n = 2.964 Schülerinnen und Schüler aus den Ländern Nordrhein-Westfalen und Berlin (West), die in dem genannten Zeitraum eine allgemein bildende Schule der Sekundarstufe I besucht haben. Der Datensatz wurde neu aufbereitet, indem die Leistungsdaten über alle vier Messpunkte hinweg gemeinsam Rasch-skaliert und fehlende Werte für alle Schülerinnen und Schüler, die an der Erhebung zum Ende der 10. Jahrgangsstufe teilgenommen hatten, multipel imputiert wurden. Die fehlenden Werte wurden mit dem Programm NORM geschätzt (Schafer, 1997). Der verfügbare Datensatz erlaubt generalisierende Aussagen über die Population jener Sekundarstufenschülerinnen und -schüler, welche die Klassenstufen 7 bis 10 erfolgreich – das heißt ohne Klassenwiederholung und Schulwechsel – durchlaufen haben. Der BIJU-Datensatz wird verwendet, um die längsschnittliche und querschnittliche Modellierung von Kompositionseffekten vergleichen zu können.

Die folgenden Analysen sind in ihrer Mehrzahl mit dem Problem geschachtelter Daten konfrontiert. In diesen Fällen handelt es sich nicht nur um technische Fragen der korrekten Schätzung von Standardfehlern bei abhängigen Stichprobenelementen, sondern um substanzielle Problemstellungen, da Zusammenhänge auf individueller und auf Schulebene simultan untersucht werden sollen. Dabei ist mit Wechselwirkungen sowohl auf institutioneller Ebene als auch über die Ebenen hinweg zu rechnen. Die Grundideen der Mehrebenenanalyse mit *random intercept* und *random intercept and random slopes* sollen an dieser Stelle nicht noch einmal erläutert werden (vgl. Ditton, 1998; Goldstein, 2003; Raudenbush & Bryk, 2002; Raudenbush u.a., 2004; Snijders & Bosker, 1999). Eine knappe Darstellung findet sich auch in Kapitel 5, in diesem Band. Notwendige zusätzliche Erläuterungen werden im Zusammenhang der einzelnen Analysen gegeben. Die Auswertungen wurden mit Mplus 3.11 durchgeführt, da Mplus sowohl hierarchische Analysen im Mehrgruppendesign als auch die Schätzung von Pfadmodellen auf zwei unterschiedlichen Ebenen ermöglicht (Muthén & Muthén, 2004).

4.5 Untersuchung von Kompositionseffekten in Querschnittstudien – methodische Fallstricke

Der Literaturüberblick in Abschnitt 4.2 hat bereits gezeigt, dass der verlässliche Nachweis von Kompositionseffekten maßgeblich von der korrekten Spezifikation des theoretischen Modells abhängt. Die Heterogenität der Forschungsbefunde ist zu einem nennenswerten Teil darauf zurückzuführen, dass methodische Fallstricke nicht gesehen oder missachtet wurden. Dies gilt insbesondere dann, wenn Kompositionseffekte anhand von Querschnittstudien untersucht werden. Zweifellos ist die Modellierung von Kompositions- oder allgemeinen Kontexteffekten methodisch ein dorniges Problem. Systematische Fortschritte sind im letzten Jahrzehnt insbesondere durch soziologische und ökonomische Arbeiten zur sozialisatorischen Bedeutung der Wirtschafts- und Sozialstruktur von Nachbarschaften erzielt worden. Manski (1993), Leventhal und Brooks-Gunn (2000), Duncan und Raudenbush (2001), Dietz (2002) und Duncan, Magnusson und Ludwig (2004) haben die methodischen Probleme herausgearbeitet, deren Nichtbeachtung zur schwerwiegenden Verschätzung von Kompositions- und Kontexteffekten führen kann. Fünf Problembereiche, die für die Analyse mit PISA-Daten bedeutsam sind, seien kurz skizziert.

(1) Das Simultanitäts- oder Reziprozitätsproblem
Soziale Umwelten prägen nicht nur Menschen, sondern Menschen gestalten auch ihre Umwelt. Dieses Problem der Reziprozität ist nur dann in Modellen lösbar, wenn die Interaktionsmechanismen bekannt und spezifizierbar sind. Dies ist in der Regel nicht der Fall. Gleichwohl macht es zum Beispiel schulpolitisch einen großen Unterschied, ob man beim Nachweis eines korrelativen Zusammenhangs zwischen Verhaltensproblemen und sozialer Zusammensetzung von Schulen von Kompositionseffekten der Schülerschaft ausgeht oder annimmt, man habe es mit einzelnen Risikokandidaten zu tun, die für das Schulklima verantwortlich seien. Uns ist keine Arbeit zur Schuleffektivität bekannt, die dieses Problem angemessen untersuchte.

(2) Das Endogenitätsproblem

In gewisser Weise ist das beschriebene Simultanitätsproblem ein Sonderfall des allgemeineren und sehr häufig anzutreffenden Endogenitätsproblems. Bleiben auf der individuellen Ebene Merkmale, die sowohl die abhängige Variable als auch die Ausprägung des Kontextes beeinflussen, unberücksichtigt, führt dies in der Regel zu einer Überschätzung der Kompositionseffekte. Dieses Problem wird auch unter dem Namen *selection bias* oder *endogenous membership problem* behandelt. Ein Beispiel ist die Selbstselektion von Zuwanderern in lokale Migrantenkulturen. Analysen, die auf der Aggregatebene etwa von Wohnquartieren den Zusammenhang zwischen Zuwandererkonzentration und Bildungserfolg untersuchen, führen dann zu einer Überschätzung der Kontexteffekte, wenn nicht gleichzeitig auf individueller Ebene bildungsrelevante Merkmale, die mit dem Migrationsstatus kovariieren, erfasst und modelliert werden.

Im schulischen Bereich beruhen die meisten Fehlspezifikationen von Modellen auf der Nichtberücksichtigung relevanter individueller Merkmale. In gegliederten Schulsystemen erfolgt die Schulformzuweisung primär auf der Basis von Leistung und Fähigkeit, auch wenn zusätzlich sekundäre soziale Disparitäten auftreten. Da Leistung und Fähigkeit mit vielfältigen Herkunftsmerkmalen kovariieren, hat dieser Zuweisungsprozess auch erhebliche Bedeutung für die soziale, kulturelle, ethnische und lernbiographische Zusammensetzung von Schulen in stratifizierten Systemen. Dies sind die *primären* sozialen und ethnisch-kulturellen Disparitäten. Dennoch – und man kann sagen glücklicherweise – reicht die Berücksichtigung von Herkunftsmerkmalen nicht aus, um den Selektionsprozess angemessen abzubilden. Der Verzicht auf ein Leistungsmaß zur Kontrolle der unterschiedlichen Eingangsselektivität von Schulen führt notwendigerweise zum Auftreten des Endogenitätsproblems und zur Überschätzung von Kompositionseffekten. Dies ist ein notorisches Problem in Querschnittuntersuchungen, in denen kein Vorwissensmaß verfügbar ist. In Surveys versucht man, dieses Problem zu entschärfen, indem man sich bemüht, die Eingangsselektivität über soziale und kulturelle Hintergrundmerkmale und allgemeine Fähigkeitsmerkmale – in der Regel die Intelligenz – zu kontrollieren. Kognitive Grundfähigkeiten sind als Hintergrund von Schulleistungen ausleserelevant, auch wenn sie keinen direkten Indikator für das Vorwissen darstellen. Dabei wird unterstellt, dass allgemeine kognitive Grundfähigkeiten über die Zeit relativ stabil und von der Schule weitgehend unabhängig seien. In einer Reihe von Arbeiten ist jedoch gezeigt worden, dass auch die psychometrische Intelligenz – und zwar einschließlich der Facetten, die am ehesten als Marker für fluide Intelligenz gelten können – schulbesuchsabhängig sind (Baltes & Reinert, 1969; Ceci, 1991; Flynn, 1999; Schallberger, 1979; Stelzl u.a., 1995). Die kognitiven Grundfähigkeiten scheinen jedoch, wie Köller und Baumert (2002) zeigen konnten, weniger sensitiv für differenzielle Entwicklungsmilieus von Schulformen als Schulleistungen zu sein.

Auch die PISA-Studie ist mit dem Endogenitätsproblem konfrontiert. Im internationalen Datensatz von PISA gibt es keine kognitiven Fähigkeitsmaße, die man als Kontrollvariablen heranziehen könnte. Damit ist das Problem des Selektionsbias nicht lösbar. Eine Ausnahme bilden nur Deutschland, Österreich und die Schweiz, die in ihren nationalen Ergänzungen kognitive Fähigkeitsmaße als Kovariate erhoben haben, die sich als Indikator für Vorwissen verwenden lassen. Dennoch bleibt auch hier die doppelte Fehlermöglichkeit:

- Allgemeine kognitive Grundfähigkeiten sind auslesebedeutsam, aber kein Ersatz für bereichsspezifisches Vorwissen. Insofern hat man damit zu rechnen, dass die Kontrolle von Intelligenzaspekten das Endogenitätsproblem nur teilweise löst und Kompositionseffekte weiterhin überschätzt werden.

- Die Annahme der Stabilität und weitgehenden Schulunabhängigkeit von kognitiven Grundfähigkeiten ist nur begrenzt zutreffend. Dies bedeutet, dass die im Querschnitt erhobenen Intelligenzmaße sehr wohl von Kompositionsmerkmalen beeinflusst sein können. Dies kann zu einer *Über*kontrolle auf individueller Ebene und damit zu einer *Unter*schätzung der Kompositionseffekte führen. Diese Verzerrung wird als *mediation bias* bezeichnet.

(3) Überkontrolle auf individueller Ebene ("mediation bias")

Inwieweit die Kontrolle von Maßen der allgemeinen kognitiven Fähigkeiten, die zeitgleich mit der Kriteriumsvariable erhoben wurden, eine Unterschätzung von Kompositionseffekten zur Folge hat, ist eine offene Frage. Sie kann nur empirisch anhand von Längsschnittstudien, die sowohl eine längsschnittliche als auch querschnittliche Modellierung erlauben, geprüft werden.

(4) Das Problem unberücksichtigter Kompositionsmerkmale

Fehlspezifikationen auf Schulebene können zu erheblichen Fehlinterpretationen führen, wenn zum Beispiel bei der Analyse sozialer Kompositionseffekte institutionelle Selektionsmechanismen, die Folgen für die Leistungszusammensetzung von Schulen haben, oder leistungsbezogene Kompositionsmerkmale von Schulen nicht berücksichtigt werden. Musterbeispiele für Fehlspezifikationen dieser Art sind die fehlende Berücksichtigung der Schulformzugehörigkeit in gegliederten Schulsystemen (Zimmer & Thoma, 2000) oder die Nichtberücksichtigung des Fähigkeitsniveaus der Schülerschaft, wenn Zusammenhänge zwischen sozialer Zusammensetzung und Leistungsentwicklung von Schulen untersucht werden (Sammons, Thomas, & Mortimore, 1997, oder Ramseier & Brühwiler, 2003).

(5) Aggregationsbias durch unreliable Maße auf individueller Ebene

Üblicherweise werden zur Modellierung genesteter Datensätze hierarchisch-lineare Modelle verwendet. Kompositionsmerkmale werden dann oft durch aggregierte individuelle Merkmale indiziert. Dabei wird fast immer übersehen, dass die Genauigkeit der Schätzung von Kompositionseffekten von der Reliabilität des auf individueller Ebene gemessenen Merkmals abhängt. Reliabilitätsmängel der individuellen Variablen können, wie Lüdtke, Robitzsch und Köller (2002) und Harker und Tymms (2004) in Simulationen gezeigt haben, zu gravierenden Überschätzungen von Kompositionseffekten führen. In der Regel wird man davon ausgehen müssen, dass Kompositionseffekte, die auf aggregierten Variablen beruhen, tendenziell überschätzt sind.

Dass diese methodischen Fragen keineswegs trivial sind, lässt sich an Analysen aus dem OECD-Report für PISA 2000 „Lernen für das Leben" (OECD, 2001) belegen, die mit marginalen Veränderungen im Bericht über die PISA-Ergebnisse von 2003 „Lernen für die Welt von morgen" (OECD, 2004) wiederholt wurden. Die Autoren des OECD-Reports untersuchen den Zusammenhang zwischen Merkmalen der sozialen Herkunft und der Lesekompetenz mehrebenenanalytisch – auf individueller Ebene innerhalb von Schulen und auf aggregierter Ebene zwischen Schulen. Sie interpretieren die Ergebnisse wie folgt: „Österreich und Deutschland sind Länder, in denen vom durchschnittlichen wirtschaftlichen, sozialen und kulturellen Status der Schulen ein erheblicher Einfluss auf die Schülerleistungen ausgeht. Nehmen wir das Beispiel zweier fiktiver Schüler aus Österreich oder Deutschland, die über ähnliche Fähigkeiten verfügen und in Familien aufwachsen, deren sozioökonomischer Hintergrund gemessen am Index des wirtschaftlichen, sozialen und kulturellen Status dem Durchschnitt entspricht. Einer dieser beiden Schüler besucht eine Schule in einer relativ gut situierten Wohngegend, in der das Indexmittel auf den wirtschaftlichen, sozialen und kulturellen Status der Schülerschaft insgesamt (auf Schülerebene) eine viertel Standardabweichung über dem OECD-Durchschnitt liegt. Die meisten Mitschülerinnen und Mitschüler dieses Schülers stammen somit aus wirtschaftlich besser gestellten Familien als er selbst. Der andere Schüler besucht eine Schule in einer weniger gut situierten Wohngegend, in der das Indexmittel für den wirtschaftlichen, sozialen und kulturellen Status eine viertel Standardabweichung unter dem OECD-Durchschnitt liegt, so dass dieser Schüler folglich aus einer wohlhabenderen Familie kommt als die Mehrzahl seiner Mitschülerinnen und Mitschüler. Die Angaben (...) zeigen, dass der erste Schüler in Bezug auf seine Lesekompetenz wahrscheinlich wesentlich besser abschneiden würde als der zweite (...)." (OECD, 2001, S. 238; analog OECD, 2004, S. 217). Die Unterschiede sind, wie der Tabelle 4.1 dieses Beitrags zu entnehmen ist, dramatisch.

Analyse und Interpretation des OECD-Reports sind ein Musterbeispiel für die beiden am häufigsten anzutreffenden Fehlspezifikationen bei der Modellierung von Kompositionseffekten. Die OECD-Autoren interpretieren die großen Unterschiede in der sozialen Zusammensetzung von Schulen, die wir in Abbildung 4.1 vorgeführt haben, als Ergebnis regionaler sozialer Disparitäten, etwa zwischen Regionen einer Großstadt. Ein Kenner differenzierter Schulsysteme weiß aber, dass die großen Differenzen in der sozialen Zusammensetzung weniger zwischen Schulen unterschiedlicher Regionen als vielmehr zwischen Schulen unterschiedlicher Schulform derselben Region anzutreffen sind. (Die regional bedingten Disparitäten von Schulen sind in Deutschland nicht viel größer als in Schweden [Baumert, Trautwein, & Artelt, 2003, S. 268].) Die Schulform als institutionelles Differenzierungsmerkmal, das eng mit der sozialen Komposition kovariiert, unberücksichtigt zu lassen, ist ein Lehrbuchbeispiel für einen kontextuellen Spezifikationsfehler. Ferner werden Schüler und Schülerinnen Schulformen nicht aufgrund ihrer sozialen Herkunft, sondern auf der Basis von Leistung und Fähigkeit zugewiesen. Um die differenzielle Eingangsselektivität von Schulen zu kontrollieren, ist ein Indikator für ausleserelevante Leistungsmaße notwendig. In Querschnittuntersuchungen hat man kaum eine andere Wahl als auf ein allgemeines Fähigkeitsmaß wie Intelligenz zurückzugreifen. Wird eine solche Kontrollvariable – wie im OECD-Beispiel – nicht berücksichtigt, ist dies ein prominentes Beispiel für ein ungelöstes Endogenitätsproblem, das besonders bei gegliederten Schulsystemen schwerwiegende Auswirkungen hat.

In der nationalen Zusatzstudie wurde in Deutschland mit den kognitiven Grundfähigkeiten ein allgemeines intellektuelles Fähigkeitsmaß erhoben. Die beiden verwendeten Subtests des kognitiven Fähigkeitstests (KFT) (Heller & Perleth, 2000) erfassen verbales und figurales schlussfolgerndes Denken. Dieses Maß kann man nutzen, um auf individueller Ebene das Endogenitätsproblem anzugehen und auf aggregierter Ebene ein zentrales Kompositionsmerkmal von Schulen, nämlich das mittlere Fähigkeitsniveau der Schülerschaft, zu kennzeichnen. So üblich dieses Vorgehen ist, so offensichtlich sind die unbeantworteten Fragen:
– Ist ein allgemeines Fähigkeitsmaß eine ausreichende Kontrollvariable für die differenzielle Eingangsselektivität von Sekundarschulen?
– Oder führt ein querschnittlich erfasstes allgemeines Fähigkeitsmaß nicht vielmehr zu einem *mediation bias* und zur Überkontrolle auf individueller Ebene?
– Welche Folgen hat die querschnittliche Erfassung des Fähigkeitsmaßes für die Kollinearität unterschiedlicher Kompositionsmerkmale?
Im Folgenden sollen zur Klärung dieser Fragen empirische Evidenzen beigebracht werden, indem an ein und demselben Datensatz längsschnittliche und querschnittliche Modellierungen verglichen werden. Diese Möglichkeit eröffnet die Längsschnittstudie *Bildungsverläufe und psychosoziale Entwicklung im Jugend- und jungen Erwachsenenalter* (BIJU). Am Beispiel der Mathematikleistung werden zwei einfache hierarchische Grundmodelle spezifiziert. Abhängige Variable ist die Mathematikleistung am Ende der 10. Jahrgangsstufe. Als Prädiktoren gehen in das Modell auf individueller Ebene das vier Jahre zuvor erhobene Vorwissen bzw. die simultan mit der abhängigen Variablen erhobenen kognitiven Grundfähigkeiten und der Treiman-Index (SIOPS) als Maß für den Sozialstatus der Familie ein. Auf Schulebene werden als Prädiktoren das mittlere mathematische Vorwissen bzw. die mittleren kognitiven Fähigkeiten sowie der mittlere Sozialstatus berücksichtigt; gleichzeitig wird die Schulform konstant gehalten. In einem ersten Schritt soll geprüft werden, ob die Regressionssteigungen innerhalb von Schulen systematisch, möglicherweise in Abhängigkeit von der Schulform, variieren. Tabelle 4.2 zeigt die Ergebnisse der Parameterschätzung für ein längsschnittliches *Random-Intercept-and-Random-Slopes*-Modell. Die Regressionssteigungen innerhalb der Schule variieren – wie ein Blick auf den Varianzterm τ_2^2 zeigt – *nicht* systematisch, sodass bei weiteren Analysen nur *Random-Intercept*-Modelle spezifiziert werden. Der Tabelle ist auch zu entnehmen, dass die beiden Kompositionsmerkmale nicht zufallskritisch abgesichert werden können (vgl. Köller & Baumert, 2001). Das mittlere Vorwissen verfehlt die Signifikanzgrenze allerdings nur knapp.

In einem zweiten Schritt wird ein längsschnittliches Mehrgruppenmodell – Gruppierungsvariable ist die Schulform – spezifiziert, um mögliche Interaktionen zwischen Kompositionsmerkmalen und Schulform berücksichtigen zu können. Dieses Modell wird anschließend schrittweise durch Gleichsetzen der Parameter über die Gruppen rest-

	Koeffizienten	Standardfehler
Fixed Effects		
Adjustierte Mathematikleistung, Ende 10. Jahrgangsstufe *(Intercept)*[2]	**495**	6,4
Individualebene		
Vorwissen (7. Jahrgangsstufe)[3]	**37,2**	2,6
Sozialschicht (SIOPS)[4]	**4,5**	1,7
Schulebene		
Mittleres Vorwissen[5]	**11,6(*)**	6,4
Mittlerer SIOPS[6]	4,0	3,1
Hauptschule	−35,2	10,5
Realschule (Referenzkagegorie)	–	–
Gymnasium	**35,1**	11,7
Integrierte Gesamtschule	−8,5	8,3
Random Effects		
Schulebene		
τ_0^2 (Residualvarianz Mathematik)	**418,3**	94,9
τ_1^2 (Varianz *Slope* Vorwissen)	27,4	35,4
τ_2^2 (Varianz *Slope* SIOPS)	22,8	25,0
Individualebene		
σ^2 (Residualvarianz Mathematik)	**4.465,6**	217,2

[1] Schätzungen mit Mplus 3.11 (Muthén & Muthén, 2004); multiple Imputation fehlender Werte; signifikante Koeffizienten fett; (*) = signifikant auf dem 10-Prozent-Niveau.

[2] Mittelwert und Standardabweichung in der Gesamtstichprobe am Ende der 10. Jahrgangsstufe 500 bzw. 100.

[3] Mathematikleistung in der Mitte der 7. Jahrgangsstufe; z-standardisiert.

[4] Treiman-Index (SIOPS); z-standardisiert.

[5] Mittlere Mathematikleistung in der Mitte der 7. Jahrgangsstufe; auf Schulebene z-standardisiert.

[6] Mittlerer Treiman-Index (SIOPS); auf Schulebene z-standardisiert.

Tabelle 4.2   Parameterschätzung für ein *Random-Intercept-and-Random-Slopes*-Modell zur Vorhersage der Mathematikleistung am Ende der 10. Jahrgangsstufe (BIJU-NRW und Berlin-West; N = 2.964 Schüler, N = 78 Schulen)[1]

ringiert. Tabelle 4.3a weist die jeweiligen Fit-Indizes aus. Die Anpassung des sparsamsten Modells (Modell 3) ist ausgezeichnet. Die Parameterschätzungen sind in Tabelle 4.3b wiedergegeben. Das Kompositionsmerkmal des mittleren Vorwissens wird bei Trennung der Schulformen signifikant: Steigt das mittlere Vorwissen auf Schulebene um eine Standardabweichung, erhöhen sich die durchschnittlichen Mathematikleistungen um 11 Punkte – rund eine zehntel Standardabweichung. Die soziale Komposition einer Schule spielt bei Kontrolle des mittleren Fähigkeitsniveaus keine weitere Rolle.

In einem dritten Schritt werden die Querschnittdaten – an die Stelle des Vorwissens tritt jetzt ein Maß für kognitive Grundfähigkeiten – analog zum längsschnittlichen Vorgehen modelliert. Modell 3 erreicht auch im Querschnitt eine ausgezeichnete Anpassung. Die Parameter auf *individueller* Ebene sind gute Annäherungen an die längsschnittlichen Schätzungen. Der Koeffizient für die kognitiven Fähigkeiten liegt nur wenig unter

Modell	Längsschnitt			Querschnitt		
	BIC	CFI	RMSEA	BIC	CFI	RMSEA
1: Alle Parameter frei	33.654	1,0	0,0	33.623	1,0	0,0
2: Innerhalb-Parameter über Schulformen gleich	33.612	0,997	0,017	33.580	0,99	0,005
3: Innerhalb- und Zwischen-Parameter über Schulformen gleich	33.516	0,992	0,019	33.537	0,99	0,005
4: Innerhalb-Parameter im Querschnitt auf Längschnitt-Parameter Modell 3 gesetzt, Zwischen-Parameter über Schulformen gleich	–	–	–	33.530	0,993	0,016
5: Innerhalb- und Zwischen-Parameter im Querschnitt auf Längschnitt-Parameter Modell 3 gesetzt	–	–	–	33.515	0,994	0,012

Tabelle 4.3a Modellbeschreibungen und Fit-Indizes für Tabelle 4.3b

dem Wert für das Vorwissen. Ein querschnittlich erhobenes Maß für kognitive Grundfähigkeiten ist also durchaus geeignet, um die differenzielle Eingangsselektivität im Fachleistungsbereich zu kontrollieren. Ein *mediation bias* tritt offensichtlich nicht auf.

Übernimmt man für die Querschnittanalysen die *individuellen* Parameterschätzungen aus dem Längsschnitt (Modell 4), verschlechtert sich die Modellanpassung praktisch nicht[2]. Auf der Schulebene deutet sich im Querschnitt eine gewisse Überschätzung des fähigkeitsbezogenen Kompositionseffekts an, während der Parameter für den Sozialstatus unbedeutend zurückgeht. Auch bei Gleichsetzung aller Parameter (Modell 5) sind die Schätzungen der schulformspezifischen mittleren Mathematikleistungen gute Approximationen der längsschnittlichen Befunde. Nur die adjustierten Leistungen der Integrierten Gesamtschule werden, ersetzt man das Vorwissen durch ein Intelligenzmaß, unterschätzt. Dies weist auf Besonderheiten der Rekrutierung von Integrierten Gesamtschulen hin: Sie scheint besonders für Schüler und Schülerinnen mit guter Intelligenz, aber schwächeren Schulleistungen attraktiv zu sein. Insgesamt erlauben diese Befunde den Schluss, dass eine querschnittliche Modellierung von fähigkeitsbezogenen Kompositionseffekten unter Nutzung eines allgemeinen kognitiven Fähigkeitsmaßes ein vertretbares Vorgehen zu sein scheint, auch wenn mit einer leichten *Über*schätzung von Kompositionseffekten zu rechnen ist.

4.6 Dimensionen der Zusammensetzung der Schülerschaft und die Entwicklung eines Vermittlungsmodells für Kontexteffekte

Die Untersuchung von Kompositionseffekten bedarf einer theoretischen Vorstellung darüber, welche Merkmale der Schülerschaft über die individuellen Voraussetzungen hinaus für die Leistungs- und Persönlichkeitsentwicklung bedeutsam sind und über wel-

Parameter	Längsschnitt Modell 3	Querschnitt			
		Modell 1	Modell 3	Modell 4	Modell 5
Adjustierte mittlere Mathematikleistung (*Intercept*)[2]	HS: **457** (8,4) RS: **495** (6,6) GY: **532** (7,6) IGS: **486** (5,4)	HS: **470** (19,1) RS: **496** (5,3) GY: **531** (15,6) IGS: **469** (6,5)	HS: **461** (10,8) RS: **495** (5,3) GY: **536** (8,9) IGS: **476** (6,3)	HS: **461** (10,8) RS: **495** (5,2) GY: **536** (8,7) IGS: **476** (6,3)	HS: **458** (5,9) RS: **494** (5,3) GY: **539** (4,7) IGS: **474** (5,6)
Individualebene					
Vorwissen[3]/ Kognitive Fähigkeiten[4]	**36,9** (2,4)	HS: **32,8** (3,6) RS: **34,5** (4,2) GY: **33,6** (3,0) IGS: **28,9** (3,4)	**32,7** (1,8)	**36,9**	**36,9**
Sozialstatus[5]	**4,5** (1,5)	HS: 3,4 (2,2) RS: 2,0 (3,2) GY: **6,9** (3,0) IGS: 4,9 (3,1)	**4,6** (1,4)	**4,5**	**4,5**
Schulebene					
Mittleres Vorwissen[6]/ Mittlere kognitive Fähigkeiten[7]	**10,9** (4,6)	HS: 24,4 (14,5) RS: **23,7** (9,0) GY: 7,9 (7,2) IGS: 4,9 (3,1)	**17,3** (6,8)	**15,0** (6,8)	**10,9**
Mittlerer Sozialstatus[8]	3,2 (2,4)	HS: 1,4 (9,6) RS: 0,8 (5,2) GY: 7,8 (7,2) IGS: 0,3 (4,1)	1,2 (2,7)	1,3 (2,7)	3,2

1 Parameterschätzung mit Mplus 3.11 (Muthén & Muthén, 2004); multiple Imputation fehlender Werte; signifikante Parameter fett; Standardfehler in Klammern.
2 Mittelwert und Standardabweichung in der Gesamtstichprobe am Ende der 10. Jahrgangsstufe 500 bzw. 100.
3 Mathematikleistung in der Mitte der 7. Jahrgangsstufe; z-standardisiert.
4 Kognitive Grundfähigkeiten am Ende der 10. Jahrgangsstufe (KFT – verbale und figurale Analogien); z-standardisiert.
5 Treiman-Index (SIOPS); z-standardisiert.
6 Mittlere Mathematikleistung in der Mitte der 7. Jahrgangsstufe; auf Schulebene z-standardisiert.
7 Mittlere kognitive Grundfähigkeiten am Ende der 10. Jahrgangsstufe (KFT – verbale und figurale Analogien); auf Schulebene z-standardisiert.
8 Mittlerer Treiman-Index (SIOPS); auf Schulebene z-standardisiert.

Tabelle 4.3b Parameterschätzung für ein *Random-Intercept*-Mehrgruppenmodell zur Vorhersage der Mathematikleistung am Ende der 10. Jahrgangsstufe, längsschnittliche und querschnittliche Modellierung (BIJU-NRW und Berlin-West; N = 2.964 Schüler, N = 78 Schulen)[1]

che Vermittlungsprozesse sich ihre kollektive Wirkung entfaltet. Die folgenden Analysen gehen aufgrund der bisherigen Forschungslage davon aus, dass ein sinnvolles Kompositionsmodell mehrdimensional angelegt sein muss und die folgenden fünf Komponenten unterscheiden könnte:

(1) Soziokulturelle Zusammensetzung der Schülerschaft: Indikatoren sind Maße des Sozial- und Bildungsstatus;

(2) Konzentration sozialer Risikofaktoren durch belastende Familienverhältnisse: Indikatoren sind unsichere Beschäftigungsverhältnisse und instabile Familienstrukturen;

(3) Ethnisch-kulturelle Zusammensetzung der Schülerschaft: Indikatoren sind Zuwandereranteile, Verweildauer im Zuwanderungsland sowie Sicherheit und Vertrautheit im Umgang mit der Verkehrssprache;

(4) Fähigkeits- und Leistungsniveau der Schülerschaft: Indikatoren sind Verteilungsmerkmale allgemeiner kognitiver Fähigkeiten und des jeweils fachspezifischen Vorwissens;

(5) Konzentration lernbiographischer Belastungsfaktoren: Indikatoren sind Merkmale von Misserfolgskarrieren wie Klassenwiederholung oder Abstieg in eine weniger anspruchsvolle Schulform.

Kontext- und Kompositionsbedingungen von Schulen wirken in den seltensten Fällen direkt auf Lern- und Entwicklungsprozesse ein. Sie werden vielmehr durch die soziale Interaktion zwischen Eltern, Lehrkräften und Schülerinnen und Schülern und deren normbildenden Wirkungen vermittelt und moderiert. In ihrem mehrfach gestuften Modell für die Vermittlung von Kompositionseffekten unterscheiden Barr und Dreeben (1983) und Dreeben und Barr (1988) drei Haupttransmissionswege: organisatorische, curriculare und didaktische Arrangements; die normative Kultur der Schülergruppen sowie Vergleichsprozesse innerhalb von und zwischen Referenzgruppen. Als vierter Vermittlungsweg wird insbesondere in der angelsächsischen Literatur immer wieder die normative Kultur in der Elternschaft als kulturelle Ressource von Schulen genannt (vgl. Abb. 4.4). Dreeben und Barr (1988) betonen im Hinblick auf die Kernaufgaben der Schule insbesondere die Bedeutung von unterrichtsorganisatorischen, curricularen und didaktischen Vermittlungsprozessen. Wir gehen mit Barr und Dreeben davon aus, dass in der Tat die fähigkeitsbezogenen Kompositionsmerkmale einer Schule – also das Leistungs- und Fähigkeitsniveau bzw. die Konzentration von Personen mit lernbiographischen Risiken – die für die Lern- und Leistungsentwicklung wichtigsten Kontextbedingungen sind. Sie werden im Wesentlichen über Lehrererwartungen, curriculare Angebote und Adaptation des Unterrichts vermittelt. Wir vermuten auch, dass sich ein steigender Anteil von Schülerinnen und Schülern mit Migrationshintergrund primär auf das mittlere Sprach- und Leistungsniveau einer Schule auswirkt und darüber vermittelt milieuprägend und lernrelevant wird. Baumert u.a. (2004, S. 335) haben gezeigt, dass Mathematiklehrkräfte auch innerhalb des institutionellen Kontextes einer Schulform mit ihrer Unterrichtsgestaltung auf das spezifische Leistungsniveau ihrer Klasse reagieren. Allerdings handelt es sich nach diesen Ergebnissen um eine durchaus ambivalente Anpassung: Geringe Vorkenntnisse der Lernenden werden sowohl mit einer eng geführten

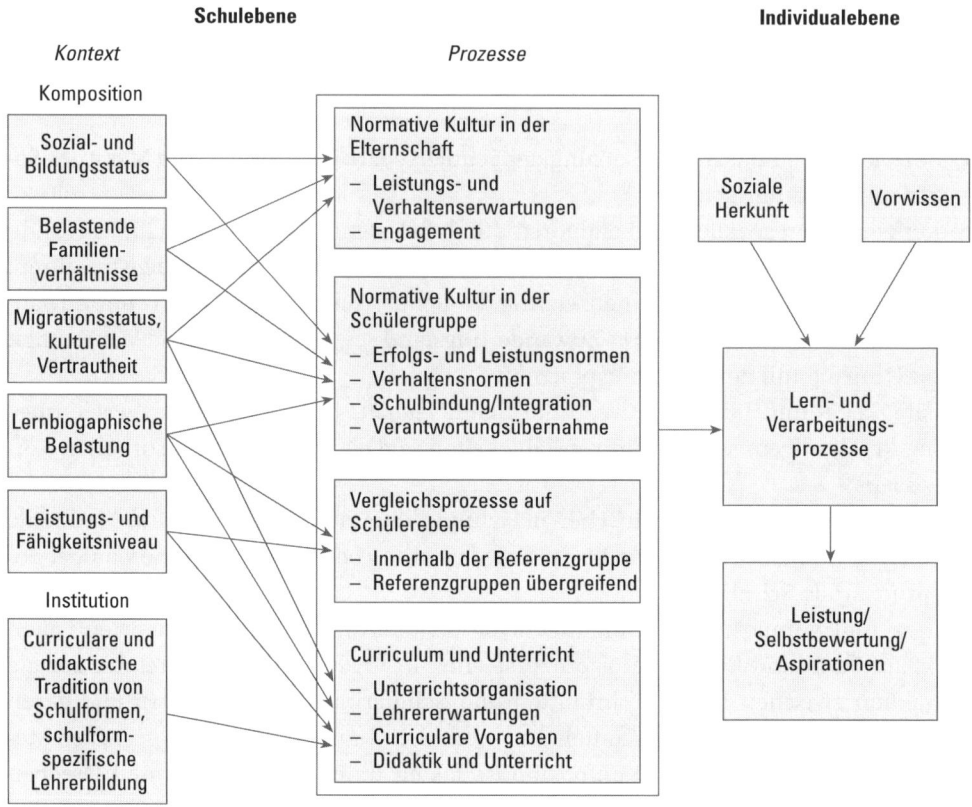

Abbildung 4.4   Vermittlungsmodell für Kontexteffekte

repetitiven als auch mit einer individuell unterstützenden Unterrichtsführung beantwortet. Das Leistungs- und Fähigkeitsniveau einer Schule und gegebenenfalls auch die
Konzentration von Schülerinnen und Schülern mit Misserfolgskarrieren dürften aber
auch Auswirkungen auf die normative Kultur der Altersgruppe und auf soziale Vergleichsprozesse haben, die wiederum die Persönlichkeitsentwicklung wie selbstbezogene
Kognitionen, motivationale Orientierungen oder Aspirationen beeinflussen.

Bei Kontrolle leistungsbezogener Kompositionsmerkmale lässt sich prüfen, inwieweit
soziokulturelle Aspekte der Zusammensetzung der Schülerschaft, vermittelt über die normative Kultur der Altersgruppe und die Unterstützungsbereitschaft der Elternschaft, die
akademische Kultur eine Schule prägen und so leistungs- und entwicklungsbedeutsam
werden. Wenn sich Kompositionseffekte dieser Art überhaupt nachweisen lassen, sollte
ihre Effektstärke nach den bisher vorliegenden Forschungsbefunden gering sein. Welche
Rolle die ethnisch-kulturelle Zusammensetzung einer Schule über den sprachlich vermittelten Leistungsaspekt hinaus für das Leistungs- und Entwicklungsmilieu einer
Schule spielt, ist nicht hinreichend geklärt. Stanat (Kap. 5, in diesem Band) kann zeigen,

dass die spezifischen ethnisch-kulturellen Kompositionseffekte im Leistungsbereich zu vernachlässigen und im Bereich der Persönlichkeitsentwicklung eher positiv sind.

Das in Abbildung 4.4 skizzierte Vermittlungsmodell für Kontexteffekte bildet den konzeptuellen Hintergrund für die Analysen der folgenden Abschnitte, und zwar auch dann, wenn diese sich nur auf einzelne Aspekte des Modells beziehen. In einem ersten Schritt soll geprüft werden, ob das theoretisch postulierte mehrdimensionale Kompositionsmodell in seiner faktoriellen Struktur auch empirisch Bestand hat. Der PISA-Datensatz erlaubt es, die unterschiedlichen Dimensionen der Zusammensetzung der Schülerschaft einer Schule mit mehreren Variablen zu indizieren. Nur für die Leistungsdimension steht als einziger Indikator das mittlere Fähigkeitsniveau (KFT) zur Verfügung. Der Bildungs- und Sozialstatus einer Schule soll im Folgenden durch den auf Schulebene gemittelten Sozialstatusindex (HISEI), den Prozentsatz von Familien, in denen mindestens ein Elternteil über die Hochschulreife verfügt, und den Prozentsatz der Familien, in denen beide Elternteile keine abgeschlossene Berufsausbildung besitzen, beschrieben werden. Belastende Familienverhältnisse werden durch den Prozentsatz von Vätern, die nicht Vollzeit erwerbstätig sind, und durch den Anteil von Schülern und Schülerinnen, die nicht in der Kernfamilie leben, angezeigt. Indikatoren für eine mögliche Distanz zur Majoritätskultur sind der Migrationsstatus, Quereinstieg in die deutsche Schule und die Verwendung der Herkunftssprache als Umgangssprache der Familie. Die Konzentration von Schülerinnen und Schülern mit misserfolgsbelasteten Lernbiographien wird durch die Anteile von Wiederholern und Absteigern indikatorisiert. Das mehrdimensionale Kompositionsmodell geht von interkorrelierenden Faktoren aus, die sich jedoch nicht auf ein Generalfaktormodell oder auf ein Modell mit Faktoren zweiter Ordnung reduzieren lassen sollten.

Die theoretisch postulierte fünffaktorielle Struktur des Kompositionsmodells wurde konfirmatorisch mit Mplus 3.11 (Muthén & Muthén, 2004) überprüft. Es wurde ein Modell mit fünf interkorrelierenden Faktoren angepasst. Die Anpassungsgüte ist mit CFI = .96, RMSEA = .096 und SRMR = .05 noch befriedigend. Eine Inspektion der Modifikationsindizes weist auf eine faktorielle Komplexität der schief verteilten Variablen „Eltern ohne abgeschlossene Berufsausbildung" hin. Ein Generalfaktormodell ist mit den empirischen Daten ebenso wenig kompatibel wie Modelle mit Faktoren zweiter Ordnung. Die Faktorladungen des angepassten Modells sind in Tabelle 4.4 wiedergegeben. Markiervariablen für die einzelnen Faktoren sind: der mittlere Sozialstatus, der Anteil von Schülerinnen und Schülern, die zu Hause nicht Deutsch sprechen, der Prozentsatz von Vätern, die nicht Vollzeit berufstätig sind, und der Anteil von Klassenwiederholern. Die Interkorrelationen der Dimensionen zeigt Abbildung 4.5. Die Korrelationen zwischen den latenten Dimensionen liegen überwiegend in einer mittleren Größenordnung. Straffe Zusammenhänge sind zwischen dem mittleren Leistungs- und Fähigkeitsniveau einerseits und Sozial- und Bildungsstatus sowie lernbiographischen Belastungen andererseits zu finden. Die Zusammenhangsstruktur lässt jedoch keine vollkommene Redundanz einzelner Faktoren erkennen. Für die weiteren Analysen wird man also alle fünf Kompositionsdimensionen im Auge zu behalten haben.

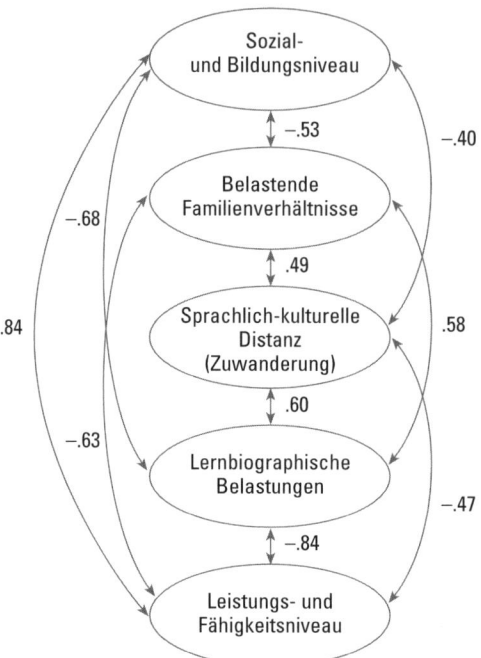

Abbildung 4.5   Dimensionen der Zusammensetzung der Schülerschaft (Interkorrelationen)

Indikatoren	Dimensionen der Zusammensetzung der Schülerschaft von Schulen				
	Leistungs- und Fähigkeits- niveau	Sozial- und Bildungs- niveau	Sprachlich- kulturelle Distanz (Zuwan- derung)	Belastende Familien- verhältnisse	Lernbio- graphische Belas- tungen
Mittlere kognitive Grundfähigkeiten	1,0				
Mittlerer sozioökonomischer Status		.97			
% Familien mit Hochschulreife		.90			
% Eltern ohne Berufsausbildung		−.41			
% Migrationshintergrund			.93		
% Quereinstieg ab Grundschule			.75		
% Deutsch nicht Familiensprache			.98		
% Vater nicht Vollzeit erwerbstätig				.79	
% Aufwachsen nicht in Kernfamilie				.48	
% Repetenten					.82
% Absteiger					.58

Tabelle 4.4   Dimensionen der Zusammensetzung der Schülerschaft von Schulen (standardisierte Ladungsmatrix)

4.7 Komposition oder Institution: Was zählt?

Auch wenn sich die unterschiedlichen Dimensionen der Zusammensetzung der Schülerschaft von Schulen als eigene Faktoren darstellen lassen, ist damit keineswegs gesagt, dass diese Dimensionen gleichermaßen leistungs- und entwicklungsbedeutsam sind. Im Rahmen der internationalen Schuleffektivitätsforschung steht vor allem die soziale Zusammensetzung der Schülerschaft im Mittelpunkt des Interesses. Dies ist auch unmittelbar einleuchtend. Denn in nichtgegliederten Schulsystemen geht die Varianz zwischen Schulen in erster Linie auf regionale und das heißt in der Regel soziale oder ethnisch-kulturelle Differenzierungs- und Segregationsprozesse zurück. Die soziale Zusammensetzung der Schülerschaft von Schulen unterschiedlicher Einzugsgebiete spiegelt diese demographischen Verteilungsprozesse wider. Dies bedeutet aber noch nicht, dass die soziale Zusammensetzung der Schülerschaft dasjenige Kompositionsmerkmal ist, das den größten Einfluss auf das Lern- und Entwicklungsmilieu einer Schule ausübt. Nach Dreeben und Barr (1988) ist es vor allem das mit der sozialen Zusammensetzung kovariierende Fähigkeitsniveau der Schülerschaft, auf das Lehrkräfte organisatorisch, curricular und didaktisch adaptiv reagieren. Bei der Untersuchung von Kompositionseffekten wird man also immer auch das Leistungs- und Fähigkeitsniveau einer Schule kontrollieren müssen. Dies gilt für gegliederte und nichtgegliederte Schulsysteme in gleicher Weise. Allerdings lassen sich in gegliederten Schulsystemen differenzielle Schulumwelten nicht allein auf Gruppierungsprozesse zurückführen. Sie werden auch durch institutionell vorgegebene Lernbedingungen erzeugt, die ihre Verankerung in schulformspezifischen Traditionen der Lehrplanarbeit, der Didaktik und der Lehrerbildung finden. Sowohl unter forschungs- als auch bildungspolitischen Gesichtspunkten ist es von größtem Interesse, Kompositions- und Institutionseffekte zu trennen.

Tabelle 4.5 fasst die Ergebnisse einer Serie von Modellrechnungen zusammen, die schrittweise die Rolle von Kompositions- und Institutionseffekten klären. Es ist schon mehrfach darauf hingewiesen worden, dass für die Untersuchung von Kompositions-, aber auch von Institutionseffekten die korrekte Spezifikation des Individualmodells für die Kontrolle der differenziellen Eingangsselektivität von Schulen von entscheidender Bedeutung ist. In das Individualmodell der in Tabelle 4.5 zusammengefassten Auswertungen gingen folgende Variablen ein: die kognitiven Grundfähigkeiten als allgemeines ausleserelevantes Fähigkeitsmaß, der sozioökonomische Status der Familie (HISEI), familiale Belastungen durch Arbeitslosigkeit und instabile Familienverhältnisse, die Familiensprache (Deutsch/nicht Deutsch), die kulturellen und kommunikativen Praxen sowie das Bildungsniveau der Eltern. Das Individualmodell wurde über alle Auswertungen hinweg konstant gehalten. Auf Schulebene wurden aus Gründen der Kollinearität und Übersichtlichkeit nur drei Prädiktoren herangezogen: zwei Merkmale für die Schülerzusammensetzung – das mittlere Fähigkeitsniveau und der Prozentsatz von Eltern ohne Berufsausbildung – und die Schulform als institutionelles Merkmal. Der Prozentsatz von Eltern ohne Berufsausbildung wurde als Indikator für den Sozial- und Bildungsstatus

Parameter/Indizes	Modell 1[5]	Modell 2	Modell 3	Modell 4	Modell 5	Modell 6	Modell 7	Modell 8
Adjustierte mittlere Lesekompetenz (*Intercept*)	499	500	498	499	494	496	495	496
Individualebene[2]								
Kognitive Grundfähigkeiten (KFT)	**51,79**	**51,38**	**48,93**	**48,97**	**50,04**	**48,05**	**48,88**	**48,99**
Sozioökonomischer Status (HISEI)	**5,27**	**3,33**	**2,91**	**2,95**	**2,84**	**2,79**	**2,86**	**2,81**
Vater nicht erwerbstätig	-1,52	-1,57	-1,43	-1,45	-0,76	-1,02	-0,89	-1,07
Allein erziehend	0,29	0,44	0,59	0,64	0,38	0,55	0,48	0,59
Deutsch nicht Familiensprache	**-26,01**	**-24,64**	**-24,98**	**-24,43**	**-25,74**	**-25,23**	**-24,93**	**-24,72**
Kulturelle Ressourcen	**3,30**	**3,34**	**3,07**	**3,10**	**3,09**	**3,03**	**3,11**	**3,05**
Kommunikative Praxis	**5,27**	**5,25**	**5,27**	**5,26**	**5,18**	**5,22**	**5,17**	**5,21**
Höchstes Bildungsniveau der Eltern								
Haupt- oder Realschule ohne Berufsausbildung	**-7,65**	**-6,47**	**-7,02**	**-6,54**	**-7,15**	**-7,00**	**-6,56**	**-6,60**
Hauptschule und Lehre	0,71	1,08	1,86	1,94	2,34	2,32	2,27	2,28
Realschule und Lehre (Referenzkategorie)	–	–	–	–	–	–	–	–
Realschule und Fachschule	1,47	1,31	1,59	1,51	1,85	1,76	1,61	1,60
Abitur ohne Hochschule	-1,56	-1,75	-1,79	-1,87	-2,08	-1,97	-2,27	-2,12
Hochschulabschluss	2,28	2,09	1,62	1,58	1,23	1,28	1,02	1,13
R^2 *(innerhalb von Schulen)*	*0,60*	*0,59*	*0,57*	*0,57*	*0,58*	*0,57*	*0,57*	*0,57*
Schulebene[3]								
Mittlere kognitive Grundfähigkeiten (KFT)[4]		**-22,70**	**31,27**	**27,98**		**19,20**		**15,91**
% Eltern ohne Berufsausbildung (ISCED < 3)				**-5,40**			**-8,90**	**-5,70**
Schulform								
Hauptschule					**-37,08**	**-16,26**	**-28,74**	**-14,52**
Realschule (Referenzkategorie)					–	–	–	–
Gymnasium					**48,13**	**22,28**	**42,16**	**22,93**
Integrierte Gesamtschule					**-5,67**	**-3,07**	**-5,96**	**-3,71**
Schule mit mehreren Bildungsgängen (MBG)					**-5,38**	**-2,95**	**-7,46**	**-4,70**
R^2 *(zwischen Schulen)*	*0,62*	*0,41*	*0,76*	*0,77*	*0,72*	*0,79*	*0,76*	*0,80*
R^2 *(insgesamt)*		*0,67*	*0,72*	*0,72*	*0,72*	*0,72*	*0,72*	*0,73*

1 Parameterschätzung mit Mplus 3.11 (Muthén & Muthén, 2004); signifikante Parameter fett.
2 Erwerbsstatus, Familienstatus, Familiensprache und Bildungsniveau *dummy-kodiert*; alle übrigen Prädiktoren auf individueller Ebene z-standardisiert.
3 Mittlere kognitive Grundfähigkeiten und % Eltern ohne Berufsausbildung auf Schulebene z-standardisiert; Schulform *dummy-kodiert*.
4 Quadratischer Trend wird nicht signifikant.   5 Intraklassliche Korrelation im Nullmodell $\rho = .59$, in Modell 1 $\rho_{res} = .18$.

Tabelle 4.5   Parameterschätzung für *Random-Intercept*-Modelle zur Vorhersage der Lesekompetenz von 15-Jährigen durch Kompositions- und Institutionsmerkmale der besuchten Schulen unter Kontrolle von kognitiven Fähigkeiten und familialen Lebensbedingungen auf individueller Ebene (gewichtete Stichprobe von N = 31.938 Schülern und N = 1.330 Schulen)[1]

einer Schule ausgewählt, da sich diese Variable in Voranalysen als stärkster sozialer Prädiktor erwiesen hatte (vgl. Schümer, 2004).

Zunächst wurde in einem „leeren" Modell die Varianz der Lesekompetenz in zwei Komponenten – innerhalb und zwischen Schulen – zerlegt. 59 Prozent der Gesamtvarianz liegen zwischen den Schulen, 41 Prozent der Variabilität entfallen auf Schüler und Schülerinnen innerhalb von Schulen. 59 Prozent der Varianz der Leseleistung könnten also maximal durch Schulmerkmale erklärt werden. In Modell 1 der Tabelle 4.5 wird ausschließlich das Individualmodell spezifiziert. Die wichtigsten Leistungsprädiktoren auf individueller Ebene sind die kognitiven Grundfähigkeiten, die Benutzung des Deutschen als Familiensprache, der sozioökonomische Status der Eltern, aber auch die kulturellen Ressourcen und die kommunikative Praxis der Familie. Zusätzlich zu diesen Merkmalen trägt zur Vorhersage der Lesekompetenz nur noch die fehlende Berufsausbildung der Eltern als Risikofaktor bei. Die intraklassliche Korrelation, die im Nullmodell $\rho = .59$ betrug, sinkt bei der Spezifikation der Prädiktoren auf Individualebene auf $\rho_{res} = .18$. Dies bedeutet, dass rund zwei Drittel der gesamten zwischenschulischen Varianz durch individuelle Merkmale, die für die differenzielle Eingangsselektivität von Schulen verantwortlich sind, erklärt werden. Damit bleibt für Kompositions- und Institutionsmerkmale noch ein Erklärungsspielraum von gut 30 Prozent der Zwischenschulvarianz und 20 Prozent der Gesamtvarianz.

In den Modellen 2 bis 4 werden schrittweise Kompositionsmerkmale als Prädiktoren eingeführt. Der Anteil von Eltern ohne abgeschlossene Berufsausbildung erklärt 41 Prozent der noch verfügbaren Zwischenschulvarianz, das mittlere Fähigkeitsniveau 76 Prozent. Werden beide Prädiktoren simultan berücksichtigt, sinkt der Erklärungsbeitrag des Bildungsindikators auf ein Viertel des Ausgangswerts. Das bei weitem wichtigste Kompositionsmerkmal scheint in der Tat das Fähigkeitsniveau der Schülerschaft einer Schule zu sein. Unter Kontrolle des Fähigkeitsniveaus sinkt die Leseleistung um rund 5 Punkte, wenn der Anteil von Eltern ohne Berufsausbildung von 6 auf 18 Prozent ansteigt. In den Modellen 5 bis 8 wird die Schulform als institutionelles Merkmal zusätzlich berücksichtigt. Allein die Schulformzugehörigkeit einer Schule erklärt 72 Prozent der nicht auf differenzielle Eingangsselektivität zurückzuführenden Leistungsvarianz zwischen den Schulen. Dies ist ein Wert, der in ähnlicher Größenordnung liegt, wie er für das mittlere Fähigkeitsniveau ($R^2 = .76$) geschätzt wurde. Berücksichtigt man Kompositions- und institutionelle Merkmale gleichzeitig, sinken die Koeffizienten für das mittlere Fähigkeitsniveau und die Schulformzugehörigkeit erwartungsgemäß; sie bleiben jedoch signifikant und von substanzieller Bedeutung (Modell 8). Diese Ergebnisse zeigen, dass man sowohl mit Kompositions- als auch mit institutionellen Effekten auf die Leistungsentwicklung von Schülerinnen und Schülern zu rechnen hat. Unter den Kompositionsmerkmalen hat das Leistungs- und Fähigkeitsniveau einer Schule herausragende Bedeutung. Die soziale Zusammensetzung der Schule – gemessen durch den Anteil von Eltern ohne Berufsausbildung – übt einen kleinen spezifischen Einfluss aus, der auch zufallskritisch abzusichern ist. Der größte Teil dieses Kompositionseffekts ist jedoch mit der Leistungszusammensetzung von Schulen konfundiert.

Die in Tabelle 4.5 zusammengefassten Modellrechnungen erlauben es auch, die Varianz der Lesekompetenz, die bei Kontrolle individueller Selektionsmerkmale zwischen den Schulen verbleibt, in spezifische und konfundierte Komponenten zu zerlegen (Cohen u.a., 2003, S. 166 ff.). Abbildung 4.6 zeigt das Ergebnis der Kommunalitätenanalyse. Der Löwenanteil der Zwischenschulvarianz fällt mit 40 Prozent auf eine konfundierte Komponente, zu der das mittlere Fähigkeitsniveau, die Schulformzugehörigkeit und der Bildungsstatus einer Schule gemeinsam beitragen. Rund 32 Prozent der Zwischenschulvarianz der Lesekompetenz werden ferner durch die konfundierte Komponente von mittlerem Fähigkeitsniveau und Schulform erklärt. Erst dann folgen mit großem Abstand die spezifischen Erklärungsbeiträge des Leistungs- und Fähigkeitsniveaus und der Schulformzugehörigkeit mit 3,9 bzw. 3,1 Prozent. Die übrigen Komponenten sind – vielleicht mit Ausnahme des spezifischen Beitrags des Bildungsstatus von 1 Prozent – praktisch zu vernachlässigen. 20 Prozent der Zwischenschulvarianz bleiben unerklärt. Abbildung 4.6 zeigt eindrucksvoll die Bedeutung der Schulform und des Fähigkeitsniveaus einer Schule. Komposition und Institution: Beides zählt für die Leistungsentwicklung – gemeinsam und in spezifischer Weise.

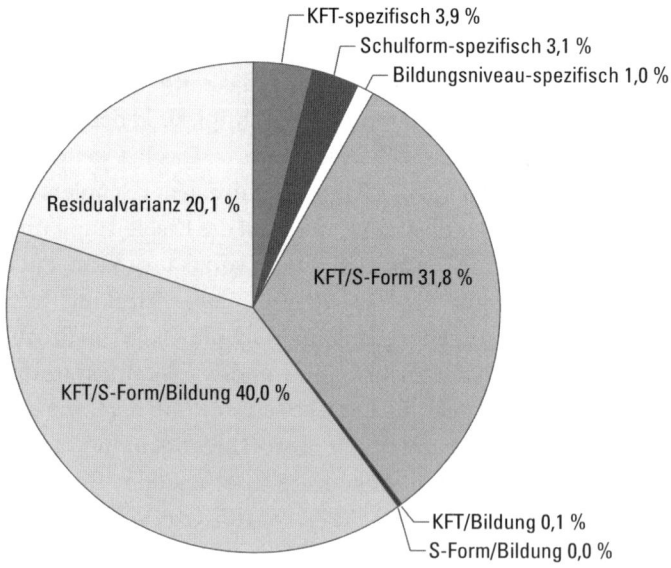

Abbildung 4.6   Zerlegung der zwischenschulischen Varianz der Lesekompetenz unter Kontrolle individueller Selektionsmerkmale (Kommunalitätenanalyse; residualisierte intraklassliche Korrelation $\rho = .21$)

4.8 Kompositionsmerkmale und Leistungsentwicklung: Wechselwirkungen zwischen Schülerzusammensetzung und Schulform?

Die bisherigen Analysen haben gezeigt, dass man keineswegs davon ausgehen kann, dass die unterschiedlichen Dimensionen der Schülerzusammensetzung gleichermaßen leistungs- und entwicklungsbedeutsam sind. Auch wenn im Rahmen der Schuleffektivitätsforschung immer wieder die soziale Zusammensetzung der Schülerschaft im Mittelpunkt des Interesses steht, scheinen primär das Fähigkeitsniveau und in gegliederten Systemen zusätzlich die Schulform entwicklungsrelevant zu sein. Bei allen weiteren Analysen wird man deshalb das Fähigkeitsniveau und die Schulformzugehörigkeit einer Schule zu kontrollieren haben. Allerdings darf man auch nicht übersehen, dass Kompositionsmerkmale untereinander, aber auch Kompositions- und Institutionsmerkmale zu einem erheblichen Maß konfundiert sind. Ein Blick auf Abbildung 4.5, der die Interkorrelationen zwischen den Kompositionsdimensionen zu entnehmen sind, zeigt, dass die latenten Korrelationen zwischen Fähigkeitsniveau einerseits und Sozial- und Bildungsstatus sowie lernbiographischen Belastungen andererseits hoch sind. In diesen Fällen dürfte es schwierig sein, spezifische Auswirkungen der sozialen und lernbiographischen Zusammensetzung der Schülerschaft zufallskritisch abzusichern. In den übrigen Fällen liegen die Interkorrelationen auf latenter Ebene in mittlerer Größenordnung, sodass spezifische Effekte der unterschiedlichen Kompositionsdimensionen auch nachweisbar sein sollten, wenn sie leistungsrelevant sind. Ein differenzierter Blick auf die einzelnen Dimensionen der Schülerzusammensetzung ist also notwendig. Dabei wird man auch die Möglichkeit spezifischer Effekte innerhalb von Schulformen in Betracht ziehen müssen.

Die Frage, ob Veränderungen in der Schülerzusammensetzung in Schulen aller Schulformen die gleichen Auswirkungen haben, ist bislang offen geblieben. In den Analysen des Abschnitts 4.7 wurde dies stillschweigend unterstellt. Denn Wechselwirkungen zwischen Kompositionsmerkmalen und Schulform wurden nicht spezifiziert. Diese Annahme dürfte jedoch zu restriktiv sein, wie Schümer (2004) zeigen konnte. Es gibt mindestens drei theoretische Gründe, die für Wechselwirkungen zwischen Kompositionsmerkmalen und Schulformzugehörigkeit sprechen:

(1) Die Variabilität der Schülerzusammensetzung von Schulen unterscheidet sich von Schulform zu Schulform und kann unter Umständen so gering sein, dass die empirisch anzutreffenden Unterschiede für die Arbeit der Schulen unbedeutsam sind.

(2) Denkbar ist aber auch, dass die Stabilität von Leistungserwartungen bei sich verändernder Schülerschaft durch die verschiedenen bildungstheoretischen und didaktischen Traditionen der einzelnen Schulformen nicht gleichermaßen begünstigt wird.

(3) Nicht auszuschließen ist ebenfalls, dass Lehrkräften je nach Ausbildung und professioneller Erfahrung ein unterschiedliches Repertoire an Maßnahmen zur Verfügung steht, um mit variabler Schülerzusammensetzung erfolgreich umzugehen.

Der PISA-Datensatz erlaubt keine spezifische Überprüfung der drei Hypothesen. Wohl aber kann die grundsätzliche Frage beantwortet werden, ob Wechselwirkungen zwischen

Parameter/Indizes	Haupt-schule	Real-schule	Gymna-sium	Integ-rierte Gesamt-schule	Schule mit mehreren Bildungs-gängen
Adjustierte mittlere Lesekompetenz (Intercept)[2]	482/478/ 477/475/482/ 478/478/477	505/504/ 504/504/504/ 505/505/504	533/535/ 535/533/531/ 536/538/536	491/490/ 490/492/491/ 490/488/488	487/485/ 485/488/487/ 486/483/483
Individualebene[3]					
Kognitive Grundfähigkeiten (KFT)	**49,29** (0,5)	**49,29** (0,5)	**49,29** (0,5)	**49,29** (0,5)	**49,29** (0,5)
Sozioökonomischer Status (HISEI)	**2,56** (0,5)	**2,56** (0,5)	**2,56** (0,5)	**2,56** (0,5)	**2,56** (0,5)
Vater nicht erwerbstätig	–0,84 (1,5)	–0,84 (1,5)	–0,84 (1,5)	–0,84 (1,5)	–0,84 (1,5)
Allein erziehend	0,84 (1,0)	0,84 (1,0)	0,84 (1,0)	0,84 (1,0)	0,84 (1,0)
Deutsch nicht Familiensprache	**–26,33** (1,8)	**–26,33** (1,8)	**–21,79** (3,0)	**–26,33** (1,8)	**–26,33** (1,8)
Kulturelle Ressourcen	**3,40** (0,4)	**3,40** (0,4)	**3,40** (0,4)	**3,40** (0,4)	**3,40** (0,4)
Kommunikative Praxis	**5,16** (0,4)	**5,16** (0,4)	**5,16** (0,4)	**5,16** (0,4)	**5,16** (0,4)
Höchstes Bildungsniveau der Eltern					
Haupt- oder Realschule o. Berufsausbildung	**–5,49** (2,1)	**–5,49** (2,1)	**–5,49** (2,1)	**–5,49** (2,1)	**–32,99** (6,8)
Hauptschule und Lehre	0,98 (1,4)	0,98 (1,4)	0,98 (1,4)	0,98 (1,4)	0,98 (1,4)
Realschule und Lehre (Referenzkategorie)	–	–	–	–	–
Realschule und Fachschule	1,30 (1,1)	1,30 (1,1)	1,30 (1,1)	1,30 (1,1)	1,30 (1,1)
Abitur ohne Hochschule	–1,99 (1,3)	–1,99 (1,3)	–1,99 (1,3)	–1,99 (1,3)	–1,99 (1,3)
Hochschulabschluss	–4,79 (3,5)	2,14 (1,3)	–2,14 (1,3)	2,14 (1,3)	2,14 (1,3)
R^2 (innerhalb von Schulen)	*0,43*	*0,45*	*0,43*	*0,45*	*0,43*
Schulebene[4]					
Modell 1					
Mittlere kognitive Grundfähigkeiten (KFT)	**18,65** (5,1)	**16,38** (2,8)	0,19 (3,1)	**17,90** (3,7)	**9,57** (2,9)
Mittlerer sozioökonomischer Status (HISEI)	3,95 (4,8)	0,98 (2,5)	**5,63** (1,6)	**14,65** (3,2)	4,53 (2,9)
R^2 (zwischen Schulen)	*0,18*	*0,21*	*0,08*	*0,47*	*0,16*
Modell 2					
Mittlere kognitive Grundfähigkeiten (KFT)	**20,30** (4,9)	**16,30** (2,5)	2,10 (3,0)	**24,80** (3,2)	**10,70** (2,7)
% Eltern mit Hochschulreife	–4,1 (3,4)	**–6,90** (2,5)	1,70 (1,5)	1,10 (3,0)	0,20 (2,1)
R^2 (zwischen Schulen)	*0,18*	*0,25*	*0,01*	*0,35*	*0,14*
Modell 3					
Mittlere kognitive Grundfähigkeiten (KFT)	**13,35** (5,2)	**13,95** (2,6)	2,35 (2,9)	**24,85** (3,4)	**10,21** (2,8)
% Eltern ohne Berufsausbildung (ISCED < 3)	**–10,10** (3,1)	**–7,70** (2,8)	–2,40 (3,0)	–0,68 (2,3)	–1,19 (1,7)
% Eltern ohne Berufsausbildung, quadratischer Trend	1,3(*)(0,8)	–	–	–	–
R^2 (zwischen Schulen)	*0,27*	*0,26*	*0,01*	*0,35*	*0,14*
Modell 4					
Mittlere kognitive Grundfähigkeiten (KFT)	**12,40** (5,2)	**12,20** (2,9)	0,00 (3,2)	**17,00** (3,7)	**8,70** (3,0)
% Vater nicht Vollzeit erwerbstätig	**–5,70** (1,8)	**–6,60** (1,4)	**–2,80** (1,5)	–2,00 (2,1)	**–2,30** (2,0)
Mittlerer sozioökonomischer Status (HISEI)	1,80 (4,6)	0,24 (2,5)	**5,20** (1,5)	**14,80** (3,4)	4,10 (2,8)
R^2 (zwischen Schulen)	*0,25*	*0,28*	*0,10*	*0,48*	*0,19*

Tabelle 4.6a   Parameterschätzung für *Random-Intercept*-Modelle zur Vorhersage der Lesekompetenz von 15-Jährigen durch Kompositionsmerkmale der besuchten Schule unter Kontrolle von kognitiven Fähigkeiten und familialen Lebensbedingungen auf individueller Ebene und Schulform auf Schulebene (gewichtete Stichprobe von N = 31.938 Schülern und N = 1.330 Schulen; Mehrebenenanalysen mit multiplen Gruppen)[1]

Parameter/Indizes	Haupt-schule	Real-schule	Gymna-sium	Integ-rierte Gesamt-schule	Schule mit mehreren Bildungs-gängen
Schulebene[4]					
Modell 5					
Mittlere kognitive Grundfähigkeiten (KFT)	**18,50** (5,4)	**14,50** (2,7)	1,40 (3,0)	**17,90** (3,7)	**10,70** (2,9)
% Schüler nicht in Kernfamilie lebend	–3,00 (1,9)	**–4,10** (1,6)	**–4,30** (1,2)	–0,20 (2,0)	–1,50 (1,3)
Mittlerer sozioökonomischer Status (HISEI)	4,00 (4,7)	2,40 (2,4)	**6,40** (1,5)	**14,60** (3,2)	4,30 (2,9)
R² *(zwischen Schulen)*	*0,21*	*0,24*	*0,17*	*0,47*	*0,17*
Modell 6					
Mittlere kognitive Grundfähigkeiten (KFT)	**17,20** (5,2)	**17,33** (3,1)	2,52 (3,0)	**26,04** (3,1)	**0,85** (2,8)
% Eltern, die in der Familie nicht deutsch sprechen	–0,08 (3,5)	1,20 (2,0)	–0,21 (1,8)	3,5(*)(2,1)	0,60 (2,4)
% Eltern, die in der Familie nicht deutsch sprechen (quadratischer Trend)	–0,90 (1,4)	–	–	–	–
% Eltern, die in der Familie nicht deutsch sprechen (ohne Kontrolle des mittleren Fähigkeitsniveaus)	**–5,30** (2,0)	**–4,50** (1,7)	–0,60 (1,7)	0,90 (2,5)	–3,00 (2,1)
R² *(zwischen Schulen)*	*0,19*	*0,21*	*0,01*	*0,37*	*0,14*
Modell 7					
Mittlere kognitive Grundfähigkeiten (KFT)	**12,40** (5,7)	**17,40** (2,6)	2,70 (2,9)	**23,60** (3,5)	**8,20** (3,1)
% Wiederholer	**–9,10** (2,2)	2,10 (1,5)	1,30 (1,9)	–3,10 (3,3)	**–3,90**(*)(2,3)
R² *(zwischen Schulen)*	*0,28*	*0,22*	*0,01*	*0,36*	*0,18*
Modell 8					
Mittlere kognitive Grundfähigkeiten (KFT)	8,10 (5,4)	**14,75** (2,5)	2,45 (2,9)	**23,5** (3,6)	**7,79** (3,1)
% Eltern ohne Berufsausbildung (ISCED < 3)	**–7,54** (3,1)	**–8,56** (2,4)	–2,36 (3,0)	–0,22 (2,4)	–0,95 (1,8)
% Eltern ohne Berufsausbildung (quadratischer Trend)	0,79 (0,8)	–	–	–	–
% Wiederholer	**–7,56** (2,3)	**3,45** (1,7)	1,26 (2,0)	–3,09 (3,4)	–3,79(*)(2,3)
R² *(zwischen Schulen)*	*0,34*	*0,28*	*0,01*	*0,36*	*0,18*

[1] Parameterschätzung mit Mplus 3.11 (Muthén & Muthén, 2004); signifikante Parameter fett; (*) = signifikant auf dem 10-Prozent-Niveau; in Klammern Standardfehler.

[2] *Intercept*-Schätzungen der verschiedenen Modellrechnungen durch Schrägstrich getrennt.

[3] Erwerbsstatus, Familienstatus, Familiensprache und Bildungsniveau *dummy-kodiert;* alle kontinuierlichen Prädiktoren auf individueller Ebene z-standardisiert.

[4] Alle Prädiktoren auf Schulebene z-standardisiert.

noch Tabelle 4.6a Parameterschätzung für *Random-Intercept*-Modelle zur Vorhersage der Lesekompetenz von 15-Jährigen durch Kompositionsmerkmale der besuchten Schule unter Kontrolle von kognitiven Fähigkeiten und familialen Lebensbedingungen auf individueller Ebene und Schulform auf Schulebene (gewichtete Stichprobe von N = 31.938 Schülern und N = 1.330 Schulen; Mehrebenenanalysen mit multiplen Gruppen)[1]

Kompositionsmerkmalen und Schulform überhaupt auftreten und wenn ja, an welchen institutionellen Stellen.

Im Folgenden soll der Zusammenhang zwischen unterschiedlichen Kompositions-merkmalen von Schulen und der mittleren Lesekompetenz von 15-Jährigen unter Berücksichtigung von Wechselwirkungen auf institutioneller Ebene systematischer untersucht werden. Das methodische Vorgehen sind Mehrebenenanalysen mit multiplen Gruppen. Die Gruppenzugehörigkeit wird durch die Schulform bestimmt. Bei diesen Analysen werden alle Parameter simultan geschätzt. Durch die Restriktion von Parametern über die Gruppen hinweg können Wechselwirkungen sowohl zwischen Schulform und individuellen Merkmalen (*Cross-Level*-Interaktionen) als auch zwischen Schulform und Kompositionsmerkmalen (Wechselwirkungen auf institutioneller Ebene) übersichtlicher spezifiziert werden, als dies durch die Einführung einer größeren Zahl multiplikativer Terme möglich ist. Das Individualmodell wird aus den bisherigen Analysen (vgl. Tab. 4.5) unverändert übernommen. Auf institutioneller Ebene werden in sequenziellen Modellrechnungen die in Abschnitt 4.5 beschriebenen Kompositionsmerkmale in ihrer Bedeutung für die Lesekompetenz untersucht, wobei das mittlere Fähigkeitsniveau einer Schule immer kontrolliert wird. Wir haben darauf verzichtet, die theoretischen Kompositionsdimensionen als latente Variablen zu modellieren, da dadurch, wie sich zeigte, wichtige Informationen, die bei Analysen auf Indikatorebene verfügbar sind, verloren gehen. Alle kontinuierlichen Variablen wurden entweder auf individueller Ebene oder auf Schulebene über die Schulformen hinweg z-standardisiert. Die selbsterklärenden Dummy-Variablen blieben unverändert.

Durch dieses Vorgehen werden alle kontinuierlichen Variablen am schulform*übergreifenden grand mean* zentriert. Dadurch werden die Schätzungen für die Ordinatenabschnitte – die jeweils mittlere Lesekompetenz – sowohl für individuelle als auch für Kompositionsmerkmale korrigiert (Raudenbush & Bryk, 2002, S. 139 ff.). In den Differenzen zwischen den adjustierten Lesewerten der einzelnen Schulformen bilden sich also bei korrekter Modellierung reine institutionelle Effekte ab (vgl. Tab. 4.6a). Referenzgruppe für die adjustierten mittleren Lesekompetenzwerte sind Schüler und Schülerinnen ohne Migrationshintergrund, die in Kernfamilien leben und deren Väter Vollzeit erwerbstätig sind. Der höchste Bildungsabschluss der Eltern ist der mittlere Schulabschluss mit abgeschlossener Berufsausbildung. Die Familie besitzt einen mittleren sozioökonomischen Status, und auch ihr kulturelles und soziales Kapital entspricht durchschnittlichen Verhältnissen. Diese Schülerinnen und Schüler besuchen eine Schule, die hinsichtlich der jeweils berücksichtigten Kompositionsdimensionen durchschnittliche Werte erreicht. Wirft man noch einmal einen Blick auf Abbildung 4.1, die den Zusammenhang zwischen Sozialschicht und Fähigkeitsniveau auf Schulebene ausweist, so wäre dies ein Schule, die im mittleren Bereich der Verteilung liegt – also eine unauffällige Realschule, Integrierte Gesamtschule oder Schule mit mehreren Bildungsgängen. Im Falle einer Hauptschule würde es sich um eine Schule mit sehr günstigen Kompositionsbedingungen handeln und im Falle eines Gymnasiums um eine Schule, die in einem schwierigen Einzugsgebiet liegt.

Tabelle 4.6a fasst die Ergebnisse der Analysen zusammen, und Tabelle 4.6b gibt Auskunft über die Anpassungsgüte einzelner Modellvarianten. Das Individualmodell wurde zunächst für alle Gruppen (Schulformen) frei geschätzt (Variante I); in einem zweiten Schritt wurden alle Individualparameter über die Schulformen gleichgesetzt (Variante II). Die Fit-

Variante	BIC	CFI	RMSEA
I: Alle Parameter frei geschätzt	335370	1,0	0,000
II: Innerhalb-Parameter über Schulformen gleich gesetzt	335214	0,985	0,022
III: Drei *Cross-Level*-Interaktionen mit Schulform zugelassen	335201	0,987	0,021
IV: Variante III und Zwischen-Parameter mit Ausnahme des quadratischen Trends frei geschätzt *(berichtete Variante)*	335162	0,987	0,021
V: Variante III und Zwischen-Parameter über Gruppen gleich gesetzt	335133	0,984	0,021
VI: Variante V und nicht signifikante Zwischen-Parameter auf null gesetzt *(optimale Variante)*	335104	0,987	0,019

[1] Der Verlauf der Fit-Indizes ist für alle Modelle der Tabelle 4.6a vergleichbar.

Tabelle 4.6b Variantenbeschreibung und Fit-Indizes für Modell 2 in der Tabelle 4.6a[1]

Indizes zeigen, dass auch das sparsamere Modell sehr gut mit den empirischen Daten verträglich ist. In einem dritten Schritt wurden aus theoretischen Gründen durch Freigabe der entsprechenden Parameter drei *Cross-Level*-Interaktionen zugelassen (Variante III). Wir erwarten, dass mit der Gewohnheit einer Familie, Deutsch nicht als Verkehrssprache zu benutzen, bei Gymnasialschülern ein geringerer Leistungsnachteil verbunden ist als bei Schülerinnen und Schülern anderer Schulformen. Denn vielfach werden diese gymnasial orientierten Familien sozial begünstigt und faktisch bilingual sein, auch wenn sie zu Hause ihre Herkunftssprache sprechen. Als zweiter Parameter wurde für Schulen mit mehreren Bildungsgängen der individuelle Effekt, der auf eine niedrige Qualifikation der Eltern zurückzuführen ist, frei geschätzt. Dem liegt die Annahme zu Grunde, dass in der ehemaligen DDR das Nichterreichen eines Berufsabschlusses ein äußerst negatives Selektionskriterium war, das diskriminierender wirkte als der gleiche Tatbestand in der alten Bundesrepublik. Schließlich wurde in der Hauptschulgruppe der Parameter für die Herkunft aus einer Akademikerfamilie freigegeben. Grund dafür ist die Annahme, dass es sich bei Jugendlichen aus Akademikerfamilien, die Hauptschulen besuchen, um besonders leistungsschwache Kinder handelt. Die Fit-Indizes für diese dritte Variante der Modellrechnungen zeigen eine leichte Verbesserung der Modellanpassung. Ein Blick auf Tabelle 4.6a lässt erkennen, dass sich für die Familiensprache und die Herkunft aus Akademikerhaushalten die erwarteten Effekte andeuten; die Differenzen werden jedoch nicht signifikant. Dagegen ist die Herkunft aus einer Familie, in der die Eltern über keine abgeschlossene Berufsausbildung verfügen, in Schulen mit mehreren Bildungsgängen – das heißt in den neuen Bundesländern – ein besonders schwerwiegender Belastungsindikator.

Die Modellrechnungen auf Schulebene wurden in drei weiteren Varianten durchgeführt. Zunächst wurden alle Kompositionsparameter (mit Ausnahme eines quadratischen Trends) frei geschätzt (Variante IV). In einem zweiten Schritt wurden diese Parameter über die Schulformen gleichgesetzt (Variante V), und in einem dritten Schritt wurden die bei freier Schätzung nicht signifikant gewordenen Parameter auf null gesetzt (Variante VI). Die Variante VI weist die beste Modellanpassung auf (vgl. Tab. 4.6b). Um dem Leser die Möglichkeit zu geben, den Schritt zur Variante VI nachzuvollziehen, werden in Tabelle 4.6a in allen Modellrechnungen die Ergebnisse der Variante IV – freie Schätzung der zwischenschulischen Parameter – berichtet. Die in dieser Tabelle zusammengefassten Modellrechnungen lassen sich vier Gruppen zuordnen, die jeweils einer Kompositionsdimension entsprechen. In den Modellen 1 bis 3 werden die Auswirkungen der sozialen Zusammensetzung der Schülerschaft einer Schule überprüft. Alle drei Indikatoren dieser Dimension – sozioökonomischer Status, Bildungsferne sowie Bildungsnähe der Familien – werden dabei berücksichtigt. In den Modellen 4 und 5 werden die Auswirkungen einer zunehmenden Konzentration von Familien mit besonderen Belastungen – Erwerbslosigkeit und instabile Familienstrukturen – untersucht. Das Modell 6 prüft die Bedeutung der ethnisch-kulturellen Zusammensetzung einer Schule bei gleichzeitiger Kontrolle des Fähigkeitsniveaus. Für diese Analyse wird der Markierindikator dieser Kompositionsdimension verwendet. Das Modell 7 schließlich prüft die Bedeutung lernbiographischer Belastungen auf Schulebene am Beispiel des Anteils von Klassenwiederholern.

Ein erster vergleichender Blick auf die Ergebnisse aller sieben Modelle der Tabelle 4.6a zeigt, dass das mittlere Fähigkeitsniveau der Schülerschaft einer Schule das wichtigste Lern- und Entwicklungsmilieu bestimmende Kompositionsmerkmal zu sein scheint. Die mittlere Leseleistung einer Schule, die im unteren Quintil der Fähigkeitsverteilung einer Schulform liegt, unterscheidet sich von der einer Schule des oberen Quintils derselben Schulform kompositionsbedingt je nach Schulform um etwa 8 bis 20 Punkte (ohne Tabelle). Dies ist ein substanzieller Betrag. Allerdings gibt es eine frappierende Ausnahme: Das Gymnasium scheint gegenüber Veränderungen des mittleren Fähigkeitsniveaus der Schülerschaft immun zu sein. Ob ein Schüler oder eine Schülerin ein Gymnasium besucht oder nicht, ist von allergrößter Bedeutung, wie der Vergleich der adjustierten Lesekompetenzwerte zeigt. Ob die Wahl dann auf ein besonders „leistungsstarkes" oder ein „leistungsschwächeres" Gymnasium fällt, scheint für die Entwicklung der Lesekompetenz unbedeutend zu sein. Der große Unterschied in der Effektstärke dieses Kompositionsmerkmals zwischen Gymnasien einerseits und den anderen Schulformen andererseits ist nur teilweise auf die geringere Varianz des mittleren Fähigkeitsniveaus zwischen Gymnasien zurückzuführen. Die Varianz ist auch unter den Gymnasien im Vergleich etwa zu Hauptschulen hinreichend groß (die Standardabweichung des mittleren Fähigkeitsniveaus über alle Schulen beträgt bei einem Mittelwert von 48,5 Punkten 7,1 Punkte; die Standardabweichung zwischen Hauptschulen beläuft sich auf 3,1 und zwischen Gymnasien auf 2,4 Punkte). Vielmehr spricht dieser Befund auch für eine relativ hohe Stabilität der gymnasialen Leistungserwartungen – unabhängig von der jeweiligen Zusammensetzung der Schülerschaft einer Schule.

Betrachtet man die Effekte der sozialen Zusammensetzung von Schulen – gemessen am mittleren sozioökonomischen Status –, so ergibt sich ebenfalls eine Befundlage, die allgemeinen Erwartungen widerspricht (Modell 1). Unterschiede im sozioökonomischen Status von Schulen wirken sich bei Haupt- und Realschulen unter Kontrolle des Fähigkeitsniveaus nicht auf die Lesekompetenz aus. Dies ist teilweise auf die Varianzeinschränkung infolge der sozialen Selektivität des Verteilungsprozesses zurückzuführen – aber eben nur zu einem Teil, denn die Variabilität ist immer noch beträchtlich. Dieser Befund korrigiert die einseitige Sicht der Schuleffektivitätsforschung, die ihr Interesse auf die soziale Zusammensetzung von Schulen fokussiert. Gleichzeitig stützt er das Vermittlungsmodell von Dreeben und Barr (1988), nach dem das mittlere Fähigkeitsniveau der Schülerschaft einer Schule oder Lerngruppe, das mit der sozialen Herkunft konfundiert ist, das adaptive Verhalten von Lehrkräften reguliert. Von diesem Grundmuster weichen nur die Ergebnisse für das Gymnasium und die Integrierte Gesamtschule ab. Im Falle des Gymnasiums spiegelt der positive Koeffizient des sozioökonomischen Status einer Schule einen kollektiven Vorteil von privilegierten Einzugsgebieten wider, der sich als akademischer Kontexteffekt im Leistungsbild der Schule abzeichnet. Dieser Effekt kann über die Unterstützung der Elternschaft, aber auch über die Verhaltensnormen der Altersgruppe vermittelt sein. Im Vergleich zu diesem relativ kleinen Kompositionseffekt sind die gravierenden Auswirkungen der sozialen Zusammensetzung der Schülerschaft an Integrierten Gesamtschulen erstaunlich, zumal sich dieser Effekt auch bei Kontrolle des mittleren Fähigkeitsniveaus einer Schule kaum verändert. In diesem Fall stellt sich die Frage, ob eine nicht spezifizierte Drittvariable für den straffen Zusammenhang verantwortlich ist. Wir vermuten, dass sich in diesem Ergebnis die funktionale Differenzierung von Integrierten Gesamtschulen hinsichtlich ihrer lokalen Versorgungsaufgaben abbildet. Neben Gesamtschulen, die sich in schwierigen Konkurrenzsituationen mit anderen Schulformen befinden oder relativ unangefochten eine lokale Grundversorgung wahrnehmen, gibt es Integrierte Gesamtschulen, die pädagogische Magnete für bildungsbewusste und sozialpädagogisch orientierte Eltern darstellen (Köller, 2003; Köller & Trautwein, 2003; Stanat u.a., 2003; Watermann u.a., 2005). Diese Schulen haben in der Regel eine ausgeprägte akademische Klientel. Die positiven Ergebnisse des Zusammenspiels von pädagogischem Programm und sozialer Homogenität der Schülerschaft scheinen in dem berichteten Kompositionseffekt zum Ausdruck zu kommen. Ist diese Interpretation zutreffend, wäre dies ein Beleg für einen sich selbst verstärkenden Selektions- und Qualitätszirkel. Bei einer Evaluation dieser hoch attraktiven Integrierten Gesamtschulen, wie zum Beispiel der Helene-Lange-Schule oder der Laborschule, sollte dieser Kompositionseffekt – was bislang nicht geschehen ist – berücksichtigt werden (Köller & Trautwein, 2003; Watermann u.a., 2005).

Ebenso lohnt sich ein genauerer Blick auf die kollektiven kulturellen Ressourcen einer Schule (Modelle 2 und 3). Der Anteil von Eltern mit Hochschulreife ist nicht – wie man erwarten könnte – ein Kompositionsmerkmal, das zwischen Schulen mit reicherer oder ärmerer kultureller Ressourcenausstattung differenzierte. Vielmehr deuten sich je nach Schulform selektionsbedingte Bedeutungsunterschiede an. Besuchen Kinder aus akademischen Elternhäusern eine Haupt- oder Realschule, scheinen diese bei gleichen kognitiven Fähigkeiten eher größere Schulschwierigkeiten zu haben als ihre Schulkameraden, die aus sozial schwächeren Familien stammen, sodass mit einem steigenden Anteil dieser Gruppe ein geringeres Leistungsniveau einhergeht. Dieser Effekt ist allerdings nur innerhalb der Realschule signifikant (Modell 2).

Größere Bedeutung hat eine wachsende Gruppe von Schülerinnen und Schülern, die aus bildungsfernen Familien stammt, in denen beide Elternteile über keine abgeschlossene Berufsausbildung verfügen (Modell 3). Mit steigendem Anteil dieser Schülerinnen und Schüler sinken an Haupt- und Realschulen auch bei Kontrolle des Fähigkeitsniveaus die Leseleistungen. Der mittlere Anteil dieser Personengruppe beträgt an Hauptschulen knapp 20 Prozent bei einer Standardabweichung von 13 Prozentpunkten. An Realschulen, Integrierten Gesamtschulen und Schulen mit mehreren Bildungsgängen halbiert sich dieser Anteil, und an Gymnasien ist er bedeutungslos. Vergleicht man Hauptschulen des oberen und unteren Quintils der Fähigkeitsverteilung *derselben* Schulform hinsichtlich der Lesekompetenz, beträgt die kompositionsbedingte Leistungsdifferenz rund 20 Punkte, die additiv zu fähigkeitsbedingten Quintilsunterschieden, die rund 10 Punkte betragen, hinzu kommen. Dies bedeutet, dass *innerhalb* dieser Schulform der spezifische Kompositionseffekt, der im Anteil von Jugendlichen aus bildungsfernen Familien zum Ausdruck kommt, nahezu doppelt so groß ist wie der spezifische Effekt des mittleren Fähigkeitsniveaus. Standardisiert man die Koeffizienten innerhalb der Schulform, beträgt das β-Gewicht für das mittlere Fähigkeitsniveau $\beta = .28$ und für den Prozentanteil von Schülerinnen und Schülern aus bildungsfernen Familien $\beta = -.56$. Für Hauptschulen, die sich in beiden Kompositionsmerkmalen um etwa zwei schulformbezogene Standardabweichungen unterscheiden, beträgt die Differenz der mittleren Lesekompetenz rund 30 Punkte, die einer Schulbesuchsdauer von ungefähr einem Schuljahr entsprechen. Die additive Wirkung beider Kompositionseffekte ist bezogen auf die Hauptschule alles andere als trivial.

Im Falle der Hauptschule wurde auch die Linearität des Zusammenhangs zwischen dem Anteil von Schülerinnen und Schülern aus bildungsfernen Elternhäusern und der mittleren Lesekompetenz geprüft, um der Frage nachzugehen, ob sich möglicherweise der negative Zusammenhang ab einer bestimmten Belastungsgrenze verstärke, wie Schümer (2004) annimmt. Wie Tabelle 4.6a zu entnehmen ist, verfehlt der quadratische Trend nur knapp die Signifikanzgrenze, ist aber im Widerspruch zur Annahme eines kritischen Schwellenwerts positiv. Abbildung 4.7 verdeutlicht anschaulich, dass die Vermutung eines nichtlinearen Anstiegs der Belastung unzutreffend ist. Besonders kritisch sind Veränderungen der Schülerzusammensetzung in einem Bereich, in dem der Anteil von Jugendlichen aus bildungsfernen Familien zwischen 10 und 35 Prozent liegt. Bei einem weiteren Belastungsanstieg schwächt sich der Effekt ab. An anderen Schulformen sind nichtlineare Zusammenhänge nicht zu erkennen.

Modelle 4 und 5 prüfen, welche Bedeutung die Zusammensetzung der Schülerschaft einer Schule für die Entwicklung der Lesekompetenz besitzt, wenn der Anteil von Jugendlichen, die aus belastenden Familienverhältnissen stammen, steigt. Häusliche Belastungen werden durch manifeste Beschäftigungsrisiken der Väter und durch instabile Familienstrukturen angezeigt. Konzentrieren sich Jugendliche, die aus solchen Familienverhältnissen kommen, in einzelnen Schulen, stellt dies tendenziell, wie die Ergebnisse der Modellrechnungen 4 und 5 in Tabelle 4.6a zeigen, für alle Schulformen eine zusätzliche Herausforderung dar. Dies gilt auch, wenn man das Fähigkeitsniveau

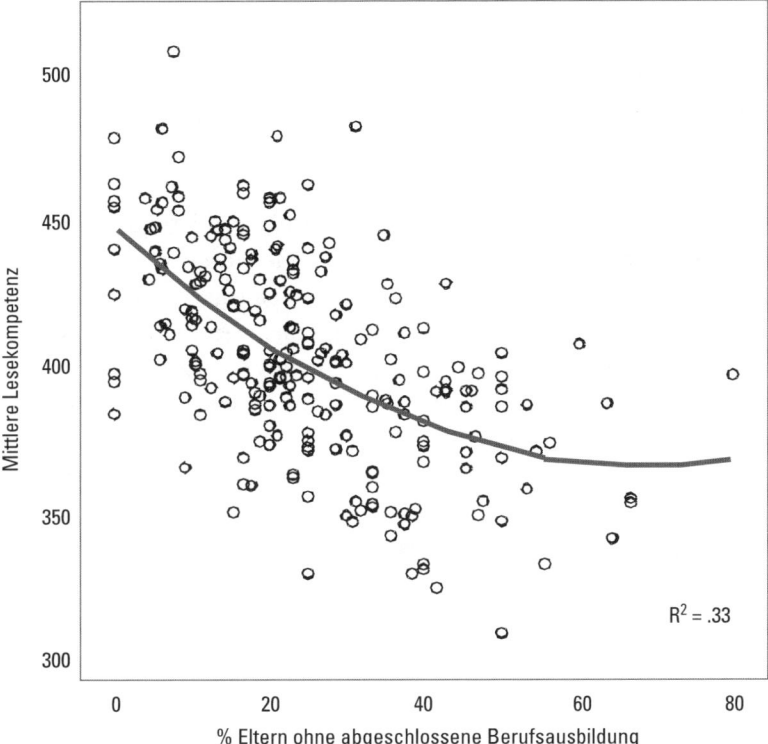

Abbildung 4.7   Zusammenhang zwischen Anteil von Eltern ohne abgeschlossene Berufsausbildung und mittlerer Lesekompetenz von Hauptschulen

und den Sozialstatus einer Schule simultan konstant hält. Beschäftigungsrisiken der Eltern und instabile Familienverhältnisse scheinen auch auf Schulebene Belastungsfaktoren zu sein, deren leistungsmindernde Auswirkungen sich zumindest in der Tendenz an fast allen Schulformen nachweisen lassen, auch wenn die Effekte relativ klein sind.

Über die Rolle, welche die ethnisch-kulturelle Zusammensetzung einer Schule für die Leistungs- und Persönlichkeitsentwicklung spielt, wird in diesem Band im Beitrag von Stanat (Kap. 5) ausführlich berichtet. Die in Tabelle 4.6a zusammengefassten Ergebnisse der Modellrechnung 6 bestätigen die dort berichteten Befunde. Kontrolliert man das mittlere Fähigkeitsniveau der Schülerschaft einer Schule, lassen sich weder für den Zuwandereranteil noch für den Anteil der Schülerinnen und Schüler, in deren Elternhäusern Deutsch nicht die Familiensprache ist, Kompositionseffekte nachweisen. Ebenso wenig sind nichtlineare Zusammenhänge zwischen Lesekompetenz und dem Anteil von Schülern und Schülerinnen, die in der Familie nicht Deutsch sprechen, zu erkennen. Schätzt man dagegen den ethnisch-kulturellen Kompositionseffekt *ohne* Kontrolle leistungsbezogener Merkmale der Schülerzusammensetzung, zeigen sich in Haupt-

und Realschulen negative Effekte (vgl. auch Kap. 5, in diesem Band). Allerdings ist festzuhalten, dass das Kompositionsmerkmal der sprachlich-kulturellen Distanz auch in diesen Fällen mit dem mittleren Fähigkeitsniveau einer Schule konfundiert ist und allein
darüber einen kontextuellen Einfluss ausübt. Dieser Befund weist in aller Deutlichkeit
auf die Wichtigkeit früher und nachhaltiger Förderung von Schülerinnen und Schülern
mit Migrationshintergrund hin.

Die Analysen sollen mit der Untersuchung der Bedeutung lernbiographischer Belastungen für das Lern- und Entwicklungsmilieu von Schulen fortgesetzt werden (Modell 7).
In Tabelle 4.6a sind die Ergebnisse der Modellrechnung ausgewiesen. Zunehmende Anteile von Schülerinnen und Schülern mit Misserfolgskarrieren stellen mit Ausnahme der
Hauptschule in keiner Schulform ein leistungsrelevantes Kompositionsmerkmal dar. In
der Hauptschule konzentriert sich jedoch die Problematik lernbiographischer Belastungen. Der mittlere Anteil von Repetenten an der Schülerschaft einer Schule liegt schulformübergreifend bei 27 Prozent und einer Standardabweichung von 17 Prozentpunkten.
Der mittlere Anteil von Wiederholern erreicht in Hauptschulen jedoch 40 Prozent bei
einer Standardabweichung von 16 Prozentpunkten. Diese dramatische Situation ist das
kumulative Resultat von Klassenwiederholungen vor allem in der Grundschule und der
Abstiegsmobilität im gegliederten Schulsystem. Welche Bedeutung hat die Konzentration
von Wiederholern als Kompositionsmerkmal einer Schule für die Leistungsentwicklung
an Hauptschulen? Die Kompositionsdimension der lernbiographischen Belastungen kovariiert eng mit dem mittleren Fähigkeitsniveau einer Schule. Die latente Korrelation liegt,
wie der Abbildung 4.5 zu entnehmen ist, bei $r = -.84$. Angesichts dieser hohen Interkol-
linearität ist das Ergebnis der Modellrechnung 7 für die Hauptschulen außerordentlich
bemerkenswert. Die spezifischen Effekte des Fähigkeitsniveaus und des Wiederholeranteils sind beide signifikant und bei einer schulformübergreifenden Perspektive von
ähnlicher Bedeutung (es sei daran erinnert, dass beide Kompositionsmerkmale schulformübergreifend z-standardisiert sind). Betrachtet man die Verhältnisse *innerhalb* der
Schulform, ergibt sich ein modifiziertes Bild, das mit den Ergebnissen des Modells 3
korrespondiert. Vergleicht man Hauptschulen mit einem Repetentenanteil von etwa
25 Prozent – eine schulforminterne Standardabweichung unter dem Mittelwert – mit
Hauptschulen mit einem Wiederholeranteil von etwa 55 Prozent – eine schulforminterne
Standardabweichung über dem Mittelwert – unter Konstanthaltung des mittleren Fähigkeitsniveaus, ergibt sich eine kompositionsbedingte Leistungsdifferenz von knapp 20
Punkten, die additiv zu den fähigkeitsbezogenen Kompositionseffekten hinzu kommt. Bei
einer analogen Berechnung des fähigkeitsbezogenen Kompositionseffekts liegen die Leistungsunterschiede zwischen Hauptschulen, deren mittleres Fähigkeitsniveau eine schulforminterne Standardabweichung unter bzw. über dem schulformbezogenen Mittelwert
liegt, bei etwa 10 Punkten auf der Lesekompetenzskala. Treffen lernbiographische Belastungen und ein sinkendes Fähigkeitsniveau zusammen, ergibt sich ein kumulativer Kompositionseffekt. Vergleichbar zur Modellrechnung 3 hat der Effekt der lernbiographischen
Belastung innerhalb der Hauptschulen ein höheres Gewicht als die fähigkeitsbezogene
Komponente der Zusammensetzung der Schülerschaft. Standardisiert man die Koeffi-

zienten innerhalb der Schulform, liegt das Gewicht des Fähigkeitsniveaus bei $\beta = .26$ und das entsprechende Gewicht des Wiederholeranteils bei $\beta = -.36$.

Verbindet man abschließend Modell 3 mit Modell 7, erhält man einen Gesamteindruck von der kumulativen Wirkung der Kompositionsmerkmale. In Tabelle 4.6a werden die Ergebnisse der Kombination in Modell 8 ausgewiesen. Trotz hoher Kollinearität fähigkeitsbezogener, bildungsbezogener und lernbiographischer Kompositionsmerkmale lassen sich für den Realschulbereich drei spezifische Kompositionseffekte mit substanzieller Bedeutung nachweisen. Im Hauptschulbereich wird der Effekt der mittleren kognitiven Fähigkeit einer Schule bei gleichzeitiger Kontrolle des Anteils von Schülerinnen und Schülern aus bildungsfernen Familien und des Anteils von Wiederholern nicht mehr signifikant. Der kumulative Effekt der unterschiedlichen Aspekte der Schülerzusammensetzung überschreitet im Hauptschulbereich den durchschnittlichen Leistungszuwachs eines Schuljahres, wenn man Hauptschulen vergleicht, die in allen drei modellierten Kompositionsmerkmalen eine schulformbezogene Standardabweichung unter bzw. über dem jeweiligen Mittelwert liegen. Eine ähnliche Bedeutung haben im Realschulbereich leistungs- und bildungsbezogene Kompositionsmerkmale. Tabelle 4.6a zeigt in den Ergebnissen des Modells 8, dass Realschulen bei steigenden Wiederholerquoten einen Kompositionsgewinn verzeichnen. Dieser zunächst überraschende Befund findet seine Erklärung in der Tatsache, dass es sich bei Klassenwiederholern an Realschulen zu einem erheblichen Teil um Rückläufer aus Gymnasien handelt, die innerhalb der Realschule zum leistungsstärkeren Teil der Schülerschaft gehören. Die kumulative Wirkung von Kompositionsmerkmalen auf die Lesekompetenz stellt in ihrer Effektstärke vor allem an Hauptschulen ein gravierendes Problem im Leistungsbereich dar.

Die referierten Befunde lassen sich leicht zu einem Gesamtbild zusammenfügen. Kompositionsmerkmale von Schulen erklären – von Schulform zu Schulform unterschiedlich – zwischen 30 und 50 Prozent der Leistungsvarianz zwischen Schulen derselben Schulform. Das wichtigste das Lern- und Entwicklungsmilieu bestimmende Kompositionsmerkmal ist schulformunabhängig das Leistungs- und Fähigkeitsniveau der Schülerschaft, das den größten Anteil der Zwischenschulvarianz bindet. Einen vergleichbaren Einfluss übt nur die Schulform als milieuprägendes institutionelles Merkmal aus. Schulformzugehörigkeit und Komposition von Schulen interagieren jedoch, sodass sich schulformspezifische Wirkungsmuster ergeben. Das Gymnasium ist die Schulform, die in ihren Leistungsergebnissen gegenüber Veränderungen der Schülerzusammensetzung ausgesprochen stabil ist. Variationen im mittleren Fähigkeitsniveau wirken sich nicht als Kompositionseffekte auf die Entwicklung der Lesekompetenz aus. Nachweisbare Kompositionseffekte – Vorteile durch einen sozial privilegierten Einzugsbereich und Herausforderungen bei einem Anstieg des Anteils von Schülern aus belastenden Familienverhältnissen – sind klein. Das Spiegelbild stellt die Hauptschule dar. Dies ist die Schulform, deren Arbeitserfolg am stärksten durch kritische Kompositionsmerkmale beeinflusst und beeinträchtigt wird. Dies sind in der Reihenfolge ihrer Bedeutung innerhalb der Schulform: Konzentration von Schülerinnen und Schülern aus bildungsfernen Familien, Konzentration von Repetenten, ein niedriges Leistungs- und Fähigkeitsniveau sowie ein steigender Anteil von Schülerinnen und Schülern aus belastenden Familienverhältnissen. Die verschiedenen Kompositionsdimensionen der Schülerschaft einer Schule sind interkorreliert. Sie wirken aber dennoch in einem erheblichen Ausmaß additiv. Die kumulative Wirkung der Kompositionsmerkmale ist im Leistungsbereich an Haupt- und Realschulen so groß, dass die Beantwortung der Frage, in welchem Umfang Problemkonstellationen auftreten und worauf sie zurückzuführen sind, dringlich ist. In Abschnitt 4.11 soll eine Antwort versucht werden.

4.9 Kompositionsmerkmale und die normative Kultur der Peer-Gruppe

Im vorangehenden Abschnitt haben wir gezeigt, dass kritische Kompositionseffekte insbesondere an Haupt- und mit einem gewissen Abstand auch an Realschulen auftreten, während die Leistungsergebnisse an Gymnasien gegenüber Veränderungen in der Schülerzusammensetzung bemerkenswert stabil sind. Für die Hauptschule heißt dies, dass ihre Schul- und Unterrichtsqualität in besonderem Maße kontextabhängig ist. Denn Kompositions- und Kontextbedingungen von Schulen wirken in den seltensten Fällen direkt auf Leistungs- und Entwicklungsprozesse ein. In Abschnitt 4.6 haben wir ein Vermittlungsmodell vorgestellt, das im Anschluss an Dreeben und Barr (1988) vier Haupttransmissionswege unterscheidet: die Unterstützungsbereitschaft der Elternschaft, die normative Kultur der Altersgruppe, referenzgruppeninterne und referenzgruppenübergreifende Vergleichsprozesse sowie Curriculum und Unterricht. Dreeben und Barr betonen insbesondere die Bedeutung organisatorischer, curricularer und didaktischer Vermittlungsmechanismen. Demgegenüber bevorzugen vor allem Soziologen Erklärungsansätze, die in der normativen Kultur der Altersgruppe und den sozialen Bedeutungszuschreibungen der signifikanten Umwelt den primären Vermittlungsweg sehen. Danach führt die Konzentration von Risikofaktoren in einer Schule zu kollektiv geteiltem Selbstzweifel und Stigmatisierungserleben, zur gemeinsamen Ablehnung akademischer Leistungsnormen, zur Akzeptanz abweichenden Verhaltens als legitimer Äußerungsform und zur Entfremdung von der Institution. Diese Vermittlungshypothese soll im Folgenden überprüft werden.

Im Rahmen von PISA wurden verschiedene Facetten der normativen Kultur von Peer-Gruppen erfasst. Drei Aspekte, die für unsere Fragestellung besondere Bedeutung haben, sollen bei der Überprüfung des Vermittlungsmodells berücksichtigt werden:

– die Akzeptanz von Leistungsnormen auch bei Normabweichungen der Alterskameraden,
– die Bereitschaft, schulische Verhaltensnormen durch Gewaltanwendung gegenüber Sachen und Personen zu verletzen, und
– die Bindung an die Schule, erfasst durch ein Maß für Schulzufriedenheit.

Für die Erfassung aller drei Aspekte wurden Skalen eingesetzt, die im Anhang dokumentiert sind.

Um die Vermittlungshypothesen zu überprüfen, wurde im Rahmen des hierarchisch-linearen Modells auf Schulebene ein Pfadmodell konzipiert, bei dem die Kompositionsmerkmale von Schulen exogene Variablen darstellen und die drei Aspekte der normativen Kultur der Peer-Gruppe vermittelnde Variablen zwischen Komposition und abhängiger Variablen der Lesekompetenz sind. Dieses Modell wird jeweils getrennt für die Variablen „Gewaltbereitschaft", „Akzeptanz von Leistungsnormen" und „Schulzufriedenheit" spezifiziert. Das Pfadmodell ist Teil einer Mehrebenenanalyse mit multiplen Gruppen. Das methodische Vorgehen ist mit den im vorangehenden Abschnitt durchgeführten Auswertungsschritten vergleichbar. Das Individualmodell wird unverändert übernommen und das Modell auf Schulebene zu einem Pfadmodell erweitert. Gewaltbereitschaft, Akzeptanz von Leistungsnormen und Schulzufriedenheit wurden nicht zusätzlich in das Individualmodell aufgenommen, um eine Überkontrolle und einen *mediation bias* zu vermeiden. Denn die individuelle Ausprägung dieser Merkmale ist selbst wiederum von der pädagogischen Qualität einer Schule abhängig.

Tabelle 4.7 zeigt zunächst, dass sich die normative Kultur der Altersgruppe in allen drei Dimensionen zwischen den Schulformen unterscheidet, aber innerhalb der Schulformen eine erhebliche Variabilität zwischen den Schulen anzutreffen ist. Tabelle 4.8 wiederum belegt, dass es substanzielle Zusammenhänge zwischen Kompositionsmerkmalen von Schulen und den Aspekten der Peer-Kultur sowie zwischen den Aspekten der Peer-Kultur und den mittleren Leistungsergebnissen einer Schule gibt. Die Zusammenhänge sind besonders eng für die Gewaltbereitschaft unter Schülern. Die Einfachkorrelationen geben jedoch keine Auskunft über die Ursachen der Zusammenhänge. Sie können auf Schulformunterschiede, aber auch auf differenzielle Eingangsselektivität von Schulen und Schulformen zurückzuführen sein. Klarheit ergibt sich erst aus korrekt spezifizierten Mehrebenenmodellen.

Abbildung 4.8 zeigt die Struktur des Vermittlungsmodells auf Schulebene mit den für die Hauptschule geschätzten Koeffizienten. Tabelle 4.9 weist die vollständigen Ergebnisse der Parameterschätzung für alle Modelle und Schulformen aus. Der Blick soll zunächst auf das Pfadmodell für Hauptschulen konzentriert werden (vgl. Abb. 4.8). Das Modell zeigt,

Schulform	Akzeptanz von Leistungsnormen		Mittlere Schulzufriedenheit		% gewaltbereiter Schüler	
	M	SD	M	SD	M	SD
Hauptschule	3,43	0,23	3,18	0,30	34,75	14,36
Realschule	3,55	0,18	3,35	0,28	19,18	10,54
Gymnasium	3,58	0,16	3,52	0,25	13,58	7,87
Integrierte Gesamtschule	3,55	0,22	3,30	0,27	23,52	11,92
Schule mit mehreren Bildungsgängen	3,49	0,23	3,25	0,26	22,34	11,16
Insgesamt	3,51	0,21	3,31	0,31	24,37	14,60

Tabelle 4.7   Merkmale der normativen Peer-Kultur nach Schulformen

Kompositionsmerkmale	Mittlere Akzeptanz von Leistungsnormen	Mittlere Schulzufriedenheit	% gewaltbereiter Schüler
% Schüler, in deren Familie Deutsch nicht Umgangssprache ist	−0,07*	−0,13**	0,35**
% Klassenwiederholer	−0,22**	−0,30**	0,42**
% Eltern ohne beruflichen Abschluss	−0,09**	−0,25**	0,41**
Mittlere Lesekompetenz	0,28**	0,43**	−0,62**

* = signifikant auf dem 5-Prozent-Niveau; ** = signifikant auf dem 1-Prozent-Niveau.

Tabelle 4.8   Korrelationen zwischen Kompositionsmerkmalen und Merkmalen der normativen Peer-Kultur

dass der Anteil gewaltbereiter Schüler an einer Schule tatsächlich ein substanzieller Risikofaktor für die Leistungsentwicklung an Hauptschulen darstellt. Im Vergleich zu den in Abschnitt 4.8 spezifizierten Modellen steigt bei Berücksichtigung der Gewaltbereitschaft als vermittelnder Variablen die erklärte Varianz der Lesekompetenz von 27 auf 43 Prozent an. Der Anteil gewaltbereiter Schüler ist aber überraschenderweise von Merkmalen der Zusammensetzung der Schülerschaft völlig unabhängig. Die in Abschnitt 4.8 nachgewiesenen und teilweise gravierenden Kompositionseffekte werden also nicht durch deviante Verhaltensnormen der Altersgruppe vermittelt. Die Koeffizienten der direkten Pfade, die von den exogenen Variablen auf die Lesekompetenz führen, entsprechen in ihrer Größenordnung den in Abschnitt 4.8 berichteten Befunden. Dieses Grundmuster wiederholt sich, wenn man das Vermittlungsmodell für die Variablen „Akzeptanz von Leistungsnormen" und „Schulzufriedenheit" schätzt, allerdings mit einer wichtigen Abweichung. Mittlere

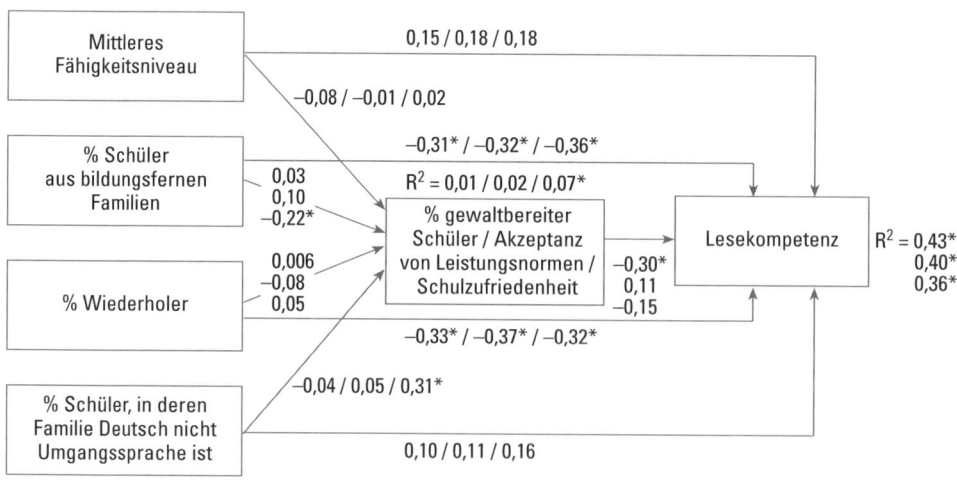

[1] Parameterschätzungen für das Gesamtmodell siehe Tabelle 4.9.

Abbildung 4.8   Vermittlungsmodell auf Schulebene für Hauptschulen unter Kontrolle individueller Merkmale (Mehrebenen-Pfadmodell)[1]

Schulzufriedenheit und geteilte Akzeptanz von Leistungsnormen sind als Merkmale der normativen Kultur der Altersgruppe an Hauptschulen nicht leistungsrelevant (vgl. Abb. 4.8). Sie sind leistungsprädiktiv ausschließlich auf individueller Ebene. Dieser Befund weist nachdrücklich auf die Gefahr von Fehlschlüssen hin, wenn bei Schulevaluationen allein Zusammenhänge auf aggregierter Ebene betrachtet werden (vgl. auch Klieme u.a., 2005).

Parameter/Indizes	Haupt-schule	Real-schule	Gymna-sium	Integ-rierte Gesamt-schule	Schule mit mehreren Bildungs-gängen
Individualebene[2]					
Kognitive Grundfähigkeiten (KFT)	**49,29** (0,5)	**49,29** (0,5)	**49,29** (0,5)	**49,29** (0,5)	**49,29** (0,5)
Sozioökonomischer Status (HISEI)	**2,56** (0,5)	**2,56** (0,5)	**2,56** (0,5)	**2,56** (0,5)	**2,56** (0,5)
Vater nicht erwerbstätig	−0,84 (1,5)	−0,84 (1,5)	−0,84 (1,5)	−0,84 (1,5)	−0,84 (1,5)
Allein erziehend	0,84 (1,0)	0,84 (1,0)	0,84 (1,0)	0,84 (1,0)	0,84 (1,0)
Deutsch nicht Familiensprache	**−26,33** (1,8)	**−26,33** (1,8)	**−21,79** (3,0)	**−26,33** (1,8)	**−26,33** (1,8)
Kulturelle Ressourcen	**3,40** (0,4)	**3,40** (0,4)	**3,40** (0,4)	**3,40** (0,4)	**3,40** (0,4)
Kommunikative Praxis	**5,16** (0,4)	**5,16** (0,4)	**5,16** (0,4)	**5,16** (0,4)	**5,16** (0,4)
Höchstes Bildungsniveau der Eltern					
Haupt- oder Realschule o. Berufsausbildung	**−5,49** (2,1)	**−5,49** (2,1)	**−5,49** (2,1)	**−5,49** (2,1)	**−32,99** (6,8)
Hauptschule und Lehre	0,98 (1,4)	0,98 (1,4)	0,98 (1,4)	0,98 (1,4)	0,98 (1,4)
Realschule und Lehre (Referenzkategorie)	−	−	−	−	−
Realschule und Fachschule	1,30 (1,1)	1,30 (1,1)	1,30 (1,1)	1,30 (1,1)	1,30 (1,1)
Abitur ohne Hochschule	−1,99 (1,3)	−1,99 (1,3)	−1,99 (1,3)	−1,99 (1,3)	−1,99 (1,3)
Hochschulabschluss	−4,79 (3,5)	2,14 (1,3)	2,14 (1,3)	2,14 (1,3)	2,14 (1,3)
R^2 *(innerhalb von Schulen)*	*0,43*	*0,45*	*0,43*	*0,45*	*0,43*
Schulebene[3]					
Vermittlungsmodell 1 (Gewaltbereite Schüler)					
AV: Lesekompetenz					
Mittlere kognitive Grundfähigkeiten	0,15	**0,36**	0,08	**0,45**	0,20(*)
% Eltern ohne Berufsausbildung (ISCED < 3)	**−0,31**	**−0,29**	−0,04	−0,10	−0,01
% Wiederholer	**−0,33**	**0,14**	0,08	−0,14	**−0,23**
% Schüler, in deren Familie Deutsch nicht Umgangssprache ist	0,10	**0,13**	0,03	**0,24**	0,05
% gewaltbereiter Schüler	**−0,30**	**−0,28**	**−0,22**	**−0,22**	**−0,39**
R_2 *(Lesekompetenz)*	*0,43*	*0,36*	*0,06*	*0,44*	*0,32*
MV: Prozent gewaltbereiter Schüler					
Mittlere kognitive Grundfähigkeiten	−0,08	**−0,26**	0,04	**−0,33**	**−0,17**
% Eltern ohne Berufsausbildung (ISCED < 3)	0,03	0,08	0,08	−0,05	0,14(*)
% Wiederholer	0,01	0,07	0,13(*)	0,15	−0,07
% Schüler, in deren Familie Deutsch nicht Umgangssprache ist	−0,04	0,02	**0,17**	0,02	0,05
R^2 *(Gewaltbereitschaft)*	*0,01*	*0,11*	*0,07*	*0,17*	*0,06*

Tabelle 4.9   Parameterschätzung für *Random-Intercept*-Modelle zur Vorhersage der Lesekompetenz von 15-Jährigen durch Kompositionsmerkmale der besuchten Schule und Merkmale der normativen Peer-Kultur unter Kontrolle von kognitiven Fähigkeiten und familialen Lebensbedingungen auf individueller Ebene und Schulform auf Schulebene (gewichtete Stichprobe von N = 31.938 Schülern und N = 1.330 Schulen; Mehrebenen-Pfadanalysen mit multiplen Gruppen)[1]

Parameter/Indizes	Haupt-schule	Real-schule	Gymna-sium	Integ-rierte Gesamt-schule	Schule mit mehreren Bildungs-gängen
Vermittlungsmodell 2 (Akzeptanz von Leistungsnormen)					
AV: Lesekompetenz					
Mittlere kognitive Grundfähigkeiten	0,18	**0,50**	0,06	**0,47**	**0,25**
% Eltern ohne Berufsausbildung (ISCED < 3)	**−0,32**	**−0,33**	−0,05	−0,11	−0,03
% Wiederholer	**−0,37**	0,12	0,10	**−0,22**	−0,17
% Schüler, in deren Familie Deutsch nicht Umgangssprache ist	0,11	0,15(*)	−0,01	**0,28**	0,01
Mittlere Akzeptanz von Leistungsnormen	0,11	0,15	0,14	0,10	**0,35**
R² *(Lesekompetenz)*	*0,40*	*0,33*	*0,03*	*0,42*	*0,30*
MV: Akzeptanz von Leistungsnormen					
Mittlere kognitive Grundfähigkeiten	−0,01	−0,19(*)	−0,08	**0,26**	**0,20**
% Eltern ohne Berufsausbildung (ISCED < 3)	0,10	0,11	−0,04	0,02	−0,05
% Wiederholer	−0,08	**−0,24**	**−0,28**	**−0,21**	0,05
% Schüler, in deren Familie Deutsch nicht Umgangssprache ist	0,05	0,08	0,09	**0,25**	0,03
R² *(Akzeptanz von Leistungsnormen)*	*0,02*	*0,11*	*0,08*	*0,14*	*0,04*
Vermittlungsmodell 3 (Schulzufriedenheit)					
AV: Lesekompetenz					
Mittlere kognitive Grundfähigkeiten	0,18	**0,38**	0,06	**0,49**	**0,24**
% Eltern ohne Berufsausbildung (ISCED < 3)	**−0,36**	**−0,31**	−0,05	−0,15	−0,06
% Wiederholer	**−0,32**	**0,13**	0,07	−0,15	−0,20(*)
% Schüler, in deren Familie Deutsch nicht Umgangssprache ist	0,16	0,11	0,00	0,21(*)	0,05
Mittlere Schulzufriedenheit	−0,15	**0,18**	0,10	0,13	0,16(*)
R² *(Lesekompetenz)*	*0,36*	*0,32*	*0,02*	*0,41*	*0,20*
MV: Mittlere Schulzufriedenheit					
Mittlere kognitive Grundfähigkeiten	0,02	**0,33**	**0,13**	**0,26**	**0,23**
% Eltern ohne Berufsausbildung (ISCED < 3)	−0,22(*)	0,01	−0,12(*)	0,18	0,07
% Wiederholer	0,05	−0,07	**−0,16**	−0,19(*)	0,01
% Schüler, in deren Familie Deutsch nicht Umgangssprache ist	**0,31**	0,04	−0,11	**0,22**	**−0,13**
R² *(Schulzufriedenheit)*	*0,07*	*0,11*	*0,10*	*0,16*	*0,07*

[1] Parameterschätzung mit Mplus 3.11 (Muthén & Muthén, 2004); signifikante Parameter fett; (*) = signifikant auf dem 10-Prozent-Niveau; in Klammern Standardfehler.

[2] Erwerbsstatus, Familienstatus, Familiensprache und Bildungsniveau *dummy-kodiert;* alle kontinuierlichen Prädiktoren auf individueller Ebene z-standardisiert.

[3] Innerhalb der Schulformen auf Schulebene standardisierte Lösungen.

noch Tabelle 4.9   Parameterschätzung für *Random-Intercept*-Modelle zur Vorhersage der Lesekompetenz von 15-Jährigen durch Kompositionsmerkmale der besuchten Schule und Merkmale der normativen Peer-Kultur unter Kontrolle von kognitiven Fähigkeiten und familialen Lebensbedingungen auf individueller Ebene und Schulform auf Schulebene (gewichtete Stichprobe von N = 31.938 Schülern und N = 1.330 Schulen; Mehrebenen-Pfadanalysen mit multiplen Gruppen)[1]

Diese Ergebnisse widersprechen ausnahmslos den theoretischen Annahmen, die im Zusammenspiel von Stigmatisierungsprozessen und Kultur der Peer-Gruppe den Hauptvermittlungsweg von Kompositionseffekten an negativ ausgelesenen Schulen sehen. Keine der zentralen Kompositionsdimensionen weist an Hauptschulen einen signifikanten Zusammenhang in vorhergesagter Richtung mit Gewalttätigkeit, Abkehr von Leistungsnormen oder Entfremdung von der Schule auf. Damit bleibt die Frage der Vermittlung der nachgewiesenen Kompositionseffekte weiterhin offen.

Tabelle 4.9 zeigt, dass das Befundmuster über die Schulformen hinweg relativ ähnlich ist. Das postulierte Mediationsmodell ist in keinem Fall haltbar. Dies bedeutet aber auch, dass Unterschiede in der normativen Kultur von Peer-Gruppen zwischen Schulen nicht durch Kompositionseffekte erklärt werden können, sondern teils selektionsbedingt, teils von der Qualität schulinterner pädagogischer Prozesse abhängig sind.

4.10 Zusammensetzung der Schülerschaft und Persönlichkeitsentwicklung: Selbstbewertungsprozess und Berufsaspirationen

Idealtypisch bieten Schulen Entwicklungsumwelten, deren Gelegenheitsstruktur Kompetenz- und Persönlichkeitsentwicklung gleichermaßen fördert und unterstützt. Schulen sind in ihren Organisationszielen mehrkriterial. In gewisser Weise lässt sich Unterricht – insbesondere in deutschen Schulen – als Abfolge leistungsthematischer Situationen beschreiben. Selbst Lernphasen werden im vorherrschenden fragend-entwickelnden Unterricht zu Leistungssituationen, in denen nicht die fehlerbehaftete Exploration eines Sachverhalts im Mittelpunkt steht, sondern die Richtigkeit einer Antwort, die den Fortgang des Unterrichts sichert. Sind Richtigkeitsvorstellungen und Gütemaßstäbe im Spiel, setzen notwendigerweise Selbstbewertungsprozesse ein. Durch Wiederholung verfestigen sie sich zu allgemeinen selbstbezogenen Fähigkeitseinschätzungen wie dem akademischen Selbstkonzept oder – handlungsnäher – zu Selbstwirksamkeitsüberzeugungen (Bandura, 1997). Bandura versteht unter Selbstwirksamkeit die Überzeugung, über die geeigneten Mittel zu verfügen, um ein angestrebtes Ziel zu erreichen, und zwar auch dann, wenn Schwierigkeiten und Hindernisse auftreten. Selbstwirksamkeitsüberzeugungen regulieren Zielsetzungen und ihr Anspruchsniveau, Anstrengungsbereitschaft und Ausdauer sowie die Verarbeitung von Misserfolg (Bandura, 1995, 1997; Pajares, 1996). Selbstbewertungsprozesse sind referenzgruppenabhängig. In der Schule werden diese Vergleichsgruppen maßgeblich durch Merkmale der Schülerzusammensetzung geprägt. Deshalb soll im Folgenden überprüft werden, inwieweit und auf welchen Wegen schulische Kontexte die Genese von Selbstwirksamkeitsüberzeugungen beeinflussen.

Die Schule ist aber auch immer eine Vorbereitung auf die Zukunft – sei es, dass sie die Vermittlung von Kompetenzen verspricht, die für das Weiterlernen in der Berufsausbildung anschlussfähig sind, oder sei es, dass sie durch die Vergabe von Abschlüssen und deren Zertifizierung Lebensverläufe vorstrukturiert. Im Zusammenspiel von Kompetenzerleben, Selbstbewertung und institutionell vorgeformten Erwartungen trägt sie auch zur Entwicklung individueller Zielperspektiven bei. Zielsetzungen und Zielbindungen sind starke motivationale Kräfte (Lüdtke, in Druck). Der Entwurf von Lebenszielen wird am Ende der Schulzeit wahrscheinlich zum ersten Mal folgenreich und damit besonders salient, wenn die Entwicklungsaufgabe bewältigt werden muss, persönliche Berufsziele zu formulieren und die ersten Schritte zu ihrer Realisierung unter den Bedingungen des Berechtigungssystems und der Opportunitäten des Ausbildungsmarkts zu vollziehen. Berufswahlen haben einen inhaltlichen Fokus, der durch Interessen und Kompetenzen bestimmt wird, aber immer auch eine sozial stratifizierende Dimension, da mit der Berufseinmündung gleichzeitig eine Eingliederung in das System der sozialen Ungleichheit erfolgt. Dieser sozial differenzierende Aspekt der Berufswahl wurde im Rahmen von PISA durch die Erhebung von Berufsaspirationen erfasst. Berufsaspirationen als hierarchischer Aspekt von Berufswahlen werden selbstverständlich durch das Zertifizierungssystem der Schule und die damit verbundenen Erwartungen vorgeformt. Dennoch bleibt die Frage offen, inwieweit innerhalb der Schulformen die Zusammensetzung der Schülerschaft von Schulen über alle individuellen Merkmale hinaus die Berufsaspirationen von Schülerinnen und Schülern beeinflusst. Auch diese Frage soll im Folgenden untersucht werden.

Selbstwirksamkeitsüberzeugungen im schulischen Kontext

Selbstwirksamkeitsüberzeugungen entstehen durch die Verarbeitung von Rückmeldungen aus leistungsthematischen Situationen. Erfolgs- und Versagensrückmeldungen können kriterial sein. In diesem Fall wird die bewertende Information durch die Sache selbst, durch sachverständige Personen – wie Eltern oder Lehrer – oder durch die normativen Erwartungen einer interessierten Öffentlichkeit vermittelt. Ebenso wichtige Quellen für leistungsrelevante Informationen sind der soziale Vergleich, aber auch der intraindividuelle Vergleich, den man vornimmt, wenn man eigene Leistungsstärken und -schwächen über Sachgebiete hinweg vergleichend bewertet. Alle drei Prozesse sind für Selbstbewertungen bedeutsam. Im Zusammenhang unserer Fragestellung ist von Interesse, inwieweit diese Prozesse durch den sozialen und institutionellen schulischen Bezugsrahmen beeinflusst werden.

Zur Kontextabhängigkeit von Selbstbewertungsprozessen in der Schule lassen sich in der Forschungsliteratur mindestens vier unterschiedliche Hypothesen finden. Diese Hypothesen verweisen teilweise auf gegenläufige Prozesse, die aber gleichwohl zeitlich parallel ablaufen können.

(I) Der *Big-Fish-Little-Pond*-Effekt (BFLPE) geht davon aus, dass Selbstbewertungsprozesse referenzgruppenabhängig sind. Befinden sich Personen derselben Fähigkeit in unterschiedlichen Leistungsgruppen, erhält die Person in der höheren Leistungsgruppe größere Chancen für Aufwärtsvergleiche, die informationsreicher sind und deshalb möglicherweise Lernprozesse fördern können, aber gleichzeitig zur Relativierung der eigenen Fähigkeit und damit zur einer kritischen Selbstbewertung führen. Bezogen auf unsere Fragestellung heißt dies, dass sich im Hinblick auf Selbstwirksamkeitsüberzeugungen ein fähigkeitsbezogener Kompositionseffekt von Schulen nachweisen lassen sollte: Infolge des veränderten Referenzrahmens für soziale Vergleiche sollten die Selbstwirksamkeitsüberzeugungen von Schülerinnen und Schülern bei gleicher individueller Leistung, aber steigendem mittlerem Fähigkeitsniveau der Schule sinken (Köller, 2004; Marsh, Köller, & Baumert, 2001; Marsh, Kong, & Hau, 2000).

(2) Der *Basking-in-Reflected-Glory*-Effekt (BIRGE), der in der internationalen Literatur insbesondere am Beispiel von Eliteschulen diskutiert wird, besagt, dass die herausragende Reputation einer Schule, die das Ergebnis von sozialen Bedeutungszuschreibungen ist, als Aufwertung der eigenen Person verarbeitet wird und zu einer positiven Selbstbewertung führt (Marsh, Kong, & Hau, 2000). In unserem Zusammenhang stellt sich die Frage, inwieweit der Besuch eines Gymnasiums als der prestigereichsten Schulform bereits derartige Prozesse in Gang setzt.

(3) Stigmatisierungs- oder *Labeling*-Theorien behaupten, dass negative Bedeutungszuschreibungen auf Gruppen oder einzelne Personen bei hinreichendem sozialem Druck von den Betroffenen akzeptiert und in den eigenen Identitätsentwurf integriert würden (Becker, 1963; Goffman, 1974; Sampson, 2001; Swim & Hyers, 2001). In Deutschland sind Stigmatisierungstheorien eng mit der Hauptschule und ihrem Label als „Restschule" verbunden. Hier besitzt das Stigmatisierungsargument eine doppelte Struktur. Es geht einmal davon aus, dass der allmähliche Bedeutungsverlust des Hauptschulabschlusses mit einer diskriminierenden Wirkung für die Absolventen verbunden sei. Nachdem sich der mittlere Abschluss als bürgerliche Norm allgemeiner Bildung etabliert habe, sei der Hauptschulabschluss für eine zukunftsfähige Berufsausbildung nicht mehr anschlussfähig. Das Argument besagt aber auch, dass sich in der Hauptschule als „Restschule" Risikopersonen konzentrierten, denen als Gruppe negative Motivations-, Verhaltens- und Leistungsattribute zugeschrieben werden, die sich dann in der normativen Kultur der Altersgruppe und den kollektiven Identitätsentwürfen widerspiegelten.

(4) Die vierte Hypothese ist eine lernbiographische Kompositionsannahme, die in zwei Varianten auftritt, die sich beide in spezifischer Weise auf die Hauptschule beziehen. Die eine Variante ist eine *Mismatch*-Hypothese. Sie besagt, dass sich in der Hauptschule Personen mit Misserfolgskarrieren konzentrierten, für die eine moderne Schule mit ihren relativ abstrakten Leistungsanforderungen und den geringen Chancen, Verantwortung für konsequenzenreiches Handeln zu übernehmen, prinzipiell eine suboptimale Entwicklungsumwelt darstelle. Die mangelnde Passung, die mit schulischen Mitteln nicht zu beseitigen sei, begünstige deviante Schulkarrieren (Hiller, 1989). Die zweite Variante ist weniger grundsätzlich. Sie geht davon aus, dass die Konzentration von Schulversagern so etwas wie einen schulischen Marienthal-Effekt (Jahoda, Lazarsfeld, & Zeisel, 1975) erzeuge, der sich wie Mehltau auf Anstrengungsbereitschaft und Erfolgserwartungen lege (Schümer, 2004; Solga, 2005; Solga & Wagner, 2004).

Im Folgenden soll versucht werden, diese in der Regel konfundiert auftretenden Effekte in einer multivariaten Analyse zu trennen, indem auf individueller Ebene selbstbewertungsrelevante Merkmale kontrolliert und auf Schulebene fähigkeitsbezogene, lernbiographische und institutionelle Kompositionsmerkmale simultan modelliert werden. Die Analysen werden beispielhaft für Selbstwirksamkeitsüberzeugungen durchgeführt. Tabelle 4.10 zeigt die Ergebnisse einer Serie von Mehrebenenanalysen, die schrittweise zur Klärung der referierten Kontextannahmen beitragen. Es werden vollständig standardisierte Lösungen wiedergegeben, da die Metrik der abhängigen Variablen nicht direkt inhaltlich interpretiert werden kann.

Eine Zerlegung der Varianz der Selbstwirksamkeitsüberzeugungen in individuelle und institutionelle Anteile belegt zunächst, dass sich Schulen hinsichtlich der Selbstwirksamkeitsüberzeugungen ihrer Schülerinnen und Schüler nur geringfügig unterscheiden. Nur 2 Prozent der Varianz (ρ = .022) liegt zwischen den Schulen; der Löwenanteil der Variabilität entfällt auf innerschulische Prozesse. Man erinnere sich: Im Leistungsbereich liegen rund 60 Prozent der Varianz zwischen den Schulen. Dieses Ergebnis stimmt mit den Befunden von Opdenakker und van Damme (2000) und von Köller und Baumert (2001) überein. Der Erklärungsspielraum für kontextuelle Merkmale ist damit von vornherein sehr eingeengt. Modell 1 der Tabelle 4.10 weist das Individualmodell aus, dessen Spezifikation aus dem vorangegangenen Abschnitt mit einer Ergänzung übernommen wurde. Die Klassenwiederholung wurde als lernbiographisches Merkmal als zusätzlicher Prädiktor aufgenommen. Die Modellschätzung zeigt, dass Selbstwirksamkeitsüberzeugungen einerseits von individuellen Leistungsvoraussetzungen und Lernbiographien (kognitive Grundfähigkeiten, Klassenwiederholung) und andererseits von den sozialen und kulturellen Ressourcen der Familie abhängig sind. Insgesamt werden durch das Individualmodell 9 Prozent der Varianz der Selbstwirksamkeitsüberzeugungen innerhalb von Schulen erklärt.

Im Modell 2 wird das mittlere Fähigkeitsniveau einer Schule als Kompositionsmerkmal in die Analyse aufgenommen. Der Koeffizient von β = −.80 zeigt die dominante Bedeutung des Fähigkeitsniveaus einer Schule auf kontextueller Ebene. Dieser Koeffizient lässt sich als Saldo des *Big-Fish-Little-Pond*-Effekts und der in ihrer Wirkung gegenläufigen Reputations- bzw. Stigmatisierungseffekte interpretieren. Das negative Vorzeichen besagt, dass mit steigendem Fähigkeitsniveau einer Schule die Selbstwirksamkeitsüberzeugungen der Schülerinnen und Schüler sinken. Die Höhe des Koeffizienten besagt, dass der *Big-Fish-Little-Pond*-Effekt weitaus größere Bedeutung hat als institutionelle Reputations- und Stigmatisierungseffekte und lernbiographische Kompositionseffekte zusammen. In Modell 3 wird ausschließlich der Prozentsatz an Klassenwiederholern als lernbiographisches Kompositionsmerkmal berücksichtigt. Mit wachsendem Anteil von Wiederholern steigen die Selbstwirksamkeitsüberzeugungen. Da der Prozentsatz von Klassenwiederholungen in hohem Maße mit dem Fähigkeitsniveau einer Schule konfundiert ist, spiegelt sich in dem Koeffizienten von β = .42 im Wesentlichen der *Big-Fish-Little-Pond*-Effekt in abgeschwächter Form wider. Modell 4, in dem ausschließlich die Schulformzugehörigkeit als institutionelles Merkmal berücksichtigt wird,

Parameter/Indizes	Modell 1	Modell 2	Modell 3	Modell 4	Modell 5	Modell 6	Modell 7	Modell 8
Individualebene[2]								
Kognitive Grundfähigkeiten (KFT)	**0,14**	**0,20**	**0,16**	**0,19**	**0,18**	**0,20**	**0,20**	**0,20**
Klassenwiederholung	**-0,03**	**-0,03**	**-0,04**	**-0,03**	**-0,03**	**-0,03**	**-0,03**	**-0,03**
Sozioökonomischer Status (HISEI)	0,00	0,00	0,00	0,00	0,00	0,00	0,00	0,00
Vater nicht erwerbstätig	-0,00	-0,00	-0,00	-0,00	-0,00	-0,00	-0,00	-0,00
Allein erziehend	**-0,02**	**-0,02**	**-0,02**	**-0,02**	**-0,02**	**-0,02**	**-0,02**	**-0,02**
Deutsch nicht Familiensprache	0,01	0,01	0,01	0,01	0,01	0,01	0,01	0,01
Kulturelle Ressourcen	**0,10**	**0,11**	**0,10**	**0,11**	**0,11**	**0,11**	**0,11**	**0,11**
Kommunikative Praxis	**0,16**	**0,16**	**0,16**	**0,16**	**0,16**	**0,16**	**0,16**	**0,16**
Höchstes Bildungsniveau der Eltern								
Haupt- oder Realschule ohne Berufsausbildung	0,01	0,01	0,01	0,01	0,01	0,01	0,01	0,01
Hauptschule und Lehre	0,01	0,01	0,01	0,01	0,01	0,01	0,01	0,01
Realschule und Lehre (Referenzkategorie)	–	–	–	–	–	–	–	–
Realschule und Fachschule	**0,02**	**0,02**	**0,02**	**0,02**	**0,02**	**0,02**	**0,02**	**0,02**
Abitur ohne Hochschule	0,01	0,01	0,01	0,01	0,01	0,01	0,01	0,01
Hochschulabschluss	**0,05**	**0,06**	**0,05**	**0,06**	**0,06**	**0,06**	**0,06**	**0,06**
R² (innerhalb von Schulen)	*0,09*	*0,13*	*0,10*	*0,12*	*0,12*	*0,13*	*0,13*	*0,13*
Schulebene[3,4]								
Mittlere kognitive Grundfähigkeiten (KFT)		**-0,80**			-0,07	**-0,63**	**-0,86**	**-0,67**
% Wiederholer			**0,42**				-0,08	-0,10
Schulform								
Hauptschule (Referenzkategorie)				–	–	–	–	–
Realschule				**-0,44**	**-0,43**	-0,10	-0,11	-0,11
Gymnasium				**-0,88**	**-0,90**	-0,23	**-0,29**	**-0,29**
Integrierte Gesamtschule				-0,23	-0,25	-0,08	-0,13	-0,13
Schule mit mehreren Bildungsgängen (MBG)				-0,09	-0,10	0,06	0,02	0,02
R² (zwischen Schulen)		*0,65*	*0,17*	*0,56*	*0,57*	*0,67*	*0,66*	*0,69*

[1] Parameterschätzung mit Mplus 3.11 (Muthén & Muthén, 2004); signifikante Parameter fett; vollständig standardisierte Lösung.

[2] Erwerbsstatus, Familienstatus, Familiensprache und Bildungsniveau dummy-kodiert; alle übrigen Prädiktoren auf individueller Ebene z-standardisiert.

[3] Mittlere kognitive Grundfähigkeiten und % Wiederholer auf Schulebene z-standardisiert; Schulform dummy-kodiert.

[4] Intraklassische Korrelation im Nullmodell ρ = .022, in Modell 1 ρ_{res} = .014.

Tabelle 4.10 Parameterschätzung für *Random-Intercept*-Modelle zur Vorhersage der Selbstwirksamkeitsüberzeugungen von 15-Jährigen durch Kompositions- und Institutionsmerkmale der besuchten Schule unter Kontrolle von kognitiven Fähigkeiten, Schulkarriere und familialen Lebensbedingungen auf individueller Ebene (gewichtete Stichprobe von N = 31.938 Schülern und N = 1.330 Schulen)[1]

zeigt wiederum die Bedeutung des *Big-Fish-Little-Pond*-Effekts, insofern in der Schulformzugehörigkeit die Leistungsdifferenzierung von Schulen abgebildet wird. Mit dem
Aufstieg in der Hierarchie der Bildungsgänge sinken bei Kontrolle der individuellen Fähigkeit die Selbstwirksamkeitsüberzeugungen.

Schätzt man die Effekte des Fähigkeitsniveaus, der lernbiographischen Zusammensetzung der Schülerschaft und der Schulformzugehörigkeit unter wechselseitiger Kontrolle, sagt der *Big-Fish-Little-Pond*-Effekt ein negatives Vorzeichen für das mittlere Fähigkeitsniveau voraus, der lernbiografische Kompositionseffekt ein negatives Vorzeichen
für den Repetentenanteil, der *Basking-in-Reflected-Glory*-Effekt ein positives Vorzeichen
für das Gymnasium bei Insignifikanz der Koeffizienten der anderen Schulformen und
die Hypothese der Stigmatisierung der Hauptschule positive Koeffizienten für alle Schulformen, wenn die Hauptschule – wie dies in den Auswertungen der Tabelle 4.10 geschehen ist – als Referenzkategorie gewählt wird. Modell 8 zeigt die Ergebnisse der Überprüfung dieser Hypothesen. Erwartungsgemäß tritt der *Big-Fish-Little-Pond*-Effekt in beachtlicher Stärke auf ($\beta = -.67$). Ebenfalls wird in Übereinstimmung mit der Vorhersage
des lernbiographischen Kompositionseffekts das Vorzeichen für den Prozentsatz der
Klassenwiederholer negativ. Allerdings verfehlt der Koeffizient mit $\beta = -.10$ knapp das
Signifikanzniveau. Dagegen ist die Annahme von Reputations- und Stigmatisierungseffekten mit den Daten nicht kompatibel. Es gibt keinerlei Hinweise, dass die Selbstwirksamkeitsüberzeugungen von 15-jährigen Schülerinnen und Schülern durch soziale
Bedeutungszuschreibungen positiver oder negativer Art beeinflusst würden. Vielmehr
deutet sich in dem signifikanten negativen Koeffizienten für das Gymnasium eine Unterschätzung des *Big-Fish-Little-Pond*-Effekts bei Verwendung der mittleren kognitiven
Grundfähigkeiten als Leistungsindikator an.

Um zu überprüfen, inwieweit *Cross-Level*-Interaktionen zwischen Schulformzugehörigkeit und Schulversagen und Wechselwirkungen zwischen Schulformzugehörigkeit
und Kompositionsmerkmalen der Schülerschaft auf Schulebene vorliegen, wurde Modell 8 der Tabelle 4.10 noch einmal für multiple Gruppen geschätzt. Tabelle 4.11 gibt die
Ergebnisse wieder. Die individuellen Parameter wurden über die Gruppen gleichgesetzt
mit Ausnahme des Klassenwiederholungsparameters, der frei geschätzt wurde. Klassenwiederholungen haben aufgrund der Konfundierung mit dem Schulformwechsel je
nach Schulform unterschiedliche Bedeutung für die Stellung in der Leistungshierarchie.
Auf Schulebene wurden beide Parameter für die mittleren kognitiven Grundfähigkeiten
und für den Prozentsatz der Klassenwiederholung frei geschätzt. Drei Resultate sind besonders herauszuheben. Auf individueller Ebene deutet sich an, dass die Tatsache einer
Klassenwiederholung negative Effekte vor allem im Gymnasium und in der Integrierten
Gesamtschule hat. An den übrigen Schulformen scheint eine Klassenwiederholung weniger belastend zu sein. Auf Schulebene zeigt sich der *Big-Fish-Little-Pond*-Effekt in substanzieller Stärke an Hauptschulen, Realschulen und Integrierten Gesamtschulen. Mit
dem Anstieg des mittleren Fähigkeitsniveaus von Schulen auch innerhalb dieser Schulformen sinken die Selbstwirksamkeitsüberzeugungen der Schülerinnen und Schüler. An
Gymnasien und Schulen mit mehreren Bildungsgängen deutet sich der *Big-Fish-Little-*

Parameter/Indizes	Haupt-schule	Real-schule	Gymna-sium	Integ-rierte Gesamt-schule	Schule mit mehreren Bildungs-gängen
Individualebene[2]					
Kognitive Grundfähigkeiten (KFT)	**0,16**	**0,16**	**0,16**	**0,16**	**0,16**
Klassenwiederholung	–0,02	–0,02	**–0,05**	**–0,07**	–0,02
Sozioökonomischer Status (HISEI)	0,01	0,01	0,01	0,01	0,01
Vater nicht erwerbstätig	–0,00	–0,00	–0,00	–0,00	–0,00
Allein erziehend	**–0,02**	**–0,02**	**–0,02**	**–0,02**	**–0,02**
Deutsch nicht Familiensprache	0,01	0,01	0,01	0,01	0,01
Kulturelle Ressourcen	**0,10**	**0,10**	**0,10**	**0,10**	**0,10**
Kommunikative Praxis	**0,17**	**0,17**	**0,17**	**0,17**	**0,17**
Höchstes Bildungsniveau der Eltern					
Haupt- oder Realschule ohne Berufsausbildung	0,01	0,01	0,01	0,01	0,01
Hauptschule und Lehre	0,01	0,01	0,01	0,01	0,01
Realschule und Lehre (Referenzkategorie)	–	–	–	–	–
Realschule und Fachschule	**0,03**	**0,03**	**0,03**	**0,03**	**0,03**
Abitur ohne Hochschule	**0,02**	**0,02**	**0,02**	**0,02**	**0,02**
Hochschulabschluss	0,02	**0,05**	**0,05**	**0,05**	**0,05**
R^2 *(innerhalb von Schulen)*	*0,08*	*0,09*	*0,09*	*0,12*	*0,11*
Schulebene[3]					
Mittlere kognitive Grundfähigkeiten (KFT)	**–0,59**	**–0,74**	–0,02	**–0,37**	**–0,19**
% Wiederholer	**–0,37**	–0,09	–0,15	0,16	–0,14
R^2 *(zwischen Schulen)*	*0,29*	*0,52*	*0,02*	*0,22*	*0,03*

[1] Parameterschätzung mit Mplus 3.11 (Muthén & Muthén, 2004); signifikante Parameter fett; innerhalb der Schulformen standardisierte Lösung.
[2] Erwerbsstatus, Familienstatus, Familiensprache und Bildungsniveau *dummy-kodiert;* alle übrigen Prädiktoren auf individueller Ebene z-standardisiert.
[3] Mittlere kognitive Grundfähigkeiten und % Wiederholer auf Schulebene z-standardisiert; Schulform *dummy-kodiert.*

Tabelle 4.11   Parameterschätzung für *Random-Intercept*-Modelle zur Vorhersage der Selbstwirksamkeitsüberzeugungen von 15-Jährigen durch Kompositionsmerkmale der besuchten Schule unter Kontrolle von kognitiven Fähigkeiten, Schulkarriere und familialen Lebensbedingungen auf individueller Ebene und Schulform auf institutioneller Ebene (gewichtete Stichprobe von N = 31.938 Schülern und N = 1.330 Schulen; Mehrebenenanalyse mit multiplen Gruppen)[1]

Pond-Effekt nur schwach an. Dies spricht für eine geringere Stratifizierung von Gymnasien und Schulen mit mehreren Bildungsgängen. Ein negativer lernbiographischer Kompositionseffekt tritt nur an Hauptschulen und dort in beachtlicher Stärke auf. Diese Wechselwirkung wurde bei den Gesamtanalysen der Tabelle 4.10 verdeckt. Mit einem steigenden Anteil von Klassenwiederholern sinken an Hauptschulen die Selbstwirksamkeitsüberzeugungen von Schülerinnen und Schülern unabhängig vom individuellen Schulversagen. An Hauptschulen haben also ein sinkendes Fähigkeitsniveau und ein wachsender Anteil von Schulversagern auf die Entwicklung von Selbstwirksamkeitsüberzeugungen gegenläufige Wirkungen. Ein sinkendes Fähigkeitsniveau verändert den Referenzrahmen für soziale Vergleiche und erzeugt selbstwertschützende Nischen, aber ein steigender Anteil von Schulversagern macht den schulischen Misserfolg zur Regelerwartung.

Berufsaspirationen, Schulstruktur und die Zusammensetzung der Schülerschaft von Schulen

Im gegliederten deutschen Schulsystem werden Berufswünsche und Berufsaspirationen allein durch die Kopplung von Schulstruktur und Abschlusszertifizierung vorgezeichnet. Dass sich Schülerinnen und Schüler unterschiedlicher Schulformen in ihren Berufserwartungen unterscheiden, ist trivial. Nicht trivial jedoch ist der Grad der Überlappung der schulformspezifischen Verteilungen. Im Rahmen der nationalen Zusatzuntersuchung von PISA 2000 wurden Berufsaspirationen mit der Frage nach dem höchsten erwarteten beruflichen Ausbildungsabschluss erfasst. Damit konzentriert sich PISA auf den sozial stratifizierenden Aspekt von Berufszielen. Tabelle 4.12 zeigt die Verteilung der Antworten nach Schulformen. Die Tabelle belegt einerseits die Tatsache der institutionellen Vorstrukturierung von Berufswünschen und macht andererseits auf einen auch subjektiv wahrgenommenen Entkopplungsprozess von Bildungsgang und nominellem Schulabschluss aufmerksam. Im Vergleich zu dem von Baumert, Cortina und Leschinsky (2003, S. 89 ff.) und Cortina und Trommer (2003, S. 376 ff.) geschätzten quantitativen Ausmaß dieses Entkopplungsprozesses sprechen die in Tabelle 4.12 wiedergegebenen Verteilungen für den Realismus der Berufsaspirationen von 15-Jährigen.

Zerlegt man die Varianz der Berufsaspirationen in individuelle und institutionelle Anteile, entfallen 61 Prozent auf eine individuelle und 39 Prozent auf eine institutionelle Komponente, von denen letztere sich wiederum aus der Varianz zwischen Schulformen (33 %) und der Varianz zwischen Schulen derselben Schulform (6 %) zusammensetzt. Im Vergleich zur institutionellen Komponente der Varianz der Selbstwirksamkeitsüberzeugung wird klar, in welchem Maße Berufsaspirationen institutionell vorgeformt sind. Um zu überprüfen, inwieweit individuelle Voraussetzungen und kontextuelle Einflüsse für die Ausprägung von Berufsoptionen verantwortlich sind, wurden wiederum mehrere hierarchisch-lineare Modelle geschätzt. In einem ersten Schritt wurde eine

Schulform	Lehre	Berufs-fachschule/ Fachschule	Meister-prüfung	Fach-hoch-schule	Wissen-schaftliche Hochschule
Hauptschule	42,8	22,5	18,8	7,5	8,5
Realschule	29,9	22,4	14,8	16,5	16,3
Gymnasium	3,7	6,2	4,5	16,3	69,3
Integrierte Gesamtschule	27,7	19,5	13,1	15,6	24,1
Schule mit mehreren Bildungsgängen	45,7	20,3	16,8	8,9	8,4

Tabelle 4.12   Berufsaspirationen nach Schulform (in % der Schüler einer Schulform)

Parameter/Indizes	Haupt-schule	Real-schule	Gymna-sium	Integrierte Gesamt-schule	Schule mit mehreren Bildungs-gängen
Individualebene[3]					
Kognitive Grundfähigkeiten (KFT)	**0,15**	**0,13**	**0,16**	**0,15**	**0,16**
Klassenwiederholung	0,02	0,01	**−0,04**	**−0,05**	**−0,03**
Sozioökonomischer Status (HISEI)	**0,04**	**0,04**	**0,06**	**0,04**	**0,04**
Vater nicht erwerbstätig	−0,01	−0,01	−0,01	−0,01	−0,01
Allein erziehend	0,00	0,00	0,00	0,00	0,00
Deutsch nicht Familiensprache	**0,16**	**0,16**	**0,06**	**0,11**	**0,06**
Kulturelle Ressourcen	**0,11**	**0,10**	**0,13**	**0,11**	**0,12**
Kommunikative Praxis	**0,08**	**0,05**	**0,09**	**0,07**	**0,07**
Höchstes Bildungsniveau der Eltern					
Haupt- oder Realschule ohne Berufsausbildung	0,03	0,02	0,01	0,03	−0,01
Hauptschule und Lehre	0,01	0,01	0,01	0,01	0,00
Realschule und Lehre (Referenzkategorie)	−	−	−	−	−
Realschule und Fachschule	**0,07**	**0,07**	**0,08**	**0,07**	**0,08**
Abitur ohne Hochschule	**0,07**	**0,08**	**0,11**	**0,09**	**0,08**
Hochschulabschluss	**0,14**	**0,12**	**0,22**	**0,13**	**0,13**
R^2 *(innerhalb von Schulen)*	*0,09*	*0,07*	*0,09*	*0,10*	*0,10*
Schulebene[4]					
Mittlere kognitive Grundfähigkeiten (KFT)	**−0,36**	**−0,28**	−0,08	**0,58**	−0,10
% Wiederholer	0,05	0,15	**0,23**	0,09	0,05
R^2 *(zwischen Schulen)*	*0,12*	*0,12*	*0,10*	*0,30*	*0,02*

[1] Berufsaspirationen sind geordnete Kategorien (1–5); sie werden jedoch als kontinuierliche Variable behandelt, da eine logistische Regressionsanalyse mit multiplen Gruppen im hierarchisch-linearen Modell nicht zur Verfügung steht.

[2] Parameterschätzung mit Mplus 3.11 (Muthén & Muthén, 2004); signifikante Parameter fett; standardisierte Lösung.

[3] Erwerbsstatus, Familienstatus, Familiensprache und Bildungsniveau *dummy-kodiert;* alle übrigen Prädiktoren auf individueller Ebene z-standardisiert.

[4] Mittlere kognitive Grundfähigkeiten und % Wiederholer auf Schulebene z-standardisiert.

Tabelle 4.13   Parameterschätzung für *Random-Intercept*-Modelle zur Vorhersage der Berufsaspirationen[1]
von 15-Jährigen durch Kompositionsmerkmale der besuchten Schule unter Kontrolle von
kognitiven Fähigkeiten, Schulkarriere und familialen Lebensbedingungen auf individueller
Ebene und Schulform auf institutioneller Ebene (gewichtete Stichprobe von N = 31.938
Schülern und N = 1.330 Schulen; Mehrebenenanalyse mit multiplen Gruppen)[2]

logistische Regression von den Ausbildungsaspirationen auf Kompositionsmerkmale der besuchten Schule und die Schulformzugehörigkeit unter Kontrolle von kognitiven Fähigkeiten, Lernbiographie und familiären Lebensbedingungen auf individueller Ebene gerechnet (Mplus 3.11; Muthén & Muthén, 2004). Das Individualmodell wurde aus den vorangehenden Analysen übernommen. Als Kompositionsmerkmale gingen die mittleren kognitiven Grundfähigkeiten, der Prozentsatz von Klassenwiederholern und die Schulformzugehörigkeit als Dummy-Variablen in die Analysen ein. Mit diesem Modell konnten auf individueller Ebene 17 Prozent der Varianz der Berufsaspirationen und 88 Prozent der Varianz auf institutioneller Ebene erklärt werden. Für die Erklärung der institutionellen Varianz ist *ausschließlich* die Schulformzugehörigkeit verantwortlich (ohne Tab.). Um Wechselwirkungen mit der Schulformzugehörigkeit zu kontrollieren, wurde die Auswertung für multiple Gruppen (Schulformen) wiederholt. Dabei wurden die ordinalskalierten Berufsaspirationen aus technischen Gründen als metrische Variable behandelt. Das Ergebnis ist in Tabelle 4.13 wiedergegeben.

Tabelle 4.13 zeigt zunächst auf individueller Ebene das erwartete Muster. Die Berufsaspirationen sind von den kognitiven Grundfähigkeiten – also den Leistungsvoraussetzungen –, vom sozioökomischen Status einer Familie und von den sozialen und kulturellen familialen Ressourcen abhängig. In allen Schulformen haben Kinder aus Zuwandererfamilien, auch wenn zu Hause nicht Deutsch gesprochen wird, bei Kontrolle der Leistungsvoraussetzungen *höhere* Berufserwartungen (vgl. auch Kap. 5, in diesem Band). Auf institutioneller Ebene zeigt sich als Folge der fähigkeitsbezogenen Zusammensetzung der Schülerschaft der *Big-Fish-Little-Pond*-Effekt an Haupt- und Realschulen. Innerhalb dieser beiden Schulformen sinken mit steigendem Fähigkeitsniveau einer Schule die Berufsaspirationen der Schülerinnen und Schüler. Negative lernbiographische Kompositionseffekte, die bei einer Konzentration von Schulversagern auftreten könnten, lassen sich nicht nachweisen. Inwieweit in den großen schulformbezogenen Unterschieden nicht nur institutionelle Vorprägungen, sondern auch Stigmatisierungs- oder Reputationseffekte zum Ausdruck kommen, ist nicht entscheidbar, da das Ansehen einer Schule in PISA nicht eigens erfasst wurde, was in diesem Fall notwendig wäre (vgl. Marsh, Kong, & Hau, 2000). Überraschend ist der *positive* Zusammenhang zwischen Fähigkeitsniveau und Berufsaspirationen bei Integrierten Gesamtschulen. Für diesen „Reputationseffekt" könnte das Vorhandensein einer eigenen gymnasialen Oberstufe verantwortlich sein, die nicht nur für eine leistungsmäßige Verbesserung der Schülerzusammensetzung sorgt, sondern gleichzeitig auch einen Sogeffekt zu anspruchsvolleren Abschlüssen ausübt. Abschließend sei noch auf den erwartungswidrigen Zusammenhang zwischen dem Prozentsatz von Wiederholern und den Berufsaspirationen an Gymnasien aufmerksam gemacht. Es ist nicht sonderlich plausibel, dass bei verlängerter Verweildauer von Schülerinnen und Schülern am Gymnasium die Studierneigung kollektiv zunimmt. Vielmehr spricht manches für die Annahme, dass an jenen Gymnasien, die sich in besonderer Weise als Vorschule zur Universität verstehen, dieser Anspruch mit einer höheren internen Selektivität in Form von Klassenwiederholungen bezahlt wird.

4.11 Zusammensetzung der Schülerschaft von Schulen und regionale Strukturbedingungen: Kompositionstypen

Die Analysen des vorangehenden Abschnitts haben gezeigt, dass Hauptschulen in der Tat in gewissem Sinn als selbstwertschützende Nischen bezeichnet werden können, und zwar umso mehr, je niedriger das Leistungs- und Fähigkeitsniveau einer Schule ist. Dieser Referenzgruppeneffekt wird auch nicht durch den negativen Einfluss der lernbiographischen

Zusammensetzung der Schülerschaft stillgelegt, der mit steigendem Anteil von Schulversagern sichtbar wird. Gleichzeitig haben aber die bisherigen Analysen auch deutlich werden lassen, dass die Hauptschule diejenige Schulform ist, deren akademischer Arbeitserfolg am stärksten durch kritische Kompositionsmerkmale beeinflusst und beeinträchtigt wird. Kollektive Belastungsfaktoren sind: der Anteil von Wiederholern, ein niedriges Leistungs- und Fähigkeitsniveau, Konzentration von Schülerinnen und Schülern aus bildungsfernen Familien und ein steigender Anteil von Jugendlichen aus Elternhäusern mit besonderen sozialen und privaten Belastungen. Gleichzeitig ist die Variabilität der Zusammensetzung der Schülerschaft an Hauptschulen erheblich. Hinsichtlich der Kontextsensitivität scheint am ehesten die Realschule der Hauptschule vergleichbar zu sein. Dies legt im Hinblick auf Haupt- und Realschulen zwei Fragen nahe:

(1) Lassen sich Schulen mit kumulativen Problemkonstellationen identifizieren und wenn ja,

(2) auf welche sozialökologischen und schulstrukturellen Kontextbedingungen sind derartige Konstellationen zurückzuführen?

Ausgangspunkt der folgenden Analysen ist die Vermutung, dass man es bei der Zusammensetzung der Schülerschaft von Hauptschulen und möglicherweise auch von Realschulen mit einem so genannten Mischverteilungsproblem zu tun hat. Trifft dies zu, könnten die Zusammenhänge zwischen den beobachteten Kompositionsmerkmalen von Schulen durch eine latente kategoriale Variable erklärt werden. Die Ausprägungen dieser latenten Variablen – man spricht auch von latenten Klassen – sind unbekannt und müssen deshalb ähnlich wie die Faktoren bei einer explorativen Faktorenanalyse aus den Daten erschlossen werden. Das Verfahren der Wahl, derartige Verteilungen zu „entmischen", ist die latente Klassenanalyse (LCA; Vermunt & Magidson, 2003). In die folgenden latenten Klassenanalysen gehen als beobachtete Indikatoren des Messmodells die Markieritems der unterschiedlichen Dimensionen der Schülerzusammensetzung in z-standardisierter Form ein. Sie wurden auch in den vorangegangenen Analysen benutzt. Dies sind: der mittlere Sozialschichtindex einer Schule, der Prozentanteil von Eltern ohne abgeschlossene Berufsausbildung, der Prozentsatz von Schülern, in deren Familie Deutsch nicht die Umgangssprache ist, der Prozentsatz von Schülern, deren Väter nicht Vollzeit erwerbstätig sind, der Anteil der Klassenwiederholer und das mittlere Fähigkeitsniveau der Schule. Ergänzend wird die mittlere Lesekompetenz als Leistungsindikator und der Anteil gewaltbereiter Schüler als Indikator für die normative Peer-Kultur hinzugenommen. Um die Zuordnung der Schulen zu den latenten Klassen zu verbessern, wurden als Kovariate das Bundesland, die Ortsklassengröße und der Grad der Differenzierung des Schulsystems im jeweiligen Bundesland berücksichtigt. Die Modellschätzungen wurden mit dem Programm Latent Gold 3.0 (Vermunt & Magidson, 2000, 2003) durchgeführt. Der beste Modell-Fit ergab sich nach dem *Bayesian Information Criterion* (BIC) im Fall der Hauptschulen für eine Drei-Klassen-Lösung und im Fall der Realschulen für eine Vier-Klassen-Lösung. Die mittlere Zuordnungswahrscheinlichkeit der Schulen zur Klasse mit der jeweils höchsten Zuordnungswahrscheinlichkeit liegt in beiden LCA bei über .95.

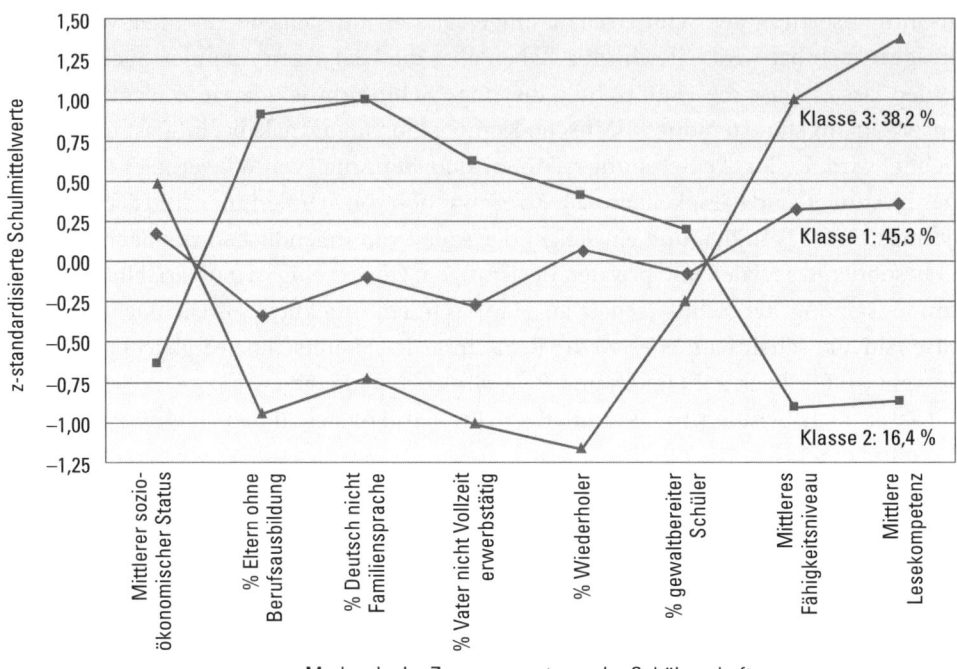

Abbildung 4.9   Kompositionsprofile von Hauptschulen; z-standardisierte Schulmittelwerte; Ergebnisse einer latenten Klassenanalyse (LCA)

Abbildung 4.9 zeigt die Profile der drei Hauptschulklassen anhand der z-standardisierten Schulmittelwerte. Das Profil der Klasse 1 beschreibt die Modalform der Hauptschule. Zu dieser Klasse gehören 45 Prozent aller Hauptschulen in der Bundesrepublik. Das Profil der Klasse 2 beschreibt Hauptschulen in schwierigem Milieu. In diesen Schulen findet man eine Kumulation von Risiko- und Belastungsfaktoren, wie Tabelle 4.14 eindrucksvoll belegt: Rund die Hälfte der Schülerinnen und Schüler haben mindestens eine Klasse wiederholt. Ebenso viele Schüler stammen aus Migrantenfamilien, in denen zu Hause nicht Deutsch gesprochen wird. 40 Prozent der Eltern verfügen über keine abgeschlossene Berufsausbildung. Fast ein Drittel der Familien sind von Arbeitslosigkeit betroffen. Der Anteil von Schülerinnen und Schülern, die in den vergangenen zwölf Monaten Schuleigentum beschädigt haben oder gegenüber anderen Personen tätlich geworden sind, liegt bei 40 Prozent, und das Fähigkeits- und Leistungsniveau der Schulen ist extrem niedrig. Diese Klasse, zu der 16 Prozent aller Hauptschulen gehören, stellt die eigentliche Problemgruppe unter den Hauptschulen dar. Alle gängigen Hauptschulattributionen findet man hier bestätigt. Das Spiegelbild sind Hauptschulen der Klasse 3, deren Profil auf ein ausgesprochen günstiges Milieu schließen lässt. Die mittleren Leistungswerte dieser Hauptschulen liegen im unteren Bereich der Leistungsverteilung von Realschulen.

Tabelle 4.15 zeigt die Verteilung der Hauptschulen auf die drei Klassen, getrennt für die Länder der Bundesrepublik. Diese Kreuztabelle belegt bemerkenswerte regionale Ver-

Latente Klasse	Mittlere Sozialschicht-zugehörigkeit	% Eltern ohne Berufs-ausbildung	% Deutsch nicht Familien-sprache	% Vater nicht Vollzeit erwerbstätig	% Wieder-holer	% Gewalt-bereite Schüler[1]	Mittleres Fähigkeits-niveau	Mittlere Lese-kompetenz
Modalform der Hauptschule (Klasse 1: 45,3 %)	42,0 (2,6)	20,0 (9,3)	25,8 (15,6)	18,4 (8,6)	46,6 (12,3)	35,0 (13,9)	41,7 (2,1)	396,9 (22,3)
Schwieriges Milieu (Klasse 2: 16,4 %)	39,2 (3,4)	38,4 (15,0)	47,7 (19,3)	29,7 (11,8)	52,2 (12,4)	39,2 (16,2)	37,8 (2,6)	347,9 (23,0)
Günstiges Milieu (Klasse 3: 38,2 %)	43,2 (3,2)	10,9 (7,3)	13,4 (9,6)	9,2 (5,7)	26,0 (11,1)	32,7 (13,7)	43,9 (2,4)	438,8 (18,5)
Insgesamt	42,0 (3,3)	19,6 (13,5)	24,7 (18,5)	16,7 (10,9)	39,6 (16,1)	34,8 (14,4)	41,9 (3,1)	404,9 (38,0)

[1] Mindestens einmal in den letzten zwölf Monaten Sachbeschädigung von Schuleigentum oder Tätlichkeit gegenüber Personen.

Tabelle 4.14 Kompositionsprofile von Hauptschulen (Mittelwerte und Standardabweichungen in Klammern)

Land	Modalform der Hauptschule	Schwieriges Milieu	Günstiges Milieu
Berlin	40,0	60,0[a]	–
Bremen	–	95,7	4,3
Hamburg	31,3	68,8	–
Baden-Württemberg	33,3	4,8	61,9
Bayern	31,8	–	68,2
Hessen	43,5	52,2	4,3
Niedersachsen	88,0	4,0	8,0
Nordrhein-Westfalen	48,0	44,0	8,0
Rheinland-Pfalz	52,2	8,7	39,1
Saarland[1]	18,8	81,3	–
Schleswig-Holstein	84,0	16,0	–

[a] Anteil tendenziell unterschätzt.
[1] Inzwischen in Schulen mit mehreren Bildungsgängen umgewandelt.

Tabelle 4.15 Hauptschulen nach Land und Kompositionsprofil im Jahr 2000 (in % der Hauptschulen des Landes)

teilungsmuster. Hauptschulen mit einem Kompositionsprofil, das für ein schwieriges Milieu steht, machen einen substanziellen Anteil unter den Hauptschulen in den Stadtstaaten, in Hessen und Nordrhein-Westfalen aus. Das Saarland, in dem im Jahr 2000 über 80 Prozent der Hauptschulen zur Problemkategorie gehörten, hat mittlerweile die Hauptschule als selbstständige Schulform aufgelöst und Haupt- und Realschulen zu Schulen mit mehreren Bildungsgängen zusammengelegt. Hauptschulen, die sich durch besonders günstige Schülerzusammensetzungen auszeichnen, findet man in nennenswertem Umfang nur in Baden-Württemberg, Bayern und Rheinland-Pfalz. In diesen Ländern ist auch der Anteil von potenziellen Risikoschülern tendenziell niedriger.

Welche sozialökologischen Kontextbedingungen und welche schulstrukturellen Konstellationen beeinflussen die Entstehung derartig unterschiedlicher Klassen von Hauptschulen? Um zu einer Beantwortung dieser Frage beizutragen, haben wir die PISA-E-Daten auf der Ebene von Landkreisen und kreisfreien Städten (in Berlin auf der Ebene der Bezirke) mit regionalstatistischen Daten kombiniert. Diesem Vorgehen liegt die Annahme zu Grunde, dass Kreise und kreisfreie Städte bei allen damit verbundenen Problemen die besten verfügbaren Näherungswerte für Einzugsgebiete von Schulen darstellen. In der Regel sind diese Gebietseinheiten größer als die Einzugsbereiche von Schulen, die sich überdies auch mit den Gebietsgrenzen überschneiden können. Nimmt man Kreise als Näherungswerte für Einzugsgebiete, vernachlässigt man die Variabilität von Einzugsbereichen innerhalb von Kreisen. Dies ist eine Fehlerquelle, welche die Chance, Zusammenhänge zwischen regionalem Kontext und Kompositionsmerkmalen von Schulen zu erkennen, systematisch verringert (vgl. Abschnitt 4.4).

Mithilfe einer logistischen Regressionsanalyse wurde versucht, die Klassenzugehörigkeit von Hauptschulen durch zwei Merkmale der regionalen Gebietseinheiten vorherzusagen. Als schulstruktureller Indikator wurde der Hauptschüleranteil im Einzugsgebiet verwendet und als sozialökologischer Indikator der Anteil ausländischer Schüler in der vergleichbaren Altersgruppe. Die Ergebnisse der Regressionsanalyse sind bemerkenswert. Allein mithilfe dieser beiden Prädiktoren gelingt es, 76 Prozent der Schulen der Problemgruppe korrekt zu klassifizieren. Tabelle 4.16 fasst die Ergebnisse der logistischen Regressionsanalyse zusammen. Mit steigendem Hauptschüleranteil in der regionalen Gebietseinheit sinkt das Risiko einer Hauptschule, zur Problemgruppe zu gehören, beträchtlich. Erhöht sich der Hauptschüleranteil um 10 Prozentpunkte, sinkt das Risiko auf fast ein Drittel des Ausgangswerts. Dass auch der Bevölkerungsindikator zusätzliche Bedeutung hat, ist erwartungsgemäß, da der Anteil von Schülern mit Migrationshintergrund in die Klassifikation einging. Steigt der Anteil ausländischer Schüler im Einzugsgebiet um 5 Prozentpunkte, erhöht sich das Risiko der Zugehörigkeit zur Problemgruppe um 50 Prozent. Bei der Entstehung von kumulativen Belastungen von Hauptschulen wirken also bevölkerungs- und schulstrukturelle Bedingungen additiv zusammen. Der Hauptschüleranteil beträgt im Einzugsgebiet von Schulen der Problemgruppe im Mittel 20 Prozent, während bei Hauptschulen mit modalem Kompositionsprofil der entsprechende Anteil bei 31 und bei Hauptschulen mit Optimalprofil bei 43 Prozent liegt. Der Anteil ausländischer Sekundarschüler liegt analog bei 13, 9 und 7 Prozent. Verantwortlich für einen sinkenden Hauptschüleranteil ist einerseits die politisch kaum steuerbare Nachfrage nach weiterführenden Bildungsgängen, andererseits aber auch eine zunehmende Differenzierung des Schulsystems durch das zusätzliche Angebot von

Hauptschulprofil[1]	Merkmale des Einzugsgebiets[2]	B[3]	p	Exp(B) *Odds Ratio*
Schwieriges Milieu (Klasse 2)	Hauptschüleranteil im Einzugsgebiet	−0,97	0,000	**0,38**
	Anteil ausländischer Schüler im Einzugsgebiet	0,41	0,002	**1,50**
Günstiges Milieu (Klasse 3)	Hauptschüleranteil im Einzugsgebiet	1,13	0,000	**3,10**
	Anteil ausländischer Schüler im Einzugsgebiet	0,37	0,070	1,45
R^2 (Nagelkerke)	0,46			

[1] Referenzkategorie ist Klasse 1: Modalform der Hauptschule.
[2] Proxy für Einzugsgebiete: Landkreise, kreisfreie Städte, in Berlin Bezirke.
[3] Regressionskoeffizient bei Veränderung des Hauptschüleranteils um 10 Prozentpunkte und des Ausländeranteils um 5 Prozentpunkte.

Korrekte Klassifikation: Klasse 1 = 76 %, Klasse 2 = 70 %, Klasse 3 = 40 %.

Tabelle 4.16   Ergebnisse einer multinominalen logistischen Regressionsanalyse zur Vorhersage der Klassenzugehörigkeit von Hauptschulen durch Merkmale des Einzugsbereichs

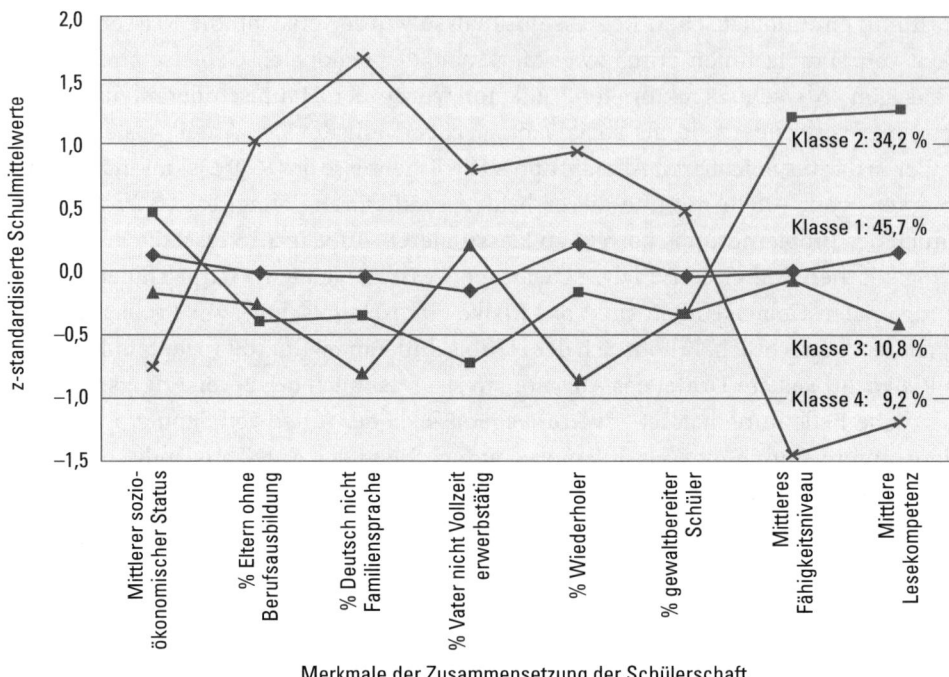

Abbildung 4.10   Kompositionsprofile von Realschulen; z-standardisierte Schulmittelwerte; Ergebnisse einer latenten Klassenanalyse (LCA)

Integrierten Gesamtschulen oder Schulen mit mehreren Bildungsgängen. Die Korrelation zwischen relativem Hauptschulbesuch einerseits und relativem Gesamtschulbesuch bzw. Gymnasialbesuch andererseits beträgt auf Kreisebene r = −0,35 bzw. −0,40. Trifft die zunehmende Differenzierung des Systems mit ungünstigen demographischen oder sozialen Kontextbedingungen in einem Einzugsbereich zusammen, ergeben sich dramatische Rückwirkungen für die Arbeitsbedingungen von Hauptschulen. Weitaus schwieriger ist es, die Zugehörigkeit von Hauptschulen zur Gruppe mit dem günstigsten Milieuprofil vorherzusagen. Nur 40 Prozent der Hauptschulen werden mit den beiden genannten Prädiktoren korrekt klassifiziert. Einen substanziellen Beitrag leistet dabei auch nur der schulstrukturelle Prädiktor. Der Anstieg des Hauptschulanteils im Einzugsgebiet um 10 Prozentpunkte vergrößert die Zugehörigkeitschancen einer Schule zur Optimalgruppe um das Dreifache.

Im Hintergrund der Ausdifferenzierung von Hauptschulen in drei Klassen mit extrem unterschiedlichen Kompositionsprofilen stehen soziale und ethnisch-kulturelle Entmischungsprozesse, die teilweise auf politisch schwer zu beeinflussende Bevölkerungswanderungen zurückgehen, zu einem größeren Teil jedoch – zumindest was die Entstehung von Risikoprofilen betrifft – eine unbeabsichtigte Nebenfolge von schulstrukturellen Reformmaßnahmen bei expandierender Bildungsbeteiligung sind. Ein Vergleich

Latente Klasse	Mittlere Sozialschichtzugehörigkeit	% Eltern ohne Berufsausbildung	% Deutsch nicht Familiensprache	% Vater nicht Vollzeit erwerbstätig	% Wiederholer	% Gewaltbereite Schüler[1]	Mittleres Fähigkeitsniveau	Mittlere Lesekompetenz
Modalform der Realschule (Klasse 1: 45,7 %)	48,9 (4,1)	8,5 (6,1)	10,5 (7,6)	11,6 (5,9)	29,8 (11,7)	20,2 (10,3)	49,7 (2,0)	497,7 (18,1)
Optimalform der Realschule (Klasse 2: 34,2 %)	50,3 (2,7)	5,3 (5,0)	6,3 (5,5)	6,3 (5,2)	24,5 (11,8)	16,6 (9,8)	53,7 (2,1)	539,2 (17,6)
Suboptimale Gruppe (Klasse 3: 10,8 %)	47,7 (3,7)	6,4 (6,3)	0,0 (0,0)	14,8 (7,5)	14,8 (10,5)	16,9 (9,3)	49,5 (2,4)	477,0 (28,5)
Schwieriges Milieu (Klasse 4: 9,2 %)	45,3 (4,6)	17,8 (10,7)	33,8 (13,9)	20,2 (11,0)	39,7 (13,1)	26,4 (11,9)	45,0 (2,1)	448,5 (19,8)
Insgesamt	48,9 (3,9)	8,0 (7,2)	10,1 (11,0)	10,9 (7,7)	27,3 (13,2)	19,2 (10,5)	50,6 (3,3)	505,1 (34,4)

[1] Mindestens einmal in den letzten zwölf Monaten Sachbeschädigung von Schuleigentum oder Tätlichkeit gegenüber Personen.

Tabelle 4.17   Kompositionsprofile von Realschulen (Mittelwerte und Standardabweichungen in Klammern)

der Pseudo-Determinationskoeffizienten bei getrennten Analysen (R^2 [Nagelkerke] = .40 vs. R^2 [Nagelkerke] = .13) belegt die weitaus größere Bedeutung der *schulstrukturellen* Komponente. In großstädtischen Gebieten kann, wie die in Tabelle 4.15 wiedergegebene Verteilung der Problemschulen zeigt, dieses Zusammenspiel von Demographie und schulstrukturellen Reformmaßnahmen eine Dynamik erreichen, die zu einem beunruhigenden Anwachsen der Gruppe von Risikoschülern führt.

Wiederholt man die latente Klassenanalyse mit denselben Indikatoren und Kovariaten für Realschulen, weist eine Vier-Klassen-Lösung die beste Modellanpassung auf (Verlauf des BIC). Das Profil der Klasse 1, das der Tabelle 4.17 zu entnehmen ist, beschreibt die Modalform der Arbeitsbedingungen an Realschulen. 46 Prozent aller Realschulen haben die höchste Zuordnungswahrscheinlichkeit zu dieser Klasse. Die Profile der Klassen 2 und 3 weisen in den sozialen und soziokulturellen Kompositionsbedingungen nur leichte Abweichungen auf. Das Optimalprofil der Klasse 2, zu der etwas mehr als ein Drittel der Realschulen gehören, unterscheidet sich vor allem im mittleren Fähigkeitsniveau und damit durch eine positive Selektion der Schülerschaft. Von besonderem Interesse ist jedoch, dass auch unter den Realschulen eine Gruppe von Schulen identifiziert werden kann, in denen eine Kumulation von Risikofaktoren anzutreffen ist. Diese Klasse ist mit rund 9 Prozent der Realschulen relativ klein, aber klar identifizierbar. Tabelle 4.17 beschreibt das Kompositionsprofil dieser Klasse: Ein hoher Anteil von Schülerinnen und Schülern aus bildungsfernen Familien trifft mit einem für Realschulen ganz ungewöhnlichen Prozentsatz von Schülern mit Migrationshintergrund zusammen, in deren Familien nicht Deutsch gesprochen wird. Hinzu kommt ein hoher Anteil von Schülerinnen und Schülern, die besonderen familialen Belastungen ausgesetzt sind. Schließlich liegt das Fähigkeitsniveau in diesen Schulen im Mittel mehr als zwei Drittel Standardabweichungen der individuellen Fähigkeitsverteilung unter den Schulmittelwerten, die man in der Optimalgruppe der Realschulen findet. Der dramatisch hohe Anteil von Repetenten, der mit 40 Prozent Hauptschulverhältnisse erreicht, ist ein Hinweis auf das mehr oder weniger hilflose Bemühen dieser Schulen, Leistungsstandards aufrechtzuerhalten.

Der hohe Anteil von Zuwanderern in diesen Realschulen weist darauf hin, dass diese Schulen zur regionalen Grundversorgung mit weiterführenden Bildungsangeboten in sozial schwachen Gebieten beitragen und insofern eine nicht ersetzbare Integrationsleistung vollbringen. Vor diesem Hintergrund ist der hohe Anteil von Repetenten ein Hinweis auf die Grenzen der personellen Leistungsfähigkeit dieser Schulen. Was sich in den Leistungsindikatoren ihres Profils (Fachleistung, mittleres Fähigkeitsniveau und Wiederholerquoten) abzeichnet, ist das Ergebnis der faktischen Gleichbehandlung von Schulen in der Personal- und Sachausstattung bei gleichzeitigen schwerwiegenden Disparitäten der Arbeitsbedingungen. Hier ist vermutlich ein disparitätsverstärkender Prozess im Gange, der bereits in den Grundschulen beginnt und in einer Problemgruppe von Realschulen sichtbar wird. Tabelle 4.18 belegt, dass diese Realschulen primär in den Stadtstaaten Hamburg und Bremen, aber auch in Hessen anzutreffen sind.

Versucht man mit einer multinomialen logistischen Regressionsanalyse die Zugehörigkeit von Schulen zu einer der vier Klassen anhand eines demographischen und eines

Land	Modalform der Realschule	Optimalform der Realschule	Suboptimale Gruppe	Schwieriges Milieu
Berlin	39,1	0,0	43,5	17,4
Bremen	29,2	0,0	0,0	70,8
Hamburg	44,0	0,0	0,0	56,0
Baden-Württemberg	16,7	83,3	0,0	0,0
Bayern	13,0	87,0	0,0	0,0
Hessen	64,0	0,0	0,0	36,0
Niedersachsen	83,3	0,0	12,5	4,2
Nordrhein-Westfalen	64,0	20,0	8,0	8,0
Rheinland-Pfalz	16,0	80,0	4,0	0,0
Saarland	78,6	21,4	0,0	0,0
Schleswig-Holstein	65,2	30,4	0,0	4,3
Brandenburg	0,0	0,0	100,0	0,0
Mecklenburg-Vorpommern	0,0	4,2	95,8	0,0

Tabelle 4.18 Realschulen nach Land und Kompositionsprofil (in % der Realschulen eines Landes)

Realschulprofil[1]	Merkmale des Einzugsgebiets[2]	B[3]	p	Exp(B) *Odds Ratio*
Optimalform der Realschule (Klasse 2)	Gesamtschüleranteil im Einzugsgebiet	−2,24	0,000	**0,11**
	Anteil ausländischer Schüler im Einzugsgebiet	−0,05	0,760	0,95
Suboptimale Gruppe (Klasse 3)	Gesamtschüleranteil im Einzugsgebiet	0,38	0,007	**1,46**
	Anteil ausländischer Schüler im Einzugsgebiet	−1,93	0,000	**0,15**
Schwieriges Milieu (Klasse 4)	Gesamtschüleranteil im Einzugsgebiet	0,42	0,016	**1,52**
	Anteil ausländischer Schüler im Einzugsgebiet	0,54	0,000	**1,71**
R^2 (Nagelkerke)	0,65			

[1] Referenzkategorie ist Klasse 1: Modalform der Realschule.
[2] Proxy für Einzugsgebiete: Landkreise, kreisfreie Städte, in Berlin Bezirke.
[3] Regressionskoeffizient bei Veränderung des Gesamtschüleranteils um 10 Prozentpunkte und des Ausländeranteils um 5 Prozentpunkte.

Korrekte Klassifikation: Klasse 1 = 56,6 %, Klasse 2 = 84,0 %, Klasse 3 = 65,0 %, Klasse 4 = 47,9 %.

Tabelle 4.19 Ergebnisse einer multinominalen logistischen Regressionsanalyse zur Vorhersage der Klassenzugehörigkeit von Realschulen durch Merkmale des Einzugsgebiets

schulstrukturellen Indikators (Anteil ausländischer Schüler/Gesamtschüler) vorherzusagen, ergibt sich das in Tabelle 4.19 wiedergegebene Bild. Die Zugehörigkeit zur Optimalklasse 2 kann mit großer Sicherheit vorhergesagt werden. Die Wahrscheinlichkeit einer richtigen Zuordnung beträgt 84 Prozent. Die Problemklasse 4 lässt sich dagegen nicht sicher von der Modalklasse abgrenzen. Die Wahrscheinlichkeit der korrekten Zuordnung liegt bei 48 Prozent. Mit einem Anstieg des Ausländeranteils im Einzugsbereich um 5 Prozentpunkte und des Gesamtschüleranteils um 10 Prozentpunkte erhöht sich das Risiko für eine Realschule, in die Problemgruppe zu geraten, additiv um mehr als 50 Prozent. Beide Prädiktoren, sowohl der demographische als auch der schulstrukturelle, haben in diesem Fall gleiches Gewicht, wie getrennte Analysen zeigen (R^2 [Nagelkerke] = .42 bzw. .45). Ein ähnlich interessantes Ergebnis zeigt sich auch für die Optimalklasse der Realschulen. Bei einem Anstieg des Gesamtschüleranteils im Einzugsbereich um 10 Prozentpunkte im Vergleich zur Referenzgruppe ist die Chance für eine Realschule, in die Optimalklasse zu fallen, minimal. Das Resultat dieser Analysen ist eindeutig: Durch die Einführung und den Ausbau von Integrierten Gesamtschulen neben den Schulformen des gegliederten Systems entsteht eine Konkurrenzsituation zwischen Gesamtschulen und Realschulen, in der es nur Verlierer gibt. Treffen Ausbau der Integrierten Gesamtschule und die regionale Konzentration von Zuwanderern im viergliedrigen System zusammen, ergeben sich tendenziell kumulative Problemkonstellationen in Realschulen.

Ein Test auf die Belastbarkeit dieser Ergebnisse ist die Analyse der Verhältnisse an Schulen mit mehreren Bildungsgängen, die unter den Strukturbedingungen von Zweigliedrigkeit arbeiten. Eine latente Klassenanalyse, die mit dem gleichen Messmodell wie die vorhergehenden LCA gerechnet wurde, belegt eine bemerkenswerte strukturelle Homogenität dieses Schultyps. Abbildung 4.11 und Tabelle 4.20 zeigen das unauffällige Profil der Modalform der Schule mit mehreren Bildungsgängen. Dieser Klasse gehören 86 Prozent aller Schulen dieses Typs an, die sich ganz überwiegend in den neuen Bundesländern befinden. Ein kleiner Anteil ist auch im Saarland anzutreffen. Charakteristisch für diese Schulen ist der relativ hohe Anteil von Schülerinnen und Schülern aus Familien, die von Arbeitslosigkeit betroffen sind, und das Fehlen jeglichen Migrationsproblems. Eine zweite Klasse, zu der rund 10 Prozent dieser Schulen gehören, weist ein Kompositionsprofil auf, das praktisch eine Variante der Modalform darstellt. Beide Profile unterscheiden sich signifikant nur im mittleren Anteil von Schülerinnen und Schülern mit Migrationshintergrund. Diese Schulen sind in Rheinland-Pfalz, dem Saarland und Hamburg anzutreffen. Ihr Profil unterscheidet sich von dem modalen Realschulprofil im Wesentlichen nur durch das niedrigere mittlere Fähigkeits- und Leistungsniveau. Der wichtigste Befund der latenten Klassenanalyse für Schulen mit mehreren Bildungsgängen besagt, dass rund 96 Prozent dieser Schulen keine problematischen Kompositionsprofile aufweisen.

Die Klasse 3, deren Kompositionsprofil Schulen in schwierigem Milieu beschreibt, ist mit 4 Prozent quantitativ schwach besetzt. Vergleicht man das Profil dieser Klasse (Tab. 4.20) mit dem von Haupt- (Tab. 4.14) und Realschulen (Tab. 4.17) in problema-

Latente Klasse	Mittlere Sozialschichtzugehörigkeit	% Eltern ohne Berufsausbildung	% Deutsch nicht Familiensprache	% Vater nicht Vollzeit erwerbstätig	% Wiederholer	% Gewaltbereite Schüler[1]	Mittleres Fähigkeitsniveau	Mittlere Lesekompetenz
Modalform der MBG (Klasse 1: 85,9 %)	45,8 (3,1)	8,6 (7,6)	0,0 (0,0)	17,0 (8,6)	19,5 (10,6)	21,7 (11,0)	47,9 (2,7)	467,6 (24,2)
Variante der Modalform (Klasse 2: 9,9 %)	44,7 (2,8)	9,8 (7,2)	12,1 (7,5)	12,6 (6,6)	26,3 (12,6)	22,7 (8,4)	45,8 (2,3)	451,0 (23,3)
Schwieriges Milieu (Klasse 3: 4,2 %)	42,0 (3,3)	20,9 (18,9)	8,7 (17,1)	30,3 (8,4)	41,5 (10,1)	33,6 (15,6)	40,0 (2,5)	394,2 (14,7)
Insgesamt	45,5 (3,2)	9,2 (8,5)	1,6 (5,6)	17,1 (8,9)	21,1 (11,7)	22,3 (11,2)	47,4 (3,1)	462,9 (28,1)

[1] Mindestens einmal in den letzten zwölf Monaten Sachbeschädigung von Schuleigentum oder Tätlichkeit gegenüber Personen.

Tabelle 4.20 Kompositionsprofile von Schulen mit mehreren Bildungsgängen (Mittelwerte und Standardabweichungen in Klammern)

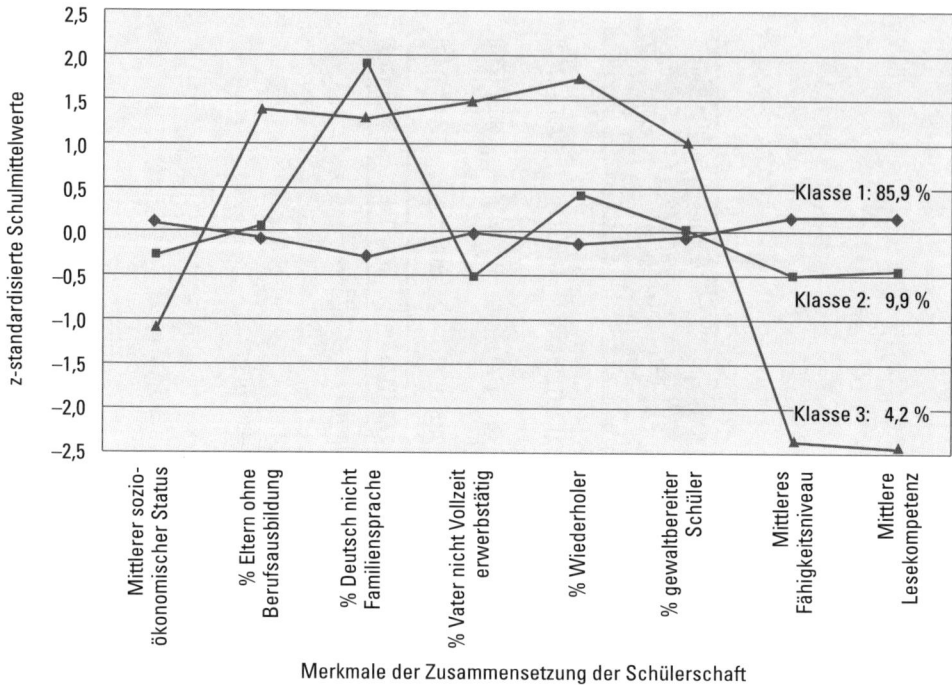

Abbildung 4.11   Kompositionsprofile von Schulen mit mehreren Bildungsgängen; z-standardisierte Schulmittelwerte; Ergebnisse einer latenten Klassenanalyse (LCA)

tischer Lage, sieht man, dass diese Schulen unter ungünstigeren Bedingungen als die entsprechenden Realschulen arbeiten, aber bei weitem nicht Belastungen wie Hauptschulen ausgesetzt sind. Schulen der Klasse 3 sind als vereinzelte Ausreißer auch in den neuen Ländern zu finden, während sich ihr Anteil in Hamburg auf 36 Prozent und im Saarland auf 25 Prozent der Schulen mit mehreren Bildungsgängen beläuft. Da wir für Hamburg keine kleinräumigen Angaben über Einzugsbereiche besitzen, erübrigen sich Versuche, die Zugehörigkeit zur Problemgruppe durch schulstrukturelle und sozialökologische Merkmale des Einzugsbereichs vorhersagen zu wollen. Eine deskriptive Auswertung für das Saarland zeigt jedoch, dass alle Schulen mit mehreren Bildungsgängen, die sich in schwieriger Lage befinden, in Einzugsbereichen liegen, in denen mindestens eine Integrierte Gesamtschule ein Konkurrenzangebot vorhält. Diese Befunde stützen die Ergebnisse der vorangehenden schulstrukturellen und sozialökologischen Analysen. In Einzugsbereichen mit zweigliedriger Schulstruktur sinkt das Risiko, dass sich kompositionsbedingt problematische Schulmilieus entwickeln. Dies hat vor allem zwei Gründe. Einmal werden die Verteilungsfolgen der Expansion der weiterführenden Bildungsgänge abgemildert, da Sogeffekte nur vom Gymnasium ausgehen. Zum anderen wird die Konkurrenz zwischen weiterführenden Schulen nichtgymnasialen Schultyps stillgelegt, der bei einer über die Dreigliedrigkeit hinausgehenden Differenzierung nachweisbar ist.

Als Ergebnis der Analysen ist Folgendes festzuhalten. In Einzugsbereichen, in denen das Schulsystem durch die Einführung weiterer Schulformen ausdifferenziert wurde, steigt das Risiko, dass kritische Schulmilieus entstehen. Dies ist insbesondere dann der Fall, wenn Viergliedrigkeit, beschleunigte Expansion der weiterführenden Schulformen und die regionale Konzentration von Migrantenfamilien zusammentreffen. Dies betrifft Realschulen, vor allem aber Hauptschulen. Unter diesen Bedingungen ist die Wahrscheinlichkeit hoch, dass sich an Hauptschulen Kompositionsprofile ergeben, die außerordentlich schädliche Auswirkungen auf die Leistungsentwicklung von Jugendlichen haben – und zwar unabhängig von und über die selektionsbedingten Auswirkungen auf individueller Ebene hinaus. Die negativen Kompositionseffekte im Leistungsbereich werden auch nicht durch positive Auswirkungen eines stabilisierten Selbstbewusstseins ausgeglichen. Die nachweisbaren negativen Kompositionseffekte treten additiv zu den Auswirkungen institutioneller Differenzierung hinzu, die ebenfalls substanziell sind. Die Kumulation von Kompositions- und Institutionseffekten führt zu einer schwer zu rechtfertigenden strukturellen Benachteiligung einer quantitativ nicht zu vernachlässigenden Gruppe von Jugendlichen.

4.12 Zusammenfassung und Diskussion

Der vorliegende Beitrag versucht, das bildungspolitische Thema der Schulstruktur in eine wissenschaftlich bearbeitbare Fragestellung umzuformulieren, unter der die Qualität von Lern- und Entwicklungsprozessen und die Frage sozialer und kultureller Disparitäten gleichermaßen in den Blick genommen werden: Schulstruktur und die Entstehung differenzieller Lern- und Entwicklungsmilieus. Ist das Thema in dieser analytischen Sichtweise reformuliert, wird deutlich, wie unbefriedigend die Forschungslage ist. Der Beitrag nimmt deshalb zu Beginn einige grundlegende Klärungen und Abgrenzungen vor, die einen ordnenden Rahmen für die ausgewählten Untersuchungsfragen bilden. Von differenziellen Lern- und Entwicklungsmilieus wird nur dann gesprochen, wenn junge Menschen unabhängig von und zusätzlich zu ihren unterschiedlichen persönlichen, intellektuellen, kulturellen, sozialen und ökonomischen Ressourcen je nach besuchter Schulform differenzielle Entwicklungschancen sowohl für die Leistungs- als auch die Persönlichkeitsentwicklung erhalten, die schulmilieubedingt sind und sowohl durch den Verteilungsprozess als auch durch die institutionellen Arbeits- und Lernbedingungen und die schulformspezifischen pädagogisch-didaktischen Traditionen erzeugt werden (Baumert u.a., 2004; Gruehn, 2000; Hage u.a., 1985; Klieme, Artelt, & Stanat, 2001). Zentraler Gegenstand des Beitrags ist die Frage, inwieweit unterschiedliche schulformspezifische Leistungs- und Persönlichkeitsentwicklungen nicht nur auf individuelle Unterschiede in den Lern- und Entwicklungsvoraussetzungen zurückzuführen sind, sondern auch durch institutionelle Unterschiede, wie sie in den unterschiedlichen Stundentafeln, Lehrplänen, Lehrbüchern, Bildungs- und Erziehungsphilosophien und Unterrichtskulturen der Schulformen zum Ausdruck kommen, und durch

Kompositionseffekte, die auf die unterschiedliche leistungsmäßige, soziale, kulturelle und lernbiographische Zusammensetzung der Schülerschaft von Schulen zurückgehen, erzeugt werden. Dabei liegt das besondere analytische Interesse einmal auf einer generellen Abgrenzung von Institutions- und Kompositionseffekten und zum anderen auf einer differenzierten Untersuchung möglicher Kompositionsauswirkungen. In diesem Rahmen wurden folgende Fragestellungen untersucht:

- Untersuchung von Kompositionseffekten in Querschnittstudien,
- Dimensionen der Zusammensetzung der Schülerschaft und die Entwicklung eines Vermittlungsmodells,
- Abgrenzung von Kompositions- und Institutionseffekten,
- Wechselwirkungen zwischen Kompositionsmerkmalen und Schulformen,
- die Vermittlungsrolle der normativen Kultur der Altersgruppe,
- Zusammensetzung der Schülerschaft und Persönlichkeitsentwicklung sowie
- Zusammensetzung der Schülerschaft von Schulen und regionale Strukturbedingungen.

Untersuchung von Institutions- und Kompositionseffekten in Querschnittstudien

Eine notorische Schwäche bei der Untersuchung von Institutions- und Kompositionseffekten in Querschnittstudien ist die unzureichende Kontrolle differenzieller Eingangsselektivität. Dies gilt insbesondere dann, wenn bei der Analyse von Leistungseffekten Vorwissensmaße für dieselbe Leistungsdomäne fehlen. Üblicherweise wird in diesen Fällen ein mit der abhängigen Variable simultan erfasstes Maß für kognitive Grundfähigkeiten als Näherungswert für das fehlende Vorwissen verwendet. Über die Güte der Approximation herrscht jedoch Unklarheit. Möglich ist sowohl eine unzureichende Kontrolle des *selection bias* mit der Folge der Überschätzung von Kompositionseffekten als auch eine Überkontrolle und damit ein *mediation bias*, der zu einer Unterschätzung von Kompositionseffekten führt. Anhand der Längsschnittstudie *Bildungsverläufe und psychosoziale Entwicklung im Jugend- und jungen Erwachsenenalter* (BIJU), die sowohl eine längsschnittliche Modellierung von Kompositionseffekten als auch deren querschnittliche Modellierung unter Kontrolle der simultan erhobenen kognitiven Grundfähigkeiten erlaubt, wurden diese Verzerrungstendenzen geprüft. Die Analysen zeigen am Beispiel von Mathematikleistungen, dass ein mit der abhängigen Variable gleichzeitig erhobenes Maß für kognitive Grundfähigkeiten eine brauchbare Approximation sowohl des Vorwissens auf individueller Ebene als auch des Fähigkeitsniveaus auf aggregierter Ebene darstellt. Bei querschnittlicher Modellierung ist im Vergleich zu einem korrekten längsschnittlichen Vorgehen tendenziell mit einer leichten Überschätzung fähigkeitsbezogener Kompositionsmerkmale zu rechnen, während die Effekte sozialer Kompositionsmerkmale möglicherweise leicht unterschätzt werden. Diese Analysen geben keine auf alle Kompositionsuntersuchungen mit Querschnittdaten generalisierbaren Antworten, stützen aber die Verwendung von PISA-Daten für die Untersuchung vergleichbarer Fragestellungen.

Dimensionen der Zusammensetzung der Schülerschaft und die Entwicklung eines Vermittlungsmodells

Der vorliegende Beitrag unterscheidet theoretisch fünf Kompositionsdimensionen: die soziokulturelle Zusammensetzung der Schülerschaft, die Konzentration sozialer Risikofaktoren durch belastende Familienverhältnisse, die ethnisch-kulturelle Zusammensetzung der Schülerschaft, das Fähigkeits- und Leistungsniveau sowie die Konzentration lernbiographischer Belastungsfaktoren. Diese Dimensionen lassen sich in einer konfirmatorischen Faktorenanalyse abbilden und sind nicht auf einen Generalfaktor oder auf Faktoren zweiter Ordnung reduzierbar. Analysen erfolgen deshalb multivariat unter Berücksichtigung der durch die Kollinearität der Faktoren gezogenen Grenzen. Kontext- und Kompositionsbedingungen von Schulen wirken in den seltensten Fällen direkt auf Lern- und Entwicklungsprozesse ein. Sie werden vielmehr durch die soziale Interaktion zwischen Eltern, Lehrkräften und Schülerinnen und Schülern und ihre normbildenden Wirkungen vermittelt und moderiert. Im Anschluss an Dreeben und Barr (1988) werden vier Haupttransmissionswege unterschieden: organisatorische, curriculare und didaktische Arrangements (sie können im Rahmen von PISA 2000 nicht weiter untersucht werden), die normative Kultur der Schülergruppe, Vergleichsprozesse innerhalb von und zwischen Referenzgruppen und die Unterstützungsbereitschaft in der Elternschaft als eine zusätzliche Ressource von Schulen. In dem vorliegenden Beitrag wurden systematisch die Vermittlungsrolle der normativen Kultur der Altersgruppe und die Bedeutung von Vergleichsprozessen innerhalb und zwischen Referenzgruppen untersucht.

Abgrenzung von Institutions- und Kompositionseffekten

Auch wenn sich die unterschiedlichen Dimensionen der Zusammensetzung der Schülerschaft von Schulen als eigene Faktoren darstellen lassen, ist damit keineswegs gesagt, dass diese Dimensionen überhaupt oder gleichermaßen leistungs- und entwicklungsbedeutsam sind. In gegliederten Schulsystemen ist insbesondere die Abgrenzung von Institutions- und Kompositionseffekten eine zentrale Voraussetzung, um den Erklärungsspielraum für Kompositionseffekte unterschiedlicher Art bestimmen zu können. Es wurde eine Serie von mehrebenenanalytischen Modellrechnungen durchgeführt, die schrittweise die Rolle von Kompositions- und Institutionseffekten klären sollten. Aus Gründen der Übersichtlichkeit konzentrieren sich diese Analysen auf die Schulform als institutionelles Merkmal einerseits und fähigkeitsbezogene und soziale Kompositionsmerkmale andererseits. Die Ergebnisse zeigen, dass man sowohl mit Kompositions- als auch mit institutionellen Effekten auf die Leistungsentwicklung von Schülerinnen und Schülern zu rechnen hat. Unter den Kompositionsmerkmalen hat das Leistungs- und Fähigkeitsniveau einer Schule herausragende Bedeutung. Die soziale Zusammensetzung der Schule übt einen kleinen spezifischen Einfluss aus, der auch zufallskritisch abzusichern ist. Der größte Teil dieses Kompositionseffekts ist jedoch mit der Leistungszusammensetzung von Schulen konfundiert.

Die Modellrechnungen erlauben auch die Durchführung einer Kommunalitätsanalyse, bei der die Varianz, die nach Kontrolle individueller Selektionsmerkmale zwischen den Schulen verbleibt, in spezifische und konfundierte Komponenten zerlegt wird. Danach fällt der Löwenanteil der Zwischenschulvarianz mit 40 Prozent auf eine konfundierte Komponente, zu der das mittlere Fähigkeitsniveau, die Schulformzugehörigkeit und der Bildungsstatus einer Schule gemeinsam beitragen. Rund 32 Prozent der Zwischenschulvarianz der Lesekompetenz werden durch die konfundierte Komponente von mittlerem Fähigkeitsniveau und Schulform erklärt. Erst dann folgen mit großem Abstand die spezifischen Erklärungsbeiträge des Leistungs- und Fähigkeitsniveaus und der Schulformzugehörigkeit mit 3,9 bzw. 3,1 Prozent. Die übrigen Komponenten sind – mit Ausnahme des spezifischen Beitrags des Bildungsstatus – praktisch zu vernachlässigen. Von herausragender Bedeutung sind die Schulform und das Fähigkeitsniveau einer Schule. Komposition und Institution: Beides zählt für die Leistungsentwicklung – gemeinsam und in spezifischer Weise.

Wechselwirkungen zwischen Schülerzusammensetzung und Schulform in Bezug auf die Leistungsentwicklung

Die Auswirkungen der unterschiedlichen Kompositionsdimensionen auf die Leistungsentwicklung und deren Wechselwirkung mit der Schulform wurden ebenfalls in einer Serie von mehrebenenanalytischen Modellen geprüft. Die Befunde fügen sich zu einem konsistenten Gesamtbild zusammen. Kompositionsmerkmale von Schulen erklären von Schulform zu Schulform unterschiedlich zwischen 30 und 50 Prozent der Leistungsvarianz zwischen Schulen derselben Schulform. Das wichtigste, das Lern- und Entwicklungsmilieu bestimmende Kompositionsmerkmal ist schulformunabhängig das Leistungs- und Fähigkeitsniveau der Schülerschaft, das den größten Anteil der Zwischenschulvarianz bindet. Einen vergleichbaren Einfluss übt nur die Schulform als milieuprägendes institutionelles Merkmal aus. Schulformzugehörigkeit und Komposition von Schulen interagieren jedoch, sodass sich schulformspezifische Wirkungsmuster ergeben. Das Gymnasium ist die Schulform, die in ihren Leistungsergebnissen gegenüber Veränderungen der Schülerzusammensetzung ausgesprochen stabil ist. Variationen im mittleren Fähigkeitsniveau wirken sich nicht als Kompositionseffekte auf die Entwicklung der Lesekompetenz aus. Nachweisbare Kompositionseffekte – Vorteile durch einen sozial privilegierten Einzugsbereich und Herausforderung bei einem Anstieg des Anteils von Schülern aus belastenden Familienverhältnissen – sind klein. Das Spiegelbild stellt die Hauptschule dar. Dies ist die Schulform, deren Arbeitserfolg am stärksten durch kritische Kompositionsmerkmale beeinflusst und beeinträchtigt wird. Dies sind in der Reihenfolge ihrer Bedeutung *innerhalb* der Schulform: Konzentration von Schülerinnen und Schülern aus bildungsfernen Familien, Konzentration von Repetenten, ein niedriges Leistungs- und Fähigkeitsniveau sowie ein steigender Anteil von Schülerinnen und Schülern aus belastenden Familienverhältnissen. Die verschiedenen Kompositionsdimensionen der Schülerschaft einer Schule sind interkorreliert, sie wirken aber dennoch in einem erheblichen Ausmaß additiv. Die kumulative Wirkung der Kompositionsmerkmale ist im Leistungsbereich an Haupt- und Realschulen so groß, dass die Beantwortung der

Frage, in welchem Umfang Problemkonstellationen an Schulen auftreten und worauf sie zurückzuführen sind, dringlich ist.

Die vermittelnde Rolle der normativen Kultur der Altersgruppe

Die theoretisch postulierte Vermittlungsrolle der normativen Kultur der Peer-Gruppe wurde durch Pfadanalysen im hierarchisch-linearen Modell untersucht. Berücksichtigt wurden drei Facetten der normativen Kultur von Altersgruppen: die Akzeptanz von Leistungsnormen, die Bereitschaft, schulische Verhaltensnormen durch Gewaltanwendung gegenüber Sachen und Personen zu verletzen, und die Bindung an die Schule, erfasst durch ein Maß für Schulzufriedenheit.

Die Ergebnisse der mehrebenenanalytischen Pfadanalysen für Hauptschulen zeigen, dass der Anteil gewaltbereiter Schüler an einer Schule tatsächlich einen substanziellen Risikofaktor für die Leistungsentwicklung darstellt. Bei Berücksichtigung der Gewaltbereitschaft als vermittelnder Variable steigt die erklärte Varianz der Lesekompetenz von 27 auf 43 Prozent an. Der Anteil gewaltbereiter Schüler ist aber überraschenderweise von Merkmalen der Zusammensetzung der Schülerschaft unabhängig. Die zuvor nachgewiesenen und teilweise gravierenden Kompositionseffekte werden also nicht durch deviante Verhaltensnormen der Altersgruppe vermittelt. Dieses Grundmuster wiederholt sich, wenn man das Vermittlungsmodell für die Variablen „Akzeptanz von Leistungsnormen" und „Schulzufriedenheit" schätzt – allerdings mit einer wichtigen Abweichung: Mittlere Schulzufriedenheit und geteilte Akzeptanz von Leistungsnormen sind als Merkmale der normativen Kultur der Altersgruppe an Hauptschulen nicht leistungsrelevant; sie sind leistungsprädiktiv ausschließlich auf individueller Ebene. Dieser Befund weist nachdrücklich auf die Gefahr von Fehlschlüssen hin, wenn bei Schulevaluationen Zusammenhänge allein auf aggregierter Ebene betrachtet werden.

Das Befundmuster ist über die Schulformen hinweg relativ ähnlich. Das postulierte Mediationsmodell ist in keinem Fall haltbar. Dies bedeutet, dass Unterschiede in der normativen Kultur von Peer-Gruppen zwischen Schulen nicht durch Kompositionseffekte erklärt werden können, sondern teils selektionsbedingt, teils von der Qualität schulinterner pädagogischer Prozesse abhängig sind.

Zusammensetzung der Schülerschaft und Persönlichkeitsentwicklung

Idealtypisch bieten Schulen Entwicklungsumwelten, deren Gelegenheitsstruktur Kompetenz- und Persönlichkeitsentwicklung gleichermaßen fördert und unterstützt. Als ein zentrales leistungsrelevantes Persönlichkeitsmerkmal wurden im vorliegenden Beitrag Selbstwirksamkeitsüberzeugungen in Abhängigkeit von Schulformzugehörigkeit und Kompositionsmerkmalen der einzelnen Schule untersucht. Vier teils konkurrierende, teils sich ergänzende Vermittlungshypothesen wurden multivariat geprüft:

- Nach dem *Big-Fish-Little-Pond*-Effekt, der auf der Referenzgruppenabhängigkeit von Selbstbewertungsprozessen basiert, sollten Selbstwirksamkeitsüberzeugungen von Schülerinnen und Schülern bei steigendem mittlerem Fähigkeitsniveau der Schule und gleichzeitiger Kontrolle des individuellen Fähigkeitsniveaus sinken.

– Nach dem *Basking-in-Reflected-Glory*-Effekt, der das Ergebnis sozialer Bedeutungszuschreibungen auf Institutionen darstellt, sollte der Besuch eines Gymnasiums als potenzieller Eliteschule zu einer positiven Selbstbewertung auch bei Kontrolle des individuellen Fähigkeitsniveaus führen.

– Nach den Annahmen der Stigmatisierungstheorie sollten negative Bedeutungszuschreibungen an Hauptschulen negative Motivations- und Verhaltensfolgen haben, die zu sinkenden Leistungsergebnissen führen.

– Nach einer lernbiographischen Kompositionsannahme sollte die Konzentration von Schulversagern in einer Schule so etwas wie einen schulischen Marienthal-Effekt erzeugen, der sich wie Mehltau auf Anstrengungsbereitschaft und Erfolgserwartung legt.

Die mehrebenenanalytische multivariate Überprüfung dieser Hypothesen zeigt folgende Ergebnisse: Erwartungsgemäß tritt der *Big-Fish-Little-Pond*-Effekt in beachtlicher Stärke auf. Ebenfalls zeichnen sich in Übereinstimmung mit der Vorhersage des lernbiographischen Kompositionseffekts negative Folgen bei einer Konzentration von Schulversagern in einer Schule ab. Der entsprechende Koeffizient verfehlt nur knapp das Signifikanzniveau. Dagegen ist die Annahme von Reputations- und Stigmatisierungseffekten mit den PISA-E-Daten nicht kompatibel. Es gibt keinerlei Hinweise, dass die Selbstwirksamkeitsüberzeugungen von 15-jährigen Schülerinnen und Schülern durch soziale Bedeutungszuschreibung positiver oder negativer Art beeinflusst würden.

Eine Überprüfung der Wechselwirkungen zwischen Schulform und Kompositionsmerkmalen führt zu folgender Differenzierung der Resultate. An Gymnasien und Schulen mit mehreren Bildungsgängen deutet sich der *Big-Fish-Little-Pond*-Effekt nur an, wird jedoch nicht signifikant. Dies spricht für eine geringere Stratifizierung von Gymnasien und Schulen mit mehreren Bildungsgängen. Ein negativer lernbiographischer Kompositionseffekt tritt nur an Hauptschulen und dort in beachtlicher Stärke auf. Diese Wechselwirkung wird bei den Gesamtanalysen verdeckt. Mit einem steigenden Anteil von Klassenwiederholern sinken an Hauptschulen die Selbstwirksamkeitsüberzeugungen von Schülerinnen und Schülern unabhängig vom individuellen Schulversagen und über dieses hinaus. An Hauptschulen sind ein sinkendes Fähigkeitsniveau und ein Anstieg von Schulversagern Kompositionseffekte, die auf die Entwicklung von Selbstwirksamkeitsüberzeugungen gegenläufig wirken.

Zusammensetzung der Schülerschaft und regionale Strukturbedingungen

Anhand von latenten Klassenanalysen wurde für Haupt- und Realschulen sowie für Schulen mit mehreren Bildungsgängen überprüft, inwieweit sich strukturell unterschiedliche Kompositionsprofile identifizieren lassen und ob sich darunter auch kritische Problemkonstellationen befinden. Die Analysen zeigen, dass sich sowohl unter Hauptschulen als auch Realschulen jeweils eine kritische Gruppe von Schulen, der etwa 16 bzw. 10 Prozent der Einrichtungen angehören, identifizieren lässt, die durch eine Kumulation negativer Kompositionsmerkmale gekennzeichnet ist. Diese Kompositionsmerkmale üben nicht nur einen konfundierten Einfluss, sondern auch additive Wirkungen auf die Leistungsentwicklung aus. Die Zugehörigkeit von Schulen zu den einzelnen Klassen mit unterschiedlichen Kompositionsprofilen lässt sich in einem erheblichen Umfang durch schulstrukturelle und sozialökologische Merkmale des Einzugsbereichs vorhersagen. Die wichtigsten Prädiktoren sind die Expansion der weiterführenden Schulformen, der Grad der schulstrukturellen Differenzierung des Schulangebots im Einzugsgebiet und die Konzentration von Zuwandererfamilien in der Region.

Fasst man die Ergebnisse der Analysen zusammen und bezieht sie auf die Ausgangsfrage des Beitrags: Schulstruktur und die Entstehung unterschiedlicher Lern- und Entwicklungsmilieus, fällt die Antwort klar aus. Die Schulstruktur hat in gegliederten Systemen einen erheblichen Einfluss auf die Entstehung unterschiedlicher schulischer Lern- und Entwicklungsumwelten, die ihre Wirkung unabhängig von und zusätzlich zu den Effekten unterschiedlicher individueller Lernvoraussetzungen entfalten. Die Auswirkungen sind einmal institutioneller Art, die primär über die unterschiedlichen bildungstheoretischen, curricularen und didaktischen Traditionen der Schulformen, die wiederum in unterschiedlichen Formen der Lehrerausbildung verankert sind, vermittelt werden. Sie können aber auch Folge einer nur teilweise erfolgreichen Adaptation des Unterrichtsverhaltens für die spezifische Schülerklientel sein. Die im Rahmen von PISA-E möglichen Analysen konnten nur das Ausmaß des institutionellen Effekts als Gesamtschätzung nachweisen, nicht aber die einzelnen Vermittlungsprozesse untersuchen. Die Stärken des spezifischen Effekts und der mit dem Fähigkeitsniveau einer Schule konfundierten Institutionseffekte sind jedoch so groß, dass vergleichende Untersuchungen des implementierten Lehrplans und der Unterrichtskulturen an unterschiedlichen Schulformen überfällig sind.

Zum anderen konnten aber auch reine Kompositionseffekte nachgewiesen werden, die insbesondere an Haupt- und Realschulen in erschwerten Arbeitsbedingungen sichtbar werden und Effektstärken von hoher praktischer Bedeutsamkeit erreichen. Die unterschiedlichen Kompositionsmerkmale scheinen sich auf die Leistungsentwicklung von Schülerinnen und Schülern wiederum in erster Linie vermittelt über curriculare, organisatorische und didaktische Reaktionen der Lehrkräfte auszuwirken und weniger über Normen der Altersgruppe. Auch dieser Befund weist auf die Dringlichkeit domänenspezifischer, schulformvergleichender Unterrichtsanalysen hin.

Schließlich konnten an einem jeweils kleinen Teil von Haupt- und Realschulen, die aber quantitativ keineswegs zu vernachlässigen sind, kumulativ wirkende Problemkonstellationen festgestellt werden, deren Entstehung nicht zuletzt von der Struktur des Schulangebots im Einzugsbereich abhängt. Eine zunehmende schulstrukturelle Differenzierung erhöht intentionswidrig das Risiko, dass an einzelnen Schulen Lern- und Entwicklungsmilieus entstehen, die zu einer kumulativen Benachteiligung von Schülerinnen und Schülern führen. Diese Problemgruppe ist in zweigliedrigen Schulsystemen praktisch nicht anzutreffen.

4.13 Anhang

Besitz an Kulturgütern (kulturelle Ressourcen)
Cronbachs $\alpha = 0{,}70$

Gibt es bei dir zu Hause ...
- klassische Literatur (z.B. von Goethe)? (umgepolt),
- Bücher mit Gedichten? (umgepolt)
- Kunstwerke (z.B. Bilder)? (umgepolt)

Wie viele der folgenden Dinge habt ihr zu Hause?
- Musikinstrumente (z.B. Klavier, Geige)

Wie viele Bücher habt ihr zu Hause?
- keine
- 1–10
- 11–50
- 51–100
- 101–250
- 251–500
- mehr als 500 Bücher

Kommunikative Praxis
Gemeinsame Aktivitäten der Eltern und Kinder
Cronbachs $\alpha = 0{,}64$

Wie oft kommt es im Allgemeinen vor, dass deine Eltern ...
- mit dir über politische oder soziale Fragen diskutieren?
- mit dir über Bücher, Filme oder Fernsehsendungen diskutieren?
- mit dir klassische Musik hören?
- mit dir über deine Schulleistungen sprechen?
- gemeinsam mit dir am Tisch sitzen und zu Mittag oder Abend essen?
- sich Zeit nehmen, um einfach nur mit dir zu reden?

Gewaltbereitschaft
Physische Gewalt gegen Sachen und Personen
Cronbachs $\alpha = 0{,}89$

Wie oft hast du selbst in deiner Schule oder auf dem Schulweg in den letzten zwölf Monaten Folgendes gemacht?
- mit anderen einen Jungen/ein Mädchen verprügelt,
- Sachen von anderen absichtlich kaputt gemacht,

– anderen auf dem Schulweg aufgelauert, sie belästigt, bedroht oder verprügelt,
– Sachen absichtlich zerstört, die der Schule gehören (z.B. Stühle, Bücher).

Schulzufriedenheit
Allgemeine Schulzufriedenheit
Cronbachs $\alpha = 0{,}66$

Im Folgenden werden einige persönliche Aussagen gemacht.
Überlege bitte, ob die folgenden Aussagen auch für dich stimmen.
– Ich gehe gerne in meine Schule.
– Wenn ich könnte, würde ich lieber in eine andere Schule gehen (umgepolt).
– Ich fühle mich in unserer Schule gut aufgehoben.
– Nach den Ferien freue ich mich auf die Schule.

Akzeptanz von Leistungsnormen
Einhaltung von Leistungsnormen in der Klasse
Cronbachs $\alpha = 0{,}75$

Wie oft versuchst du das zu tun, wozu der Lehrer/die Lehrerin dich auffordert?
Wie oft versuchst du leise zu sein, wenn andere versuchen zu lernen?
Wie oft versuchst du, weiter zu arbeiten, obwohl du müde bist?
Wie oft versuchst du, weiter zu arbeiten, obwohl die anderen nicht mehr ernsthaft bei der Sache sind?

Anmerkungen

[1] Die von Schümer (2004) darüber hinaus vorgelegten Analysen zu nichtlinearen Effekten von Kompositionsmerkmalen halten einer Überprüfung nicht Stand. Schümer wandelt die metrischen Kompositionskennwerte über eine Zerlegung in Quintile in Dummy-Variablen um, die sie als Prädiktoren zur Vorhersage der Leseleistung verwendet. Die geschätzten Koeffizienten erwecken den Eindruck eines nichtlinearen Trends, der aber allein auf die unterschiedlichen Quintilsabstände zurückzuführen ist. Die anschließend vorgenommenen Berechnungen zur Illustration von Effektstärken sind irreführend. Da die Quintile schulformübergreifend definiert wurden, ist ihre Besetzung innerhalb von Schulformen unterschiedlich. So kann es geschehen, dass Schulen mit Schulen verglichen werden, die nur virtuell-statistisch existieren, da die entsprechenden Zellen der Matrix leer sind. Der Leser kann dies nicht erkennen, da die notwendigen Verteilungsinformationen nicht mitgeteilt werden.

[2] In Mplus ist es nicht nur – wie oben geschehen – möglich, die Annahme der Gleichheit von Parametern über Gruppen hinweg zu testen. Es können auch Parameter auf bestimmte Werte fixiert werden. Hiervon wird im Folgenden Gebrauch gemacht, um statistisch zu entscheiden, inwieweit die Ergebnisse aus Längs- und Querschnittanalysen übereinstimmen.

Literatur

Arnold, K.-H. (1999). *Fairneß bei Schulsystemvergleichen*. Münster: Waxmann.

Baltes, P. B., & Reinert, G. (1969). Cohort effects in cognitive development of children as revealed by cross-sectional sequences. *Developmental Psychology, 1*, 169–177.

Bandura, A. (1986). *Social foundations of thought and action: A social cognitive theory*. Englewood Cliffs, NJ: Prentice-Hall.

Bandura, A. (1995). *Self-efficacy in changing societies*. New York: Cambridge University Press.

Bandura, A. (1997). *Self-efficacy: The exercise of control*. New York: Freeman.

Barr, R., & Dreeben, R. (1983). *How schools work*. Chicago: University of Chicago Press.

Barr, R., & Dreeben, R. (1991). Grouping students for reading instruction. In R. Barr, M. L. Kamil, P. B. Mosenthal, & P. D. Pearson (Eds.), *Handbook of reading research* (Vol. II, pp. 885–910). New York: Longman.

Baumert, J., Artelt, C., Klieme, E., Neubrand, M., Prenzel, M., Schiefele, U., Schneider, W., Tillmann, K.-J., & Weiß, M. (Hrsg.). (2002). *PISA 2000. Die Länder der Bundesrepublik Deutschland im Vergleich*. Opladen: Leske + Budrich.

Baumert, J., Cortina, K. S., & Leschinsky, A. (2003). Grundlegende Entwicklungen und Strukturprobleme im allgemein bildenden Schulwesen. In K. S. Cortina, J. Baumert, A. Leschinsky, K. U. Mayer, & L. Trommer (Hrsg.), *Das Bildungswesen in der Bundesrepublik Deutschland. Strukturen und Entwicklungen im Überblick* (S. 52–147). Reinbek: Rowohlt.

Baumert, J., Klieme, E., Neubrand, M., Prenzel, M., Schiefele, U., Schneider, W., Stanat, P., Tillmann, K.-J., & Weiß, M. (Hrsg.). (2001). *PISA 2000. Basiskompetenzen von Schülerinnen und Schülern im internationalen Vergleich*. Opladen: Leske + Budrich.

Baumert, J., Kunter, M., Brunner, M., Krauss, S., Blum, W., & Neubrand, M. (2004). Mathematikunterricht aus Sicht der PISA-Schülerinnen und -Schüler und ihrer Lehrkräfte. In M. Prenzel, J. Baumert, W. Blum, R. Lehmann, D. Leutner, M. Neubrand, R. Pekrun, H.-G. Rolff, J. Rost, & U. Schiefele (Hrsg.), *PISA 2003. Der Bildungsstand der Jugendlichen in Deutschland. Ergebnisse des zweiten internationalen Vergleichs* (S. 314–354). Münster: Waxmann.

Baumert, J., Lehmann, R., Lehrke, M., Schmitz, B., Clausen, M., Hosenfeld, I., Köller, O., & Neubrand, J. (1997). *TIMSS – Mathematisch-naturwissenschaftlicher Unterricht im internationalen Vergleich. Deskriptive Befunde*. Opladen: Leske + Budrich.

Baumert, J., & Schümer, G. (2001). Schulformen als selektionsbedingte Lernmilieus. In J. Baumert, E. Klieme, M. Neubrand, M. Prenzel, U. Schiefele, W. Schneider, P.

Stanat, K.-J. Tillmann, & M. Weiß (Hrsg.), *PISA 2000. Basiskompetenzen von Schülerinnen und Schülern im internationalen Vergleich* (S. 454–467). Opladen: Leske + Budrich.

Baumert, J., Trautwein, U., & Artelt, C. (2003). Schulumwelten – institutionelle Bedingungen des Lehrens und Lernens. In J. Baumert, C. Artelt, E. Klieme, M. Neubrand, M. Prenzel, U. Schiefele, W. Schneider, K.-J. Tillmann, & M. Weiß (Hrsg.), *PISA 2000. Ein differenzierter Blick auf die Länder der Bundesrepublik Deutschland* (S. 261–331). Opladen: Leske + Budrich.

Baumert, J., Watermann, R., & Schümer, G. (2003). Disparitäten der Bildungsbeteiligung und des Kompetenzerwerbs. Ein institutionelles und individuelles Mediationsmodell. *Zeitschrift für Erziehungswissenschaft, 6* (1), 46–71.

Becker, H. (1963). *The outsiders: Studies in the sociology of deviance.* New York: Free Press.

Bronder, D., Ipfling, H., & Zenke, K. (Hrsg.). (1998). *Handbuch Hauptschulbildungsgang: Bd. 1. Grundlegung.* Bad Heilbrunn: Klinkhardt.

Bryk, A. S., Lee, V. E., & Holland, P. B. (1993). *Catholic schools and the common good.* Cambridge, MA: Harvard University Press.

Campbell, D. T., & Kenny, D. A. (1999). *A primer on regression artefacts.* New York: The Guilford Press.

Ceci, S. (1991). How much does schooling influence general intelligence and its cognitive components? A reassessment of the evidence. *Developmental Psychology, 27* (5), 703–722.

Cialdini, R., Brown, S., Lewis, B., Luce, C., & Neuberg, S. (1997). Reinterpreting the empathy-altruism relationship: When one into one equals oneness. *Journal of Personality and Social Psychology, 73,* 481–494.

Cohen, J., West, S. G., Cohen, P., & Aiken, L. (2003). *Applied multiple regression/correlation analysis for the behavioral sciences* (3rd ed.). London: Erlbaum.

Coleman, J. S. (1966). *Equality of educational opportunity.* Washington, DC: Government Printing Office.

Cortina, K. S., Baumert, J., Leschinsky, A., Mayer, K. U., & Trommer, L. (Hrsg.). (2003). *Das Bildungswesen in der Bundesrepublik Deutschland. Strukturen und Entwicklungen im Überblick.* Reinbek: Rowohlt.

Cortina, K. S., & Trommer, L. (2003). Bildungswege und Bildungsbiographien in der Sekundarstufe I. In K. S. Cortina, J. Baumert, A. Leschinsky, K. U. Mayer, & L. Trommer (Hrsg.), *Das Bildungswesen in der Bundesrepublik Deutschland. Strukturen und Entwicklungen im Überblick* (S. 342–391). Reinbek: Rowohlt.

Dar, Y., & Resh, N. (1986). *Classroom composition and pupil achievement: A study of the effects of ability-based classes.* New York: Gordon and Breach.

Davis, J. A. (1966). The campus as a frog pond: An application of theory of relative deprivation to career decisions of college men. *American Journal of Sociology, 72,* 17–31.

Dietz, R. D. (2002). The estimation of neighborhood effects in the social sciences: An interdisciplinary approach. *Social Science Research, 31,* 539–575.

Ditton, H. (1998). *Mehrebenenanalyse. Grundlagen und Anwendung des Hierarchisch Linearen Modells.* Weinheim: Juventa.

Ditton, H. (2004a). Der Beitrag von Schule und Lehrern zur Reproduktion von Bildungsungleichheit. In R. Becker & W. Lauterbach (Hrsg.), *Bildung als Privileg? Ursachen von Bildungsungleichheit aus soziologischer Sicht* (S. 251–279). Opladen: Leske + Budrich.

Ditton, H. (2004b). Schule und sozial-regionale Ungleichheit. In W. Helsper & J. Böhme (Hrsg.), *Handbuch der Schulforschung* (S. 605–624). Opladen: Leske + Budrich.

Dreeben, R., & Barr, R. (1988). Classroom composition and the design of instruction. *Sociology of Education, 61* (3), 129–142.

Duncan, G. J., Magnuson, K. A., & Ludwig, J. (2004). The endogeneity problem in developmental studies. *Research in Human Development, 1* (1&2), 59–80.

Duncan, G. J., & Raudenbush, S. (2001). Getting context right in quantitative studies of child development. In A. Thornton (Ed.), *The well-being of children and families* (pp. 356–384). East Lansing, MI: The University of Michigan Press.

Duru-Bellat, M., & Mingat, A. (1998). Importance of ability grouping in french „Collèges" and its impact upon pupils' academic achievement. *Educational Research and Evaluation, 4* (4), 348–368.

Eckert, R. (2001). Auf der Schattenseite der Meritokratie – Jugenddelinquenz und Bildungspolitik. In G. Albrecht, O. Backes, & W. Kühnel (Hrsg.), *Gewaltkriminalität – Zwischen Mythos und Realität* (S. 458–474). Frankfurt a.M.: Suhrkamp.

Felson, R. B., & Reed, M. D. (1986). Reference groups and self-appraisals of academic ability and performance. *Social Psychology Quarterly, 49,* 103–109.

Fend, H., Knörzer, W., Nagl, W., Specht, W., & Väth-Szudziaria, R. (1976). *Sozialisationseffekte der Schule.* Weinheim: Beltz.

Flynn, J. R. (1999). Searching for justice: The discovery of IQ gains over time. *American Psychologist, 54* (1), 5–20.

Gamoran, A., & Berends, M. (1987). The effects of stratification in secondary schools: Synthesis of survey and ethnographic research. *Review of Eduational Research, 57,* 415–435.

Gamoran, A., Nystrand, M., Berends, M., & LePore, L. (1995). An organizational analysis of the effects of ability grouping. *American Educational Research Journal, 32* (4), 687–715.

Goffman, E. (1974). *Stigma: Über Techniken der Bewältigung beschädigter Identität.* Frankfurt a.M.: Suhrkamp.

Goffman, E. (1977). *Rahmen-Analyse. Ein Versuch über die Organisation von Alltagserfahrungen.* Frankfurt a.M.: Suhrkamp.

Goldstein, H. (2003). *Multilevel statistical models* (3rd ed.). London: Arnold.

Gruehn, S. (2000). *Unterricht und schulisches Lernen.* Münster: Waxmann.

Hage, K., Bischoff, H., Dichanz, H., Eubel, K.-B., Oehlschläger, H.-J., & Schwittmann, D. (1985). *Das Methoden-Repertoire von Lehrern. Eine Untsuchung zum Unterrichtsalltag in der Sekundarstufe I.* Opladen: Leske + Budrich.

Hansen, R., & Rolff, H.-G. (1990). Abgeschwächte Auslese und verschärfter Wettbewerb. In H.-G. Rolff, K.-O. Bauer, & K. Klemm (Hrsg.), *Jahrbuch der Schulentwicklung* (Bd. 6, S. 45–79). Weinheim: Juventa.

Harker, R., & Tymms, P. (2004). The effects of student composition on school outcomes. *School Effectiveness and School Improvement, 15* (2), 177–199.

Hattie, J. A. C. (2002). Classroom composition and peer effects. *International Journal of Educational Research, 37* (5), 449–481.

Hauser, R. M. (1970). Context and consex: A cautionary tale. *American Journal of Sociology, 75* (4), 645–664.

Hauser, R. M., Sewell, W. H., & Alwin, D. F. (1976). High school effects on achievement. In W. H. Sewell, R. M. Hauser, & D. L. Featherman (Eds.), *Schooling and achievement in American society* (pp. 309–341). New York: Academic Press.

Heck, R. H., Price, C. L., & Thomas, S. L. (2004). Tracks as emergent structures: A network analysis of student differentiation in a high school. *American Journal of Education, 110,* 321–353.

Heller, K. A., & Perleth, C. (2000). *KFT 4–12+R – Kognitiver Fähigkeitstest für 4. bis 12. Klassen, Revision.* Göttingen: Beltz.

Helmke, A., & Jäger, R. S. (Hrsg.). (2002). *Das Projekt MARKUS – Mathematik-Gesamterhebung Rheinland-Pfalz. Kompetenzen, Unterrichtsmerkmale, Schulkontext.* Landau: Verlag Empirische Pädagogik.

Hiller, G. G. (1989). *Ausbruch aus dem Bildungskeller.* Langenau-Ulm: Vaas.

Hillmert, S., & Kröhnert, S. (2001). *Vergleich der Lebensverlaufsstudie 64/71-West mit Erhebungen des Mikrozensus auf Basis ausgewählter Randverteilungen.* Berlin : Max-Planck-Institut für Bildungsforschung.

Hoffer, T. B. (1992). Middle school ability grouping and student achievement in science and mathematics. *Educational Evaluation and Policy Analysis, 14* (3), 205–227.

Jahoda, M., Lazarsfeld, P. F., & Zeisel, H. (1975). *Die Arbeitslosen von Marienthal. Ein soziographischer Versuch über die Wirkungen langdauernder Arbeitslosigkeit* (1. Aufl.). Frankfurt a.M.: Suhrkamp.

Klieme, E., Artelt, C., & Stanat, P. (2001). Fächerübergreifende Kompetenzen. Konzepte und Indikatoren überfachlicher Bildung. In F. E. Weinert (Hrsg.), *Leistungsmessungen in Schulen* (S. 203–218). Weinheim: Beltz.

Klieme, E., Döbrich, P., Steinert, B., Ciompa, R., & Gerecht, M. (2005). Auf dem Weg zu einem integrierten System der Qualitätssicherung für Schulen. In H. Avenarius, K. Klemm, E. Klieme, & J. Roitsch (Hrsg.), *Bildung: gestalten – erforschen – erlesen* (S. 68–91). Neuwied: Luchterhand.

Köhler, H. (1992). *Bildungsbeteiligung und Sozialstruktur in der Bundesrepublik. Zu Stabilität und Wandel der Ungleichheit von Bildungschancen.* Berlin: Max-Planck-Institut für Bildungsforschung (Studien und Berichte 53).

Köller, O. (2003). Gesamtschule – Erweiterung statt Alternative. In K. S. Cortina, J. Baumert, A. Leschinsky, K. U. Mayer, & L. Trommer (Hrsg.). *Das Bildungswesen in der Bundesrepublik Deutschland. Strukturen und Entwicklungen im Überblick* (S. 458–486). Reinbek: Rowohlt.

Köller, O. (2004). *Konsequenzen von Leistungsgruppierungen.* Münster: Waxmann.

Köller, O., & Baumert, J. (2001). Leistungsgruppierungen in der Sekundarstufe I. Ihre Konsequenzen für die Mathematikleistung und das mathematische Selbstkonzept der Begabung. *Zeitschrift für Pädagogische Psychologie, 15* (2), 99–110.

Köller, O., & Baumert, J. (2002). Entwicklung schulischer Leistungen. In R. Oerter & L. Montada (Hrsg.), *Entwicklungspsychologie* (5. vollständig überarb. Aufl., S. 756–786). Weinheim: Beltz Psychologie Verlags Union.

Köller, O., & Trautwein, U. (2003). *Schulqualität und Schülerleistung. Evaluationsstudie über innovative Schulentwicklungsprozesse an fünf hessischen Gesamtschulen.* Weinheim: Juventa.

Lauder, H., Hughes, D., & Watson, S. (1999). The introduction of educational markets in New Zealand: Questions and consequences. *New Zealand Journal of Educational Studies, 34* (1), 86–98.

Lehmann, R. H., Peek, R., & Gänsfuß, R. (1997). *Aspekte der Lernausgangslage von Schülerinnen und Schülern der fünften Klassen an Hamburger Schulen. Bericht über die Untersuchung im September 1996.* Hamburg: Behörde für Schule, Jugend und Berufsbildung, Amt für Schule.

Lehmann, R. H., Peek, R., Gänsfuß, R., & Husfeldt, V. (2002). *Aspekte der Lernausgangslage und der Lernentwicklung – Klassenstufe 9. Ergebnisse einer Längsschnittuntersuchung in Hamburg.* Hamburg: Behörde für Bildung und Sport, Amt für Schule.

Lehmann, R. H., Peek, R., Gänsfuß, R., Lutkat, S., Mücke, S., & Barth, I. (2000). *QuaSUM. Qualitätsuntersuchung an Schulen zum Unterricht in Mathematik. Ergebnisse einer repräsentativen Untersuchung im Land Brandenburg.* Potsdam: Ministerium für Bildung, Jugend und Sport des Landes Brandenburg.

Lehmann, R. H., Peek, R., Pieper, I., & von Stritzky, R. (1995). *Leseverständnis und Lesegewohnheiten deutscher Schüler und Schülerinnen.* Weinheim: Beltz.

Lehmann, R. H., Peek, R., et al. (1999). *Aspekte der Lernausgangslage und der Lernentwicklung von Schülerinnen und Schülern an Hamburger Schulen – Klassenstufe 7. Bericht über die Untersuchung im September 1998.* Hamburg: Behörde für Schule, Jugend und Berufsbildung, Amt für Schule.

Leventhal, T., & Brooks-Gunn, J. (2000). The neighborhoods they live in: Effects of neighborhood residence on child and adolescent outcomes. *Psychological Bulletin, 126* (2), 309–337.

Lüdtke, O. (in Druck). *Persönliche Ziele junger Erwachsener.* Münster: Waxmann.

Lüdtke, O., Köller, O., Marsh, H. W., & Trautwein, U. (2005). Teacher frame of reference and the big-fish-little-pond effect. *Contemporary Educational Psychology, 30,* 263–285.

Lüdtke, O., Robitzsch, A., & Köller, O. (2002). Statistische Artefakte bei Kontexteffekten in der pädagogisch-psychologischen Forschung. *Zeitschrift für Pädagogische Psychologie, 16* (3/4), 217–231.

Luyten, H., & van der Hoeven-van Doornum, H. (1995). Classroom composition and individual achievement effects of classroom composition and teacher goals in Dutch elementary education. *Tijdschrift voor Onderwijsresearch, 20* (1), 42–62.

Manski, C. F. (1993). Identification of endogenous social effects: The reflection problem. *Review of Economic Studies, 60,* 531–542.

Marsh, H. W. (1987). The big-fish-little-pond effect on academic self-concept. *Journal of Educational Psychology, 79,* 280–295.

Marsh, H. W. (1990). A multidimensional hierarchical self-concept: Theoretical and empirical justification. *Educational Psychology Review, 2,* 77–171.

Marsh, H. W., & Hattie, J. (1996). Theoretical perspectives on the structure of self-concept. In B. A. Bracken, (Ed.), *Handbook on self-concept* (pp. 38–90). New York: Wiley.

Marsh, H. W., Köller, O., & Baumert, J. (2001). Reunification of East and West German school systems: Longitudinal multilevel modeling study of the big-fish-little-pond effect on academic self-concept. *American Educational Research Journal, 38* (2), 321–350.

Marsh, K. W., Kong, C. K., & Hau, K.-T. (2000). Longitudinal multilevel models of the big-fish-little-pond effect on academic self-concept: Counterbalancing contrast and reflected-glory effects in Hong Kong schools. *Journal of Personality and Social Psychology, 78,* 337–349.

McDill, E. L., & Rigsby, L. C. (1973). *Structure and process in secondary schools: The academic impact of edcuational climates.* Baltimore: The Johns Hopkins University Press.

Muthén, L. K., & Muthén, B. O. (2004). *Mplus: Statistical analysis with latent variables. Users's guide* (3rd ed.). Los Angeles: Muthén & Muthén.

Nash, R., & Harker, R. K. (1997). *Progress at school: Final report to the Ministry of Education.* Palmerston North: Massey University, Educational Research and Development Centre.

Oakes, J. (1993). Creating middle schools: Technical, normative, and political considerations. *Elementary School Journal, 93* (5), 461–480.

Oakes, J., Gamoran, A., & Page, R. (1992). Curriculum differentiation: Opportunities, outcomes, and meanings. In P. Jackson (Ed.), *Handbook of research on curriculum* (pp. 570–608). New York: Macmillan.

Oakes, J., Ormseth, T., Robert, B., & Camp, P. (1990). *Multiplying inequalities: The effects of race, social class, and tracking on opportunities to learn mathematics and science.* Santa Monica, CA: Rand.

Oakes, J., & Wells, A. (1996). *Beyond the technicalities of school reform: Lessons from detracking schools.* Los Angeles: Center X, Graduate School of Education and Information Studies. UCLA.

Opdenakker, M.-C. (in press a). *Are there equal opportunities in our classes and schools? An investigation into the relationship between class composition, indicators of the learning environment and the class climate, effort, and academic achievement of classes.*

Opdenakker, M.-C. (in pres b). *Differences between secondary schools: A study about school context, group composition, school practice, and school effects with special attention to public and catholic schools and types of schools.*

Opdenakker, M.-C., & Van Damme, J. (2000). Effects of schools, teaching staff and classes on achievement and well-being in secondary education: Similarities and differences between school outcomes. *School Effectiveness and School Improvement, 11* (2), 165–196.

Opdenakker, M.-C., & Van Damme, J. (2001). Relationship between school composition and characteristics of school process and their effect on mathematics achievement. *British Educational Research Journal, 27* (4), 407–432.

Opdenakker, M.-C., & Van Damme, J. (2004). *Can school type be used as an explanation for the effect of the school composition? An answer from Flemish research.* Paper presented at the AERA Annual Meeting, San Diego, CA.

Opdenakker, M.-C., et al. (2002). The effect of schools and classes on mathematics achievement. *School Effectiveness and School Improvement, 13* (4), 399–427.

OECD – Organisation for Economic Co-operation and Development. (2001). *Lernen für das Leben. Erste Ergebnisse der internationalen Schulleistungsstudie PISA 2000.* Paris: OECD.

OECD – Organisation for Economic Co-operation and Development. (2004). *Lernen für die Welt von morgen. Erste Ergebnisse von PISA 2003.* Paris: OECD.

Pajares, F. (1996). Self-efficiacy beliefes in academic settings. *Review of Educational Research, 66,* 543–578.

Pong, S.-l. (1998). The school compositional effect of single parenthood on 10th-grade achievement. *Sociology of Education, 71* (1), 23–42.

Ramseier, E., & Brühwiler, C. (2003). Zukunft, Leistung und Bildungschancen im gegliederten Bildungssystem. Vertiefte PISA-Analyse unter Einbezug der kognitiven Grundfähigkeiten. *Revue Suisse de Science de l'Éducation, 25* (1), 23–56.

Raudenbush, S. W., & Bryk, A. S. (2002). *Hierarchical linear models: Applications and data analysis methods* (2nd ed.). Thousand Oaks, CA: Sage.

Raudenbush, S. W., Bryk, A. S., Cheong, Y. F., & Congdon, R. T. (2004). *HLM 6: Hierarchical linear and nonlinear modeling.* Chicago: Scientific Software International.

Robertson, D., & Symons, J. (1996). *Do peer groups matter? Peer group versus schooling effects on academic attainment.* London: Centre for Economic Performance, London School of Economics and Political Science.

Rösner, E. (1989). *Abschied von der Hauptschule.* Frankfurt a.M.: Fischer.

Rubin, D. B. (1987). *Multiple imputation for nonresponse in surveys.* New York: Wiley.

Sammons, P., Thomas, S., & Mortimore, P. (1997). *Forging links: Effective schools and effective departments.* London: Paul Chapman.

Sampson, R. J. (2001). Sociology of delinquency. In N. J. Smelser & P. B. Baltes (Eds.), *International encyclopedia of the social and behavioural sciences* (pp. 3380–3384). Amsterdam: Elsevier.

Schafer, J. L. (1997). *Analysis of incomplete multivariate data.* London: Chapman & Hall.

Schallberger, U. (1979). Die Intelligenzentwicklung Jugendlicher in Abhängigkeit vom intellektuellen Anforderungsniveau der beruflichen Ausbildung. *Schweizerische Zeitschrift für Psychologie, 38,* 200–208.

Schümer, G. (2004). Zur doppelten Benachteiligung von Schülern aus unterprivilegierten Gesellschaftsschichten im deutschen Schulwesen. In G. Schümer, K.-J. Tillmann, & M. Weiß (Hrsg.), *Die Institution Schule und die Lebenswelt der Schüler. Vertiefende Analysen der PISA-2000-Daten zum Kontext von Schülerleistungen* (S. 73–114). Wiesbaden: VS Verlag für Sozialwissenschaften.

Schwarzer, R., & Jerusalem, M. (1982). Soziale Vergleichsprozesse im Bildungswesen. In F. Rheinberg (Hrsg.), *Bezugsnormen zur Schulleistungsbewertung: Analyse und Intervention* (S. 39–63). Düsseldorf: Schwann.

Snijders, T., & Bosker, R. (1999). *Multilevel analysis: An introduction to basic and advanced multilevel modeling.* London: Sage.

Solga, H. (2005). *Ohne Abschluss in die Bildungsgesellschaft. Die Erwerbschancen gering qualifizierter Personen aus soziologischer und ökonomischer Perspektive.* Opladen: Barbara Budrich.

Solga, H., & Wagner, S. (2001). Paradoxie der Bildungsexpansion: Die doppelte Benachteiligung von Hauptschülern. *Zeitschrift für Erziehungswissenschaft, 4* (1), 107–127.

Solga, H., & Wagner, S. (2004). Die Zurückgelassenen – die soziale Verarmung der Lernumwelt von Hauptschülerinnen und Hauptschülern. In R. Becker & W. Lauterbach (Hrsg.), *Bildung als Privileg? Erklärungen und Befunde zu den Ursachen der Bildungsungleichheit* (S. 195–224). Wiesbaden: VS Verlag für Sozialwissenschaften.

Stanat, P., Watermann, R., Trautwein, U., Brunner, M., & Krauss, S. (2003). Multiple Zielerreichung in Schulen: Das Beispiel der Laborschule Bielefeld. Eine Evaluation mit Instrumenten aus Schulleistungsuntersuchungen. *Die Deutsche Schule, 95,* 394–412.

Statistisches Bundesamt. (2003). Regio-Stat-Gemeindetabellen. *Statistik lokal 2003 –* Neue statistische Gemeinde-Datenbank auf CD-ROM.

Stelzl, I., Merz, F., Ehlers, T., & Remer, H. (1995). The effect of schooling on the development of fluid and cristallized intelligence: A quasi-experimental study. *Intelligence, 21,* 279–296.

Swim, J. K., & Hyers, L. L. (2001). Social psychology of stigma. In N. J. Smelser & P. B. Baltes (Eds.), *International encyclopedia of the social and behavioural sciences* (pp. 15112–15115). Amsterdam: Elsevier.

Thomas, S., & Peng, W.-J. (2004). *Ten year trends in value added measures of secondary school performance: Findings from the Lancashire LEA Value Added Project.* Bristol: University of Bristol.

Thrupp, M., Lauder, H., & Robinson, T. (2002). School composition and peer effects. *International Journal of Educational Research, 37,* 483–504.

Van Damme, J., De Fraine, B., Van Landeghem, G., Opdenakker, M.-C., & Onghena, P. (2002). A new study on educational effectiveness in secondary schools in Flanders: An introduction. *School Effectiveness and School Improvement, 13* (4), 383–397.

Van Houtte, M. (2004). Tracking effects on school achievement: A quantitative explanation in terms of the academic culture of school staff. *American Journal of Education, 110,* 354–388.

Vermunt, J. K., & Magidson, J. (2000). *Latent gold user's manual.* Boston: Statistical Innovations Inc.

Vermunt, J. K., & Magidson, J. (2003). *Addendrum to latent GOLD user's guide: Upgrade for version 3.0.* Boston: Statistical Innovations Inc.

Wagner, J. W. L. (1999). *Soziale Vergleiche und Selbsteinschätzungen.* Münster: Waxmann.

Watermann, R., Stanat, P., Kunter, M., Klieme, E., & Baumert, J. (2003). Möglichkeiten und Grenzen der Nutzung von Schulrückmeldungen im Rahmen von Schulleistungsuntersuchungen: Das Disseminationskonzept von PISA 2000. In J. Baumert, C. Artelt, E. Klieme, M. Neubrand, M. Prenzel, U. Schiefele, W. Schneider, K.-J. Tillmann, & M. Weiß (Hrsg.), *PISA 2000. Ein differenzierter Blick auf die Länder der Bundesrepublik Deutschland* (S. 393–409). Opladen: Leske + Budrich.

Watermann, R., Thurn, S., Tillmann, K. J., & Stanat, P. (Hrsg.). (2005). *Die Laborschule im Spiegel ihrer PISA-Ergebnisse.* Weinheim: Juventa.

Zimmer, R. W., & Toma, E. F. (2000). Peer effects in private and public schools across countries. *Journal of Policy Analysis and Management, 19* (1), 75–92.

Petra Stanat

5 Schulleistungen von Jugendlichen mit Migrationshintergrund: Die Rolle der Zusammensetzung der Schülerschaft

5.1 Einleitung

Die Benachteiligung von Schülerinnen und Schülern mit Migrationshintergrund im deutschen Bildungswesen ist nicht erst seit Veröffentlichung der ersten PISA-Ergebnisse Gegenstand empirischer Untersuchungen und bildungspolitischer Diskussionen. Ausgangspunkt der Analysen sind in der Regel die erheblichen Unterschiede in den Mustern der Bildungsbeteiligung, die zwischen Schülerinnen und Schülern deutscher und ausländischer Herkunft bestehen. Obwohl sich die Situation ausländischer Kinder und Jugendlicher über die Jahre insgesamt verbessert hat, erreichen sie immer noch deutlich geringere Bildungserfolge als Gleichaltrige, die einen deutschen Pass besitzen (Diefenbach, 2002; Gogolin, Neumann, & Roth, 2003; Herwartz-Emden, 2003). Während im Zeitraum zwischen 1991 und 2000 von den deutschen Schülerinnen und Schülern 38,7 Prozent ein Gymnasium besuchten, lag der entsprechende Anteil in der Gruppe der ausländischen Schülerinnen und Schüler bei nur 18,9 Prozent. Auf eine Hauptschule gingen im selben Zeitraum 40,8 Prozent der ausländischen, aber nur 16,3 Prozent der deutschen Schülerinnen und Schüler (Sekretariat der Ständigen Konferenz der Kultusminister der Länder in der Bundesrepublik Deutschland, 2002, S. 22).

Die genannten Zahlen basieren auf amtlichen Statistiken, in denen der Migrationshintergrund anhand der Staatsbürgerschaft der Familien erfasst wird. Schülerinnen und Schüler, die zwar aus zugewanderten Familien stammen, aber die deutsche Staatsbürgerschaft besitzen, sind darin nicht enthalten. Hierzu gehören eingebürgerte Ausländerinnen und Ausländer ebenso wie die große Gruppe der Spätaussiedler. Damit unterschätzt die amtliche Statistik die Anzahl der Schülerinnen und Schüler mit Migrationshintergrund im deutschen Bildungswesen und spiegelt die Gesamtsituation nur eingeschränkt wider. Ein umfassenderes Bild liefern Daten aus PISA und der Grundschuluntersuchung IGLU, in denen der Migrationshintergrund auf der Grundlage des

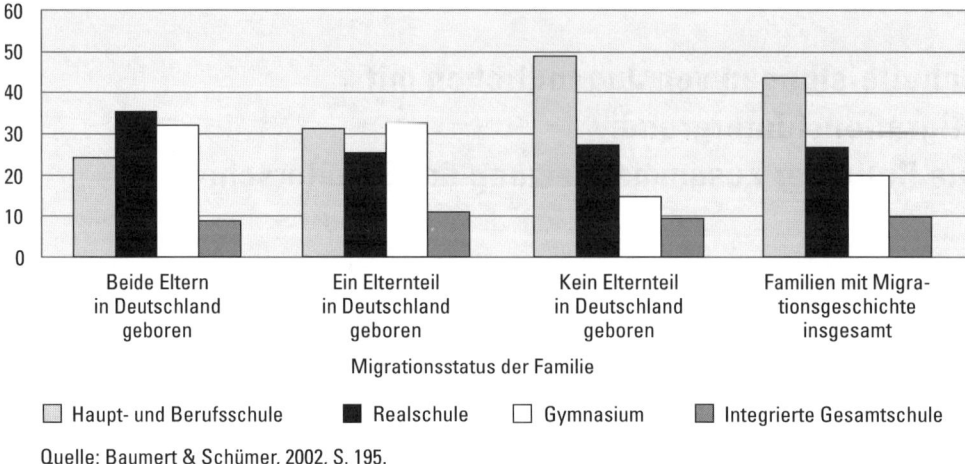

Haupt- und Berufsschule   Realschule   Gymnasium   Integrierte Gesamtschule

Quelle: Baumert & Schümer, 2002, S. 195.

Abbildung 5.1   15-Jährige nach Migrationshintergrund der Familie und Bildungsgang (in %; ohne Sonderschüler)

Geburtslands der Eltern definiert wurde. Diese Zahlen bestätigen nachdrücklich, dass Schülerinnen und Schüler aus zugewanderten Familien in den höheren Bildungsgängen unterrepräsentiert sind (vgl. Abb. 5.1). Die Benachteiligung ist besonders ausgeprägt, wenn beide Eltern im Ausland geboren sind (etwa 15 % der im ersten Zyklus von PISA untersuchten Kohorte). In dieser Gruppe lag der relative Gymnasialbesuch bei 15 Prozent, der relative Hauptschulbesuch bei knapp 50 Prozent. Dieses Muster der Bildungsbeteiligung entspricht den Verhältnissen, die in Deutschland etwa 1970 anzutreffen waren (Baumert & Schümer, 2002, S. 195).

Verschiedene Autoren haben versucht, Determinanten für die Benachteiligung von Schülerinnen und Schülern mit Migrationshintergrund in Bezug auf die Bildungsbeteiligung zu bestimmen. Im Anschluss an einen kurzen Überblick einiger Erklärungsansätze wird im Folgenden vor allem die Rolle der Zusammensetzung der Schülerschaft in Schulen diskutiert. Dabei wird insbesondere der Frage nachgegangen, inwieweit der Anteil der Schülerinnen und Schüler mit Migrationshintergrund in Schulen die Leistungsentwicklung beeinflusst. Vor dem Hintergrund der Literatur zu Kompositionseffekten wird im empirischen Teil des Kapitels dann anhand von Daten aus PISA 2000 untersucht, ob der Migrantenanteil innerhalb von Schulen zur Vorhersage des erreichten Niveaus der Lesekompetenz bei Jugendlichen gegen Ende der Schulpflicht beiträgt.

5.1.1 Benachteiligung von Schülerinnen und Schülern mit Migrationshintergrund im deutschen Bildungswesen: Erklärungsansätze und ausgewählte Befunde

Im Zusammenhang mit der Frage, worauf die Benachteiligung von Schülerinnen und Schülern mit Migrationshintergrund im deutschen Bildungswesen zurückzuführen ist, werden in der Literatur verschiedene Erklärungsansätze diskutiert. Nach Diefenbach

(2002, S. 45 ff.) lassen sich vier solcher Ansätze unterscheiden: kulturalistische Erklärungen, sozioökonomische Erklärungen, Erklärungen durch die in der Migrationssituation verfügbaren Handlungsstrategien und Erklärungen durch die Effekte des Bildungssystems (vgl. auch Alba, Handl, & Müller, 1994).

Kulturalistische Erklärungen beziehen sich auf traditionelle Werte- und Deutungsmuster, wie etwa eine traditionelle Familienorientierung, die einer erfolgreichen Bildungslaufbahn von Zuwanderern entgegenstehen können (z.B. Leenen, Grosch, & Kreidt, 1990). Etwas allgemeiner formuliert lassen sich unter dieser Perspektive Ansätze subsumieren, die das Ausmaß der kulturellen Orientierung von Zuwanderern an der Herkunftsgesellschaft einerseits und an der Aufnahmegesellschaft andererseits in den Blick nehmen (z.B. Berry, 1980, 2002; Esser, 2001a, 2001b). Diese werden in empirischen Analysen beispielsweise anhand der in der Familie gesprochenen Sprache, der Essgewohnheiten, der ethnischen Zusammensetzung des Freundeskreises und der bevorzugten Musik und Zeitungslektüre operationalisiert (z.B. Alba, Handl, & Müller, 1994; Büchel & Wagner, 1996; Diefenbach, 2002). *Sozioökonomische Erklärungen* hingegen betrachten Benachteiligungen von Schülerinnen und Schülern mit Migrationshintergrund primär als Folge der geringeren Ressourcen, die zugewanderte Familien in die Bildung ihrer Kinder investieren können (vgl. Jungbluth, 1994; Portes & Rumbaut, 1990). Diese Kategorie von Erklärungen ließe sich durch Ansätze erweitern, die das kulturelle oder soziale Kapital von Migranten betreffen (vgl. z.B. Portes & Rumbaut). *Als Erklärungen durch die in der Migrationssituation verfügbaren Handlungsstrategien* bezeichnet Diefenbach (2002) Annahmen über Wirkmechanismen, die in erster Linie die Aufenthaltsperspektive der Zuwanderer in den Blick nehmen. Demnach ziehen es Migranten, die ihren Aufenthalt als vorübergehend betrachten, tendenziell vor, ihre Kinder möglichst früh zum Familieneinkommen beitragen zu lassen, um die Rückkehr in das Herkunftsland zu beschleunigen, als in eine Bildungslaufbahn zu investieren, die sich im Herkunftsland möglicherweise nicht auszahlt (vgl. z.B. Korte, 1990; Geiersbach, 1989). *Erklärungen durch die Effekte des Bildungssystems* schließlich beziehen sich auf Merkmale von Bildungsinstitutionen, die ungünstige Wirkungen für Schülerinnen und Schüler mit Migrationshintergrund nach sich ziehen. In diese Kategorie fallen vor allem Ansätze, die den geringeren schulischen Erfolg von Kindern und Jugendlichen aus zugewanderten Familien auf Mechanismen direkter oder indirekter institutioneller Diskriminierung – etwa bei Entscheidungen oder Empfehlungen an Schnittstellen der Schullaufbahn – zurückführen (vgl. z.B. Gomolla & Radtke, 2002).

In einer Reihe von Studien, die zumeist auf Daten des Sozio-ökonomischen Panels (SOEP) basieren, sind Indikatoren für die ersten drei Erklärungsansätze simultan analysiert worden. Dabei ergaben sich teils übereinstimmende, teils widersprüchliche Ergebnisse. Alba, Handl und Müller (1994) etwa folgerten aus den Ergebnissen ihrer Analysen, dass die Benachteiligung von Schülerinnen und Schülern ausländischer Herkunft insbesondere von der Schullaufbahn des Kindes und dem kulturellen Klima im Elternhaus, das anhand der selbst eingeschätzten deutschen Sprachkompetenz der Eltern operationalisiert wurde, bestimmt wird. Demnach haben Schülerinnen und Schüler eine geringere Chance, statt einer Hauptschule eine andere Schulform zu besuchen, wenn sie ihre Schullaufbahn teilweise im Herkunftsland absolviert haben und wenn mindestens ein Elternteil schlecht Deutsch spricht. Büchel und Wagner (1996) hingegen konnten keine signifikanten Effekte der selbst eingeschätzten Deutschkenntnisse der Eltern auf die Bildungsbeteiligung von Kindern mit Migrationshintergrund identifizieren. Als besonders bedeutsame Prädiktoren für die relativen Bildungschancen von Schülerinnen und Schülern ausländischer Herkunft erwiesen sich in ihrer Analyse vielmehr die Absicht der Familie, innerhalb der nächsten fünf Jahre ins Herkunftsland zurückzukehren, die bisherige Dauer des Aufenthalts der Familie in Deutschland und der durch die Essgewohnheiten im Haushalt operationalisierte Grad der Assimilation. Diese Befunde konnten von Haisken-DeNew, Büchel und Wagner (1997) bestätigt werden, wobei in ihrer Studie zusätzlich auch das Bildungsniveau der Eltern sowie ein Indikator für die „Fähigkeit" oder „Ambitioniertheit" der Eltern (Anteil am Einkommen, der nicht durch Prädiktoren der Humankapitaltheorie erklärt wird) einen signifikanten Beitrag zur Vorhersage der Bildungsbeteiligung von Schülerinnen und Schülern ausländischer Herkunft leisteten. In einer jüngeren Analyse von Diefenbach (2002) schließlich, in die auch Daten späterer Wellen des SOEP eingingen, konnte ebenfalls die Rückkehrabsicht der Familie als signifikanter Prädiktor der Bildungsbeteiligung von Schülerinnen und Schülern mit Migrationshintergrund identifiziert werden. Weiterhin trug das kulturelle Milieu in der Familie zur Vorhersage bei, das in diesem Fall durch die berichtete Präferenz deutscher Zeitungen, Gerichte und Musik repräsentiert wurde. Im Gegensatz zu Alba, Handl und Müller (1994) sowie Büchel und Wagner (1996) hat Diefenbach (2002) die selbst eingeschätzten Sprachkenntnisse der Eltern in ihre Untersuchung allerdings nicht einbezogen.

Aufgrund von Unterschieden in der Auswahl der Prädiktoren und der methodischen Vorgehensweisen ist es kaum möglich, die Ursachen für die Abweichungen in den Ergebnissen der berichteten Analysen des SOEP zu bestimmen. Selbst die Autoren der Beiträge verzichten darauf, ihre Befunde im Hinblick auf Unterschiede zu den Ergebnissen früherer Beiträge zu diskutieren. Eine allgemeine Übereinstimmung in den Befundmustern scheint vor allem darin zu bestehen, dass eine Orientierung zugewanderter Familien an der Aufnahmegesellschaft mit verbesserten Bildungschancen einhergeht. Welche Aspekte dabei entscheidend sind, lässt sich anhand der vorliegenden Analysen der SOEP-Daten jedoch nicht beurteilen.

Ein wichtiger Beitrag dazu, diese Forschungslücke zu schließen, konnte in jüngerer Zeit mit Schulleistungsstudien wie PISA, LAU und IGLU geleistet werden (vgl. Baumert & Schümer, 2001; Bos u.a., 2004; Lehmann, Peek, & Gänsfuß, 1997). Anhand von Daten dieser Untersuchungen war es erstmals möglich, die Muster der Bildungsbeteiligung unter Kontrolle des erreichten Kompetenzniveaus der Schülerinnen und Schüler zu analysieren und auf diese Weise das Ausmaß der sekundären Disparitäten (Breen & Goldthorpe, 1997) zu bestimmen. Dabei zeigte sich, dass beim Übergang in die Sekundarstufe I eine zentrale Hürde für Schülerinnen und Schüler mit Migrationshintergrund im Niveau ihrer deutschen Sprachkenntnisse besteht, das wiederum in hohem Maße von der im Elternhaus gesprochenen Sprache beeinflusst wird. Dies stimmt mit den Befunden von Alba, Handl und Müller (1994) überein, die ebenfalls auf eine zentrale Rolle der deutschen Sprachkenntnisse in der Familie hindeuten (vgl. auch Gogolin, 1994). Die internationalen Vergleichsergebnisse aus PISA und IGLU lassen allerdings zusätzlich darauf schließen, dass die Disparitäten im Kompetenzerwerb auch auf institutionelle Faktoren zurückzuführen sind. Diesen Befunden zufolge scheint es in anderen Staaten deutlich besser zu gelingen als in Deutschland, den Erwerb der Verkehrssprache bei Schülerinnen und Schülern mit Migrationshintergrund zu fördern (vgl. Baumert & Schümer, 2001; Schwippert, Bos, & Lankes, 2003). Auch nach Kontrolle des sozioökonomischen Status und des Bildungsstands der Familien bleiben die internationalen Unterschiede in den Disparitäten bedeutsam (Entorf & Minoiu, 2004; Stanat, 2004).

5.1.2 Die Rolle der Zusammensetzung der Schülerschaft

Über die institutionellen Bedingungen des schulischen Erfolgs von Schülerinnen und Schülern aus Familien, die nach Deutschland zugewandert sind, ist bislang wenig bekannt. Nach Gogolin (1994, 2003) besteht ein zentrales Problem in der Grundhaltung der Lehrerschaft in Deutschland zur Sprache, die sie als „monolingualen Habitus" bezeichnet. Diese Grundhaltung ignoriere die Realität der Mehrsprachigkeit in deutschen Schulen und führe dazu, dass die besondere sprachliche Situation von Schülerinnen und Schülern mit Migrationshintergrund unberücksichtigt bleibt. Gomolla und Radtke (2002) gehen weiterhin davon aus, dass Mechanismen institutioneller Diskriminierung an Schnittstellen der Bildungslaufbahn für die Benachteiligungen von Schülerinnen und Schülern mit Migrationshintergrund verantwortlich sind. Analysen dieser Annahme wurden jedoch ohne Berücksichtigung des Leistungsstands der Schülerinnen und Schüler durchgeführt. Daher ist es anhand der Ergebnisse nicht möglich, primäre und sekundäre Disparitäten voneinander zu trennen (Breen & Goldthorpe, 1997) und zu bestimmen, bei welchen Entscheidungen über den weiteren Bildungsweg eine Diskriminierung vorliegt.

Auch aus den Daten der bisher durchgeführten Schulleistungsstudien lassen sich nur bedingt Aussagen über die Bedeutung institutioneller Faktoren für den schulischen Erfolg von Schülerinnen und Schülern mit Migrationshintergrund ableiten. Aufgrund des engen Zusammenhangs zwischen Faktoren wie der Verweildauer in Deutschland und der Umgangssprache in der Familie einerseits und den erreichten Kompetenzniveaus andererseits lässt sich vermuten, dass die institutionellen Lerngelegenheiten für den Erwerb der deutschen Sprache nicht ausreichen, um die Nachteile von Schülerinnen und Schülern aus zugewanderten Familien auszugleichen (Baumert & Schümer, 2001; Baumert, Watermann, & Schümer, 2003; Stanat, 2003). Entsprechend wurde aus den PISA-Ergebnissen vielfach die Konsequenz gezogen, die Sprachförderung im vorschulischen Bereich zu stärken und sie innerhalb der Schule zu intensivieren. Da bislang kaum Untersuchungen zur Wirksamkeit von Maßnahmen der Sprachförderung bei Schülerinnen und Schülern im deutschsprachigen Raum durchgeführt worden sind, liegen jedoch kaum Anhaltspunkte darüber vor, wie diese Maßnahmen optimiert werden können (erste Ausnahmen sind Analysen von Gräsel & Gutenberg, 2004; Penner, 2002; Schneewind & Merkens, 2003; Stanat, Baumert, & Müller, 2005; Weber, Marx, & Schneider, 2004).

Ein weiterer institutioneller Faktor, der in Diskussionen des schulischen Erfolgs von Schülerinnen und Schülern mit Migrationshintergrund häufig diskutiert wird, ist die Zusammensetzung der Schülerschaft in Schulen. Esser (2001a) beispielsweise geht davon aus, dass interethnische Sozialkontakte eine zentrale Voraussetzung für den Erwerb der Verkehrssprache bilden. Unter Bedingungen der Segmentation, die durch Bildung von ethnischen Gemeinden entstehen, seien die Opportunitäten für solche Kontakte stark reduziert und es würden Lerngelegenheiten für den Zweitspracherwerb fehlen. Da Esser (2001a) die Sprache als zentrale Grundlage für die Sozialintegration von Zuwanderern ansieht, sagt er vorher, dass in Kontexten ethnisch segmentierter Wohngebiete, Kindergärten oder Schulen auch für die Folgegenerationen keine Sozialintegration in das Aufnahmeland zu erwarten sei (S. 40).

Eine der ersten Analysen zu Effekten der Segmentation ethnischer Gruppen auf den schulischen Erfolg von Schülerinnen und Schülern mit Migrationshintergrund wurde in Deutschland von Esser (1989, 2001b) selbst vorgelegt. Anhand der Daten einer Befragung von knapp 900 türkischen und jugoslawischen Arbeitsmigranten der zweiten Generation untersuchte der Autor, welche Faktoren die Schulkarrieren von Kindern mit Migrationshintergrund bestimmen. Dabei zeigte sich, dass die von den Probanden selbst eingeschätzte ethnische Konzentration in der Wohnumgebung zwar einen Einfluss auf die wahrgenommene Sprachkompetenz, nicht aber auf den Verlauf der Schulbildung hat. Als entscheidende Bestimmungsfaktoren für die Schulkarriere erwiesen sich vielmehr der Vorschulbesuch und, damit zusammenhängend, das Einreisealter der Kinder.

Kristen (2002) hingegen konnte auf der Grundlage von Daten aus 150 4. Klassen in sechs Grundschulen Baden-Württembergs zeigen, dass mit einem höheren Anteil von Schülerinnen und Schülern nichtdeutscher Herkunft in der Schulklasse die relative Chance, statt in eine Hauptschule in eine Realschule oder ein Gymnasium überzugehen, sinkt. Diesen Befunden zufolge ist mit einer Zunahme des Migrantenanteils um 1 Prozent eine Verringerung der Chance eines Übergangs in die Realschule oder das Gymnasium um 2 Prozent verbunden (Kristen, 2002, S. 458). In der Studie wurde die Herkunft der Kinder auf der Grundlage ihrer in den Schuldaten registrierten Nationalität definiert. Darüber hinaus wurden Aussiedlerkinder anhand von Angaben der Lehrkräfte und, soweit bekannt, anhand des Geburtsorts der Schülerinnen und Schüler identifiziert. Als Kontrollvariablen konnten in den Analysen die Noten der Kinder in den Fächern Deutsch und Mathematik berücksichtigt werden. Diese hatten auf der Individualebene einen vergleichsweise starken Einfluss auf die Übergangsraten. Auf Klassenebene aggregiert war der Effekt der Noten hingegen nicht signifikant. Angesichts der üblichen Vorgehensweise von Lehrkräften, Zensuren primär am sozialen Referenzrahmen der jeweiligen Lerngruppe zu orientieren (Schrader & Helmke, 2001), ist ihre Verwendung als Indikator für das mittlere Leistungsniveau der Klasse allerdings problematisch. Auch als

Maß für das Vorwissen der Schülerinnen und Schüler eignen sich Schulnoten nur bedingt. Um Effekte der Zusammensetzung der Schülerschaft schätzen zu können, ist es jedoch notwendig, das Vorwissen der Schülerinnen und Schüler zu kontrollieren. Auf diesen Aspekt wird in einem späteren Abschnitt noch genauer eingegangen.

Auch aus anderen Ländern liegen Studien zu Effekten des Anteils von Schülerinnen und Schülern mit Migrationshintergrund in Klassen oder Schulen vor. Während Esser (2001b) und Kristen (2002) Muster in der Bildungsbeteiligung analysierten, untersuchten Autoren aus der Schweiz, den Niederlanden und den Vereinigten Staaten vor allem Effekte auf die Leistungen der Schülerinnen und Schüler.

In der Schweiz ging Rüesch (1998) der Frage nach, inwieweit die Zusammensetzung der Schülerschaft in Schulklassen die Leseleistungen von Kindern der 3. Jahrgangsstufe beeinflusst. Grundlage der Analysen bildeten die Daten der *Reading Literacy Study* der IEA (Elley, 1992, 1994) für die Deutschschweiz. Als Indikator für den Migrationshintergrund der Schülerinnen und Schüler wurde ihre Muttersprache verwendet, wobei Kinder mit einer anderen Erstsprache als Schweizerdeutsch als „anderssprachig" definiert wurden (Rüesch, 1998, S. 104). In einer Reihe von Mehrebenenanalysen zeigte sich, dass in Schulen mit höherem Anteil von Schülerinnen und Schülern, die Schweizerdeutsch nicht als Erstsprache gelernt haben, das Leistungsniveau insgesamt geringer und der Leistungsnachteil von Kindern mit Migrationshintergrund größer ist. Bei Kontrolle der sozialen Zusammensetzung der Schülerschaft, die durch den mittleren sozioökonomischen Hintergrund der Schülerinnen und Schüler operationalisiert wurde[1], verschwand der Effekt des Migrantenanteils jedoch vollständig. Demnach scheinen die geringeren Leistungen in Schulen mit relativ vielen Kindern aus zugewanderten Familien durch die soziale Benachteiligung der Schülerschaft in diesen Schulen bedingt zu sein.

Auf der Grundlage von Daten aus PISA 2000 stellten Coradi Vellacott u.a. (2003) in Analysen für die gesamte Schweiz hingegen einen bedeutsamen Effekt des Migrantenanteils auf die Leseleistungen der 15-jährigen Jugendlichen fest, der über den Einfluss des durchschnittlichen sozioökonomischen Hintergrunds der Schülerinnen und Schüler innerhalb der Schulen hinausging. Demnach erzielten Jugendliche in Schulen mit einem Migrantenanteil von mehr als 20 Prozent fremdsprachigen Schülerinnen und Schülern 13 Punkte weniger im PISA-Test als Jugendliche in Schulen mit einem Migrantenanteil von maximal 5 Prozent. Bei einem Anstieg auf über 30 oder über 40 Prozent fremdsprachige Schülerinnen und Schüler wuchs die Differenz auf 17 bzw. 40 Punkte an.

In einer Untersuchung aus den Niederlanden konnte ebenfalls ein Effekt des Migrantenanteils auf Leistungen identifiziert werden, der auch nach Kontrolle der sozialen und leistungsmäßigen Zusammensetzung der Schülerschaft bedeutsam blieb (Westerbeek, 1999). Dabei zeigte sich allerdings ein differenziertes Muster für Schülerinnen und Schüler mit und ohne Migrationshintergrund. In die Analysen gingen 279 Grundschulen ein, in denen Schülerinnen und Schüler der Klassen 4, 6 und 8 getestet worden waren. Der Migrationshintergrund wurde anhand des Indikators für den ethnischen Hintergrund definiert, der im niederländischen Schulsystem für die Mittelzuweisung an

Schulen verwendet wird. Die Erhebungen umfassten standardisierte Leistungstests in Niederländisch und Mathematik sowie Skalen zur Erfassung von Komponenten kognitiver Grundfähigkeiten. Die mit diesem Datensatz durchgeführten Mehrebenenanalysen weisen darauf hin, dass Schülerinnen und Schüler in Klassen mit höherem Anteil ethnischer Minderheiten geringere Leistungen erzielen. Dieser Effekt blieb teilweise auch bei Kontrolle des mittleren sozioökonomischen Hintergrunds und des mittleren Leistungsniveaus signifikant, nämlich für Schülerinnen und Schüler niederländischer Herkunft in Mathematik sowie für Schülerinnen und Schüler anderer Herkunftsgruppen in Niederländisch. Darüber hinaus war ein durchgängiger Einfluss des Anteils von Kindern, die noch nicht lange in den Niederlanden leben und daher kaum Niederländisch sprechen, zu beobachten. Mit dieser Variable war ein negativer Effekt für beide Leistungsbereiche und beide Schülergruppen verbunden.

Auch in den USA ist eine Reihe von Studien zur Rolle der Zusammensetzung der Schülerschaft auf Schulleistungen durchgeführt worden. Die Mehrzahl dieser Arbeiten bezieht sich auf Effekte des sozialen Hintergrunds der Schülerinnen und Schüler, die auf der Ebene von Klassen oder Schulen zu beobachten sind, oder auf Auswirkungen der Segregation von Kindern und Jugendlichen unterschiedlicher Hautfarbe oder ethnischer Herkunft in Schulen (z.B. Bankston & Caldas, 1996; Caldas & Bankston, 1998; Entwistle & Alexander, 1994; Roscigno, 1998; Rumberger & Willms, 1992). Deutlich weniger Arbeiten liegen hingegen zu Kompositionseffekten vor, die mit dem Migrationshintergrund der Schülerschaft verbunden sind. Eine wichtige Ausnahme bildet ein Beitrag von Portes und Hao (2004), in dem die Autoren anhand von Daten der *Children of Immigrants Longitudinal Study* (CILS) den Einfluss der Zusammensetzung der Schülerschaft auf Schulnoten, Schulabbruch und Mathematikleistungen analysierten. Die Studie bezieht sich auf mehr als 5.000 Schülerinnen und Schüler der 8. und 9. Klassenstufen aus Miami, Fort Lauderdale und San Diego, die erstmals im Schuljahr 1992/93 und anschließend nochmals drei Jahre später untersucht wurden (Portes & Rumbaut, 2001). Bei der Zielgruppe des Projekts handelte es sich um Zuwanderer der zweiten Generation, also um in den USA geborene Kinder zugewanderter Eltern und um im Herkunftsland geborene Kinder, die zum Zeitpunkt der Zuwanderung sehr jung waren und seitdem kontinuierlich in den USA gelebt haben.

In den Analysen von Portes und Hao (2004) zeigte sich zunächst auf Klassenebene ein vergleichsweise starker Effekt des sozialen Hintergrunds der Schülerinnen und Schüler auf die Schulnoten und den Schulabbruch (vgl. auch Portes & MacLeod, 1996). Für die Rolle des Migrantenanteils in den Schulen wurde hingegen ein differenzielles Muster für verschiedene Gruppen von Kindern zugewanderter Eltern identifiziert. Demnach erzielen Schülerinnen und Schüler asiatischer Herkunft insgesamt bessere, Schülerinnen und Schüler mexikanischer Herkunft schlechtere Noten als Gleichaltrige anderer Ethnien. Offenbar werden diese Effekte jedoch jeweils vom Anteil der Jugendlichen aus der gleichen Herkunftsgruppe innerhalb von Schulen abgeschwächt. So scheinen Schülerinnen und Schüler, deren Eltern aus Asien zugewandert sind, tendenziell in Schulen bessere Noten und Mathematikleistungen aufzuweisen, in denen der Anteil von

Kindern aus Familien asiatischer Herkunft geringer ist. Schülerinnen und Schüler mit mexikanischem Familienhintergrund, die insgesamt schlechter abschneiden als die Vergleichsgruppe, erreichen hingegen bessere Ergebnisse in Schulen, die von relativ vielen Jugendlichen der eigenen Herkunftsgruppe besucht werden. Die Autoren nehmen an, dass dieser gegenläufige Effekt auf das differenzielle Ausmaß des Konkurrenzdrucks zurückzuführen ist, der nach ihrer Vermutung in Schulen mit unterschiedlich zusammengesetzten Schülerschaften vorherrscht. Demnach würde in Schulen mit hohem Anteil von Schülerinnen und Schülern asiatischer Herkunft ein starker Konkurrenzdruck bestehen, was dazu führe, dass der Leistungsvorteil dieser Jugendlichen in solchen Schulen reduziert wird. In Schulen mit relativ vielen mexikanischen Schülerinnen und Schülern hingegen herrsche eine weniger belastende Atmosphäre vor, was bei tendenziell benachteiligten Gruppen eine zentrale Voraussetzung dafür sei, bessere Leistungen zu erzielen. Eine empirische Prüfung dieser Vermutungen steht allerdings aus.

5.1.3 Fragestellung

Die in der Literatur berichteten Befunde zur Rolle des Anteils von Schülerinnen und Schülern mit Migrationshintergrund für Schulleistungen weisen darauf hin, dass die Effekte über verschiedene Staaten variieren. Für Deutschland ist die Befundlage kaum ausreichend, um zu dieser Frage gesicherte Aussagen ableiten zu können. Ziel der vorliegenden Untersuchung ist es daher, anhand von Daten des ersten Zyklus von PISA zu bestimmen, ob der Anteil von Jugendlichen mit Migrationshintergrund in Schulen die erzielten Leistungen beeinflusst. Dabei wird in Übereinstimmung mit den Annahmen von Esser (2001a) erwartet, dass der Effekt des Migrantenanteils auf die Leistungen über die deutschen Sprachkompetenzen vermittelt wird, die sich unter Bedingungen ethnischer Segmentation weniger gut entwickeln. Daher wird als Kriterium für die Definition des Migrationshintergrunds die in der Familie gesprochene Sprache herangezogen.

Sofern in Schulen mit einem hohen Anteil von Kindern oder Jugendlichen nichtdeutscher Familiensprache die Entwicklung deutscher Sprachkompetenzen beeinträchtigt ist, könnte dies Anpassungen des Unterrichts nach sich ziehen, die auch die Lernentwicklung von Schülerinnen und Schülern ohne Migrationshintergrund beeinflussen. Daher werden die Effekte der Zusammensetzung der Schülerschaft für diese Gruppe von Jugendlichen ebenfalls untersucht. Weiterhin ist zu berücksichtigen, dass die Schülerschaft in Schulen mit hohem Migrantenanteil in der Regel auch im Hinblick auf den sozialen Hintergrund und die kognitiven Lernvoraussetzungen benachteiligt ist. Um festzustellen, ob mit dem Anteil von Schülerinnen und Schülern nichtdeutscher Herkunftssprache spezifische Effekte verbunden sind, werden zusätzlich die Einflüsse dieser Aspekte der Zusammensetzung der Schülerschaft analysiert.

Die Frage nach möglichen Wirkmechanismen, die Kompositionseffekten zu Grunde liegen, kann im Rahmen von PISA nur bedingt untersucht werden. Anhand von ausgewählten Indikatoren für die Haltung der Jugendlichen zu schulischer Leistung und schulischem Erfolg sollen im letzten Abschnitt des empirischen Teils des Kapitels jedoch einige Anhaltspunkte dafür gewonnen werden, ob die in der Literatur diskutierte Vermutung zutrifft, dass sich die Zusammensetzung der Schülerschaft auf die Leistungserwartung und Leistungsbereitschaft der Schülerinnen und Schüler auswirkt (Caldas & Bankston, 1997).

5.2   Methode

5.2.1 Stichprobe

Die folgenden Analysen basieren auf den Daten der nationalen Erweiterung der PISA-Stichprobe (PISA-E) von Schülerinnen und Schülern der 9. Klassenstufe in Deutschland (zur Stichprobenziehung im Rahmen von PISA-E vgl. Baumert u.a., 2002). Die Entscheidung, die Neuntklässler anstelle der 15-Jährigen in die Auswertungen einzubeziehen, hängt mit der Fragestellung der Untersuchung zusammen. Annahmen über die Wirkmechanismen, die Kompositionseffekten zu Grunde liegen, beziehen sich häufig auf die Einflüsse von *Peers* oder Lehrkräften innerhalb von Lerngruppen, die vor allem auf der Ebene von Klassen wirksam sein sollten (vgl. z.B. Caldas & Bankston, 1997; Wilkinson, 2002). Im Rahmen von PISA 2000 wurden jedoch keine ganzen Klassen getestet, sodass es nicht möglich ist, die Analysen auf dieser Ebene durchzuführen. Daher werden die Auswertungen auf die nächste Ebene, nämlich die der Jahrgangsstufe, bezogen.

In Berlin und Hamburg konnten die vorab festgelegten Beteiligungsraten der zufällig für die Teilnahme an den Erhebungen ausgewählten Schülerinnen und Schüler nicht erreicht werden, was dazu führte, dass diese Länder aus der PISA-E-Stichprobe ausgeschlossen wurden (vgl. Baumert u.a., 2002, S. 28 f.). Darüber hinaus bleiben in den folgenden Analysen die neuen Länder der Bundesrepublik unberücksichtigt, da die Gruppe der Schülerinnen und Schüler mit Migrationshintergrund, um die es hier primär geht, in Ostdeutschland sehr klein ist (Baumert & Schümer, 2002).

Eine zentrale Variable in den folgenden Analysen bildet der Anteil von Schülerinnen und Schülern mit Migrationshintergrund in den Schulen. Um die Effekte dieser Variablen testen zu können, ist es notwendig, dass ihre Ausprägungen über die Schulen variieren. Wie Tabelle 5.1 zeigt, ist dies vor allem in Hauptschulen der Fall. Daher werden die Analysen auf diese Schulform beschränkt. Dabei werden nur solche Schulen einbezogen, in denen mindestens zehn Schülerinnen und Schüler an der PISA-Erhebung teilgenommen haben. Insgesamt beziehen sich die Analysen auf N = 205 Schulen und N = 4.124 Schülerinnen und Schüler der 9. Jahrgangsstufe. Von diesen Jugendlichen haben N = 1.510 mindestens ein im Ausland geborenes Elternteil (N = 1.216 beide Eltern im Ausland geboren, N = 294 ein Elternteil im Ausland geboren), und N = 1.034 sprechen in der Familie eine andere Sprache als Deutsch.

	Anteil von Schülerinnen und Schülern mit im Ausland geborenen Eltern					Anteil von Schülerinnen und Schülern, die in der Familie nicht Deutsch sprechen				
	HS	IGS	RS	MBG	GYM	HS	IGS	RS	MBG	GYM
< 5 %	20	18	50	3	84	24	21	73	11	123
5–10 %	12	10	47	6	44	23	19	47	3	48
10–15 %	19	16	25	8	45	17	15	36	6	30
15–20 %	20	8	22	6	28	22	9	18	2	9
20–25 %	10	13	19	4	12	20	8	15	6	5
25–30 %	21	8	9	1	4	23	11	8	1	4
30–35 %	25	9	13	2	4	17	4	4	1	3
35–40 %	19	5	6	0	1	16	1	0	0	0
40–45 %	12	0	5	0	0	9	3	7	0	0
45–50 %	9	2	6	0	0	6	1	0	0	1
50–55 %	11	2	3	0	0	7	0	0	0	0
55–60 %	4	0	1	0	1	4	1	2	0	1
60–65 %	5	3	1	0	0	8	1	0	0	0
65–70 %	6	0	1	0	1	4	0	0	0	0
> 70 %	12	0	2	0	0	5	0	0	0	0

HS: Hauptschulen, IGS: Integrierte Gesamtschulen, RS: Realschulen, MBG: Schulen mit mehreren Bildungsgängen, GYM: Gymnasien.

Tabelle 5.1 Anzahl von Schulen mit unterschiedlichem Anteil von Schülerinnen und Schülern mit Migrationshintergrund

5.2.2 Schätzung von Kompositionseffekten

Zur Schätzung von Effekten der Zusammensetzung der Schülerschaft ist es streng genommen notwendig, Lernverläufe über die Zeit zu untersuchen. Bei der Annahme von Kompositionseffekten geht man davon aus, dass ein Schüler oder eine Schülerin in Schulen[2] mit unterschiedlich zusammengesetzter Schülerschaft unterschiedliche Lernergebnisse erzielen würde. Es geht also um Einflüsse auf der Schulebene, die unabhängig vom individuellen Hintergrund der Schülerinnen und Schüler wirken sollen. Um solche Schuleffekte isolieren zu können, müssen die Eingangsvoraussetzungen der Schülerinnen und Schüler auf der individuellen Ebene kontrolliert werden. Im Rahmen von Längsschnittstudien kann dies durch die Analyse von Lernzuwächsen erreicht werden. Dabei wird untersucht, inwieweit die Lernzuwächse in Schulen mit unterschiedlich zusammengesetzter Schülerschaft systematisch variieren. Finden sich bei Kontrolle des individuellen Leistungsstands der Schülerinnen und Schüler zu einem früheren Zeitpunkt entsprechende Differenzen, so lassen sich diese bei einem Längsschnittdesign – sofern alle relevanten Drittvariablen berücksichtigt wurden – als Schuleffekte interpretieren.

In Querschnittuntersuchungen ist die Zuschreibung von Leistungsunterschieden auf Merkmale der Schule schwieriger. Mithilfe von geeigneten Verfahren lassen sich Kompositionseffekte jedoch auch im Rahmen von Querschnittdesigns zumindest näherungsweise schätzen. Hierzu muss ein Indikator für das Vorwissen der Schülerinnen und Schüler zur Verfügung stehen, der auf individueller Ebene kontrolliert werden kann. Darüber hinaus sind – wie auch in Längsschnittuntersuchungen – weitere Hintergrundmerkmale auf der Individualebene konstant zu halten, die mit dem Kriterium kovariieren und über die Schulen ungleich verteilt sind. Bleiben bei der Auswahl dieser Merkmale relevante Faktoren unberücksichtigt, kann dies zu einer Überschätzung der Schuleffekte führen.

Zur Bestimmung von Kompositionseffekten ist es notwendig, die Wirkungen von Prädiktoren auf zwei Ebenen – die Ebene der Schülerinnen und Schüler und die Ebene der Schulen – simultan zu analysieren. Für diese Art von Analysen sind im letzten Jahrzehnt Mehrebenenmodelle entwickelt worden, mit denen sich zudem die geschachtelte Struktur der Daten, die in der Schulforschung die Regel ist (Schüler geschachtelt in Schulen), berücksichtigen lässt (vgl. z.B. Bryk & Raudenbush, 1992; Ditton, 1998; Snijders & Bosker, 1999). Im Folgenden soll anhand eines vereinfachten Beispiels kurz dargestellt werden, wie der Effekt des Migrantenanteils in Schulen auf die Leistungen im Rahmen des mehrebenenanalytischen Ansatzes modelliert werden kann. Diese Darstellung basiert auf einer Beschreibung von Kontextanalysen in einem Beitrag von Lüdtke, Robitzsch und Köller (2002).

Im folgenden Modell wird auf der Individualebene angenommen, dass sich die Leistung Y eines Schülers i in der Schule j aus dem Achsenabschnittsparameter β_{0j} der Schule j, dem Einfluss β_{1j} des Vorwissens des Schülers i in der Schule j, dem Einfluss β_{2j} des Migrationshintergrunds des Schülers i in der Schule j und einem Residualterm e_{ij} zusammensetzt:

(1) $Y_{ij} = \beta_{0j} + \beta_{1j}(\text{Vorwissen})_{ij} + \beta_{2j}(\text{Mig.hintergrund})_{ij} + e_{ij}.$

In dieser Gleichung stellt der Achsenabschnittsparameter β_{0j} die mittlere Leistung in der Schule j dar, korrigiert um die Effekte des Vorwissens und des Migrationshintergrunds auf der Individualebene.

Auf der Schulebene wird der Achsenabschnittsparameter β_{0j} als abhängige Variable behandelt, die zwischen Schulen variieren kann. Will man untersuchen, ob die Schülerleistung vom Anteil der Schülerinnen und Schüler mit Migrationshintergrund in der Schule abhängt, so lautet die entsprechende Gleichung:

(2) $\beta_{0j} = \gamma_{00} + \gamma_{01}(\text{Mig.anteil})_j + u_{0j}.$

Der Achsenabschnittsparameter β_{0j} wird also vorhergesagt durch den Koeffizienten γ_{00}, der den Gesamtmittelwert der Leistungen über alle Schulen hinweg repräsentiert, durch den Einfluss γ_{01} des Migrantenanteils in den Schulen und durch einen schulspezifischen Residualterm u_{0j}.

Für die Regressionskoeffizienten des Vorwissens und des Migrationshintergrunds auf der Individualebene wird in diesem Fall angenommen, dass sie nicht über die Schulen variieren:

(3) $\beta_{1j} = \gamma_{10}$.

(4) $\beta_{2j} = \gamma_{20}$.

Setzt man die Gleichungen (2) bis (4) in die Gleichung (1) ein, so ergibt sich:

(5) $Y_{ij} = \gamma_{00} + \gamma_{01}(\text{Mig.anteil})_j + \gamma_{10}(\text{Vorwissen})_{ij} + \gamma_{20}(\text{Mig.hintergrund})_{ij} + u_{0j} + e_{ij}$.

Bei den Modellen, die in den folgenden Analysen geschätzt werden, handelt es sich um Erweiterungen dieser Gleichung, in die zusätzliche Variablen eingehen. Die Schätzung der Modellparameter erfolgt mit dem Programm HLM 6.0 (Raudenbush, Bryk, & Congdon, 2004). Für die Auswertungen werden vollständige Datensätze verwendet, die mithilfe des multiplen Imputationsverfahrens zum adäquaten Umgang mit fehlenden Werten erzeugt worden sind (vgl. Baumert, Watermann, & Schümer, 2003, S. 60; Little & Rubin, 1987).

5.2.3 Instrumentierung

Variablen auf der Individualebene

Zur Schätzung von Kompositionseffekten auf der Ebene von Schulen ist es – wie bereits erläutert – notwendig, das Vorwissen der Schülerinnen und Schüler in der untersuchten Domäne zu kontrollieren. Dieses sollte nach Möglichkeit erhoben worden sein, bevor die in der jeweiligen Schule vorliegenden Kompositionsmerkmale wirksam werden konnten, also möglichst kurz vor oder kurz nach dem Eintritt der Schülerinnen und Schüler in die Schule. Entsprechende Informationen liegen im Rahmen von PISA jedoch nicht vor. Als Indikator für das Vorwissen der Schülerinnen und Schüler werden daher die *kognitiven Grundfähigkeiten* verwendet (Heller & Perleth, 2000), die mit zwei Subskalen des Kognitiven Fähigkeitstests (KFT) erfasst wurden. Dabei handelt es sich um eine grobe Approximation, die mit Ungenauigkeiten bei der Bestimmung von Kompositionseffekten verbunden ist (vgl. zusammenfassend Schümer, 2004). Einerseits sagen die kognitiven Grundfähigkeiten den aktuellen Leistungsstand von Schülerinnen und Schülern in einer Domäne weniger gut vorher als ihr Vorwissen in derselben Domäne. Mit den kognitiven Grundfähigkeiten werden die Effekte des Vorwissens also nur partiell kontrolliert, was zu einer Überschätzung von Kompositionseffekten führen dürfte. Andererseits wird jedoch nicht nur das fachbezogene Lernen, sondern auch die Intelligenzentwicklung durch die Schule beeinflusst (vgl. z.B. Ceci, 1991; Köller & Baumert, 2002). Sofern dabei auch die Zusammensetzung der Schülerschaft eine Rolle spielt, sollte mit der Kontrolle von kognitiven Grundfähigkeiten also gleichzeitig auch eine

Unterschätzung von Kompositionseffekten verbunden sein. Für die relative Stärke dieser gegenläufigen Tendenzen liegen allerdings keine Schätzungen vor (Schümer, 2004).

Zusätzlich zu den kognitiven Grundfähigkeiten wird auf der Individualebene eine Reihe von Merkmalen des familiären Hintergrunds der Schülerinnen und Schüler kontrolliert. Zu den wichtigsten Strukturmerkmalen der sozialen Herkunft gehört der *sozioökonomische Status der Familie*. Als Indikator hierfür dient in PISA der *Internationale Sozioökonomische Index* (ISEI), der von Ganzeboom u.a. entwickelt wurde (Ganzeboom u.a., 1992). Der ISEI wurde auf der Grundlage von Angaben zum Beruf der Eltern gebildet, der in Deutschland sowohl von den Jugendlichen als auch von den Eltern erfragt worden ist. Bei fehlenden Elternangaben wurden zur Bildung des ISEI die entsprechenden Informationen aus dem Schülerfragebogen herangezogen. In die Analysen geht der jeweils höchste Sozialschichtindex des Vaters oder der Mutter ein. Weiterhin wird das *Bildungsniveau der Eltern* berücksichtigt, das durch den höchsten Bildungsabschluss in der Familie repräsentiert wird. Dabei wird eine 7-stufige Skala zu Grunde gelegt, die zwischen den Polen „Hauptschulbesuch ohne Lehre" und „Abschluss einer wissenschaftlichen Hochschule" variiert.

Nach Baumert, Watermann und Schümer (2003) werden soziale Disparitäten in der Kompetenzentwicklung nur unvollständig abgebildet, wenn neben Strukturmerkmalen nicht auch Prozessmerkmale der familiären Herkunft berücksichtigt werden. Daher wird in den Analysen weiterhin der Einfluss dieser Art von Aspekten der familiären Lebensverhältnisse kontrolliert.

Um die *Wohlstandsinvestitionen* der Familien zu erfassen, wurde im Schülerfragebogen erhoben, ob bestimmte Gegenstände im Haushalt zur Verfügung stehen (Beispielitems: „Wie viele der folgenden Dinge habt ihr zu Hause? – Fernseher/Autos/ Badezimmer). Die interne Konsistenz der Skala liegt bei $\alpha = .66$[3]. Als Indikator für die kulturelle Praxis in der Familie gehen die *kulturellen Ressourcen* in die Analysen ein (Beispielitem: „Wie viele Bücher habt ihr zu Hause?"). Mit $\alpha = .70$ ist die interne Konsistenz dieser Skala ebenfalls zufrieden stellend. Der zweite Indikator für die kulturelle Praxis basiert auf Angaben zu *kulturellen Aktivitäten* der Schülerinnen und Schüler, wie etwa dem Besuch eines Museums oder eines Theaters. Die interne Konsistenz dieser Skala beträgt $\alpha = .64$.

Als weiteres Prozessmerkmal der familiären Lebensverhältnisse wird ein Maß der Intensität und Qualität der Kommunikation in der Familie einbezogen (Beispielitem: „Wie oft kommt es im Allgemeinen vor, dass deine Eltern mit dir über politische oder soziale Fragen diskutieren?"). Diese fünf Items umfassende Skala der *kommunikativen Praxis* weist eine interne Konsistenz von $\alpha = .65$ auf.

Der Migrationshintergrund der Schülerinnen und Schüler wird durch zwei Merkmale gekennzeichnet. Beim ersten handelt es sich um das *Geburtsland der Eltern*. Dabei wird unterschieden zwischen Familien, in denen (1) beide Eltern in Deutschland geboren sind, (2) ein Elternteil im Ausland geboren ist und (3) beide Eltern im Ausland geboren sind. Im Zentrum der Analysen steht jedoch die *Familiensprache* der Schülerinnen und Schüler, die mit der Frage „Welche Sprache sprecht ihr normalerweise zu Hause?" erfasst wurde. Sie geht als dichotome Variable (Deutsch vs. eine andere Sprache) in die Analysen ein. Darüber hinaus wird das Alter zum Zeitpunkt der Zuwanderung in die Analysen einbezogen, das von den Schülern mit dem Item „Seit wann lebst du in Deutschland?" erfragt wurde.

Zur Prüfung von Effekten der Zusammensetzung der Schülerschaft auf die Leistungserwartung und Leistungsbereitschaft der Jugendlichen werden vier Variablen aus einem Fragebogen zu Voraussetzungen selbstregulierten Lernens, der als internationale Option im Rahmen von PISA 2000 eingesetzt wurde, analysiert. Dabei handelt es sich um die *Anstrengungsbereitschaft* der Schülerinnen und Schüler beim Lernen (Beispielitem: „Wenn ich lerne, arbeite ich auch dann weiter, wenn der Stoff schwierig ist." α = .77), ihr *akademisches Selbstkonzept* (Beispielitem: „Ich bin in den meisten Schulfächern gut." α = .78), ihre *instrumentelle Motivation* (Beispielitem: „Ich lerne, um meine Berufschancen zu verbessern." α = .83) und ihre *Selbstwirksamkeitsüberzeugungen* im Hinblick auf den angestrebten Lernerfolg (Beispielitem: „Ich bin überzeugt, dass ich in Hausaufgaben und Klassenarbeiten gute Leistungen erzielen kann." α = .75). Darüber hinaus wird untersucht, welchen Bildungsabschluss die Schülerinnen und Schüler anstreben. Diese Variable wurde mit der folgenden Frage erfasst: „Was ist die höchste Ausbildung, die du abschließen willst?" Die Antwortalternativen waren „Lehre", „Berufsfachschule/Fachschule", „Berufsausbildung und anschließende Meisterprüfung", „Studium an einer Fachhochschule", „Studium an einer Universität oder Technischen Hochschule" und „Studium an einer anderen Hochschule (z.B. für Musik, Gestaltung)". Für die Analysen wurden die Kategorien „Studium an einer Fachhochschule" und „Studium an einer anderen Hochschule (z.B. für Musik, Gestaltung)" zusammengefasst.

Variablen auf der Schulebene

Auf der Schulebene werden drei Kompositionsmerkmale in die Analysen einbezogen, die durch Aggregierungen der Angaben von Schülerinnen und Schülern einer Schule repräsentiert werden. Bei der wichtigsten dieser Variablen handelt es sich um den *Anteil von Schülerinnen und Schülern mit Migrationshintergrund* innerhalb von Schulen, der anhand der Familiensprache der Jugendlichen definiert wird. Zusätzlich wird in den Analysen die *soziale und leistungsbezogene Zusammensetzung* der Schülerschaft berücksichtigt. Diese Schulmerkmale werden durch den mittleren sozioökonomischen Status und die mittleren kognitiven Grundfähigkeiten der Jugendlichen einer Schule operationalisiert. Bei der Interpretation der Befunde ist zu beachten, dass Kompositionseffekte überschätzt werden können, wenn sie auf Aggregierungen unreliabler Messungen basieren (vgl. Lüdtke, Robitzsch, & Köller, 2002). Für den Anteil von Schülerinnen und Schülern mit Migrationshintergrund dürfte dies jedoch kein Problem darstellen, da davon ausgegangen werden kann, dass dieses Merkmal mit einem hohen Maß an Reliabilität erfasst worden ist.

5.3 Ergebnisse

5.3.1 Effekte der Zusammensetzung der Schülerschaft auf Leistungen

Die Tabellen 5.2 und 5.3 zeigen Befunde aus Mehrebenenanalysen, die zur Bestimmung von Effekten des Anteils von Schülerinnen und Schülern mit Migrationshintergrund in Schulen durchgeführt worden sind. In den Modellen 1a bis 1c sind zunächst nur die Variablen auf der Individualebene enthalten (vgl. Tab. 5.2). Abgesehen von der Familiensprache, die als Dummy-Variable in die Analysen eingeht (Deutsch = 0, andere Sprache = 1), wurden die Merkmale des familiären Hintergrunds vorab standardisiert. Um die konfundierten Varianzanteile sichtbar zu machen, die mit der Familiensprache und dem Alter bei der Zuwanderung verbunden sind, wurden die Effekte dieser Variablen zunächst separat (Modelle 1a und 1b) und anschließend simultan (Modell 1c) geschätzt. Wie zu erwarten war, erweist sich auf der Individualebene der Indikator für die kognitiven Grundfähigkeiten der Schülerinnen und Schüler als stärkster Prädiktor für die Lesekompetenz. Mit einem Anstieg der kognitiven Grundfähigkeiten um eine Standardabweichung ist eine Zunahme der Lesekompetenz um mehr als 30 Punkte verbunden. Auch der Einfluss der Familiensprache ist erheblich. Bei ansonsten vergleichbarem familiärem Hintergrund und ähnlich ausgeprägten kognitiven Grundfähigkeiten haben Hauptschülerinnen und -schüler, die zu Hause nicht Deutsch sprechen, knapp 31 Punkte weniger im PISA-Test erzielt als Hauptschülerinnen und -schüler, deren Familiensprache Deutsch ist (vgl. Modell 1a). Bei Kontrolle des Alters zum Zeitpunkt der Zuwanderung reduziert sich dieser Effekt auf 19 Punkte (vgl. Modell 1c). Von den weiteren in das Modell einbezogenen soziokulturellen Struktur- und Prozessmerkmalen erreichen in der untersuchten Teilstichprobe lediglich der sozioökonomische Status, das Bildungsniveau der Eltern und die kommunikative Praxis in der Familie das Signifikanzniveau.

	Modell 1a	Modell 1b	Modell 1c	Modell 2
Individualebene				
Kognitive Grundfähigkeiten	32,9***	34,0***	33,1***	33,1***
Sozioökonomischer Status	4,6***	4,8***	4,3***	4,3***
Bildungsniveau der Eltern	2,0	3,4**	3,2**	3,1**
Wohlstandsinvestitionen	−0,6	−1,1	−2,0	−2,3*
Kulturelle Ressourcen	−0,2	−0,1	0,1	0,1
Kulturelle Aktivitäten	−0,5	−0,8	−0,6	−0,6
Kommunikative Praxis	6,7***	6,7***	6,8***	6,9***
Familiensprache nicht Deutsch	−30,7***		−19,1***	−17,4***
Alter bei Zuwanderung		−13,5***	−9,2***	−9,1***
Schulebene				
Anteil Familiensprache nicht Deutsch				−0,5***
R^2	.33	.33	.35	.36

* p < .05, ** p < .01, *** p < .001.

Tabelle 5.2   Effekte individueller Hintergrundmerkmale und des Migrantenanteils in Schulen auf Lesekompetenz (unstandardisierte Regressionskoeffizienten aus Mehrebenenanalysen)

In Modell 2 ist zusätzlich zu den Variablen des Individualmodells auf der Schulebene der Anteil der Schülerinnen und Schüler, die in ihrer Familie nicht Deutsch sprechen, enthalten. Der Effekt dieser Variable ist signifikant. Demnach sinkt mit einem Anstieg des Migrantenanteils in Schulen um 1 Prozent die Leseleistung der Schülerinnen und Schüler um einen halben Punkt. Bei konstantem individuellem Hintergrund wäre also im Durchschnitt zu erwarten, dass ein Jugendlicher in einer Schule mit 20 Prozent Migrantenanteil 10 Punkte weniger im PISA-Test erzielt als ein Jugendlicher in einer Schule ohne 15-Jährige mit Migrationshintergrund.

Um die Reduktion der Leistungen mit zunehmendem Anteil von Schülerinnen und Schülern mit Migrationshintergrund genauer zu beschreiben, wurden im nächsten Schritt fünf Dummy-Variablen gebildet, die jeweils einen unterschiedlich hohen Migrantenanteil in den Schulen repräsentieren (5% bis unter 10%, 10% bis unter 20%, 20% bis unter 30%, 30% bis unter 40%, 40% oder mehr). Die für diese Variablen geschätzten Koeffizienten geben an, wie viele Punkte mehr oder weniger Jugendliche in Schulen mit dem jeweiligen Migrantenanteil erreicht haben als Jugendliche in Schulen, in denen weniger als 5 Prozent der Schülerinnen und Schüler zu Hause nicht Deutsch sprechen (siehe Tab. 5.3, Modell 3). Die Befunde bestätigen den in Modell 2 identifizierten linearen Trend[4]. Ab einem Migrantenanteil von 10 bis 20 Prozent ist eine zunehmende Reduktion der Leseleistungen zu beobachten. Da mit der Gruppierung der Schulen eine Verringerung der Testpower für die Kompositionsanalysen verbunden ist, werden die

	Modell 3	Modell 4	Modell 5
Individualebene			
Kognitive Grundfähigkeiten	33,0***	33,0***	32,2***
Sozioökonomischer Status	4,2***	4,1***	4,1***
Bildungsniveau der Eltern	3,1**	3,1**	3,0**
Wohlstandsinvestitionen	−2,2*	−2,3*	−2,3*
Kulturelle Ressourcen	0,1	0,1	0,0
Kulturelle Aktivitäten	−0,6	−0,6	−0,6
Kommunikative Praxis	6,9***	6,8***	6,9***
Familiensprache nicht Deutsch	−17,4***	−17,6***	−17,8***
Alter bei Zuwanderung	−9,2***	−9,1***	−9,1***
Schulebene			
Anteil Familiensprache nicht Deutsch[1]:			
5–10 Prozent	2,3	3,2	4,8
10–20 Prozent	−2,5	−0,8	1,3
20–30 Prozent	−5,9	−3,7	−0,6
30–40 Prozent	−9,8	−6,9	−1,7
≥ 40 Prozent	−24,5**	−18,4*	−9,7
Mittlerer sozioökonomischer Status		4,3*	3,1
Mittlere kognitive Grundfähigkeiten			10,2***
R^2	.36	.36	.37

* $p < .05$, ** $p < .01$, *** $p < .001$.

[1] Referenz: < 5 Prozent.

Tabelle 5.3　Effekte von verschiedenen Aspekten der Zusammensetzung der Schülerschaft in Schulen auf Lesekompetenz (unstandardisierte Regressionskoeffizienten aus Mehrebenenanalysen)

	Familien-sprache nicht Deutsch	Beide Eltern im Ausland geboren	Kognitive Grundfähigkeiten (z-Werte)		Sozioökonomischer Status (z-Werte)		Bildungsniveau der Eltern (z-Werte)	
	in %	in %	M	SD	M	SD	M	SD
< 5 Prozent	1,6	4,1	0,18	0,94	0,15	1,02	0,12	0,88
5–10 Prozent	7,3	12,9	0,10	0,96	0,11	0,98	0,17	0,92
10–20 Prozent	15,0	19,6	0,06	0,97	0,04	0,97	0,02	0,95
20–30 Prozent	24,2	29,4	0,03	1,03	0,03	1,03	−0,02	1,01
30–40 Prozent	34,2	40,7	−0,07	0,96	−0,01	0,97	−0,04	1,03
≥ 40 Prozent	55,6	59,2	−0,22	1,05	−0,23	0,98	−0,15	1,10

Tabelle 5.4   Hintergrundmerkmale von Jugendlichen in Schulen mit unterschiedlichem Anteil von Schülerinnen und Schülern, die in der Familie nicht Deutsch sprechen

ersten Koeffizienten nicht signifikant. Erst ab einem Migrantenanteil von 40 Prozent oder mehr erreicht der Unterschied zur Referenzgruppe (Schulen mit einem Migrantenanteil von weniger als 5 %) eine Größenordnung, die sich gegen den Zufall absichern lässt. Dies sollte jedoch nicht als Sprung interpretiert werden. Es handelt sich vielmehr um eine Veranschaulichung des linearen Zusammenhangs. Demnach erzielten Jugendliche in Schulen, in denen mindestens 40 Prozent der Schülerinnen und Schüler zu Hause nicht Deutsch sprechen, fast 25 Punkte weniger im PISA-Lesetest als vergleichbare Jugendliche in Schulen mit einem Migrantenanteil von weniger als 5 Prozent. Diese Differenz entspricht einem Leistungsrückstand von etwa einem Jahr (Baumert & Artelt, 2002).

In einer weiteren Analyse wurde die Gruppe der Schulen mit einem Migrantenanteil von 40 Prozent oder mehr in drei Kategorien unterteilt, die dann als zusätzliche Dummy-Variablen in das Modell aufgenommen wurden (Migrantenanteil 40 %–50 %, 50 %–60 %, ≥ 60 %). Die resultierenden Ergebnisse folgen ebenfalls weitgehend dem linearen Trend (40 %–50 %: $b = -12,7$, $p = .06$; 50 %–60 %: $b = -42,6$, $p = .00$; ≥ 60 %: $b = -26,4$, $p = .00$), wobei jedoch der Koeffizient für die Kategorie 50-60 % Migrantenanteil am größten ist. Aufgrund der geringen Fallzahlen innerhalb der drei Gruppen sollte dieses Muster jedoch nicht überinterpretiert werden.

Anknüpfend an Hinweise aus früheren Studien (z.B. Rüesch, 1998), wonach der Einfluss des Migrantenanteils in Schulen bei Kontrolle von Merkmalen der sozialen Zusammensetzung der Schülerschaft verschwindet, wird in Modell 4 der mittlere sozioökonomische Status der Jugendlichen innerhalb von Schulen kontrolliert (siehe Tab. 5.3). Dies führt zu einer Reduktion der Effekte des Migrantenanteils. Der Leistungsnachteil von Schülerinnen und Schülern in Schulen, in denen 40 Prozent oder mehr der Jugendlichen zu Hause eine andere Sprache als Deutsch sprechen, ist jedoch weiterhin bedeutsam. Demnach kann der Einfluss des Migrantenanteils in Schulen nicht allein auf den sozioökonomischen Hintergrund der Schülerschaft zurückgeführt werden. Wird aber zusätzlich die leistungsbezogene Zusammensetzung der Schülerschaft dadurch konstant gehalten, dass der in den Schulen im Durchschnitt erreichte Wert im kognitiven Fähigkeitstest in das Modell eingeführt wird, so ist der Effekt des Migrantenanteils nicht mehr signifikant (siehe Tab. 5.3, Modell 5). Dieses Befundmuster verweist auf die starke Konfundierung von Merkmalen der Zusammensetzung der Schülerschaft. Wie in Tabelle 5.4 zu erkennen ist, verfügt die Schülerschaft in Schulen mit hohem Migrantenanteil auch im Hinblick auf ihre soziale Herkunft und ihre kognitiven Lernvoraussetzungen über weniger günstige Voraussetzungen, und es ist anzunehmen, dass diese Aspekte in ihrem Einfluss auf die Leistungsentwicklung der Schülerinnen und Schüler zusammenspielen.

5.3.2 Differenzielle Effekte der Zusammensetzung der Schülerschaft auf die Leistungen von Jugendlichen mit und ohne Migrationshintergrund

Um zu bestimmen, ob sich der Migrantenanteil in Schulen in unterschiedlicher Weise auf die Leistungen von Jugendlichen mit und ohne Migrationshintergrund auswirkt, wurden in weiteren Analysen *cross-level* Interaktionen zwischen dem Migrantenanteil auf Schulebene und dem Migrationsstatus der Schülerinnen und Schüler auf der Individualebene geschätzt. Wie dies in Mehrebenenanalysen umgesetzt werden kann, soll wiederum anhand des vereinfachten Beispiels aus Abschnitt 5.2.2 dargestellt werden. Den Ausgangspunkt bildet die dort bereits dargestellte Gleichung (1) auf der Individualebene:

(1) $Y_{ij} = \beta_{oj} + \beta_{1j}(\text{Vorwissen})_{ij} + \beta_{2j}(\text{Mig.hintergrund})_{ij} + e_{ij}.$

Auf der Schulebene wird nun allerdings nicht nur der Achsenabschnittsparameter β_{oj} als abhängige Variable behandelt, sondern auch der Steigungsparameter β_{2j} für den Mig-

	Modell 6
Individualebene	
Kognitive Grundfähigkeiten	33,1***
Sozioökonomischer Status	4,3***
Bildungsniveau der Eltern	3,1**
Wohlstandsinvestitionen	−2,3*
Kulturelle Ressourcen	0,1
Kulturelle Aktivitäten	−0,6
Kommunikative Praxis	6,9***
Familiensprache nicht Deutsch	−18,1***
Alter bei Zuwanderung	−9,1***
Schulebene	
Anteil Familiensprache nicht Deutsch	−0,5***
Anteil Familiensprache nicht Deutsch × Familiensprache nicht Deutsch	0,1
R^2	.36

* $p < .05$, ** $p < .01$, *** $p < .001$.

Tabelle 5.5   Schätzung von Interaktionseffekten zwischen individuellem Migrationshintergrund und dem Migrantenanteil in Schulen auf Lesekompetenz (unstandardisierte Regressionskoeffizienten aus Mehrebenenanalysen)

rationshintergrund. Für den Regressionskoeffizienten des Vorwissens wird dagegen weiterhin angenommen, dass er über die Schulen konstant ist:

(6) $\beta_{0j} = \gamma_{00} + \gamma_{01}(\text{Mig.anteil})_j + u_{0j}.$

(7) $\beta_{1j} = \gamma_{10}.$

(8) $\beta_{2j} = \gamma_{20} + \gamma_{21}(\text{Mig.anteil})_j + u_{2j}.$

Gleichung (8) bildet die Erwartung ab, dass der Einfluss des Migrationshintergrunds der Schülerinnen und Schüler auf die Leistung in Abhängigkeit vom Migrantenanteil in Schulen variiert.

Setzt man die Gleichungen (6) bis (8) in die Gleichung (1) ein, so ergibt sich:

(9) $Y_{ij} = \gamma_{00} + \gamma_{01}(\text{Mig.anteil})_j + \gamma_{10}(\text{Vorwissen})_{ij} + \gamma_{20}(\text{Mig.hintergrund})_{ij} +$
$\gamma_{21}(\text{Mig.anteil})_j(\text{Mig.hintergrund})_{ij} + u_{2j}(\text{Mig.hintergrund})_{ij} + u_{0j} + e_{ij}.$

Die Ergebnisse des um die entsprechende *cross-level* Interaktion erweiterten Modells 2 sind in Modell 6 in Tabelle 5.5 dargestellt. Wie anhand der nicht signifikanten Schätzungen des Interaktionsparameters zu erkennen ist, unterscheiden sich die Effekte des

	Modell 3		Modell 5	
	Jugendliche mit Migrations- hintergrund	Jugendliche ohne Migrations- hintergrund	Jugendliche mit Migrations- hintergrund	Jugendliche ohne Migrations- hintergrund
Individualebene				
Kognitive Grundfähigkeiten	32,8***	33,3***	31,0***	32,2***
Sozioökonomischer Status	1,9	5,4***	1,4	5,2***
Bildungsniveau der Eltern	3,8	3,1*	3,7	2,9*
Wohlstandsinvestitionen	−1,4	−2,3	−1,6	−2,4
Kulturelle Ressourcen	1,1	−0,4	1,2	−0,5
Kulturelle Aktivitäten	−1,7	0,4	−2,1	0,4
Kommunikative Praxis	4,7*	8,0***	5,1*	8,0***
Familiensprache nicht Deutsch	−15,5***		−16,3***	
Alter bei Zuwanderung	−10,5***		−10,5***	
Schulebene				
Anteil Familiensprache nicht Deutsch[1]:				
5–10 Prozent	0,1	2,4	6,0	4,3
10–20 Prozent	−4,5	−2,1	2,2	0,8
20–30 Prozent	−13,4	−3,3	−4,5	0,7
30–40 Prozent	−15,2	−8,0	−2,8	−1,5
≥ 40 Prozent	−28,8*	−25,8**	−6,8	−14,5
Mittlerer sozioökonomischer Status			6,8**	0,9
Mittlere kognitive Grundfähigkeiten			11,0***	10,1***
R^2	.31	.31	.33	.33

* $p < .05$, ** $p < .01$, *** $p < .001$.

[1] Referenz: < 5 Prozent.

Tabelle 5.6   Schätzung von Effekten des Migrantenanteils in Schulen auf die Lesekompetenz für Jugendliche mit und ohne Migrationshintergrund (unstandardisierte Regressionskoeffizienten aus Mehrebenenanalysen)

Migrantenanteils in Schulen nicht in Abhängigkeit von der Familiensprache der Jugendlichen. Sofern sich also dieser Aspekt der Zusammensetzung der Schülerschaft auf die Entwicklung der Leseleistungen auswirkt, ist der Einfluss für beide Schülergruppen ähnlich stark ausgeprägt.

Dies wird in Tabelle 5.6 noch einmal anschaulich anhand von separaten Schätzungen der Modelle 3 und 5 für Jugendliche mit und ohne Migrationshintergrund unterstrichen. Um die Effekte für die Gesamtgruppe der Schülerinnen und Schüler aus zugewanderten Familien zu bestimmen, wurde in diesen Analysen der Migrationshintergrund breiter definiert. Bei den Jugendlichen mit Migrationshintergrund handelt es sich in Tabelle 5.6 um Schülerinnen und Schüler aus Familien, in denen nicht Deutsch gesprochen wird und/oder mindestens ein Elternteil im Ausland geboren ist. Als Jugendliche ohne Migrationshintergrund werden dagegen solche Schülerinnen und Schüler bezeichnet, die in der Familie Deutsch sprechen und deren Eltern beide in Deutschland geboren sind. Die Ergebnisse zeigen, dass die Reduktion der Lesekompetenz mit steigendem Migrantenanteil in beiden Gruppen auftritt (vgl. Tab. 5.6, Modell 3). Aber auch der Befund, dass dieser Effekt bei Kontrolle des mittleren sozioökonomischen Status und der mittleren kognitiven Grundfähigkeiten in der Schule verschwindet, bestätigt sich für Schülerinnen und Schüler aus zugewanderten Familien ebenso wie für Schülerinnen und Schüler ohne Migrationshintergrund (vgl. Tab. 5.6, Modell 5).

5.3.3 Effekte der Zusammensetzung der Schülerschaft auf Aspekte der Leistungserwartung und Leistungsbereitschaft

In Diskussionen über mögliche Ursachen von Effekten der Zusammensetzung der Schülerschaft wird gelegentlich die Vermutung angeführt, dass sich in benachteiligten Schul- oder Klassenkontexten eine Kultur geringer Leistungserwartung und Leistungsbereitschaft entwickelt, die sich negativ auf das Lernverhalten und die Lernerfolge der Schülerinnen und Schüler auswirkt. So nehmen beispielsweise Caldas und Bankston (1997) an, Lehrkräfte in Schulen mit einer sozial benachteiligten Schülerschaft würden ihre Leistungserwartungen reduzieren und das Curriculum entsprechend vereinfachen. Die geringen Erwartungen der Lehrkräfte, so das Argument der Autoren weiter, könnten sich auf die Schülerinnen und Schüler übertragen und die Einschätzungen ihrer eigenen Fähigkeiten beeinträchtigen. Caldas und Bankston (1997) gehen also davon aus, dass der Einfluss der Komposition der Schülerschaft auf Leistungen durch die Haltung, die Lehrkräfte und Schülerinnen und Schüler zu schulischer Leistung und schulischem Erfolg entwickeln, vermittelt wird.

Da im Rahmen von PISA keine Daten zu den Erwartungen von Lehrkräften erhoben worden sind, lässt sich dieser Aspekt der Mediationshypothese von Caldas und Bankston (1997) nicht prüfen. Für die Haltung der Schülerinnen und Schüler zu schulischer Leistung und schulischem Erfolg liegen jedoch einige Indikatoren vor. Anhand von ausgewählten Merkmalen soll daher im Folgenden die Vermutung der Autoren geprüft wer-

	Anstrengungs-bereitschaft		Akademisches Selbstkonzept		Instrumentelle Motivation		Selbstwirksamkeit		Angestrebter Bildungsabschluss	
	Modell 3	Modell 5	Modell 3	Modell 5	Modell 3	Modell 5	Modell 3	Modell 5	Modell 3	Modell 5
Individualebene										
Kognitive Grundfähigkeiten	0,04*	0,04*	0,13***	0,14***	0,02	0,02	0,09***	0,10***	0,11***	0,13***
Sozioökonomischer Status	0,00	0,00	-0,01	-0,01	0,00	0,00	0,02	0,01	0,06***	0,06**
Bildungsniveau der Eltern	-0,01	-0,01	0,00	0,00	-0,01	-0,01	0,03	0,03*	0,13***	0,13***
Wohlstandsinvestitionen	-0,04*	-0,04*	0,00	0,00	-0,02	-0,02	-0,01	0,00	0,01	0,01
Kulturelle Ressourcen	0,09***	0,09***	0,08***	0,08***	0,06**	0,06**	0,08***	0,08***	0,05**	0,05**
Kulturelle Aktivitäten	0,05**	0,05**	0,06***	0,06***	0,03*	0,03*	0,07***	0,07***	0,09***	0,09***
Kommunikative Praxis	0,22***	0,22***	0,13***	0,13***	0,20***	0,20***	0,17***	0,17***	0,07***	0,07***
Familiensprache nicht Deutsch	0,14**	0,14**	0,12*	0,13*	0,07	0,07	0,02	0,03	0,35***	0,35***
Alter bei Zuwanderung	-0,04	-0,04	-0,06**	-0,06**	-0,01	-0,01	-0,03	-0,03	-0,02	-0,02
Schulebene										
Anteil Familiensprache nicht Deutsch[1]:										
5–10 Prozent	-0,00	-0,00	0,02	0,00	-0,02	-0,02	0,08	0,08	0,08	0,07
10–20 Prozent	-0,04	-0,05	0,02	-0,01	0,01	0,01	0,05	0,04	0,06	0,05
20–30 Prozent	-0,04	-0,04	0,02	-0,02	-0,04	-0,06	0,06	0,05	0,06	0,05
30–40 Prozent	-0,04	-0,05	-0,02	-0,07	-0,03	-0,05	0,02	0,00	0,13*	0,11
≥ 40 Prozent	-0,02	-0,02	0,09	0,02	0,01	-0,03	0,12	0,08	0,20**	0,17**
Mittlerer sozioökonomischer Status		0,00		-0,05*		-0,03		0,01		0,02
Mittlere kognitive Grundfähigkeiten		0,00		-0,04		0,01		-0,04*		-0,05*
R²	.08	.08	.05	.05	.05	.05	.07	.07	.09	.09

* p < .05, ** p < .01, *** p < .001.

[1] Referenz: < 5 Prozent.

Tabelle 5.7   Effekte individueller Hintergrundmerkmale und des Migrantenanteils in Schulen auf Indikatoren für Leistungserwartung und Leistungsbereitschaft (unstandardisierte Regressionskoeffizienten aus Mehrebenenanalysen)

den, dass sich die Zusammensetzung der Schülerschaft auf die Leistungserwartung und Leistungsbereitschaft auswirkt.

In Tabelle 5.7 sind die Ergebnisse von Mehrebenenanalysen dargestellt mit Anstrengungsbereitschaft, akademischem Selbstkonzept, instrumenteller Motivation, Selbstwirksamkeitsüberzeugungen und angestrebtem Bildungsabschluss als Kriterien. Diese Variablen wurden vorab standardisiert, sodass die resultierenden Koeffizienten in Einheiten der Standardabweichungen zu interpretieren sind. Es wurden jeweils die Modelle 3 und 5, wie sie in Tabelle 5.3 eingeführt worden sind, geschätzt. Dabei zeigt sich, dass die Familiensprache der Schülerinnen und Schüler auf der individuellen Ebene mit drei der abhängigen Variablen kovariiert, nämlich mit der Anstrengungsbereitschaft der Schülerinnen und Schüler, dem akademischen Selbstkonzept und dem angestrebten Abschluss. Das positive Vorzeichen der Koeffizienten weist darauf hin, dass Jugendliche mit nichtdeutscher Familiensprache höhere Werte auf diesen Merkmalen aufweisen. Bei ansonsten vergleichbaren Hintergrundmerkmalen tendieren also Schülerinnen und Schüler, die zu Hause nicht Deutsch sprechen, eher dazu, sich beim Lernen anzustrengen, über ein positives akademisches Selbstkonzept zu verfügen und einen höheren Bildungsabschluss anzustreben als Jugendliche aus Familien, in denen die Umgangssprache Deutsch ist. Dies stimmt mit Befunden anderer Untersuchungen überein, die zeigen, dass Schülerinnen und Schüler aus zugewanderten Familien vergleichsweise stark motiviert sind und hohe Bildungsaspirationen aufweisen (vgl. Nauck & Diefenbach, 1997; Christensen & Stanat, in Vorb.).

Wie anhand des unteren Teils von Tabelle 5.7 zu erkennen ist, hat die Zusammensetzung der Schülerschaft dagegen kaum einen Einfluss auf die untersuchten Indikatoren für die Leistungserwartung und Leistungsbereitschaft der Jugendlichen. Ein Effekt des Migrantenanteils in Schulen ist lediglich für den angestrebten Bildungsabschluss zu beobachten. Dabei handelt es sich wiederum um einen positiven Zusammenhang. Das heißt, in Schulen mit einem relativ hohen Anteil von Schülerinnen und Schülern, die in der Familie nicht Deutsch sprechen, ist die Bildungsaspiration tendenziell höher. Das akademische Selbstkonzept und die Selbstwirksamkeitsüberzeugungen sind dagegen offenbar in Schulen etwas schwächer ausgeprägt, in denen die Schülerschaft über weniger günstige Eingangsvoraussetzungen im Hinblick auf den sozioökonomischen Status bzw. die kognitiven Grundfähigkeiten verfügt. Die Bildungsaspirationen hingegen scheinen überraschenderweise mit zunehmenden kognitiven Grundfähigkeiten der Schülerschaft abzunehmen. Diese Effekte sind allerdings relativ klein. Insgesamt spricht das Befundmuster eher dagegen, dass die Zusammensetzung der Schülerschaft in erheblichem Maße die Leistungsbereitschaft und Leistungserwartungen der Schülerinnen und Schüler beeinflusst (vgl. auch Kap. 4, in diesem Band).

5.4 Zusammenfassung und Diskussion

Die in diesem Kapitel berichteten Befunde zu Kompositionseffekten weisen darauf hin,
dass in Hauptschulen mit höherem Migrantenanteil geringere Leistungen erzielt werden. Dabei handelt es sich um einen linearen Zusammenhang, der in Schulen, in denen
40 Prozent oder mehr der Schülerinnen und Schüler in der Familie eine andere Sprache als Deutsch sprechen, einen Leistungsnachteil von 25 Punkten erreicht. Der ausgeprägte Leistungsnachteil in diesen Schulen, von dem Jugendliche mit und ohne Migrationshintergrund gleichermaßen betroffen sind, scheint allerdings nicht spezifisch an
den Migrantenanteil gekoppelt zu sein, sondern mit einer mehrfachen Benachteiligung
der Schülerschaft einherzugehen. Es handelt sich hierbei um Schulen, in denen viele
Schülerinnen und Schüler nicht nur aus zugewanderten Familien stammen, sondern
auch im Hinblick auf den sozioökonomischen Hintergrund und die kognitiven Grundfähigkeiten über wenig günstige Eingangsvoraussetzungen verfügen. Diese Aspekte der
Benachteiligung sind in einem Maße konfundiert, dass sich ihre Effekte kaum voneinander trennen lassen. Damit weisen die Befunde nochmals darauf hin, dass in
Deutschland Lernkontexte existieren, in denen unter äußerst schwierigen Bedingungen
gearbeitet wird (vgl. auch Baumert, Trautwein, & Artelt, 2003; Schümer, 2004). Zählt
man den Befunden entsprechend nur die Schulen dazu, in denen mindestens 40 Prozent der Schülerinnen und Schüler in der Familie nicht Deutsch sprechen, so handelt es
sich immerhin noch um 20 Prozent der in PISA-E untersuchten Hauptschulen. Die in
diesen Schulen vorliegenden Kontexte scheinen über die Einflüsse der ungünstigen individuellen Eingangsvoraussetzungen der Jugendlichen hinaus die Lernentwicklung der
Schülerinnen und Schüler zu beeinträchtigen.

Über die Prozesse, die den in dieser und in anderen Studien identifizierten Kompositionseffekten zu Grunde liegen, war bislang wenig bekannt. Zu den Annahmen über
mögliche Wirkmechanismen, die in der Literatur diskutiert werden, gehören unter anderem Erklärungen, die sich auf Schulressourcen, Aspekte des Lern- und Sozialklimas,
normative Einflüsse der Peergruppe, Erwartungen und Verhalten von Lehrkräften oder
Unterstützungsverhalten der Eltern beziehen (vgl. z.B. Blakey & Heath, 1992; Burns &
Mason, 2002; Caldas & Bankston, 1997; Hattie, 2002; Resh & Dar, 1992; Westerbeek,
1999; Wilkinson, 2002; Willms, 1992). Die in diesem Kapitel berichteten Analysen weisen darauf hin, dass die Zusammensetzung der Schülerschaft die Leistungserwartung
und Leistungsbereitschaft der Jugendlichen kaum beeinflusst (vgl. auch Kap. 4, in diesem Band). Lediglich auf die Bildungsaspirationen scheint der Anteil der Schülerinnen
und Schüler mit Migrationshintergrund in Schulen einen Effekt zu haben, allerdings
einen positiven. Demnach tendieren Schülerinnen und Schüler in Schulen mit relativ
hohem Migrantenanteil dazu, einen höheren Bildungsabschluss anzustreben.

Eine Einschränkung der Analysen liegt darin, dass sie nicht differenziert für verschiedene ethnische Gruppen durchgeführt werden konnten. Die Annahme, dass die erwarteten Kompositionseffekte durch sprachliche Gelegenheitsstrukturen vermittelt werden, geht davon aus, dass Kinder und Jugendliche in Schulen mit hohem Migrantenan-

teil auch innerhalb der Schule seltener Deutsch sprechen. Dies setzt voraus, dass sich die Schülerinnen und Schüler untereinander in ihrer Herkunftssprache verständigen können. Um diese Annahme prüfen zu können, wäre es notwendig, Schulen mit einem unterschiedlichen Anteil von Schülerinnen und Schülern derselben Herkunftssprache zu untersuchen. Aufgrund der relativ kleinen Fallzahlen von Jugendlichen, die im Rahmen von PISA innerhalb der einzelnen Schulen getestet worden sind, ist dies anhand der vorliegenden Daten allerdings nicht möglich. Die für verschiedene Herkunftsgruppen differenzierten Analysen sollten mit Datensätzen aus Erhebungen durchgeführt werden, die möglichst komplette Jahrgänge untersucht haben.

Darüber hinaus wäre es wünschenswert, in zukünftigen Analysen Kontextbedingungen einzubeziehen, die im Wohnumfeld der Schülerinnen und Schüler vorliegen. Erste Befunde von Baumert, Carstensen und Siegle (2005; vgl auch Kap. 4,in diesem Band) weisen darauf hin, dass die soziostrukturellen Bedingungen in der Umgebung von Schulen die Kompetenzentwicklung von Schülerinnen und Schülern beeinflussen. Möglicherweise handelt es sich bei den im vorliegenden Kapitel berichteten Einflüssen der Zusammensetzung der Schülerschaft also weniger um Effekte der Schule als um Effekte von Einzugsgebieten. Als Arbeitshypothese erscheint allerdings die Annahme plausibel, dass beide Ebenen für die Arbeit von Schulen und den schulischen Erfolg von Schülerinnen und Schülern eine Rolle spielen. Letztlich kann dies jedoch nur anhand von systematischen Analysen möglicher Wirkmechanismen entschieden werden.

Anmerkungen

[1] Bei dem von Rüesch (1998) verwendeten Indikator für den sozioökonomischen Hintergrund handelt es sich um eine zusammengesetzte Variable, die in einer Hauptkomponentenanalyse ermittelt wurde. In den Indikator gingen ein die Berufe der Eltern, die Anzahl der Bücher im Haushalt, der Besitz von Musikinstrumenten und die Verfügbarkeit eines eigenen Arbeitsplatzes für Schularbeiten. Angesichts dieser Komponenten weist Rüesch (1998, S. 105) darauf hin, dass der gewählte Indikator für den sozioökonomischen Status (SES) vor allem das kulturelle Kapital der Familien abbildet.

[2] Da sich die Analysen im vorliegenden Beitrag auf Schulen beziehen, ist an dieser Stelle nur von dieser Ebene die Rede. Die Aussagen lassen sich aber auch auf Analysen auf Klassenebene übertragen.

[3] Alle Angaben zu internen Konsistenzen beziehen sich auf die deutsche PISA-Stichprobe, die in den internationalen Vergleich eingegangen ist. Sie sind im Skalenhandbuch des nationalen PISA-Konsortiums dokumentiert (Kunter u.a., 2002).

[4] Diese Analyse dient dazu, den linearen Zusammenhang genauer zu kennzeichnen. Ein Test auf einen quadratischen Trend erbrachte kein signifikantes Ergebnis.

Literatur

Alba, R. D., Handl, J., & Müller, W. (1994). Ethnische Ungleichheiten im deutschen Bildungssystem. *Kölner Zeitschrift für Soziologie und Sozialpsychologie, 46,* 209–237.

Bankston C. L. III., & Caldas, S. J. (1996). Majority African American schools and social injustice: The influence of *de facto* segregation on academic achievement. *Social Forces, 75,* 535–555.

Baumert, J., & Artelt, C. (2002). Bereichsübergreifende Perspektiven. In J. Baumert, C. Artelt, E. Klieme, J. Neubrand, M. Prenzel, U. Schiefele, W. Schneider, K.-J. Tillmann, & M. Weiß (Hrsg.), *PISA 2000. Die Länder der Bundesrepublik Deutschland im Vergleich* (S. 219–231). Opladen: Leske + Budrich.

Baumert, J., Artelt, C., Carstensen, C. H., Sibberns, H., & Stanat, P. (2002). Untersuchungsgegenstand, Fragestellungen und technische Grundlagen der Studie. In J. Baumert, C. Artelt, E. Klieme, M. Neubrand, M. Prenzel, U. Schiefele, W. Schneider, K.-J. Tillmann, & M. Weiß (Hrsg.), *PISA 2000. Die Länder der Bundesrepublik Deutschland im Vergleich* (S. 11–38). Opladen: Leske + Budrich.

Baumert, J., Carstensen, C. H., & Siegle, T. (2005). Wirtschaftliche, soziale und kulturelle Lebensverhältnisse und regionale Disparitäten des Kompetenzerwerbs. In M. Prenzel, J. Baumert, W. Blum, R. Lehmann, D. Leutner, M. Neubrand, R. Pekrun, J. Rost, & U. Schiefele (Hrsg.), *Pisa 2003. Der zweite Vergleich der Länder in Deutschland – Was wissen und können Jugendliche?* (S. 323–365). Münster: Waxmann.

Baumert, J., & Schümer, G. (2001). Familiäre Lebensverhältnisse, Bildungsbeteiligung und Kompetenzerwerb. In J. Baumert, E. Klieme, M. Neubrand, M. Prenzel, U. Schiefele, W. Schneider, P. Stanat, K.-J. Tillmann, & M. Weiß (Hrsg.), *PISA 2000. Basiskompetenzen von Schülerinnen und Schülern im internationalen Vergleich* (S. 159–200). Opladen: Leske + Budrich.

Baumert, J., & Schümer, G. (2002). Familiäre Lebensverhältnisse, Bildungsbeteiligung und Kompetenzerwerb im nationalen Vergleich. In J. Baumert, C. Artelt, E. Klieme, M. Neubrand, M. Prenzel, U. Schiefele, W. Schneider, K.-J. Tillmann, & M. Weiß (Hrsg.), *PISA 2000. Die Länder der Bundesrepublik Deutschland im Vergleich* (S. 159–201). Opladen: Leske + Budrich.

Baumert, J., Trautwein, U., & Artelt, C. (2003). Schulumwelten – Institutionelle Bedingungen des Lehrens und Lernens. In J. Baumert, C. Artelt, E. Klieme, M. Neubrand, M. Prenzel, U. Schiefele, W. Schneider, J.-K. Tillmann, & M. Weiß (Hrsg.), *PISA 2000. Ein differenzierter Blick auf die Länder der Bundesrepublik Deutschland* (S. 261–331). Opladen: Leske + Budrich.

Baumert, J., Watermann, R., & Schümer, G. (2003). Disparitäten der Bildungsbeteiligung und des Kompetenzerwerbs. Ein institutionelles und individuelles Mediationsmodell. *Zeitschrift für Erziehungswissenschaft, 6,* 46–72.

Berry, J. W. (1980). Acculturation as varieties of adaptation. In A. Padilla (Ed.), *Acculturation: Theory, models and some new findings* (pp. 9–25). Boulder, CO: Westview Press.

Berry, J. W. (2002). Conceptual approaches to acculturation. In K. M. Chun, P. Balls Organista, & G. Marín (Eds.), *Acculturation: Advances in theory, measurement, and applied research* (pp. 17–37). Washington, DC: American Psychological Association.

Blakey, L. S., & Heath, A. F. (1992). Differences between comprehensive schools: Some preliminary findings. In D. Reynolds & P. Cuttance (Eds.), *School effectiveness: Research, policy and practice* (pp. 96–121). London: Cassell.

Bos, W., Voss, A., Lankes, E.-M., Schwippert, K., Thiel, O., & Valtin, R. (2004). Schullaufbahnempfehlungen von Lehrkräften für Kinder am Ende der vierten Jahrgangsstufe. In W. Bos, E.-M. Lankes, M. Prenzel, K. Schwippert, R. Valtin, & G. Walther (Hrsg.), *IGLU: Einige Länder der Bundesrepublik Deutschland im nationalen und internationalen Vergleich* (S. 191–228). Münster: Waxmann.

Breen, R., & Goldthorpe, J. H. (1997). Explaining educational differentials: Towards a formal rational action theory. *Rationality and Society, 9*, 275–305.

Bryk, A. S., & Raudenbusch, S. W. (1992). *Hierarchical linear models: Applications and data analysis methods.* Newbury Park, CA: Sage.

Büchel, F., & Wagner, G. (1996). Soziale Differenzen der Bildungschancen in Westdeutschland – Unter besonderer Berücksichtigung von Zuwandererkindern. In W. Zapf, J. Schupp, & R. Habich (Hrsg.), *Lebenslagen im Wandel. Sozialberichterstattung im Längsschnitt* (S. 80–96). Frankfurt a.M.: Campus.

Burns, R. B., & Mason, D. A. (2002). Class composition and student achievement in elementary schools. *American Educational Research Journal, 39*, 207–233.

Caldas, S. J., & Bankston, C. L. III. (1997). The effect of school population socioeconomic status on individual academic achievement. *The Journal of Educational Research, 90*, 269–277.

Caldas, S. J., & Bankston, C. L. III. (1998). The inequality of separation: Racial composition of schools and academic achievement. *Educational Administration Quarterly, 34*, 533–557.

Ceci, S. J. (1991). How much does schooling influence general intelligence and its cognitive components? A reassessment of the evidence. *Developmental Psychology, 27*, 703–722.

Coradi Vellacott, M., Hollenweger, J., Nicolet, M., & Wolter, S. C. (2003). *Soziale Integration und Leistungsförderung. Thematischer Bericht der Erhebung PISA 2000.* Neuchâtel: Bundesamt für Statistik (BFS)/Schweizerische Konferenz der kantonalen Erziehungsdirektoren (EDK).

Christensen, G., & Stanat, P. (in prep.). *Motivation and school perceptions among first and second generation immigrant students: A cross-national comparison.*

Diefenbach, H. (2002). Bildungsbeteiligung und Berufseinmündung von Kindern und Jugendlichen aus Migrantenfamilien. Eine Fortschreibung der Daten des Sozio-Ökonomischen Panels (SOEP). In Sachverständigenkommission 11. Kinder- und Jugendbericht (Hrsg.), *Migration und die europäische Integration. Herausforderungen für die Kinder- und Jugendhilfe* (Bd. 5, S. 9–70). München: Verlag Deutsches Jugendinstitut.

Ditton, H. (1998). *Mehrebenenanalyse. Grundlagen und Anwendungen des Hierarchisch Linearen Modells.* Weinheim: Juventa.

Elley, W. B. (1992). *How in the world do students read?* Hamburg: IEA.

Elley, W. B. (Ed.). (1994). *The IEA Study of Reading Literacy: Achievement and instruction in thirty-two school systems.* Oxford: Pergamon.

Entorf, H., & Minoiu, N. (2004). *PISA results: What a difference immigration law makes.* Bonn: Institute for the Study of Labor (IZA Discussion Paper 1021).

Entwisle, D. R., & Alexander, K. L. (1994). Winter setback: The racial composition of schools and learning to read. *American Sociological Review, 59*, 446–460.

Esser, H. (1989). Familienmigration, Schulsituation und interethnische Beziehungen. *Zeitschrift für Pädagogik, 3*, 317–336.

Esser, H. (1990). Familienmigration und Schulkarriere ausländischer Kinder und Jugendlicher. In H. Esser & J. Friedrichs (Hrsg.), *Generation und Identität. Theoretische und empirische Beiträge zur Migrationssoziologie* (S. 127–146). Opladen: Westdeutscher Verlag.

Esser, H. (2001a). *Integration und ethnische Schichtung.* Mannheim: Mannheimer Zentrum für Europäische Sozialforschung (MZES Arbeitspapiere 40).

Esser, H. (2001b). Kulturelle Pluralisierung und strukturelle Assimilation: Das Problem der ethnischen Schichtung. *Schweizerische Zeitschrift für Politikwissenschaft, 7*, 97–108.

Ganzeboom, H. B. G., de Graaf, P. M., Treiman, D. J., & de Leeuw, J. (1992). A standard international socio-economic index of occupational status. *Social Science Research, 21*, 1–56.

Geiersbach, P. (1989). *Warten bis die Züge wieder fahren. Ein Türkenghetto in Deutschland.* Berlin: Mink.

Gogolin, I. (1994). *Der monolinguale Habitus der multilingualen Schule.* Münster: Waxmann.

Gogolin, I. (2003). Fördern und Fordern allein genügt nicht! Mechanismen institutioneller Diskriminierung von Migrantenkindern und -jugendlichen im deutschen Schulsystem. In G. Auernheimer (Hrsg.), *Schieflagen im Bildungssystem. Die Benachteiligung der Migrantenkinder* (S. 33–50). Opladen: Leske + Budrich.

Gogolin, I., Neumann, U., & Roth, H.-J. (2003). *Förderung von Kindern und Jugendlichen mit Migrationshintergrund.* Bonn: Bund-Länder-Kommission für Bildungsplanung und Forschungsförderung (Materialien zur Bildungsplanung und zur Forschungsförderung 107).

Gomolla, M., & Radtke, F.-O. (2002). *Institutionelle Diskriminierung. Die Herstellung ethnischer Differenz in der Schule.* Opladen: Leske + Budrich.

Gräsel, C., & Gutenberg, N. (2004). *Zwischenbericht zum Forschungsprojekt Hören – Lauschen – Lernen. Umsetzung und Evaluation des Würzburger Trainingsprogramms zur Vorbereitung auf den Erwerb der Schriftsprache.* Saarbrücken: Universität des Saarlandes.

Haisken-DeNew, J. P., Büchel, F., & Wagner, G. G. (1997). Assimilation and other determinants of school attainment in Germany: Do immigrant children perform as well as Germans? *Vierteljahresheft zur Wirtschaftsforschung, 66*, 169–179.

Hattie, J. A. C. (2002). Classroom composition and peer effect. *International Journal of Educational Research, 37*, 449–481.

Heller, K. A., & Perleth, C. (2000). *KFT 4–12+R – Kognitiver Fähigkeitstest für 4. bis 12. Klassen, Revision*. Göttingen: Beltz.

Herwartz-Emden, L. (2003). Einwandererkinder im deutschen Bildungswesen. In K. S. Cortina, J. Baumert, A. Leschinsky, K. U. Mayer, & L. Trommer (Hrsg.), *Das Bildungswesen in der Bundesrepublik Deutschland. Strukturen und Entwicklungen im Überblick* (S. 661–709). Reinbek: Rowohlt.

Jungbluth, P. (1994). Lehrererwartungen und Ethnizität. Innerschulische Chancendeterminanten bei Migrantenkindern in den Niederlanden. *Zeitschrift für Pädagogik, 40*, 113–125.

Köller, O., & Baumert, J. (2002). Entwicklung schulischer Leistungen. In R. Oerter & L. Montada (Hrsg.), *Entwicklungspsychologie* (S. 756–786). Weinheim: Beltz.

Korte, E. (1990). Die Rückkehrorientierung im Eingliederungsprozess der Migrantenfamilien. In H. Esser & J. Friedrich (Hrsg.), *Generation und Identität. Theoretische und empirische Beiträge zur Migrationssoziologie* (S. 207–259). Opladen: Westdeutscher Verlag.

Kristen, C. (2002). Hauptschule, Realschule oder Gymnasium? Ethnische Unterschiede am ersten Bildungsübergang. *Kölner Zeitschrift für Soziologie und Sozialpsychologie, 54*, 534–552.

Kunter, M., Schümer, G., Artelt, C., Baumert, J., Klieme, E., Neubrand, M., Prenzel, M., Schiefele, U., Schneider, W., Stanat, P., Tillmann, K.-J., & Weiß, M. (2002). *PISA 2000: Dokumentation der Erhebungsinstrumente*. Berlin: Max-Planck-Institut für Bildungsforschung (Materialien aus der Bildungsforschung 72).

Leenen, W. R., Grosch, H., & Kreidt, U. (1990). Bildungsverständnis, Plazierungsverhalten und Generationenkonflikt in türkischen Migrantenfamilien. *Zeitschrift für Pädagogik, 36*, 753–771.

Lehmann, R. H., Peek, R., & Gänsfuß, R. (1997). *Aspekte der Lernausgangslage von Schülerinnen und Schülern der fünften Klassen an Hamburger Schulen. Bericht über die Untersuchung im September 1996*. Hamburg: Behörde für Schule, Jugend und Berufsbildung, Amt für Schule (BSJB).

Little, R. J., & Rubin, D. B. (1987). *Statistical analysis with missing data*. New York: Wiley.

Lüdtke, O., Robitzsch, A., & Köller, O. (2002). Statistische Artefakte bei Kontexteffekten in der pädagogisch-psychologischen Forschung. *Zeitschrift für Pädagogische Psychologie, 16*, 217–231.

Nauck, B., & Diefenbach, H. (1997). Bildungsbeteiligung von Kindern aus Familien ausländischer Herkunft. Eine methodenkritische Diskussion des Forschungsstands und eine empirische Bestandsaufnahme. In F. Schmidt (Hrsg.), *Methodische Probleme der empirischen Erziehungswissenschaft* (S. 289–307). Baltmannsweiler: Schneider-Verlag Hohengehren.

Penner, Z. (2002). *Neue Wege der sprachlichen Förderung von Migrantenkindern in der Vorschule*. Berg, Schweiz: kon-lab.

Portes, A., & Hao, L. (2004). The schooling of children of immigrants: Contextual effects on the educational attainment of the second generation. *Proceedings of the National Academy of Science, 101,* 11920–11927.

Portes, A., & MacLeod, D. (1996). Educational progress of children of immigrants: The roles of class, ethnicity, and school context. *Sociology of Education, 69,* 255–275.

Portes, A., & Rumbaut, R. G. (1990). *Immigrant America: A portrait.* Berkeley: University of California Press.

Portes, A., & Rumbaut, R. G. (2001). *Legacies. The story of the second generation.* Berkeley: University of California Press.

Raudenbush, S., Bryk, A., & Congdon, R. (2004). *HLM 6: Hierarchical Linear & Nonlinear Modeling.* Lincolnwood, IL: SSI Scientific Software International.

Resh, N., & Dar, Y. (1992). Learning segregation in junior high-schools in Israel: Causes and consequences. *School Effectiveness and School Improvement, 3,* 272–292.

Roscigno, V. J. (1998). Race and the reproduction of educational disadvantage. *Social Forces, 76,* 1033–1060.

Rüesch, P. (1998). *Spielt die Schule eine Rolle? Schulische Bedingungen ungleicher Bildungschancen von Immigrantenkindern. Eine Mehrebenenanalyse.* Bern: Lang.

Rumberger, R. W., & Willms, J. D. (1992). The impact of racial and ethnic segregation on the achievement gap in California high schools. *Educational Evaluation and Policy Analysis, 14,* 337–396.

Schneewind, J., & Merkens, H. (2003, Oktober). *Schriftspracherwerb von Kindern mit und ohne Migrationshintergrund.* Vortrag auf der 64. Tagung der Arbeitsgruppe für Empirische Pädagogische Forschung (AEPF), Hamburg.

Schrader, F.-W., & Helmke, A. (2001). Alltägliche Leistungsbeurteilung durch Lehrer. In F. E. Weinert (Hrsg.), *Leistungsmessungen in Schulen* (S. 45–58). Weinheim: Beltz.

Schümer, G. (2004). Zur doppelten Benachteiligung von Schülern aus unterprivilegierten Gesellschaftsschichten im deutschen Schulwesen. In G. Schümer, K.-J. Tillmann, & M. Weiß (Hrsg.), *Die Institution Schule und die Lebenswelt der Schüler. Vertiefende Analysen der PISA-2000-Daten zum Kontext von Schülerleistungen* (S. 73–114). Wiesbaden: VS Verlag für Sozialwissenschaften.

Schwippert, K., Bos, W., & Lankes, E.-M. (2003). Heterogenität und Chancengleichheit am Ende der vierten Jahrgangsstufe im internationalen Vergleich. In W. Bos, E.-M. Lankes, M. Prenzel, K. Schwippert, G. Walther, & R. Valtin (Hrsg.), *Erste Ergebnisse aus IGLU* (S. 265–302). Münster: Waxmann.

Sekretariat der Ständigen Konferenz der Kultusminister der Länder in der Bundesrepublik Deutschland. (2002). *Studierende ausländischer Herkunft in Deutschland von 1993 bis 2001.* Bonn: Sekretariat der KMK (Statistische Veröffentlichungen der Kultusministerkonferenz, Dok. Nr. 165).

Snijders, T., & Bosker, R. (1999). *Multilevel analysis: An introduction to basic and advanced multilevel modeling.* London: Sage.

Stanat, P. (2003, Oktober). *Migration und Sozialschicht: Determinanten der Schulleistungen von Jugendlichen aus zugewanderten Familien.* Vortrag auf der 64. Tagung der Arbeitsgruppe für Empirische Pädagogische Forschung (AEPF), Hamburg.

Stanat, P. (2004, April). *The role of migration background for student performance: An international comparison.* Paper presented at the American Educational Research Association (AERA), San Diego, USA.

Stanat, P., Baumert, J., & Müller, A. (2005). Förderung von deutschen Sprachkompetenzen bei Kindern aus zugewanderten und sozial benachteiligten Familien: Evaluationskonzept für das Jacobs-Sommercamp Projekt. *Zeitschrift für Pädagogik, 51,* 856–875.

Weber, J., Marx, P., & Schneider, W. (2004). *Prävention von Lese-Rechtschreib-Schwierigkeiten bei Migrantenkindern.* Unveröff. Manuskript, Institut für Psychologie der Universität Würzburg.

Westerbeek, K. (1999). *The colours of my classroom. A study into the effects of the ethnic composition of classrooms on the achievement of pupils from different ethnic backgrounds.* Florence, Italy: European University Institute.

Wilkinson, I. A. G. (2002). Organisation of schooling and peer influences on learning. *International Journal of Educational Research, 37* (Theme Issue).

Willms, J. D. (1992). *Monitoring school performance: A guide for educators.* Washington, DC: Falmer Press.

Andrea G. Müller und Petra Stanat

6 Schulischer Erfolg von Schülerinnen und Schülern mit Migrationshintergrund: Analysen zur Situation von Zuwanderern aus der ehemaligen Sowjetunion und aus der Türkei

6.1 Einleitung

6.1.1 Schulischer Erfolg von in Deutschland lebenden Migrantengruppen: Befundlage

Der Zusammenhang zwischen familiärer Herkunft und schulischem Erfolg gehört zu den zentralen Themen der Ungleichheitsforschung. Nachdem in Deutschland lange Zeit vor allem soziale Disparitäten untersucht wurden, richtete sich das Augenmerk im Laufe des letzten Jahrzehnts zunehmend auch auf die Situation von Heranwachsenden mit Migrationshintergrund[1]. Dabei zeigte sich übereinstimmend eine ausgeprägte Benachteiligung von Kindern und Jugendlichen dieser Bevölkerungsgruppe (vgl. z.B. Alba, Handl, & Müller, 1994; Baumert & Schümer, 2001; Diefenbach, 2002; Schwippert, Bos, & Lankes, 2004; Stanat, 2003). Nach Befunden des Sozio-ökonomischen Panels (SOEP) besuchten unter den 14-Jährigen im Befragungszeitraum 1984–1998 rund 32 Prozent der deutschen Schülerinnen und Schüler ein Gymnasium, aber nur 12 Prozent der Schülerinnen und Schüler ausländischer Herkunft. Spiegelbildlich hierzu lag die Quote des Hauptschulbesuchs für die 14-Jährigen aus deutschen Familien bei 31 Prozent und für Gleichaltrige aus ausländischen Familien bei 55 Prozent (Diefenbach, 2002).

Betrachtet man die Muster der Bildungsbeteiligung von Kindern aus zugewanderten Familien über die Generationen, so weisen die verfügbaren Daten tendenziell auf eine Verringerung der Benachteiligung von Schülerinnen und Schülern mit Migrationshintergrund hin (vgl. Alba, Handl, & Müller, 1994; Esser, 2001). Alba, Handl und Müller (1994) etwa fanden verbesserte Bildungsergebnisse für Ausländerkinder der zweiten Generation (Kinder nichtdeutscher Staatsangehörigkeit, die entweder in Deutschland geboren oder vor dem fünften Lebensjahr zugewandert waren) und interpretieren dieses Ergebnismuster als Hinweis auf die Gültigkeit assimilationstheoretischer Annahmen (vgl. auch Esser, 1990, 2001). Auch über den Zeitverlauf zeichnet sich insgesamt eine

Reduktion der Disparitäten ab (Herwartz-Emden, 2003: Hopf, 1987; Kristen & Granato, 2004). Dennoch sind die Unterschiede in den Mustern der Bildungsbeteiligung zwischen Heranwachsenden mit und ohne Migrationshintergrund nach wie vor erheblich (Alba, Handl, & Müller, 1994; Büchel & Wagner, 1996; Kristen & Granato, 2004). So zeigten Analysen der PISA-2000-Daten, dass die relative Chance, im Alter von 15 Jahren ein Gymnasium statt eine Hauptschule zu besuchen, für Jugendliche mit im Ausland geborenen Eltern zum Erhebungszeitpunkt um mehr als das Vierfache geringer war als für Gleichaltrige aus Familien ohne Migrationsgeschichte (Baumert & Schümer, 2001; vgl. auch Schwippert, Bos, & Lankes, 2004, für ähnliche Ergebnisse in Bezug auf Empfehlungen für den Übergang in die Sekundarstufe).

Untersuchungen der schulischen Situation von Heranwachsenden aus zugewanderten Familien beziehen sich häufig auf die Gesamtgruppe dieser Schülerinnen und Schüler. Angesichts der Heterogenität der in Deutschland lebenden Migranten betont Hopf (1987) jedoch die Notwendigkeit, diese nicht als eine einheitliche Gruppe zu betrachten, sondern ihre Lage differenziert nach dem jeweiligen Herkunftsland zu analysieren. In entsprechenden Untersuchungen ergeben sich teilweise sehr unterschiedliche Muster der Bildungsbeteiligung für verschiedene Teilpopulationen von Schülerinnen und Schülern mit Migrationshintergrund. Die meisten dieser Studien basieren auf Erhebungen des SOEP, das bis heute die umfangreichste Datengrundlage für Analysen zur Situation von Zuwanderern in Deutschland bildet (vgl. z.B. Alba, Handl, & Müller, 1994; Büchel & Wagner, 1996; Diefenbach, 2002; Haisken-DeNew, Büchel, & Wagner, 1997; Nauck, Diefenbach, & Petri, 1998). Dabei zeigt sich übereinstimmend, dass Heranwachsende türkischer und italienischer Herkunft im Bildungssystem am stärksten benachteiligt sind. So fanden Alba, Handl und Müller (1994) für diese beiden Gruppen von Schülerinnen und Schülern eine besonders geringe relative Chance, ein Gymnasium zu besuchen, wobei die Benachteiligung der italienischen Jugendlichen im Untersuchungszeitraum noch etwas ausgeprägter war als die der türkischen Heranwachsenden (vgl. auch Hunger & Thränhardt, 2001). Im Gegensatz dazu waren zwischen griechischen und deutschen Schülerinnen und Schülern keine signifikanten Unterschiede in der Bildungsbeteiligung zu beobachten (vgl. auch Hopf, 1987). In einer Analyse der relativen Chance, im Alter von 18 Jahren die Sekundarstufe II zu besuchen oder bereits die Fachhochschulreife oder das Abitur erworben zu haben, identifizierten Kristen und Granato (2004) bei Kontrolle von Geschlecht und soziokulturellen Hintergrundmerkmalen (Bildungsabschluss und berufliche Stellung der Bezugsperson) für Jugendliche griechischer Herkunft sogar leichte Vorteile im Vergleich zu deutschen Gleichaltrigen und deutliche Vorteile im Vergleich zu anderen Migrantengruppen.

Etwas weniger eindeutig ist die Befundlage zur schulischen Situation von Schülerinnen und Schülern (ex-)jugoslawischer und spanischer Herkunft. Diefenbach (2002) etwa konnte keine Unterschiede in der Bildungsbeteiligung von Migrantenkindern dieser Gruppen im Vergleich zu Schülerinnen und Schülern aus griechischen Familien identifizieren, während Hunger (2001) eine günstigere Position der spanischen Schülerinnen und Schüler gegenüber Kindern griechischer Herkunft feststellte (vgl. auch

Hunger & Thränhardt, 2001). Gleichzeitig zeigte sich in einer Analyse von Haisken-DeNew, Büchel und Wagner (1997), dass (ex-)jugoslawische ebenso wie griechische Kinder im Vergleich zu türkischen, italienischen und spanischen Heranwachsenden im untersuchten Zeitraum eine etwas höhere Chance hatten, ein Gymnasium zu besuchen. Relativ zu Gleichaltrigen deutscher Herkunft waren die Schülerinnen und Schüler aus (ex-)jugoslawischen und spanischen Familien in Bezug auf die Muster der Bildungsbeteiligung jedoch ebenfalls benachteiligt (Büchel & Wagner, 1996; Haisken-DeNew, Büchel, & Wagner, 1997).

Über die Lage von Kindern und Jugendlichen aus Aussiedlerfamilien ist ebenfalls wenig bekannt. Dies ist vor allem darauf zurückzuführen, dass die Mitglieder dieser Familien aufgrund ihrer deutschen Abstammung in den amtlichen Statistiken nicht als Migranten ausgewiesen werden (Herwartz-Emden, 2003). In der Zuwandererstichprobe des SOEP, die 1994/1995 eingeführt wurde, sind Aussiedler jedoch als eigenständige Gruppe identifizierbar. Diese Daten weisen darauf hin, dass Aussiedlerkinder eine mittlere Position in der Bildungsbeteiligung zwischen deutschen Gleichaltrigen ohne Migrationsgeschichte und Jugendlichen ausländischer Herkunft einnehmen (Frick & Wagner, 2000). So besuchten 1996 unter den 13- bis 16-jährigen Schülerinnen und Schülern 32 Prozent der deutschen Jugendlichen, 26 Prozent der Aussiedler und 19 Prozent der Ausländer ein Gymnasium. Spiegelbildlich dazu lagen die entsprechenden Quoten für den Hauptschulbesuch bei 27 Prozent für die deutschen Jugendlichen, 29 Prozent für die Aussiedler und 39 Prozent für die Ausländer.

In einer Stichprobe von Kindern an sechs Grundschulen in Baden-Württemberg erzielten Aussiedlerkinder auch in Bezug auf die Schulnoten am Ende der Grundschule im Vergleich zu verschiedenen Gruppen von Kindern ausländischer Herkunft (aus Italien, (Ex-)Jugoslawien, Türkei) die besten Ergebnisse (Kristen, 2000, 2002). Während weiterhin die Deutschnoten der Aussiedlerkinder etwas schlechter ausfielen als die der Gleichaltrigen aus Familien ohne Migrationsgeschichte, konnten für die Mathematiknoten keine bedeutsamen Unterschiede zwischen diesen Gruppen identifiziert werden. Im Hinblick auf den Übergang in ein Gymnasium oder eine Realschule statt einer Hauptschule war in der Studie ebenfalls keine Benachteiligung der Aussiedlerkinder zu verzeichnen.

Unterschiede zwischen Schülerinnen und Schülern mit Migrationshintergrund aus verschiedenen Herkunftsländern wurden nicht nur für die Bildungsbeteiligung und die Zeugnisnoten, sondern auch für das erreichte Kompetenzniveau in schulischen Leistungsdomänen identifiziert (vgl. Baumert & Schümer, 2001; Ramm u.a., 2004; Stanat, 2003). Dabei stimmen die Befundmuster für die verschiedenen Zielkriterien weitgehend überein. So zeigten die Ergebnisse von PISA 2000 und PISA 2003, dass Schülerinnen und Schüler mit Migrationshintergrund in den getesteten Kompetenzbereichen in der Regel geringere Leistungen erzielten als Gleichaltrige ohne Migrationsgeschichte, wobei sich wiederum die Situation der Jugendlichen türkischer Herkunft als besonders ungünstig erwies und die Jugendlichen aus Polen und der ehemaligen Sowjetunion eine mittlere Position im Leistungsspektrum einnahmen (vgl. Ramm u.a., 2004; Stanat, 2003).

6.1.2 Erklärungsansätze für Unterschiede im schulischen Erfolg von in Deutschland lebenden Migrantengruppen

In der Literatur ist eine Reihe von Erklärungsansätzen für die Bildungsbenachteiligung von Schülerinnen und Schülern mit Migrationshintergrund zu finden (vgl. zusammenfassend Diefenbach, 2002; Kap. 5, in diesem Band). Die meisten der Versuche, die verschiedenen Hypothesen empirisch zu prüfen, basieren auf den SOEP-Daten und ergaben teils übereinstimmende, teils widersprüchliche Befunde (vgl. zusammenfassend Kap. 5, in diesem Band). Tendenziell weisen die Ergebnismuster der Analysen darauf hin, dass neben dem sozioökonomischen Status, dem Bildungsniveau der Eltern und der Aufenthaltsdauer der Schülerinnen und Schüler in Deutschland auch Rückkehrabsichten und kulturelle Orientierungen der Familien eine Rolle spielen (vgl. auch Esser, 2001). In einer Analyse von Diefenbach (2002) beispielsweise zeigte sich, dass ein negativer Zusammenhang zwischen der Absicht der Familie, in das Herkunftsland zurückzukehren, und der Bildungsbeteiligung von Schülerinnen und Schülern ausländischer Herkunft besteht. Eine von der Aufnahmegesellschaft geprägte kulturelle Orientierung in der Familie, die in der Analyse durch die von den Befragten berichtete Bevorzugung deutscher Zeitungen, Gerichte und Musik operationalisiert wurde, ging dagegen mit günstigeren Mustern der Bildungsbeteiligung einher.

Ein weiterer Faktor, der sich als Indikator für die kulturelle Orientierung an der Aufnahmegesellschaft interpretieren lässt, ist die Verwendung der Verkehrssprache des Einwanderungslandes. Esser (1989, 2001) betrachtet den Erwerb der Sprache des Aufnahmelandes als wichtigen Aspekt der sozialen Integration von Migranten im Einwanderungsland und zeigte auf der Grundlage eigener Daten, dass die selbst eingeschätzten Sprachkompetenzen türkischer und (ex-)jugoslawischer Zuwanderer in der untersuchten Stichprobe von der ersten zur zweiten Generation zunahmen.

Welche Rolle die Beherrschung der Verkehrssprache für die Bildungsbeteiligung von Schülerinnen und Schülern mit Migrationshintergrund spielt, wurde von verschiedenen Autoren anhand der in den SOEP-Daten enthaltenen Selbsteinschätzungen deutscher Sprachkenntnisse untersucht. Dabei ergaben sich jedoch keine einheitlichen Befundmuster. Während Ergebnisse von Alba, Handl und Müller (1994) darauf hinweisen, dass Heranwachsende eine geringere Chance haben, statt einer Hauptschule eine andere Schulform zu besuchen, wenn mindestens ein Elternteil nach eigenen Angaben schlecht Deutsch spricht, ergab sich in Analysen von Büchel und Wagner (1996) kein signifikanter Effekt der selbst eingeschätzten Deutschkenntnisse der Eltern auf die Bildungsbeteiligung von Migrantenkindern (vgl. auch Seifert, 1992, zur Rolle von Sprachkompetenzen in der Berufseingangsphase). Anhand der im Rahmen von PISA tatsächlich gemessenen Lesekompetenz der Jugendlichen selbst konnten Baumert und Schümer (2001) dagegen zeigen, dass sich die Benachteiligung von Schülerinnen und Schülern aus zugewanderten Familien in den Mustern des Sekundarschulbesuchs auf ihre geringere Lesekompetenz in der Verkehrssprache Deutsch zurückführen lässt (vgl. auch Schwippert, Bos, & Lankes, 2004).

Ein Faktor, der sich möglicherweise vermittelt über die Beherrschung der Verkehrssprache des Aufnahmelandes auf den schulischen Erfolg auswirkt, ist das Pendelverhalten von Zuwanderern zwischen dem Aufnahmeland und dem Herkunftsland. In einer Stichprobe von Zuwanderern aus der Türkei und aus Italien stellte Diehl (2002) fest, dass Pendeln (definiert als Aufenthalt im Herkunftsland von mindestens sechs Monaten in der Schulzeit nach der dauerhaften Einwanderung) in der zweiten Migrantengeneration allgemein wenig verbreitet ist und italienische Jugendliche ähnlich häufig pendeln wie türkische Jugendliche. Auch konnte sie keinen eigenständigen Effekt des Pendelns darauf identifizieren, ob die Schule mit oder ohne Abschluss verlassen wurde. Pendelverhalten ging in der Stichprobe jedoch mit geringeren Sprachkompetenzen in Deutsch einher und schien sich auf diese Weise indirekt auf den Schulerfolg auszuwirken.

Differenzierte Analysen zur Erklärung von Unterschieden im schulischen Erfolg zwischen Teilpopulationen von Schülerinnen und Schülern mit Migrationshintergrund liegen bislang nur vereinzelt vor (vgl. Alba, Handl, & Müller, 1994; Hunger & Thränhardt, 2001; Nauck, Diefenbach, & Petri, 1998). In Bezug auf die Situation von Schülerinnen und Schülern türkischer Herkunft im deutschen Schulsystem argumentieren Hunger und Thränhardt (2001) gegen kulturalistische Interpretationen (vgl. auch Alba, Handl, & Müller, 1994), wonach ihre starke Bildungsbenachteiligung auf ein traditionelles Verständnis von Lernprozessen und Bildung oder eine allgemein größere Distanz dieser Gruppe zur deutschen Kultur zurückzuführen sei (z.B. Leenen, Grosch, & Kreidt, 1990). Als Begründung führen die Autoren die mindestens ebenso ausgeprägte Benachteiligung von Jugendlichen aus Italien an, auf die das Argument kultureller Ferne nicht zutreffe.

Für die relativ günstigen Muster der Bildungsbeteiligung von Schülerinnen und Schülern spanischer und griechischer Herkunft sehen Hunger und Thränhardt (2001) eine mögliche Erklärung in den von diesen Gruppen in der Migrationssituation genutzten Handlungsstrategien. Demnach zeichnen sich spanische und griechische Einwandererfamilien insbesondere durch Eigeninitiative und Selbstorganisation aus, was sich zum Beispiel in der Einrichtung von Unterstützungsnetzwerken, Elternvereinen, Hausaufgabenhilfen oder eigenen Schulen zeige. Auf der Grundlage von Analysen der SOEP-Daten widersprechen Nauck, Diefenbach und Petri (1998) jedoch dieser Hypothese. Ihren Ergebnissen zu Folge sind in griechischen Familien Sozialisationsbedingungen vorhanden, die den Eingliederungsprozess begünstigen. In der untersuchten Stichprobe des Befragungszeitraums 1984–1994 verfügten griechische Eltern im Vergleich zu Eltern in anderen Migrantengruppen über bessere Deutschkenntnisse und zeigten stärker ausgeprägte assimilative Tendenzen, die in der Studie anhand von Präferenzen für Küche, Zeitungen und Musik aus Deutschland gegenüber Küche, Zeitungen und Musik aus dem Herkunftsland operationalisiert wurden. Darüber hinaus hatten die Schülerinnen und Schüler griechischer Herkunft weniger Geschwister und waren zum Zeitpunkt der Zuwanderung tendenziell jünger als Kinder und Jugendliche aus anderen Herkunftsländern. Bei den Heranwachsenden aus türkischen Familien waren für diese Variablen dagegen gegenläufige Tendenzen zu erkennen. Weiterhin zeigte sich, dass die genannten Merkmale signifikant zur Vorhersage der Abiturwahrscheinlichkeit von Kindern und Jugendlichen mit Migrationshintergrund beitrugen. Dieses Befundmuster interpretieren die Autoren als Hinweis darauf, dass differenzielle Sozialisationsbedingungen in griechischen und türkischen Familien die Unterschiede zwischen den Gruppen im schulischen Erfolg bestimmen. Da bei Kontrolle der selbst eingeschätzten Deutschkenntnisse der Eltern, der Indikatoren für assimilative Tendenzen, der Anzahl von Kindern in der Familie und des Zuwanderungsalters kein eigenständiger Effekt der Nationalität (griechisch vs. andere Zuwanderer bzw. türkisch vs. andere Zuwanderer) auf die Abiturwahrscheinlichkeit zu beobachten war, sprechen die Daten den Autoren zu Folge dagegen, dass der größere Schulerfolg von griechischen Schülerinnen und Schülern auf institutionelle Effekte (z.B. eigene Schulen) oder der geringere Schulerfolg von türkischen Schülerinnen und Schülern auf Diskriminierungseffekte zurückzuführen sei.

Nauck, Diefenbach und Petri (1998) gingen in ihrer Studie auch der Frage nach, inwieweit sich die Muster der intergenerationalen Transmission von Bildung im Zusammenspiel mit ökonomischem und sozialem Kapital in Familien mit und ohne Migrationshintergrund unterscheiden. Dabei zeigte sich für Kinder mit Migrationshintergrund im Vergleich zu deutschen Kindern ein geringerer Zusammenhang zwischen Bildungserfolg und dem kulturellen und ökonomischen Kapital der Herkunftsfamilie (operationalisiert durch Bildung und Einkommen der Eltern). Der Einfluss der Anzahl von Kindern im Haushalt auf den Bildungserfolg war dagegen in der Gruppe der Migranten stärker ausgeprägt als in der Gruppe der Deutschen. Insgesamt erklärte das kapitaltheoretische Modell in der Gruppe von Heranwachsenden aus zugewanderten Familien weniger Varianz des Bildungserfolgs als in der Gruppe von Heranwachsenden ohne Migrationshintergrund. Dieses Befundmuster interpretieren die Autoren als Hinweis darauf, dass die intergenerationale Transmission von Bildung unter Bedingungen der Migration weniger gut gelingt, was unter anderem auf eine Entwertung von Kapitalien durch die Wanderung zurückzuführen sein könnte. Die Prüfung des Modells erfolgte jedoch offenbar nicht durch simultane Schätzung aller Pfade und auch nicht für verschiedene Migrantengruppen getrennt. Es ist also offen, inwieweit der Befund abweichender Zusammenhangsmuster in allen Gruppen gilt.

Die beschriebenen Analysen des schulischen Erfolgs von Kindern aus zugewanderten Familien unterschiedlicher Herkunft beziehen sich primär auf Muster der Bildungsbeteiligung oder Schulabschlüsse. In Bezug auf den Kompetenzerwerb liegen zu möglichen Ursachen von Differenzen zwischen verschiedenen Teilpopulationen von Schülerinnen und Schülern mit Migrationshintergrund kaum Studien vor. So ist bislang nicht systematisch untersucht worden, welche Faktoren zur Erklärung von differenziellen Leistungsnachteilen der verschiedenen Herkunftsgruppen beitragen könnten und ob sich das Bedingungsgefüge des Kompetenzerwerbs für die Gruppen unterscheidet. Im Folgenden soll diesen Fragen anhand von nationalen Daten aus PISA 2000 nachgegangen werden. Ziel der Analysen ist es, die Situation ausgewählter Migrantengruppen in Deutschland im Hinblick auf ihren schulischen Erfolg genauer zu beschreiben und Hinweise auf mögliche Ursachen für Unterschiede zu identifizieren. Dabei liegt das Hauptaugenmerk auf den zwei größten Teilpopulationen von Schülerinnen und Schülern mit Migrationshintergrund in deutschen Schulen: Jugendliche aus Familien, die aus der ehemaligen Sowjetunion zugewandert sind, und Jugendliche aus Familien türkischer Herkunft. Der Migrationshintergrund der Schülerinnen und Schüler wird dabei anhand des Geburtslandes der Eltern definiert.

Die im Folgenden dargestellten Analysen umfassen fünf Teile. Im ersten Teil wird – teilweise auf der Grundlage bereits veröffentlichter Befunde – die schulische Situation der Jugendlichen aus der ehemaligen Sowjetunion und aus Familien türkischer Herkunft zusammenfassend dargestellt. Dabei wird sowohl auf die jeweiligen Muster der Bildungsbeteiligung als auch auf das im Durchschnitt erreichte Kompetenzniveau im Lesen eingegangen. Im zweiten Teil wird dann untersucht, inwieweit sich die beobachteten Disparitäten in der Bildungsbeteiligung auf Unterschiede in den erreichten Kompetenzen zurückführen lassen. An die Ergebnisse dieser Analysen anknüpfend beschäftigen sich die folgenden Abschnitte mit den Bedingungen des Kompetenzerwerbs für die untersuchten Herkunftsgruppen. Dabei wird im dritten Teil zunächst die familiäre Lebenssituation von Schülerinnen und Schülern aus der ehemaligen Sowjetunion und der Türkei anhand von migrationsspezifischen und allgemeinen Hintergrundmerkmalen beschrieben. Die letzten beiden Abschnitte schließlich gehen der Frage nach, ob das Bedingungsgefüge schulischer Leistungen in beiden Herkunftsgruppen vergleichbar ist oder ob Unterschiede zu erkennen sind.

Die Analysen in diesem Beitrag orientieren sich am Struktur- und Prozessmodell zum Zusammenhang zwischen familiärem Hintergrund und schulischem Erfolg, das von Baumert, Watermann und Schümer (2003) entwickelt wurde und sich in der Analyse sozialer Disparitäten im Kompetenzerwerb auch im internationalen Vergleich bewährt hat (vgl. Kap. 3, in diesem Band). Dieses Modell basiert auf den kapitaltheoretischen Konzepten von Bourdieu (1983) und Coleman (1988), wonach ökonomische, kulturelle und soziale Ressourcen die soziale Stellung von Personen und ihre Möglichkeiten der Teilhabe am gesellschaftlichen Leben beeinflussen. Dies betrifft nicht zuletzt die Beteiligung am Bildungssystem. Eine ausführliche Beschreibung des Modells von Baumert, Watermann und Schümer (2003) und seiner internationalen Gültigkeit findet sich in Kapitel 3, in diesem Band.

6.2 Methode

6.2.1 Stichprobe und Datengrundlage

Die Datengrundlage der folgenden Analysen bildet die nationale Erweiterung (PISA-E) der PISA-2000-Stichprobe von 15-jährigen Jugendlichen in deutschen Schulen (zur Stichprobenziehung im Rahmen von PISA-E vgl. Baumert u.a., 2002). Die Analysen basieren auf einem Datensatz, in dem fehlende Werte für die zentralen Variablen mit dem Programm AMELIA (vgl. Honaker u.a. 2001) ersetzt wurden. Dieses Vorgehen ist dem paar- oder fallweisen Ausschluss von Daten vorzuziehen (Little & Rubin, 1987). Da in den neuen Bundesländern die untersuchten Gruppen von Schülerinnen und Schülern mit Migrationshintergrund sehr klein sind, werden nur die Daten aus den alten Ländern einbezogen. Nicht berücksichtigt werden außerdem die Länder Berlin und Hamburg, die aufgrund zu geringer Teilnahmequoten aus der PISA-E-Stichprobe ausgeschlossen worden sind (Baumert u.a., 2002). Auch Schülerinnen und Schüler, die zum Zeitpunkt der Erhebung eine Sonderschule oder Berufsschule besuchten, werden in die Untersuchung nicht einbezogen.

Insgesamt umfasst die anhand dieser Kriterien reduzierte Stichprobe N = 18.233 Schülerinnen und Schüler. Die folgenden Analysen beziehen sich jedoch in der Regel ausschließlich auf Jugendliche aus drei Gruppen von Familien: Familien, die aus der ehemaligen Sowjetunion zugewandert sind, Familien türkischer Herkunft und Familien ohne Migrationshintergrund. Die Zugehörigkeit der Schülerinnen und Schüler zu diesen Gruppen wird über das Geburtsland der Eltern definiert. Da für das Geburtsland der Eltern keine sinnvolle Schätzung fehlender Werte möglich ist, können Jugendliche ohne Informationen für diese Variable nicht in Analysen einbezogen werden, in die das Merkmal eingeht. Dies ist bei N = 2.972 der 15-Jährigen der Fall. Damit reduziert sich die Stichprobe für diese Analysen auf N = 15.261.

Als Jugendlicher aus der ehemaligen Sowjetunion gilt ein 15-Jähriger dann, wenn der Vater und/oder die Mutter in Russland, Kasachstan oder einer anderen ehemaligen Sowjetrepublik geboren ist (N = 1.194). Der Gruppe von Schülerinnen und Schülern türkischer Herkunft wird ein Jugendlicher zugewiesen, wenn der Geburtsort mindestens eines Elternteils in der Türkei liegt (N = 801). Als Vergleichsgruppe werden in den Analysen Jugendliche aus Familien ohne Migrationshintergrund herangezogen, in denen beide Eltern in Deutschland geboren sind (N = 13.266). Die Geschlechterverteilung ist in allen drei Teilgruppen sehr ähnlich, mit 52 Prozent Mädchenanteil bei den 15-Jährigen aus Familien der ehemaligen Sowjetunion, 49 Prozent bei den 15-Jährigen aus Familien türkischer Herkunft und 50 Prozent bei den 15-Jährigen aus Familien ohne Migrationsgeschichte.

6.2.2 Instrumentierung

In die folgenden Analysen werden primär Variablen einbezogen, die im Modell des Zusammenhangs zwischen Merkmalen des familiären Hintergrunds und schulischem Erfolg von Baumert, Watermann und Schümer (2003) enthalten sind (vgl. auch Kap. 3, in diesem Band). Dabei wird zwischen Struktur- und Prozessmerkmalen familiärer Herkunft unterschieden, die Aspekte des ökonomischen, kulturellen und sozialen Kapitals betreffen. Es wird angenommen, dass sich die strukturellen Lebensbedingungen von Familien primär vermittelt über Ressourcen auf der Prozessebene auf die Bildungskarrieren der Kinder auswirken. Die Struktur- und Prozessmerkmale lassen sich zusätzlich danach differenzieren, ob sie alle Schülerinnen und Schüler betreffen oder primär für Heranwachsende mit Migrationshintergrund relevant sind. Da die Erhebungsverfahren und Gütekriterien für die Struktur- und Prozessmerkmale bereits an anderer Stelle ausführlich beschrieben worden sind (Baumert, Watermann, & Schümer, 2003; Kap. 3, in diesem Band), wird an dieser Stelle lediglich ein zusammenfassender Überblick über die Variablen gegeben.

Allgemeine soziokulturelle Strukturmerkmale

Als allgemeine Strukturmerkmale, die alle Schülerinnen und Schüler betreffen, werden zwei Variablen in die Analysen einbezogen: der sozioökonomische Status der Familien und das Bildungsniveau der Eltern. Zur Beschreibung des *sozioökonomischen Status* dient der höchste Internationale Sozioökonomische Index (ISEI) in der Familie (vgl. Ganzeboom u.a., 1992; Ganzeboom & Treiman, 1996). Da die Definition des ISEI auf Bildung und Einkommen basiert, repräsentiert dieser Indikator Aspekte des ökonomischen und des kulturellen Kapitals. Bei Differenzen auf diesem Merkmal zwischen Mutter und Vater innerhalb einer Familie wurde der jeweils höhere Wert gewählt. Beim ISEI handelt es sich um eine kontinuierliche Variable, die im Jahr 2000 für Familien 15-jähriger Schülerinnen und Schüler in Deutschland einen Mittelwert von M = 49,15 (SD = 15,2) aufwies.

Das *Bildungsniveau* der Familie betrifft einen zentralen Aspekt des kulturellen Kapitals und wird in den Analysen durch den höchsten Bildungsabschluss der Eltern indiziert. Dabei werden sieben Abschlussniveaus unterschieden, die eine Rangordnung bilden: (1) ohne Abschluss/Hauptschulabschluss, (2) Lehre mit oder ohne Hauptschulabschluss, (3) Realschulabschluss und Lehre, (4) Haupt- oder Realschulabschluss mit anschließendem Fachschulbesuch, (5) Abitur ohne Studium, (6) Fachhochschulstudium und (7) wissenschaftliches Hochschulstudium.

Migrationsspezifische Strukturmerkmale

Als migrationsspezifische Strukturmerkmale gehen zwei Variablen in die Analysen ein. Das *Geburtsland der Eltern* umfasst drei mögliche Ausprägungen: (0) kein Elternteil im Ausland geboren, (1) ein Elternteil im Ausland geboren, (2) beide Eltern im Ausland geboren. In einigen Analysen werden die Ausprägungen (1) und (2) zu einer Kategorie (mindestens ein Elternteil im Ausland geboren) zusammengefasst.

Beim *Alter der Zuwanderung* der Jugendlichen nach Deutschland handelt es sich um eine Variable mit vier Ausprägungen, die schulrelevante Lebensabschnitte kennzeichnen: (1) seit Geburt in Deutschland, (2) Zuwanderung vor Eintritt in die Grundschule, (3) Zuwanderung im Grundschulalter, (4) Zuwanderung in der Sekundarschulzeit. Diese Variable kann als Indikator für zwei Aspekte der Migrationsgeschichte betrachtet werden. Zum einen bildet sie ab, wie lange die Schülerinnen und Schüler bereits in einer prinzipiell deutschsprachigen Umgebung leben, und zum anderen lässt sie sich als Proxy für die Verweildauer der Familie in Deutschland interpretieren. Dabei muss allerdings unberücksichtigt bleiben, dass die Mitglieder einer Familie zu unterschiedlichen Zeitpunkten zugewandert sein können.

Allgemeine soziokulturelle Prozessmerkmale

Bei den soziokulturellen Prozessmerkmalen, die im Modell von Baumert, Watermann und Schümer (2003) enthalten sind, handelt es sich um die kulturelle Praxis, die kommunikative Praxis, das konsumtive Verhalten der Familien sowie die Anzahl der Kinder. Als Aspekt des kulturellen Kapitals wird die *kulturelle Praxis* im engeren Sinne durch Investitionen in kulturelle Ressourcen (z.B. Bücher und Kunstwerke) und durch gemeinsame kulturelle Aktivitäten von Eltern und Kindern (z.B. Theaterbesuche) indiziert. Die *kommunikative Praxis* umfasst die allgemeinen Gesprächsgewohnheiten in der Familie (z.B. wie oft sich die Eltern generell Zeit nehmen, mit dem Jugendlichen zu reden) und die Häufigkeit von Diskussionen über kulturelle Sachverhalte (z.B. Bücher, Filme oder Fernsehsendungen). Sie kann als Indikator für soziale und kulturelle Ressourcen der Familie betrachtet werden. Das *konsumtive Verhalten* einer Familie wird durch den Besitz an teuren Wohlstandsgütern (z.B. Fernsehapparate, Autos, Badezimmer) charakterisiert und repräsentiert einen Aspekt des ökonomischen Kapitals. Weiterhin wird die *Anzahl der Kinder* in die Analysen einbezogen, bei der es sich eigentlich um ein strukturelles Merkmal handelt. Mit der Berücksichtigung dieses Faktors soll jedoch primär dem damit häufig verbundenen Einfluss auf die finanziellen Spielräume und zeitlichen Ressourcen der Familien für Zuwendung und gemeinsame Aktivitäten Rechnung getragen werden (Baumert, Watermann, & Schümer, 2003). Daher wird er im Modell als Prozessmerkmal behandelt, das Aspekte des ökonomischen und sozialen Kapitals abbildet.

Migrationsspezifische Prozessmerkmale

Ein zentrales Merkmal kulturellen Kapitals, das speziell mit dem Migrationshintergrund der Schülerinnen und Schüler verbunden ist, ist die Umgangssprache in der Familie. Dieses Prozessmerkmal wird durch eine dichotome Variable (0 = Deutsch, 1 = nicht Deutsch) repräsentiert. Die Familiensprache kann als Indikator für die Orientierung der Familie an der Aufnahmegesellschaft gewertet werden (vgl. z.B. Alba, Handl, & Müller, 1994; Esser, 1990; Nauck, Diefenbach, & Petri, 1998).

Lesekompetenz

Als Indikator für das erreichte Kompetenzniveau im Bereich Lesen werden die Leistungen der Schülerinnen und Schüler im PISA-Lesetest verwendet. Diese wurden mit Verfahren nach der *Item-Response Theory* skaliert und anschließend so transformiert, dass der Mittelwert über alle an PISA 2000 beteiligten OECD-Mitgliedstaaten bei M = 500 liegt und die Standardabweichung SD = 100 beträgt (vgl. Adams & Wu, 2002). Neben einer Gesamtskala wurden auch Teilskalen für die Komponenten Informationsentnahme, textimmanente Interpretation sowie Reflektieren und Bewerten gebildet, die in einem Teil der Analysen ebenfalls einbezogen werden (Adams & Wu, 2002; Artelt u.a., 2001).

Kognitive Grundfähigkeiten

In einigen Analysen ist es notwendig, die kognitiven Grundfähigkeiten der Schülerinnen und Schüler zu kontrollieren. Da es sich bei den PISA-2000-Daten um Querschnittdaten handelt, liegen keine Informationen über das Vorwissen der Jugendlichen vor. Die kognitiven Grundfähigkeiten der Schülerinnen und Schüler gehen deshalb als Proxi für Vorwissen in die Analysen ein. Diese wurden in PISA 2000 mit zwei Untertests des Kognitiven Fähigkeitstests (KFT) erhoben, die als Markertests für schlussfolgerndes Denken gelten (Heller & Perleth, 2000).

Instrumentelle motivationale Orientierung

Zusätzlich wird ein Indikator für die instrumentelle Motivation der Schülerinnen und Schüler in Bezug auf schulisches Lernen in die Analysen aufgenommen. Die Skala umfasst drei Items zur Bereitschaft der Jugendlichen zu lernen, um (a) die eigenen Berufschancen zu verbessern, (b) in der Zukunft finanziell abgesichert zu sein und (c) eine gute Arbeitsstelle zu finden (vgl. Kunter u.a., 2002). Ein Beispielitem lautet: „Ich lerne, um meine Berufschancen zu verbessern." Für die Selbsteinschätzungen auf diesen Items standen den Jugendlichen vier Antwortmöglichkeiten zur Verfügung (1 = fast nie, 2 = manchmal, 3 = oft, 4 = fast immer).

6.2.3 Analysen

Die geschachtelte Struktur der Daten (Schüler innerhalb von Schulen) in PISA führt dazu, dass die Untersuchungseinheiten nicht unabhängig voneinander sind. Bleibt dies in den Analysen unberücksichtigt, so kommt es in der Regel zu einer Unterschätzung des Stichprobenfehlers (vgl. Baumert u.a., 2001). Daher wurden alle deskriptiven Analysen sowie die multinominalen logistischen und linearen Regressionen mit dem Programm WesVar 4.2 (vgl. WESTAT, 2002) durchgeführt, das einen angemessenen Umgang mit hierarchischen Daten ermöglicht.

Die Zusammenhänge zwischen den Merkmalen der familiären Lebensverhältnisse und der Lesekompetenz für die Migrantengruppen wurden mit Strukturgleichungsmodellen überprüft. Die Pfad- und Determinationskoeffizienten wurden mit dem Programm AMOS 4.0 (vgl. Arbuckle & Wothke, 1999) geschätzt.

6.3 Ergebnisse

6.3.1 Bildungsbeteiligung und erreichtes Kompetenzniveau von Jugendlichen aus der ehemaligen Sowjetunion und Jugendlichen türkischer Herkunft: Deskriptive Befunde

In der linken Hälfte der Tabelle 6.1 ist die Bildungsbeteiligung von Jugendlichen aus der ehemaligen Sowjetunion, aus der Türkei und aus Familien ohne Migrationshintergrund

Herkunftsland	Bildungsgang (in %)				Leistungen im Lesen	
	Haupt-schule	Real-schule	Gym-nasium	Gesamt-schule	Mittelwert (SE)	Standard-abweichung
Deutschland	23,55 (0,56)	33,56 (0,48)	35,28 (0,44)	7,61 (0,23)	520 (1,27)	95,65
Ehemalige Sowjetunion	50,38 (3,20)	29,99 (2,09)	13,55 (1,43)	6,08 (0,85)	432 (4,83)	97,33
Türkei	57,86 (3,00)	20,08 (2,06)	9,78 (1,70)	12,28 (2,02)	394 (5,78)	93,27

Tabelle 6.1   Bildungsbeteiligung und Leseleistung von 15-Jährigen nach Herkunftsland (Standardfehler in Klammern)

dargestellt. Diese variiert zwischen den Gruppen erheblich. Im Vergleich zu Kindern von in Deutschland geborenen Eltern besuchen sowohl Jugendliche aus der ehemaligen Sowjetunion als auch Jugendliche türkischer Herkunft seltener ein Gymnasium und häufiger eine Hauptschule. Während weniger als 25 Prozent der deutschen Schülerinnen und Schüler in einer Hauptschule anzutreffen sind, liegt die entsprechende Quote bei etwa 50 Prozent unter den 15-Jährigen aus der ehemaligen Sowjetunion und bei fast 60 Prozent unter den 15-Jährigen türkischer Herkunft. Auch im Hinblick auf den relativen Gymnasialbesuch ist die Benachteiligung sehr ausgeprägt. So sind etwa 35 Prozent der deutschen Jugendlichen im Gymnasium anzutreffen, aber nur knapp 14 bzw. 10 Prozent der Jugendlichen aus der ehemaligen Sowjetunion bzw. der Türkei. In Bezug auf den Realschulbesuch bestehen dagegen nur geringe Unterschiede zwischen deutschen 15-Jährigen und den 15-Jährigen aus der ehemaligen Sowjetunion. Die relative Bildungsbeteiligung liegt für diese Schulform in beiden Gruppen bei 30 bis 34 Prozent. Der Anteil der Schülerinnen und Schüler türkischer Herkunft, die eine Realschule besuchen, ist mit 20 Prozent dagegen geringer.

Für das erreichte Kompetenzniveau im Lesen sieht das Ergebnismuster ganz ähnlich aus. Jugendliche aus der ehemaligen Sowjetunion und Jugendliche türkischer Herkunft erreichen deutlich schwächere Leseleistungen als Schülerinnen und Schüler ohne Migrationsgeschichte. Wie der rechten Hälfte von Tabelle 6.1 zu entnehmen ist, betragen die Unterschiede in der Lesekompetenz zwischen den deutschen Heranwachsenden einerseits und den Jugendlichen aus der ehemaligen Sowjetunion bzw. aus der Türkei andererseits 88 bzw. 126 Punkte. Anhand von Vergleichen der Schulleistungen von Schülerinnen und Schülern mit nahezu identischem Lebensalter, aber (bedingt durch Stichtagsregelungen bei der Einschulung) unterschiedlichem Schulalter lässt sich schätzen, dass Leistungsdifferenzen von 30 bis 40 Punkten in etwa dem Lernzuwachs von einem Schuljahr entsprechen (Baumert & Artelt, 2002; Prenzel, Drechsel, & Carstensen, 2005). Nimmt man diese Schätzung für die Gesamtgruppe als Anhaltspunkt, wäre die Leistungsdifferenz zwischen den Jugendlichen aus der ehemaligen Sowjetunion und den Jugendlichen ohne Migrationsgeschichte mit einem Leistungszuwachs von zwei Schuljahren vergleichbar. Der noch größere Unterschied für die Jugendlichen türkischer Herkunft entspräche einem Leistungszuwachs von ungefähr drei Schuljahren.

Die in diesem Abschnitt dargestellten Ergebnisse bestätigen die Befunde früherer Studien. Sie zeigen, dass die untersuchten Gruppen von 15-Jährigen mit Migrationshintergrund im deutschen Schulsystem weniger erfolgreich sind als Schülerinnen und Schüler aus Familien ohne Migrationsgeschichte und dass Jugendliche türkischer Herkunft besonders stark benachteiligt sind. Im Folgenden soll nun versucht werden, Prädiktoren dieser differenziellen Disparitäten zu identifizieren. Anknüpfend an Analysen für die Gesamtgruppe von Schülerinnen und Schülern mit Migrationshintergrund (Baumert & Schümer, 2001) wird für die hier untersuchten Teilgruppen zunächst geprüft, inwieweit es sich bei den Unterschieden in der Bildungsbeteiligung um primäre Disparitäten handelt, die auf Differenzen im erreichten Kompetenzniveau zurückzuführen sind, oder ob darüber hinausgehende Benachteiligungen bestehen, die von anderen Faktoren bestimmt werden. Ausgehend von diesen Befunden wird anschließend der Frage nachgegangen, inwieweit Struktur- und Prozessmerkmale des familiären Hintergrunds zur Erklärung der Differenzen im erreichten Kompetenzniveau beitragen.

6.3.2 Bedingungen der Benachteiligung von Jugendlichen aus der ehemaligen Sowjetunion und Jugendlichen türkischer Herkunft in der Bildungsbeteiligung

In den Analysen des letzten Abschnitts wurde zunächst ein Gesamteindruck von der Verteilung der untersuchten Gruppen von Jugendlichen auf die Schulformen vermittelt. Daran anknüpfend sollen nun die relativen Beteiligungschancen der Schülerinnen und Schüler aus zugewanderten Familien im Vergleich zu Jugendlichen ohne Migrationsgeschichte analysiert werden. Relative Beteiligungschancen von Teilpopulationen können als Verhältnis des Besuchs eines Bildungsgangs im Vergleich zu einem anderen Bildungsgang ausgedrückt werden. Dies wird üblicherweise mit dem englischen Begriff des *Odds Ratio* bezeichnet (vgl. Baumert & Schümer, 2001). Dabei bilden in den folgenden Analysen die Jugendlichen ohne Migrationsgeschichte die Referenzkategorie für die beiden Gruppen von Schülerinnen und Schülern aus zugewanderten Familien. Für den Bildungsgang wird als Referenzkategorie die Hauptschule verwendet.

| Herkunftsland | Bildungsbeteiligung (Referenz: Hauptschule)[1] | | | | | | | | |
| | Realschule[2] | | | Gymnasium[2] | | | Gesamtschule[2] | | |
	1	2	3	1	2	3	1	2	3
Deutschland				*Referenzkategorie (odds = 1)*					
Ehemalige Sowjetunion	**0,42**	**0,59**	1,09	**0,18**	**0,42**	1,01	**0,37**	**0,50**	0,72
Türkei	**0,24**	**0,36**	1,06	**0,11**	**0,28**	1,67	0,66	0,91	**1,75**

[1] Modell 1: Ohne Kontrolle von Kovariaten; Modell 2: Kontrolle von sozioökonomischem Hintergrund; Modell 3: Kontrolle von Leseleistungen.
[2] Statistisch signifikante Befunde sind fett gedruckt.

Tabelle 6.2   Relative Chancen des Sekundarschulbesuchs in Abhängigkeit vom Herkunftsland
(Verhältnisse der Bildungschancen *[Odds Ratios]*)

In Tabelle 6.2 sind die relativen Chancen des Sekundarschulbesuchs für Jugendliche mit mindestens einem Elternteil aus der ehemaligen Sowjetunion bzw. aus der Türkei im Vergleich zu 15-Jährigen ohne Migrationsgeschichte dargestellt. Das *Odds Ratio* von 0,18 für den Gymnasialbesuch der 15-Jährigen aus der ehemaligen Sowjetunion in Modell 1 etwa besagt, dass für Schülerinnen und Schüler dieser Herkunftsgruppe im Vergleich zu Jugendlichen ohne Migrationsgeschichte die relative Chance, statt einer Hauptschule ein Gymnasium zu besuchen, um 82 Prozent geringer ist.

Im ersten Schritt (Modell 1) wird der Frage nachgegangen, welche relativen Chancen 15-Jährige aus der ehemaligen Sowjetunion und 15-Jährige türkischer Herkunft jeweils im Vergleich zu deutschen Jugendlichen haben, eine Hauptschule versus eine andere Schulform zu besuchen, wenn keine weiteren Merkmale berücksichtigt werden. Die Ergebnisse zeigen, dass für beide Migrantengruppen die *Odds,* eine Realschule oder ein Gymnasium statt einer Hauptschule zu besuchen, deutlich geringer sind als für Jugendliche ohne Migrationsgeschichte. Die relative Chance eines Gymnasialbesuchs ist für Heranwachsende aus der ehemaligen Sowjetunion und aus der Türkei im Vergleich zu Schülerinnen und Schülern ohne Migrationsgeschichte um über 80 Prozent geringer (15-Jährige aus der ehemaligen Sowjetunion: *Odds Ratio* = 0,18, 15-Jährige türkischer Herkunft: *Odds Ratio* = 0,11). Etwas weniger ausgeprägt sind dagegen die Disparitäten für den Besuch der Realschule. Hier ist die relative Chance für die türkischen Jugendlichen um 76 Prozent, für die Jugendlichen aus der ehemaligen Sowjetunion um 58 Prozent geringer als für die Gleichaltrigen ohne Migrationsgeschichte. In Bezug auf den Gesamtschulbesuch schließlich ist nur für die Jugendlichen aus der ehemaligen Sowjetunion ein signifikanter Unterschied zu beobachten.

Nach den Ergebnissen für Modell 1 ist die Benachteiligung in der Bildungsbeteiligung für die untersuchten Migrantengruppen ohne Kontrolle anderer Merkmale also deutlich erkennbar. Diese ist in Bezug auf den Gymnasialbesuch besonders ausgeprägt. Um zu bestimmen, inwieweit sich die Disparitäten auf eine ungünstigere sozioökonomische Lage der zugewanderten Familien zurückführen lassen, wird in einem zweiten Modell der sozioökonomische Hintergrund (ISEI) der Jugendlichen kontrolliert (Modell 2). Auch bei Kontrolle dieses Merkmals bleiben die beschriebenen Muster der Benachteiligung jedoch weitgehend erhalten. Zwar steigen die relativen Chancen, eine Realschule bzw. ein Gymnasium anstelle einer Hauptschule zu besuchen für beide Migrantengruppen an, sie sind jedoch weiterhin signifikant geringer als für deutsche Schülerinnen und Schüler.

Bei Kontrolle der Leseleistungen der Jugendlichen hingegen verschwinden die Benachteiligungen der Migrantengruppen gegenüber der deutschen Vergleichsgruppe (Modell 3). Bei vergleichbaren Leseleistungen in der Verkehrssprache haben beide Herkunftsgruppen ähnliche Chancen wie Schülerinnen und Schüler ohne Migrationsgeschichte, eine Realschule oder ein Gymnasium zu besuchen. Dies trifft bei den Jugendlichen aus der ehemaligen Sowjetunion auch für den Besuch der Gesamtschule zu. Im Falle der Heranwachsenden türkischer Herkunft besteht bei gleicher Leseleistung sogar eine signifikant höhere Chance, eine Gesamtschule zu besuchen, als für die deutsche

Vergleichsgruppe (*Odds Ratio* = 1,75). Eine Umkehrung der Benachteiligung in einen Vorteil ist für diese Gruppe bei Kontrolle der Leseleistungen tendenziell auch in Bezug auf den Gymnasialbesuch zu beobachten (*Odds Ratio* = 1,67), der Koeffizient ist jedoch nicht signifikant.

Diese Analysen bestätigen, dass die von Baumert und Schümer (2001) für die Gesamtgruppe der Schülerinnen und Schüler mit Migrationshintergrund berichteten Ergebnisse auch für die hier untersuchten Teilpopulationen gelten. Demnach scheint das Muster der Bildungsbeteiligung sowohl für Jugendliche türkischer Herkunft als auch für Jugendliche aus der ehemaligen Sowjetunion primär davon abzuhängen, wie gut sie die deutsche Sprache beherrschen.

6.3.3 Lebensbedingungen von Jugendlichen aus der ehemaligen Sowjetunion und Jugendlichen türkischer Herkunft: Deskriptive Befunde

Nach den bereits dargestellten Befunden erzielten sowohl Jugendliche aus der ehemaligen Sowjetunion als auch Jugendliche aus türkischen Familien im PISA-Lesetest deutlich geringere Leistungen als Gleichaltrige ohne Migrationsgeschichte (vgl. auch Stanat, 2003). Bevor im nächsten Abschnitt untersucht wird, worauf sich diese Benachteiligungen zurückführen lassen, sollen im Folgenden zunächst die Lebensbedingungen der Herkunftsgruppen charakterisiert werden. Die Auswahl der dabei verwendeten Hintergrundmerkmale orientiert sich am Struktur- und Prozessmodell zum Zusammenhang des familiären Hintergrunds und des schulischen Erfolgs von Baumert, Watermann und Schümer (2003; vgl. auch Kap. 3, in diesem Band), das auch die Grundlage für die anschließenden Zusammenhangsanalysen bildet.

Tabelle 6.3 weist die migrationsspezifischen Struktur- und Prozessmerkmale für die 15-Jährigen der untersuchten Migrantengruppen deskriptiv aus. Tendenziell ähnliche Muster sind für die beiden Gruppen in Bezug auf das Geburtsland der Eltern zu erkennen. In der überwiegenden Mehrheit der Familien sind beide Elternteile im Ausland geboren. In Familien mit nur einem im Ausland geborenen Elternteil wird deutlich häufiger Deutsch gesprochen (Familien aus der ehemaligen Sowjetunion: 79%, Familien türkischer Herkunft: 91%) als in Familien, in denen beide Eltern im Ausland geboren sind (Familien aus der ehemaligen Sowjetunion: 37%, Familien türkischer Herkunft: 14%). Dies weist darauf hin, dass in Familien mit nur einem zugewanderten Elternteil die kulturelle Orientierung an der Aufnahmegesellschaft ausgeprägter ist. Tendenziell ist auch die Anzahl der Kinder kleiner wenn nur ein Elternteil zugewandert ist (Familien aus der ehemaligen Sowjetunion: 2,8 Kinder; Familien türkischer Herkunft: 3,1 Kinder) als wenn beide Eltern aus dem Ausland kommen (Familien aus der ehemaligen Sowjetunion: 3,0 Kinder, Familien türkischer Herkunft: 3,4 Kinder). Diese Unterschiede sind jedoch nicht signifikant.

Anhand des Alters der Jugendlichen zum Zeitpunkt der Zuwanderung ihrer Familien wird die unterschiedliche Migrationsgeschichte der beiden Herkunftsgruppen ersichtlich (vgl. Tab. 6.3). Es zeigt sich, dass etwa 86 Prozent der türkischen Jugendlichen bereits in Deutschland geboren oder vor der Grundschulzeit zugewandert sind. Sie gehö-

	Herkunftsland	
	Ehemalige Sowjetunion	Türkei
Geburtsland der Eltern		
Ein Elternteil im Ausland geboren	5,69 (0,99)	8,35 (1,24)
Beide Elternteile im Ausland geboren	94,31 (0,99)	91,65 (1,24)
Alter bei Zuwanderung		
Seit Geburt	9,10 (1,18)	67,78 (2,40)
Zuwanderung vor Schulbeginn	24,83 (1,95)	18,46 (1,95)
Zuwanderung während der Grundschulzeit	47,09 (1,90)	9,57 (1,58)
Zuwanderung während der Sekundarschulzeit	18,98 (1,84)	4,19 (0,99)
Familiensprache		
Deutsch	38,91 (2,20)	20,22 (2,06)
Nicht Deutsch	61,09 (2,20)	79,78 (2,06)
Familiensprache nach Alter bei Zuwanderung		
Seit Geburt		
Deutsch	77,78 (6,06)	24,54 (2,38)
Nicht Deutsch	22,22 (6,06)	75,46 (2,38)
Zuwanderung vor Schulbeginn		
Deutsch	56,78 (4,62)	10,36 (3,61)
Nicht Deutsch	43,22 (4,62)	89,64 (3,61)
Zuwanderung während der Grundschulzeit		
Deutsch	33,85 (2,53)	12,46 (5,74)
Nicht Deutsch	66,15 (2,53)	87,54 (5,74)
Zuwanderung während der Sekundarschulzeit		
Deutsch	9,48 (2,55)	11,39 (8,94)
Nicht Deutsch	90,52 (2,55)	88,61 (8,94)

Tabelle 6.3   Migrationsspezifische Struktur- und Prozessmerkmale der 15-Jährigen aus Familien mit Migrationshintergrund nach Herkunftsland (Standardfehler in Klammern)

ren überwiegend der zweiten Generation der als Gastarbeiter nach Deutschland eingereisten Türken an. Im Gegensatz dazu kam die Mehrzahl der Zuwanderer aus der ehemaligen Sowjetunion in den 1980er und 1990er Jahren nach Deutschland (vgl. z.B. Bommes, Castles, & Withol de Wenden, 1999), was sich im Alter der befragten Jugendlichen bei der Zuwanderung widerspiegelt. Nur etwa ein Drittel der untersuchten Kohorte von Jugendlichen aus der ehemalige Sowjetunion lebt seit Geburt in Deutschland oder ist vor der Grundschulzeit zugereist. Der weitaus größere Teil ist während der Grundschulzeit (etwa 47 %) oder der Sekundarschulzeit (etwa 19 %) nach Deutschland gekommen.

Obwohl die Familien aus der ehemalige Sowjetunion im Durchschnitt deutlich später nach Deutschland zugewandert sind als die Familien türkischer Herkunft, sprechen fast doppelt so viele von ihnen zu Hause Deutsch (vgl. Tab. 6.3). Interpretiert man die Umgangssprache zu Hause als Indikator für eine kulturelle Orientierung an der Aufnahmegesellschaft oder Assimilationstendenz, so scheinen diese in den Familien aus der ehemaligen Sowjetunion erheblich ausgeprägter zu sein. Dies wird besonders deutlich, wenn man die Familiensprache und den Zeitpunkt der Zuwanderung gemeinsam betrachtet (vgl. Tab. 6.3). In der Gruppe der Jugendlichen aus der ehemaligen Sowjetunion nimmt der Anteil derjenigen, die in der Familie Deutsch sprechen, mit der Verweildauer zu. Während unter den Schülerinnen und Schülern, die erst in der Sekundarschulzeit zugewandert sind, nur knapp 10 Prozent zu Hause Deutsch sprechen, beträgt der Anteil bei denjenigen, die während der Grundschulzeit nach Deutschland gekommen sind, bereits etwa 34 Prozent und steigt bei den in Deutschland geborenen Jugendlichen auf rund 78 Prozent an. Ganz anders sieht es in der Gruppe der Schülerinnen und Schüler türkischer Herkunft aus. Auch in dieser Gruppe spricht zwar mit zunehmender Verweildauer eine größere Anzahl von Familien zu Hause Deutsch, aber selbst unter den in Deutschland geborenen Jugendlichen liegt dieser Anteil nur bei knapp 25 Prozent.

In Tabelle 6.4 sind die allgemeinen soziokulturellen Struktur- und Prozessmerkmale anhand von Mittelwerten und Standardabweichungen für die einzelnen Gruppen dargestellt. Außer für die Anzahl der Kinder wurden dabei standardisierte Werte verwendet, um die Interpretation von Unterschieden zwischen den Gruppen zu erleichtern. In Tabelle 6.5 ist zusätzlich das Bildungsniveau der Eltern noch einmal differenziert nach Art des jeweils höchsten Abschlusses aufgeführt. Wie anhand der Informationen in den Tabellen 6.4 und 6.5 deutlich zu erkennen ist, liegen bei der Mehrzahl der Variablen die Mittelwerte der Jugendlichen aus der ehemaligen Sowjetunion und der Türkei unter den Werten der 15-Jährigen ohne Migrationsgeschichte. Dabei nehmen Schülerinnen und Schüler aus Familien der ehemaligen Sowjetunion häufig eine mittlere Position zwi-

| | Herkunftsland | | | | | | | | |
| | Deutschland | | | Ehemalige Sowjetunion | | | Türkei | | |
	Mittelwert	(SE)	SD	Mittelwert	(SE)	SD	Mittelwert	(SE)	SD
Allgemeine soziokulturelle Strukturmerkmale	$0{,}07^{a,\,b}$	(0,02)	0,97	$-0{,}14^{c}$	(0,05)	0,99	$-0{,}84$	(0,06)	1,08
Bildungsniveau der Familie[1]	$0{,}11^{a,\,b}$	(0,02)	0,98	$-0{,}72^{c}$	(0,03)	0,87	$-0{,}81$	(0,05)	0,83
Sozioökonomischer Index[1]	$2{,}50^{a,\,b}$	(0,02)	0,92	$3{,}10^{c}$	(0,11)	1,22	3,40	(0,08)	1,42
Anzahl der Kinder									
Allgemeine soziokulturelle Prozessmerkmale									
Wohlstandsinvestitionen[1]	$0{,}15^{a,\,b}$	(0,01)	0,89	$-0{,}84$	(0,06)	1,15	$-0{,}95$	(0,06)	1,16
Kommunikative Praxis[1]	$0{,}02^{a}$	(0,01)	0,99	$-0{,}18^{c}$	(0,04)	1,00	$-0{,}01$	(0,07)	1,07
Kulturelle Aktivitäten[1]	$0{,}01^{a,\,b}$	(0,02)	1,02	$-0{,}28$	(0,03)	0,81	$-0{,}22$	(0,05)	0,86
Kulturelle Ressourcen[1]	$0{,}08^{a,\,b}$	(0,02)	1,00	$-0{,}29^{c}$	(0,04)	0,84	$-0{,}54$	(0,05)	0,89
Motivationale Merkmale	$-0{,}02^{a,\,b}$	(0,01)	1,02	0,11	(0,04)	0,92	0,12	(0,06)	0,93
Instrumentelle Motivation[1]									

[1] z-Werte.
[a] Mittelwertunterschiede zwischen den Jugendlichen deutscher Herkunft und den Jugendlichen aus der ehemaligen Sowjetunion sind signifikant (p < 0.05).
[b] Mittelwertunterschiede zwischen den Jugendlichen deutscher und türkischer Herkunft sind signifikant (p < 0.05).
[c] Mittelwertunterschiede zwischen den Jugendlichen aus der ehemaligen Sowjetunion und der Türkei sind signifikant (p < 0.05).

Tabelle 6.4 Allgemeine soziokulturelle Struktur- und Prozessmerkmale und motivationale Merkmale nach Herkunftsland (Standardfehler in Klammern)

Höchster Bildungs-abschluss der Eltern	Herkunftsland		
	Deutschland	Ehemalige Sowjetunion	Türkei
Ohne Abschluss/ Hauptschulabschluss	2,87 (0,21)	14,03 (1,57)	48,59 (2,10)
Lehre mit oder ohne Hauptschulabschluss	14,37 (0,48)	6,00 (1,02)	12,75 (1,68)
Realschulabschluss und Lehre	11,24 (0,42)	11,93 (1,24)	3,90 (1,04)
Hauptschule oder Realschule und Fachschule	32,66 (0,73)	28,18 (1,63)	6,70 (1,19)
Abitur ohne Studium	11,16 (0,42)	19,79 (1,91)	17,94 (1,72)
Fachhochschulstudium	10,32 (0,35)	8,75 (1,09)	4,47 (0,96)
Wissenschaftliches Hochschulstudium	17,39 (0,58)	11,33 (1,18)	5,65 (1,18)

Tabelle 6.5   Höchster Bildungsabschluss der Eltern nach Herkunftsland (in %; Standardfehler in Klammern)

schen Heranwachsenden ohne Migrationshintergrund und Jugendlichen türkischer Herkunft ein. Gleichzeitig sind bei einigen Merkmalen differenzielle Muster für die beiden Migrantengruppen zu erkennen, die auf Unterschiede in den Lebensbedingungen verweisen.

In Bezug auf Aspekte des kulturellen Kapitals nehmen die türkischen Jugendlichen eine besonders benachteiligte Position ein. Dies gilt vor allem für das Bildungsniveau der Eltern und die kulturellen Ressourcen der Familien (vgl. Tab. 6.4 und 6.5). Die Benachteiligungen der türkischen Jugendlichen auf diesen Variablen sind nicht nur im Vergleich zu den Schülerinnen und Schülern aus Familien ohne Migrationsgeschichte, sondern auch im Vergleich zu den Schülerinnen und Schülern aus der ehemaligen Sowjetunion stark ausgeprägt. So beträgt beispielsweise der Anteil von 15-Jährigen, deren Eltern maximal einen Hauptschulabschluss aufweisen, unter den Jugendlichen türkischer Herkunft fast 50 Prozent, unter den Jugendlichen aus der ehemaligen Sowjetunion dagegen nur 14 Prozent. Gleichzeitig ist die Streuung des Bildungsniveaus in Familien türkischer Herkunft relativ groß. Auch scheinen in türkischen Familien deutlich weniger kulturelle Ressourcen, wie etwa Bücher oder Musikinstrumente, zur Verfügung zu stehen als in Familien aus der ehemaligen Sowjetunion. Eine Abweichung von diesem Muster ist allerdings für die kulturellen Aktivitäten zu erkennen, für die zwischen Familien türkischer Herkunft und Familien aus der ehemaligen Sowjetunion kaum ein Unterschied besteht.

Im Hinblick auf die Indikatoren für ökonomisches Kapital (sozioökonomischer Index und Wohlstandsinvestitionen) bestehen zwar ebenfalls Unterschiede zwischen den beiden Migrantengruppen zu Gunsten der Schülerinnen und Schüler aus der ehemaligen Sowjetunion, diese sind jedoch weniger ausgeprägt als für das Bildungsniveau und die kulturellen Ressourcen. Dabei ist einschränkend anzumerken, dass die ökonomischen Spielräume in den türkischen Familien durch die größere Anzahl von Kindern (M = 3,4) etwas stärker begrenzt sein dürften als in den Familien aus der ehemaligen Sowjetunion (M = 3,1), wobei allerdings die Kinderzahl gerade in den türkischen Familien erheblich variiert (SD = 1,4).

Für die kommunikative Praxis, die als Merkmal des sozialen Kapitals gelten kann, sind bei den Jugendlichen türkischer Herkunft höhere Werte zu beobachten als bei den Jugendlichen aus der ehemaligen Sowjetunion. Gleichzeitig ist die Streuung dieses Merkmals im Falle der türkischen Schülerinnen und Schüler besonders gering. Demnach scheinen türkische Eltern allgemein mehr Zeit mit ihren Kindern zu verbringen und sich mit ihnen im Gespräch auszutauschen als Familien aus der ehemaligen Sowjetunion, die auch im Vergleich zu deutschen Familien auf dieser Variablen ein geringeres Niveau aufweisen.

Die Mittelwerte für den Indikator der instrumentellen Motivation in Bezug auf schulisches Lernen schließlich weichen für beide Migrantengruppen vom Muster ungünstigerer Voraussetzungen bei Schülerinnen und Schülern aus zugewanderten Familien ab. Sowohl die Jugendlichen türkischer Herkunft als auch die Jugendlichen aus Familien der ehemaligen Sowjetunion verfügen über ein im Vergleich zu Gleichaltrigen ohne Migrationshintergrund hohes Maß an Motivation. Dies stimmt mit Ergebnissen früherer Analysen überein, die auf eine allgemein hohe Lernbereitschaft und Leistungsorientierung von Schülerinnen und Schülern mit Migrationshintergrund verweisen (Christensen & Stanat, in Vorb.; vgl. auch Kao & Tienda, 1995; Stanat, 2004; Suárez-Orozco & Suárez-Orozco, 1995)

Insgesamt ergibt sich für die Hintergrundmerkmale von Jugendlichen türkischer Herkunft und der ehemaligen Sowjetunion ein differenziertes Bild, das in Bezug auf die Aufenthaltsdauer und den Indikator für soziales Kapital auf günstigere, in Bezug auf ökonomisches und insbesondere kulturelles Kapital auf ungünstigere Voraussetzungen bei den türkischen Schülerinnen und Schülern verweist. Auffällig ist vor allem die geringere Tendenz der türkischen Zuwanderer, in der Familie Deutsch zu sprechen. Der Anteil derjenigen, die dies tun, nimmt zwar mit der Aufenthaltsdauer zu, er ist jedoch deutlich kleiner als unter den Zuwanderern aus der ehemaligen Sowjetunion. Dies könnte unter anderem mit der gesellschaftlichen Stellung der Mehrzahl der türkischen Migranten als Ausländer und der Migranten aus der ehemaligen Sowjetunion als Deutsche zusammenhängen sowie mit den damit verbundenen Bleibeperspektiven. Weiterhin könnten die differenziellen Sprachgewohnheiten auch dadurch bedingt sein, dass türkische Migranten möglicherweise häufiger in ethnisch segmentierten Gemeinden leben, in denen die Umgangssprache Türkisch ist (Esser, 2001)[2]. Das Muster der Sprachgewohnheiten stimmt jedenfalls mit Befunden früherer Studien überein, die auch auf eine geringere kulturelle Orientierung der türkischen Migranten an der Aufnahmegesellschaft verweisen (vgl. z.B. Esser, 2001; Nauck, Diefenbach, & Petri, 1998).

6.3.4 Bedingungen der Benachteiligung von Jugendlichen aus der ehemaligen Sowjetunion und Jugendlichen türkischer Herkunft im Kompetenzerwerb

Im nächsten Schritt soll nun geprüft werden, inwieweit sich die Benachteiligungen der untersuchten Gruppen von Jugendlichen mit Migrationshintergrund im Hinblick auf das erreichte Kompetenzniveau im Lesen auf Merkmale ihrer Lebensbedingungen zurückführen lassen. Mithilfe einer Reihe von Regressionsanalysen wird der Frage nachgegangen, ob der Effekt des Geburtslands der Eltern auch dann noch bedeutsam ist, wenn andere Aspekte des ökonomischen, kulturellen und sozialen Kapitals aus dem Modell von Baumert, Watermann und Schümer (2003) kontrolliert werden. In die Regressionsmodelle gehen die migrationsspezifischen Struktur- und Prozessmerkmale, die allgemeinen soziokulturellen Struktur- und Prozessmerkmale familiärer Lebensverhältnisse

Prädiktoren	Modell 1	Modell 2	Modell 3	Modell 4	Modell 5	Modell 6
Psychologische Merkmale						
Kognitive Grundfähigkeiten[1]	53,31	53,11	53,03	52,51	51,75	51,71
Institutionelle Merkmale						
Gesamtschule	37,86	37,39	37,38	34,77	32,92	33,54
Realschule	55,80	55,14	55,02	52,38	51,16	50,25
Gymnasium	91,94	91,34	91,34	85,19	81,21	80,97
Migrationsspezifische Strukturmerkmale						
Geburtsland der Eltern (0 = Deutsch; 1 = Sprachen der ehemaligen Sowjetunion)	−30,88	−5,45	1,92	3,04	2,60	1,66
Alter bei Zuwanderung[1]		−9,13	−8,20	−8,72	−8,90	−8,94
Migrationsspezifische Prozessmerkmale						
Familiensprache (0 = Deutsch; 1 = nicht Deutsch)			−10,22	−11,71	−12,44	−10,74
Allgemeine soziokulturelle Strukturmerkmale						
Sozialschichtindex[1]				3,06	2,15	2,44
Bildungsniveau der Eltern[1]				2,25	0,77	0,40
Kinderzahl in der Familie[1]				−2,77	−2,71	−2,61
Allgemeine soziokulturelle Prozessmerkmale						
Wohlstandsinvestitionen[1]					−2,12	−2,36
Kommunikative Praxis[1]					4,14	3,80
Kulturelle Aktivitäten[1]					3,01	2,97
Kulturelle Ressourcen[1]					3,67	3,65
Motivationale Merkmale						
Instrumentelle Motivation[1]						1,50
R^2	0,70	0,70	0,70	0,70	0,71	0,70

[1] z-Werte.

p < 0.05.

Tabelle 6.6 Regression der Lesekompetenz auf kognitive Grundfähigkeiten, Bildungsgang, Merkmale der sozialen und kulturellen Herkunft und motivationale Merkmale – 15-Jährige ohne Migrationshintergrund und 15-Jährige aus der ehemaligen Sowjetunion (mit WesVar 4.2 geschätzte unstandardisierte Koeffizienten)

Prädiktoren	Modell 1	Modell 2	Modell 3	Modell 4	Modell 5	Modell 6
Psychologische Merkmale						
Kognitive Grundfähigkeiten[1]	53,64	53,38	53,31	52,70	51,98	51,92
Institutionelle Merkmale						
Gesamtschule	35,51	34,85	34,80	32,19	30,33	30,81
Realschule	53,99	53,53	53,48	50,80	49,67	48,53
Gymnasium	90,23	89,77	89,71	83,42	79,56	79,05
Migrationsspezifische Strukturmerkmale						
Geburtsland der Eltern						
(0 = Deutsch; 1 = Türkisch)	−40,61	−33,48	−21,23	−17,20	−21,27	−21,20
Alter bei Zuwanderung[1]		−9,74	−9,38	−9,22	−9,56	−10,12
Migrationsspezifische Prozessmerkmale						
Familiensprache						
(0 = Deutsch; 1 = nicht Deutsch)			−15,88	−14,27	−13,77	−13,85
Allgemeine soziokulturelle Strukturmerkmale						
Sozialschichtindex[1]				2,80	2,15	2,46
Bildungsniveau der Eltern[1]				2,78	1,44	1,05
Kinderzahl in der Familie[1]				−3,02	−2,85	−2,72
Allgemeine soziokulturelle Prozessmerkmale						
Wohlstandsinvestitionen[1]					−2,75	−3,02
Kommunikative Praxis[1]					4,17	3,79
Kulturelle Aktivitäten[1]					3,14	3,14
Kulturelle Ressourcen[1]					3,11	3,14
Motivationale Merkmale						
Instrumentelle Motivation[1]						1,29
R^2	0,70	0,70	0,70	0,71	0,71	0,71

[1] z-Werte.

$p < 0.05$.

Tabelle 6.7   Regression der Lesekompetenz auf kognitive Grundfähigkeiten, Bildungsgang, Merkmale der sozialen und kulturellen Herkunft und motivationale Merkmale – 15-Jährige deutscher und türkischer Herkunft (mit WesVar 4.2 geschätzte unstandardisierte Koeffizienten)

sowie die instrumentelle Motivation der Jugendlichen jeweils blockweise ein. In allen Modellen werden außerdem die kognitiven Grundfähigkeiten und die Schulformzugehörigkeit der Schülerinnen und Schüler kontrolliert. Die Ergebnisse der Analysen sind in Tabelle 6.6 für die 15-Jährigen deutscher Herkunft und die 15-Jährigen aus der ehemaligen Sowjetunion sowie in Tabelle 6.7 für die 15-Jährigen deutscher und türkischer Herkunft dargestellt. Die Tabellen enthalten die unstandardisierten Regressionskoeffizienten und die durch die Prädiktoren erklärten Varianzanteile, wobei signifikante Koeffizienten durch Fettdruck hervorgehoben sind. Im Folgenden werden zunächst die Ergebnisse für die Jugendlichen aus der ehemaligen Sowjetunion und anschließend die Ergebnisse für die Jugendlichen aus türkischen Familien beschrieben.

Modell 1 enthält neben den kognitiven Grundfähigkeiten und der Schulformzugehörigkeit der Jugendlichen zunächst nur das Geburtsland der Eltern. Für die Schülerinnen und Schüler mit mindestens einem in der ehemaligen Sowjetunion geborenen Elternteil zeigt sich im Vergleich zu Schülerinnen und Schülern ohne Migrationshintergrund ein erheblicher Leistungsrückstand von etwa 30 Punkten auf der PISA-Skala (vgl. Tab. 6.6). Nach Kontrolle des Alters der Jugendlichen zum Zeitpunkt der Zuwanderung in Modell 2 reduziert sich der Einfluss des Geburtslandes der Eltern jedoch erheblich und ist nicht mehr signifikant. Das Zuwanderungsalter hat dagegen einen signifikanten Effekt auf die Leseleistung: Mit einer Zunahme des Zuwanderungsalters um eine Standardabweichung ist eine Verringerung der Leseleistung um 9 Punkte verbunden. Demnach reduziert sich bei Jugendlichen aus der ehemaligen Sowjetunion der Leistungsnachteil mit zunehmender Aufenthaltsdauer, wobei nach Kontrolle der Aufenthaltsdauer das Geburtsland der Eltern keine Rolle mehr spielt. Dieses Muster entspricht den Annahmen assimilationstheoretischer Modelle (z.B. Alba & Nee, 1997; Esser, 1990, 2001).

In Modell 3 wird als migrationsspezifisches Prozessmerkmal zusätzlich die Familiensprache als dichotome Variable (Deutsch/nicht Deutsch) in das Regressionsmodell eingeführt. Dabei zeigt sich, dass die Lesekompetenz von Schülerinnen und Schülern, die in der Familie nicht Deutsch, sondern eine Sprache der ehemaligen Sowjetrepubliken sprechen, um 10 Punkte geringer ist als bei Jugendlichen mit deutscher Familiensprache.

Als zusätzliche Prädiktoren gehen in die weiteren Regressionsanalysen die allgemeinen soziokulturellen Strukturmerkmale (Modell 4) und die allgemeinen soziokulturellen Prozessmerkmale (Modell 5) ein. Diese Faktoren haben zwar einen signifikanten Einfluss auf die Lesekompetenz, reduzieren jedoch nicht den Einfluss der Familiensprache. Der Befund, dass die Leseleistungen der Schülerinnen und Schüler, die in ihren Familien nicht Deutsch sprechen, etwa 10 Punkte geringer sind, bleibt auch bei Kontrolle der Struktur- und Prozessmerkmale erhalten.

In Modell 6 schließlich wird der Beitrag der instrumentellen Motivation zur Vorhersage von Lesekompetenz geprüft. Der signifikant positive Koeffizient zeigt, dass auch bei Kontrolle der anderen Hintergrundmerkmale eine höhere Motivation mit besseren Leistungen einhergeht. Der Koeffizient für die Familiensprache ändert sich bei Hinzunahme dieses Faktors in das Modell jedoch kaum. Demnach scheint also die migrationsspezifische Benachteiligung in den Leistungen der Jugendlichen aus der ehemaligen Sowjetunion nicht auf eine geringere Lernbereitschaft zurückzuführen zu sein.

Die in Tabelle 6.7 aufgeführten Ergebnisse für die 15-Jährigen deutscher und türkischer Herkunft zeigen, dass Jugendliche mit mindestens einem in der Türkei geborenen Elternteil bei gleichen kognitiven Grundfähigkeiten innerhalb von Schulformen durchschnittlich etwa 40 Punkte weniger im PISA-Lestest erzielten als Jugendliche mit in Deutschland geborenen Eltern (vgl. Modell 1). Demnach ist der Einfluss des Geburtslandes der Eltern in der Gruppe der türkischen Jugendlichen etwas stärker ausgeprägt als in der Gruppe der Jugendlichen aus der ehemaligen Sowjetunion, für die der Unterschied etwa 30 Punkte beträgt (vgl. Modell 1 in Tab. 6.6). Ein weiteres differenzielles Ergebnis besteht darin, dass der Einfluss des Geburtslandes der Eltern bei den Schülerinnen und Schülern aus der ehemaligen Sowjetunion verschwindet, wenn das Zuwanderungsalter kontrolliert wird, während dies bei den Schülerinnen und Schülern türkischer Herkunft nicht der Fall ist (vgl. Modell 2). Selbst bei zusätzlicher Kontrolle der Umgangssprache in der Familie, mit der auch bei Jugendlichen türkischer Herkunft ein bedeutsamer Effekt verbunden ist, bleibt der Einfluss des Geburtslandes der Eltern in dieser Gruppe mit mehr als 20 Punkten erheblich (Modell 3). Dieses Befundmuster ist auch nach Einführung der allgemeinen soziokulturellen Strukturmerkmale (Modell 4), der allgemeinen soziokulturellen Prozessmerkmale (Modell 5) und der instrumentellen Motivation (Modell 6) weitgehend stabil.

Nach diesen Ergebnissen hängt die Benachteiligung von Jugendlichen aus der ehemaligen Sowjetunion im Kompetenzerwerb vor allem mit der Dauer ihres Aufenthalts in Deutschland zusammen. Bei Kontrolle dieses Faktors verschwindet der Einfluss des Geburtslandes der Eltern, und es ist nur noch ein mit der Umgangssprache in der Familie verknüpfter, moderater Leistungsnachteil zu beobachten. Damit entspricht das Befundmuster für diese Herkunftsgruppe assimilationstheoretischen Annahmen, wonach sich die Benachteiligung von Migranten mit zunehmender Aufenthaltsdauer reduzieren sollte (z.B. Alba & Nee, 1997; Esser, 1990, 2001). Der Leistungsnachteil von Schülerinnen und Schülern mit mindestens einem in der Türkei geborenen Elternteil hingegen lässt sich nicht allein auf die in den Regressionsmodellen berücksichtigten Struktur- und Prozessmerkmale zurückführen. Dabei muss allerdings offen bleiben, welche weiteren Faktoren für die Benachteiligung verantwortlich sein könnten. Auch in der Gruppe der Jugendlichen türkischer Herkunft scheint es sich nicht um mangelnde Lernbereitschaft zu handeln (vgl. Modell 6), zumal ihre instrumentelle Motivation sogar signifikant höher ist als die Jugendlicher ohne Migrationshintergrund. Selbst bei explorativer Kontrolle von weiteren Merkmalen des familiären Hintergrunds, wie etwa des Vorleseverhaltens in der Familie, bleibt der Effekt des Geburtslandes der Eltern in der türkischen Teilstichprobe bedeutsam. Auch anhand der PISA-Daten lässt sich also die ungünstigere Situation von Schülerinnen und Schülern türkischer Herkunft nicht vollständig erklären.

6.3.5 Strukturgleichungsmodell für den Zusammenhang zwischen Merkmalen der familiären Herkunft und Kompetenzerwerb

Anhand der deskriptiven Ergebnisse zu den Lebensverhältnissen Jugendlicher aus der ehemaligen Sowjetunion und der Türkei ist deutlich geworden, dass diese Gruppen von Schülerinnen und Schülern teilweise unter deutlich unterschiedlichen Bedingungen aufwachsen (vgl. Abschnitt 6.3.3). Die Befunde der Regressionsanalysen ergeben zusätzlich erste Hinweise darauf, dass sich das Bedingungsgefüge der schulischen Leistungen zwischen den beiden Gruppen unterscheidet. Im Folgenden soll nun geprüft werden, inwieweit das von Baumert, Watermann und Schümer (2003) entwickelte Strukturgleichungsmodell zum Zusammenhang von Struktur- und Prozessmerkmalen der familiären Herkunft und Lesekompetenz auch für die in diesem Beitrag untersuchten Herkunftsgruppen gilt (vgl. auch Kap. 3, in diesem Band). Das Modell ist in den Abbildungen 6.1 und 6.2 dargestellt.

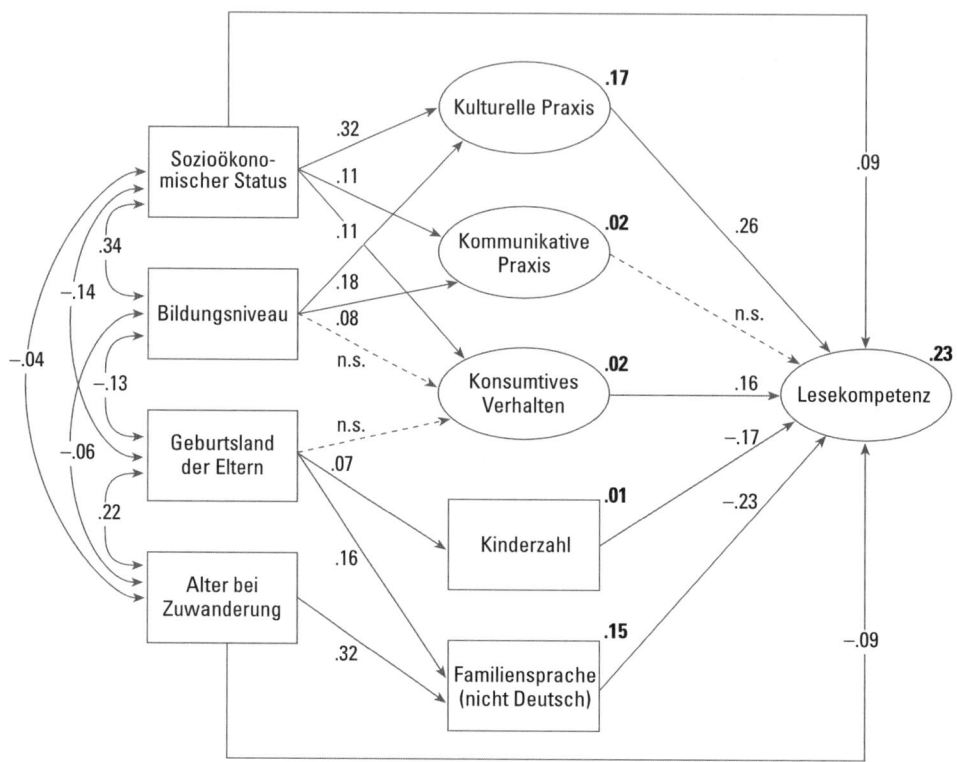

Standardisierte Pfadkoeffizienten; Tau-Äquivalentes Mehrgruppenmodell; fett gedruckt sind Determinations-koeffizienten R²; N = 1.194.

Abbildung 6.1   Strukturmodell für die 15-Jährigen aus der ehemaligen Sowjetunion zum Zusammenhang zwischen Struktur- und Prozessmerkmalen der familiären Lebensverhältnisse und Lesekompetenz

Nach den Annahmen von Baumert, Watermann und Schümer (2003) beeinflussen die Prozessmerkmale die Lesekompetenz direkt, während die Strukturmerkmale primär indirekt wirken sollten. Eine Ausnahme bildet der sozioökonomische Status, für den angenommen wird, dass er aufgrund des vom Motiv des Statuserhalts beeinflussten Elternverhaltens bei Bildungsentscheidungen für die Kinder auch einen direkten Zusammenhang mit der Lesekompetenz aufweist. Weiterhin wird erwartet, dass sich das Alter bei der Zuwanderung, als Indikator für die Dauer des Aufenthalts in einer deutschsprachigen Umgebung, direkt auf den Kompetenzerwerb auswirkt.

Die im Modell enthaltenen Prozessmerkmale sollten die Lesekompetenz ebenfalls direkt beeinflussen. Lediglich für das konsumtive Verhalten wird kein signifikanter Effekt vorhergesagt. Die Prozessmerkmale selbst wiederum sollten in differenzieller Weise von den strukturellen Aspekten der Lebensverhältnisse bestimmt werden. So wird angenommen, dass sich der sozioökonomische Status nicht nur auf das konsumtive Ver-

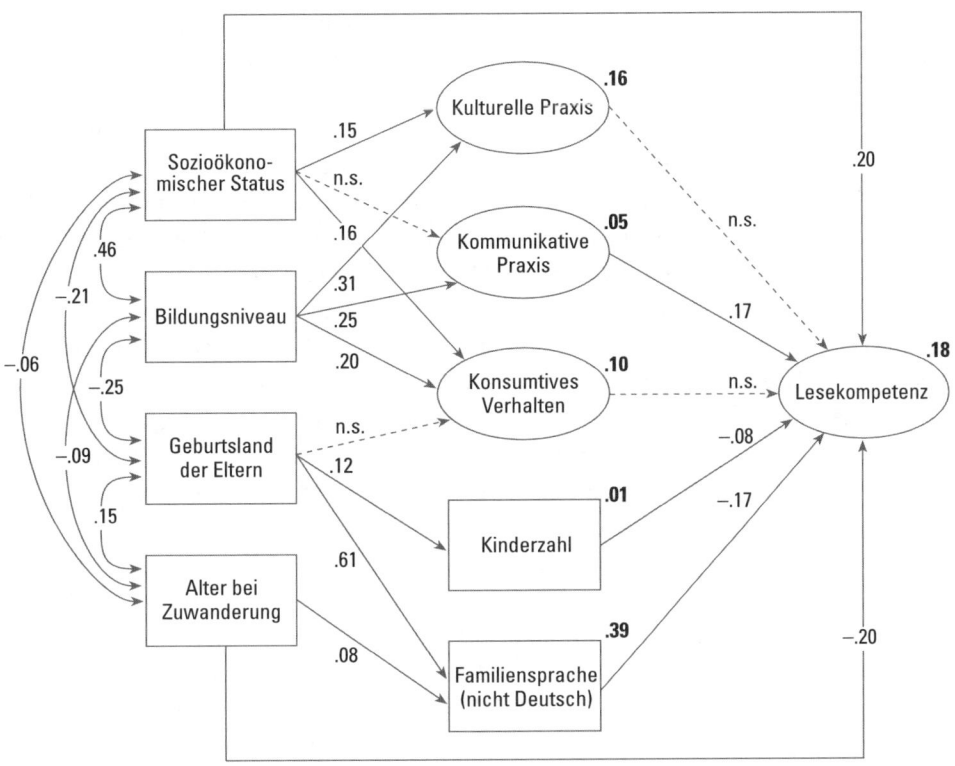

Standardisierte Pfadkoeffizienten; Tau-Äquivalentes Mehrgruppenmodell; fett gedruckt sind Determinations-
koeffizienten R²; N = 801.

Abbildung 6.2 Strukturmodell für die 15-Jährigen türkischer Herkunft zum Zusammenhang zwischen Struktur-
und Prozessmerkmalen der familiären Lebensverhältnisse und Lesekompetenz

halten, sondern auch auf die kulturelle und soziale Praxis in der Familie auswirkt. Für
das Bildungsniveau der Eltern wird zwar ein Einfluss auf die kulturelle und kommunikative Praxis, nicht jedoch auf das konsumtive Verhalten erwartet. Der Migrationsstatus
schließlich sollte nach den ursprünglichen Modellannahmen Auswirkungen auf das konsumtive Verhalten, die Kinderzahl, die Familiensprache und die kulturelle Praxis haben.
Der Pfad vom Migrationsstatus zur kulturellen Praxis erwies sich in den Analysen jedoch
als nicht bedeutsam und wurde daher aus dem Modell entfernt.

Das von Baumert, Watermann und Schümer (2003) für die PISA-E-Gesamtstichprobe
geprüfte Modell soll im Folgenden separat für die Jugendlichen aus der ehemaligen Sowjetunion und die Jugendlichen aus der Türkei geschätzt werden. Dabei sind vor allem in
Bezug auf die migrationsspezifischen Struktur- und Prozessmerkmale differenzielle
Einflussmuster in den beiden Gruppen zu erwarten. Das Geburtsland der Eltern bildet
in den Modellen ab, ob beide Elternteile oder nur ein Elternteil im jeweiligen Herkunftsland (ehemalige Sowjetunion oder Türkei) geboren sind. Es kann angenommen

werden, dass die kulturelle Orientierung an der Aufnahmegesellschaft in Ehen mit einem deutschen Ehepartner ausgeprägter ist als in Familien, in denen beide Ehepartner zugewandert sind. So weisen die deskriptiven Analysen (vgl. Abschnitt 6.3.3) darauf hin, dass Familien in beiden Herkunftsgruppen eher dazu neigen, als Umgangssprache Deutsch zu wählen, wenn nur ein Elternteil im Ausland geboren ist.

Auch das Alter der Jugendlichen bei der Zuwanderung, das als Indikator für die Aufenthaltsdauer der Familie gelten kann, sollte in beiden Migrantengruppen beeinflussen, ob zu Hause Deutsch oder die Sprache des Herkunftslandes gesprochen wird. Dabei lassen die Ergebnisse der deskriptiven Analysen vermuten, dass dieser Einfluss in der türkischen Teilstichprobe weniger ausgeprägt ist als in der Teilstichprobe der Jugendlichen aus der ehemaligen Sowjetunion, da die türkischen Familien generell stärker dazu neigen, die Herkunftssprache zu verwenden. Zusätzlich ist das Alter bei der Zuwanderung allerdings auch als ein Indikator dafür zu betrachten, wie lange die Schülerinnen und Schüler bereits in einer deutschsprachigen Umgebung leben und entsprechenden sprachlichen Lerngelegenheiten ausgesetzt sind. Daher ist weiterhin ein direkter Effekt des Zuwanderungsalters auf die Lesekompetenz zu erwarten. Sofern es zutrifft, dass türkische Familien häufiger in ethnisch segmentierten Gemeinden leben, ist der Einfluss in dieser Gruppe möglicherweise weniger ausgeprägt.

Von der Familiensprache dürfte in beiden Migrantengruppen ein Einfluss auf die Lesekompetenz ausgehen. Auch für die anderen Prozessmerkmale sowie die allgemeinen Strukturmerkmale sind a priori keine differenziellen Befunde zu erwarten. Da das Bildungsniveau unter den Migranten türkischer Herkunft teilweise sehr gering ist, gleichzeitig aber auch besonders stark streut, ließe sich allerdings vermuten, dass diesem Merkmal in der Gruppe der Jugendlichen türkischer Herkunft eine besonders wichtige Rolle zukommt.

Bei der Prüfung des Struktur- und Prozessmodells zum Zusammenhang zwischen familiärem Hintergrund und schulischem Erfolg wurden die allgemeinen und migrationsspezifischen Strukturmerkmale der Familienverhältnisse als manifeste Variablen spezifiziert. Die Prozessmerkmale hingegen wurden, mit Ausnahme der Familiensprache und der Kinderzahl, als latente Konstrukte mit jeweils zwei Indikatorvariablen modelliert. Für die kulturelle Praxis handelt es sich bei den Indikatoren um Investitionen in Kulturgüter und kulturelle Aktivitäten der Familie. Im Falle der kommunikativen Praxis und der Wohlstandsinvestitionen wurden die Items der Skalen jeweils auf zwei Parcels verteilt. Abhängige Variable ist in der Analyse die Lesekompetenz, die sich aus den Komponenten Informationsentnahme, textimmanente Interpretation sowie Reflektieren und Bewerten zusammensetzt und ebenfalls als latentes Konstrukt spezifiziert wurde. Die Modelle wurden für die Teilstichproben der Jugendlichen aus der ehemaligen Sowjetunion und der Jugendlichen türkischer Herkunft im Mehrgruppenvergleich simultan angepasst. Für die Messmodelle wurde eine Invarianz der Faktorladungen (Tau-Äquivalenz) angenommen. Die Modellgütekriterien weisen auf eine gute Verträglichkeit des Modells mit den Daten hin (χ^2 [df = 135, N = 1.995] = 616,8; p = .00; RMSEA = .042; TLI = .93).

Die Abbildungen 6.1 und 6.2 stellen die aus der Mehrgruppenanalyse resultierenden Modelle für die Jugendlichen aus der ehemaligen Sowjetunion und die Jugendlichen türkischer Herkunft dar. Anhand der Ergebnisse ist klar zu erkennen, dass sich die Bedeutung einer Reihe von Variablen in den Teilstichproben unterscheidet. Insbesondere für die migrationsspezifischen Struktur- und Prozessmerkmale zeigt sich ein deutlich differenzielles Zusammenhangsmuster. In beiden Herkunftsgruppen wird in der Familie eher Deutsch gesprochen, wenn nur ein Elternteil im Ausland geboren ist und wenn der Zeitpunkt der Zuwanderung bereits länger zurückliegt. Erwartungsgemäß wird jedoch in der türkischen Teilstichprobe die Wahl der Familiensprache weitaus weniger stark vom Zuwanderungszeitpunkt bestimmt als in der Teilstichprobe der 15-Jährigen aus der ehemaligen Sowjetunion. Dies spricht für einen höheren Grad der Schließung türkischer Familien, die nur in Familien durchbrochen zu werden scheint, in denen ein Elternteil in Deutschland geboren ist. So ist in der türkischen Teilstichprobe der Zusammenhang zwischen dem Geburtsland der Eltern und der Familiensprache besonders ausgeprägt.

In beiden Herkunftsgruppen ist ein Effekt der Familiensprache auf die Lesekompetenz zu erkennen, der in der Teilstichprobe der Jugendlichen aus der ehemaligen Sowjetunion nur geringfügig stärker ausgeprägt ist. Hingegen ist der direkte Einfluss des Zuwanderungsalters, der als Indikator für die Dauer des Aufenthalts in einer deutschsprachigen Umgebung interpretiert werden kann, bei den Jugendlichen türkischer Herkunft deutlich größer als bei den Jugendlichen aus der ehemaligen Sowjetunion. Dies widerspricht der Annahme, dass aufgrund einer unter türkischen Migranten häufiger anzutreffenden ethnischen Segmentation die Aufenthaltsdauer für die Entwicklung von Lesekompetenz weniger bedeutsam ist. Vielmehr gehen offenbar auch bei Schülerinnen und Schülern türkischer Herkunft mit der Aufenthaltsdauer assimilative Prozesse in Bezug auf deutsche Sprachkompetenzen einher. Diese scheinen jedoch kaum durch die familiären Sprachgewohnheiten vermittelt zu werden, sondern eher von Lerngelegenheiten außerhalb der Familie abzuhängen. Angesichts der auch nach Kontrolle der Aufenthaltsdauer deutlich geringeren Leistungen von türkischen Jugendlichen (vgl. Tab. 6.7) scheinen die Effekte jedoch nicht auszureichen, um ihre Benachteiligung auszugleichen.

Von der Anzahl der Kinder, die im Modell als Bestimmungsfaktor der finanziellen und zeitlichen Spielräume der Familie für Zuwendung und gemeinsame Aktivitäten enthalten ist, geht in beiden Migrantengruppen ein negativer Einfluss auf die Lesekompetenz aus. Dieser ist innerhalb der Teilstichprobe der Jugendlichen aus der ehemaligen Sowjetunion besonders ausgeprägt. Der Zusammenhang zwischen dem Geburtsland der Eltern und der Anzahl der Kinder scheint dagegen in türkischen Familien etwas enger zu sein, was unter anderem auf die größere Streuung der Kinderzahl in dieser Gruppe zurückzuführen sein könnte. In beiden Gruppen haben Paare, in denen nur ein Partner zugewandert ist, tendenziell weniger Kinder.

Auch für die allgemeinen Struktur- und Prozessmerkmale der familiären Herkunft sind Zusammenhangsmuster zu erkennen, die sich zwischen den Gruppen teilweise deutlich unterscheiden. Besonders auffällig ist die differenzielle Bedeutung des Bildungsniveaus und der sozioökonomischen Situation der Eltern. In der Teilstichprobe der

15-Jährigen aus der ehemaligen Sowjetunion hängt das Bildungsniveau deutlich weniger eng mit den soziokulturellen Prozessmerkmalen zusammen als in der türkischen Teilstichprobe sowie auch in der Gesamtstichprobe der 15-Jährigen aus den alten Bundesländern (vgl. Baumert, Watermann, & Schümer, 2003, S. 63). Dies weist darauf hin, dass in Familien aus der ehemaligen Sowjetunion der formale Bildungsabschluss weniger stratifizierend wirkt. Dagegen scheint in diesen Familien ein im Vergleich zu Zuwanderern aus der Türkei starker Einfluss vom sozioökonomischen Status auf die soziokulturellen Prozessmerkmale auszugehen, der für die kulturelle Praxis besonders ausgeprägt ist. Demnach geht in der Gruppe der Jugendlichen aus der ehemaligen Sowjetunion ein höherer Berufsstatus mit vermehrten kulturellen Ressourcen und kulturellen Aktivitäten in der Familie einher. Dies entspricht weitgehend dem Befundmuster für die Gesamtstichprobe (vgl. Baumert, Watermann, & Schümer, 2003).

Bei der Vorhersage der Lesekompetenz spielen in der Gruppe der Jugendlichen aus der ehemaligen Sowjetunion die Prozessindikatoren des kulturellen und ökonomischen Kapitals eine bedeutsame Rolle. Lediglich der Koeffizient für die kommunikative Praxis, die einen Aspekt des sozialen Kapitals repräsentiert, verfehlt – wie auch in der Gesamtstichprobe der alten Bundesländer – das Signifikanzniveau. Interessant ist insbesondere das positive Vorzeichen des konsumtiven Verhaltens, für das in der Mehrzahl der PISA-Teilnehmerstaaten entweder keine signifikante oder eine negative Wirkung zu finden ist (vgl. Kap. 3, in diesem Band). So ist auch in der Gesamtstichprobe der alten Bundesländer kein eigenständiger Einfluss des konsumtiven Verhaltens auf die Lesekompetenz zu beobachten, und in den neuen Bundesländern scheint sogar ein leicht negativer Zusammenhang zwischen den Variablen zu bestehen (Baumert, Watermann, & Schümer, 2003). Zwei Ausnahmen von diesem Muster bilden im internationalen Vergleich jedoch die Modelle für die Vereinigten Staaten und Frankreich, in denen der Indikator für konsumtives Verhalten ein positives Vorzeichen aufweist. Demnach entfalten finanzielle Spielräume offenbar in einigen Gesellschaften oder gesellschaftlichen Teilgruppen durchaus eine fördernde Wirkung auf bildungsrelevante Sozialisationsprozesse, was auch unter den in Deutschland lebenden Migranten aus der ehemaligen Sowjetunion der Fall zu sein scheint.

Insgesamt zeichnet sich für die Jugendlichen aus Familien der ehemaligen Sowjetunion ein Bild ab, das mit Bourdieus Ideen zur Rolle des ökonomischen, kulturellen und sozialen Kapitals für schulischen Erfolg größtenteils konsistent ist und weitgehend auch mit dem Muster der Schätzungen des Modells für die Gesamtstichprobe in den alten Bundesländern übereinstimmt (vgl. Baumert, Watermann, & Schümer, 2003, S. 63). Abweichungen bestehen vor allem darin, dass von der formalen Bildung in dieser Gruppe kaum eine stratifizierende Wirkung ausgeht. Darüber hinaus weicht der nicht signifikante Einfluss der kommunikativen Praxis, der auch in der Gesamtstichprobe zu beobachten ist, von Annahmen zu den Wirkungen des sozialen Kapitals ab.

In der türkischen Teilstichprobe unterscheidet sich das Befundmuster für andere Aspekte vom Modell Bourdieus und von den Befunden für die Gesamtstichprobe der alten Bundesländer. Obwohl das Bildungsniveau der Eltern in dieser Gruppe teilweise noch enger mit den soziokulturellen Prozessmerkmalen zusammenhängt als in der Gesamtstichprobe, beeinflusst es als Stratifizierungsmerkmal offenbar weder über die kulturelle Praxis noch über das konsumtive Verhalten die Lesekompetenz. Demnach scheinen kulturelle Ressourcen und Aktivitäten unter türkischen Migranten einen Lebensstil zu kennzeichnen, der zwar vom Bildungsniveau abhängig ist, jedoch nicht mit einer bildungsrelevanten Sozialisation einhergeht. Die kommunikative Praxis hingegen, die unmittelbar die Interaktion zwischen Eltern und Jugendlichen betrifft, weist auf einen fürsorglichen Kontext hin, der sich auf die schulischen Leistungen auswirkt. Darüber hinaus ist in der türkischen Herkunftsgruppe ein nicht unerheblicher direkter Einfluss der beruflichen Stellung der Eltern auf die Lesekompetenz zu beobachten. Ausgehend von der Annahme, dass dieser Pfad das elterliche Entscheidungsverhalten in Bezug auf die Bildungsverläufe der Kinder abbildet, scheint dieser Effekt in der türkischen Teilstichprobe besonders ausgeprägt zu sein. Geht man weiterhin davon aus, dass der berufliche Erfolg von Zuwanderern bei gleichem Bildungsniveau unter anderem davon abhängt, wie gut sie die Verkehrssprache beherrschen, könnte sich hinter diesem Koeffizienten auch ein Effekt der deutschen Sprachkompetenz der Eltern verbergen.

6.4 Zusammenfassung und Diskussion

Die in diesem Kapitel berichteten Ergebnisse zum schulischen Erfolg von Schülerinnen und Schülern aus der ehemaligen Sowjetunion und der Türkei fügen sich gut in die bestehende Befundlage ein. Es bestätigt sich, dass Jugendliche in beiden Herkunftsgruppen in Bezug auf den Sekundarschulbesuch im Vergleich zu Gleichaltrigen ohne Migrationshintergrund benachteiligt sind. Diese Benachteiligung lässt sich in beiden Fällen auf die geringere Lesekompetenz der Schülerinnen und Schüler in der Verkehrssprache zurückführen. Bei der Bestimmung von Faktoren, die mit den Leistungsnachteilen im Lesen zusammenhängen, ergibt sich für die beiden Herkunftsgruppen dagegen ein differenzielles Befundmuster. Für die Jugendlichen aus der ehemaligen Sowjetunion sind nach Kontrolle des Alters der Schülerinnen und Schüler bei der Zuwanderung keine Leistungsnachteile mehr nachzuweisen. Dieses Muster entspricht assimilationstheoretischen Annahmen, wonach sich die Benachteiligung von Zuwanderern mit zunehmender Aufenthaltsdauer reduzieren sollte (z.B. Alba & Nee, 1997; Esser, 1990, 2001). Der Leistungsrückstand der Jugendlichen türkischer Herkunft hingegen bleibt auch nach Kontrolle der Aufenthaltsdauer sowie einer Reihe von Struktur- und Prozessmerkmalen der familiären Herkunft bedeutsam. Damit lässt sich auch anhand der PISA-Daten nicht vollständig bestimmen, worauf der geringere schulische Erfolg dieser Schülergruppe zurückzuführen sein könnte. Da sowohl die schulbezogene Motivation der Jugendlichen als auch die Aspirationen der Eltern für den Bildungserfolg ihrer Kinder eher hoch sind (Bremm, in Vorb.; Christensen & Stanat, in Vorb.; Stanat, 2004), können diese Faktoren für die Disparitäten nicht verantwortlich sein.

Eine Ursache für die geringeren Leistungen von Jugendlichen türkischer Herkunft könnte dagegen in einem Mangel von Lerngelegenheiten für den Erwerb der deutschen

Sprache liegen. Während in den Familien aus der ehemaligen Sowjetunion mit zunehmender Aufenthaltsdauer verstärkt Deutsch gesprochen wird, ist dies in türkischen Familien überwiegend nicht der Fall. Daher dürften Jugendliche türkischer Herkunft stärker auf außerfamiliäre Lerngelegenheiten angewiesen sein. Wie umfangreich diese Lerngelegenheiten sind, lässt sich anhand der PISA-Daten nicht bestimmen. Ergebnisse von Esser (2001) weisen jedoch darauf hin, dass in Bezug auf soziale Kontakte und Freundschaften in türkischen Familien über die Generationen hinweg eine Tendenz zur Segmentation besteht (vgl. auch Nauck & Steinbach, 2001; Seifert, 2001). Damit dürfte das Potenzial interethnischer Kontakte für sprachliche Lerngelegenheiten in der türkischen Herkunftsgruppe ebenfalls eher gering sein.

In beiden Gruppen scheint die Umgangssprache in der Familie einen signifikanten Einfluss auf die Lesekompetenz der Schülerinnen und Schüler zu haben. Dies bedeutet jedoch nicht, dass Schülerinnen und Schüler mit Migrationshintergrund nur dann gute Leistungen erzielen, wenn sie in der Familie Deutsch sprechen. Auch Kinder aus Migrantenfamilien, die an ihrer Herkunftssprache festhalten, können exzellente Schulleistungen erreichen (vgl. z.B. Baumert & Schümer, 2001). Dies dürfte aber nur dann der Fall sein, wenn ausreichend alternative Gelegenheiten für den Erwerb der Verkehrssprache vorhanden sind. Darüber hinaus bildet die Familiensprache in der untersuchten Stichprobe möglicherweise auch ab, inwieweit die Eltern die Verkehrssprache beherrschen. Dies wiederum könnte sich unter anderem vermittelt über die Quantität und Qualität der Kontakte zur Schule und das Verständnis des deutschen Schulsystems auf den Kompetenzerwerb der Schülerinnen und Schüler auswirken.

Das von Baumert, Watermann und Schümer (2003) entwickelte Modell des Zusammenhangs zwischen Struktur- und Prozessmerkmalen der familiären Herkunft lässt sich auf beide in diesem Beitrag untersuchten Migrantengruppen übertragen. Für einige Komponenten des Modells ergeben sich jedoch deutlich differenzielle Ergebnismuster. So wird die Wahl der Umgangssprache in der Familie bei Zuwanderern aus der ehemaligen Sowjetunion offenbar relativ stark von ihrer Verweildauer in Deutschland bestimmt, in türkischen Familien dagegen eher dadurch, ob ein Elternteil oder beide Elternteile in der Türkei geboren sind. Für die Vorhersage der Lesekompetenz sind insbesondere im Hinblick auf die Bedeutung des kulturellen Kapitals differenzielle Muster zu erkennen. Das Bildungsniveau der Eltern scheint in der Gruppe der Jugendlichen aus der ehemaligen Sowjetunion weniger stark die Prozessmerkmale des kulturellen, sozialen und ökonomischen Kapitals zu bestimmen als in der Gruppe der türkischen Jugendlichen und in der Gesamtstichprobe der neuen Bundesländer (Baumert, Watermann, & Schümer, 2003, S. 64). Dennoch hat die kulturelle Praxis in Familien aus der ehemaligen Sowjetunion offenbar einen bedeutsamen Einfluss auf die Lesekompetenz, die zusätzlich auch von der konsumtiven Praxis bestimmt zu werden scheint. In der Stichprobe der türkischen Jugendlichen hingegen ist tendenziell das umgekehrte Muster zu beobachten. Hier ist die stratifizierende Wirkung des Bildungsniveaus der Eltern auf die Prozessmerkmale deutlich ausgeprägter, sie scheint sich jedoch weder vermittelt über die kulturelle Praxis noch über die konsumtive Praxis auf die Lesekompetenz auszuwirken. Lediglich das Kommunikationsverhalten scheint in dieser Gruppe für die Lesekompetenz eine bedeutsame Rolle zu spielen.

Insgesamt sprechen die Befunde der Strukturgleichungsanalysen zumindest teilweise für die Annahme von Nauck, Diefenbach und Petri (1998), das kapitalbezogene Bedingungsgefüge des schulischen Erfolgs würde sich für Heranwachsende mit und ohne Migrationshintergrund unterscheiden. Insbesondere in der Gruppe der Jugendlichen türkischer Herkunft scheint sich das kulturelle Kapital der Eltern nicht auf die Kompetenzentwicklung auszuwirken. Dagegen ist ein besonders ausgeprägter direkter Einfluss des sozioökonomischen Status auf die Lesekompetenz zu beobachten. Dieser Effekt könnte unter anderem das statusabhängige Verhalten von Eltern bei Bildungsentscheidungen widerspiegeln, möglicherweise aber auch Wirkungen der Deutschkenntnisse der Eltern, die sowohl ihren beruflichen Erfolg als auch die Lesekompetenz ihrer Kinder beeinflussen dürften. Die weniger gute Passung des Modells für die türkische Herkunftsgruppe lässt sich auch daran ablesen, dass damit ein etwas geringerer Anteil der Varianz von Lesekompetenz erklärt werden kann als in der Teilstichprobe der Jugendlichen aus der ehemaligen Sowjetunion. Dies verweist erneut darauf, dass zur Erklärung des geringeren Schulerfolgs von Schülerinnen und Schülern türkischer Herkunft weiterhin Forschungsbedarf besteht.

Anmerkungen

[1] In den meisten Studien aus den 1990er Jahren, etwa in Analysen des Sozio-ökonomischen Panels (SOEP), wurde der Migrationshintergrund anhand der Staatsangehörigkeit definiert. Neuere Untersuchungen hingegen verwenden zunehmend das Geburtsland der Zielpersonen bzw. der Eltern, teilweise auch der Großeltern als Kriterium. Dies gilt insbesondere für Schulleistungsstudien wie PISA und entsprechend auch im vorliegenden Beitrag.

[2] Dies lässt sich anhand der PISA-2000-Daten allerdings nicht nachweisen. So besuchten im Jahr 2000 6 Prozent der 15-Jährigen aus der ehemaligen Sowjetunion und 5 Prozent der 15-Jährigen türkischer Herkunft Schulen, in denen 30 Prozent oder mehr der Gleichaltrigen aus demselben Herkunftsland stammen.

Literatur

Adams, R., & Wu, M. (Eds.). (2002). *PISA 2000 Technical Report*. Paris: OECD.

Alba, R. D., Handl, J., & Müller, W. (1994). Ethnische Ungleichheiten im deutschen Bildungssystem. *Kölner Zeitschrift für Soziologie und Sozialpsychologie, 46* (2), 209–237.

Alba, R., & Nee, V. (1997). Rethinking assimilation theory for a new era of immigration. *International Migration Review, 31* (4), 826–874.

Arbuckle, J. L., & Wothke, W. (1999). *AMOS users' guide. Version 4.0*. Chicago: Small-waters Corporation.

Artelt, C., Stanat, P., Schneider, W., & Schiefele, U. (2001). Lesekompetenz: Testkonzeption und Ergebnisse. In J. Baumert, E. Klieme, M. Neubrand, M. Prenzel, U. Schiefele, W. Schneider, P. Stanat, K.-J. Tillmann, & M. Weiß (Hrsg.), *PISA 2000. Basiskompetenzen von Schülerinnen und Schülern im internationalen Vergleich* (S. 69–137). Opladen: Leske + Budrich.

Baumert, J., & Artelt, C. (2002). Bereichsübergreifende Perspektiven. In J. Baumert, C. Artelt, E. Klieme, M. Neubrand, M. Prenzel, U. Schiefele, W. Schneider, K.-J. Tillmann, & M. Weiß (Hrsg.), *PISA 2000. Die Länder der Bundesrepublik Deutschland im Vergleich* (S. 219–235). Opladen: Leske + Budrich.

Baumert, J., Artelt, C., Klieme, E., Neubrand, M., Prenzel, M., Schiefele, U., Schneider, W., Tillmann, K.-J., & Weiß, M. (Hrsg.). (2002). *PISA 2000. Die Länder der Bundesrepublik Deutschland im Vergleich*. Opladen: Leske + Budrich.

Baumert, J., Klieme, E., Neubrand, M., Prenzel, M., Schiefele, U., Schneider, W., Stanat, P., Tillmann, K.-J., & Weiß, M. (Hrsg.). (2001). *PISA 2000. Basiskompetenzen von Schülerinnen und Schülern im internationalen Vergleich*. Opladen: Leske + Budrich.

Baumert, J., & Schümer, G. (2001). Familiäre Lebensverhältnisse, Bildungsbeteiligung und Kompetenzerwerb. In J. Baumert, E. Klieme, M. Neubrand, M. Prenzel, U. Schiefele, W. Schneider, P. Stanat, K.-J. Tillmann, & M. Weiß (Hrsg.), *PISA 2000. Basiskompetenzen von Schülerinnen und Schülern im internationalen Vergleich* (S. 323–407). Opladen: Leske + Budrich.

Baumert, J., Watermann, R., & Schümer, G. (2003). Disparitäten der Bildungsbeteiligung und des Kompetenzerwerbs. Ein institutionelles und individuelles Mediationsmodell. *Zeitschrift für Erziehungswissenschaft, 6* (1), 46–71.

Bommes, M., Castles, S., & Withol de Wenden, C. (1999). *Migration and social change in Australia, France and Germany* (Vol. 13). Osnabrück: Institut für Migrationsforschung und Interkulturelle Studien (IMIS).

Bourdieu, P. (1983). Ökonomisches Kapital, kulturelles Kapital, soziales Kapital. In R. Kreckel (Hrsg.), *Soziale Ungleichheiten* (S. 183–198). Göttingen: Schwartz (Soziale Welt, Sonderband 2).

Bremm, N. C. (in Vorb.). *Bildungs- und Ausbildungsaspirationen von Familien mit Migrationshintergrund*.

Büchel, F., & Wagner, G. G. (1996). Soziale Differenzen der Bildungschancen in Westdeutschland: Unter besonderer Berücksichtigung von Zuwandererkindern. In W. Zapf, J. Schupp, & R. Habich (Hrsg.), *Lebenslagen im Wandel: Sozialberichterstattung im Längsschnitt* (S. 80–96). Frankfurt a.M.: Campus.

Christensen, G., & Stanat, P. (in prep.). *Motivation and school perceptions among first and second generation immigrant youth: A cross-national comparison*.

Coleman, J. (1988). Social capital and the creation of human capital. *American Journal of Sociology, 94* (Issue Supplement), 95–120.

Diefenbach, H. (2002). Bildungsbeteiligung und Berufseinmündung von Kindern und Jugendlichen aus Migrantenfamilien. Eine Fortschreibung der Daten des Sozioökonomischen Panels (SOEP). In Sechster Kinder- und Jugendbericht (Hrsg.), *Migration und die europäische Integration. Herausforderungen für Kinder- und Jugendhilfe* (Bd. 5, S. 9–70). Opladen: Leske + Budrich.

Diehl, C. (2002). Die Auswirkungen längerer Herkunftslandaufenthalte auf den Bildungserfolg türkisch- und italienischstämmiger Schülerinnen und Schüler. *Zeitschrift für Bevölkerungswissenschaften, 27* (2), 165–184.

Esser, H. (1989). Familienmigration, Schulsituation und interethnische Beziehungen. Prozesse der „Integration" bei der zweiten Generation von Arbeitsmigranten. *Zeitschrift für Pädagogik, 35* (3), 317–336.

Esser, H. (1990). Nur eine Frage der Zeit? Zur Frage der Eingliederung von Migranten im Generationen-Zyklus und zu einer Möglichkeit, Unterschiede hierin theoretisch zu erklären. In H. Esser & J. Friedrichs, *Generation und Identität. Theoretische und empirische Beiträge zur Migrationssoziologie* (S. 73–100). Opladen: Westdeutscher Verlag.

Esser, H. (2001). Integration und ethnische Schichtung. *Arbeitspapiere – Mannheimer Zentrum für Europäische Sozialforschung, 40,* 1–77.

Frick, J. R., & Wagner, G. G. (2000). *Short term living conditions and long term prospects of immigrant children in Germany.* Berlin: Deutsches Institut für Wirtschaftsforschung (Discussion Paper 229).

Ganzeboom, H. B. G., de Graaf, P. M., Treiman, D. J., & de Leeuw, J. (1992). A standard international socio-economic index of occupational status. *Social Science Research, 21,* 1–56.

Ganzeboom, H. B. G., & Treiman, D. J. (1996). Internationally comparable measures of occupational status for the 1988 International Standard Classification of Occupations. *Social Science Research, 25,* 201–239.

Haisken-DeNew, J. P., Büchel, F., & Wagner, G. G. (1997). Assimilation and other determinants of school attainment in Germany: Do immigrant children perform as well as Germans? *Vierteljahreshefte zur Wirtschaftsforschung, 66* (1), 169–179.

Heller, K. A., & Perleth, C. (2000). *KFT 4–12+R – Kognitiver Fähigkeitstest für 4. bis 12. Klassen, Revision.* Göttingen: Beltz.

Herwartz-Emden, L. (2003). Einwandererkinder im deutschen Bildungswesen. In K. S. Cortina, J. Baumert, A. Leschinsky, K.-U. Mayer, & L. Trommer (Hrsg.), *Das Bildungswesen in der Bundesrepublik Deutschland* (S. 661–709). Reinbek: Rowohlt.

Honaker, J., Joseph, A., King, G., Schieve, K., & Singh, N. (2001). *AMELIA: A program for missing data* (Windows version). Cambridge, MA: Harvard University.

Hopf, D. (1987). *Herkunft und Schulbesuch ausländischer Schüler. Eine Untersuchung am Beispiel griechischer Schüler.* Berlin: Max-Planck-Institut für Bildungsforschung.

Hunger, U. (2001). Schulerfolg und bildungspolitische Integrationsmodelle im Vergleich der Zuwanderungsnationalitäten und Bundesländer. In Landesinstitut für Schule und Weiterbildung (Hrsg.), *Zweisprachigkeit und Schulerfolg* (S. 123–151). Soest: Verlag für Schule und Weiterbildung.

Hunger, U., & Thränhardt, D. (2001). Vom „katholischen Arbeitermädchen vom Lande" zum „italienischen Gastarbeiterjungen aus dem Bayrischen Wald". Zu den neuen Disparitäten im deutschen Bildungssystem. In K. J. Bade (Hrsg.), *Integration und Illegalität in Deutschland* (S. 51–61). Bad Iburg: Institut für Migrationsforschung und Interkulturelle Studien (IMIS).

Kao, G. & Tienda, M. (1995). Optimism and achievement: The educational performance of immigrant youth. *Social Science Quarterly, 76* (1), 1–19.

Kristen, C. (2000). Ethnic differences in educational placement: The transition from primary to secondary school. *Arbeitspapiere – Mannheimer Zentrum für Europäische Sozialforschung, 32,* 1–17.

Kristen, C. (2002). Ethnische Unterschiede am ersten Bildungsübergang. *Kölner Zeitschrift für Soziologie und Sozialpsychologie, 54* (3), 534–552.

Kristen, C., & Granato, N. (2004). Bildungsinvestitionen in Migrantenfamilien. *IMIS-Beiträge, 23,* 123–141.

Kunter, M., Schümer, G., Artelt, C., Baumert, J., Klieme, E., Neubrand, M., Prenzel, M., Schiefele, U., Schneider, W., Stanat, P., Tillmann, K.-J., & Weiß, M. (2002). *PISA 2000: Dokumentation der Erhebungsinstrumente.* Berlin: Max-Planck-Institut für Bildungsforschung (Materialien aus der Bildungsforschung 72).

Leenen, R. W., Grosch, H., & Kreidt, U. (1990). Bildungsverständnis, Plazierungsverhalten und Generationskonflikt in türkischen Migrantenfamilien. Ergebnisse qualitativer Interviews mit „bildungserfolgreichen" Migranten der Zweiten Generation. *Zeitschrift für Pädagogik, 36* (5), 753–771.

Little, R. J. A., & Rubin, D. B. (1987). *Statistical analysis with missing data.* New York: Wiley.

Nauck, B., Diefenbach, H., & Petri, C. (1998). Intergenerationale Transmission von kulturellem Kapital unter Migranten. Zum Bildungserfolg von Kindern und Jugendlichen aus Migrantenfamilien in Deutschland. *Zeitschrift für Pädagogik, 44* (5), 701–722.

Nauck, B., & Steinbach, A. (2001). *Intergeneratives Verhalten und Selbstethnisierung von Zuwanderern. Expertise für die Unabhängige Kommission „Zuwanderung".* Chemnitz: Technische Universität Chemnitz.

Prenzel, M., Drechsel, B., & Carstensen, C. H. (2005). Einführung in den Ländervergleich PISA 2003. In M. Prenzel, J. Baumert, W. Blum, R. Lehmann, D. Leutner, M. Neubrand, R. Pekrun, J. Rost, & U. Schiefele (Hrsg.), *PISA 2003. Der zweite Vergleich der Länder in Deutschland. Was wissen und können Jugendliche?* (S. 13–50). Münster: Waxmann.

Ramm, C., Prenzel, M., Heidemeier, H., & Walter, O. (2004). Soziokulturelle Herkunft: Migration. In M. Prenzel, J. Baumert, W. Blum, R. Lehmann, D. Leutner, M. Neubrand, R. Pekrun, H.-G. Rolff, J. Rost & U. Schiefele (Hrsg.), *PISA 2003. Der Bildungsstand der Jugendlichen in Deutschland – Ergebnisse des zweiten internationalen Vergleichs* (S. 254–272). Münster: Waxmann.

Schwippert, K., Bos, W., & Lankes, E.-M. (2004). Heterogenität und Chancengleichheit am Ende der vierten Jahrgangsstufe in den Ländern der Bundesrepublik Deutschland und im internationalen Vergleich. In W. Bos, E.-M. Lankes, M. Prenzel, K. Schwippert,

R. Valtin, & G. Walther (Hrgs.), *IGLU. Einige Länder der Bundesrepublik Deutschland im nationalen und internationalen Vergleich* (S. 165–190). Münster: Waxmann.

Seifert, W. (1992). Die Zweite Ausländergeneration in der Bundesrepublik. Längs schnittbeobachtungen in der Berufseinstiegsphase. *Kölner Zeitschrift für Soziologie und Sozialpsychologie, 44* (4), 677–696.

Seifert, W. (2001). Ausländer in Deutschland. In Statistisches Bundesamt (Hrsg.), *Datenreport 1999. Zahlen und Fakten über die Bundesrepublik Deutschland* (S. 569–580). Bonn: Bundeszentrale für politische Bildung.

Stanat, P. (2003). Schulleistungen von Jugendlichen mit Migrationshintergrund: Differenzierung deskriptiver Befunde aus PISA und PISA-E. In J. Baumert, C. Artelt, E. Klieme, M. Neubrand, M. Prenzel, U. Schiefele, W. Schneider, K.-J. Tillmann, & M. Weiß (Hrgs.), *PISA 2000. Ein differenzierter Blick auf die Länder der Bundesrepublik Deutschland* (S. 243–260). Opladen: Leske + Budrich.

Stanat, P. (2004, April). *The role of migration background for student performance: An international comparison.* Paper presented at the Annual Meeting of the American Educational Research Association (AERA), San Diego, CA, USA.

Suárez-Orozco, C., & Suárez-Orozco, M. M. (1995). Achievement motivation and attitudes toward school. In C. Suárez-Orozco & M. M. Suárez-Orozco (Eds.), *Transformations: Immigration, family life, and achievement among Latino adolescents* (pp. 154–183). Stanford, CA: Stanford University Press.

WESTAT. (2002). *WesVar 4.2, Users' guide.* Rockville: Westat.

Christina Limbird und Petra Stanat

7 Sprachförderung bei Schülerinnen und Schülern mit Migrationshintergrund: Ansätze und ihre Wirksamkeit

Seit geraumer Zeit ist bekannt, dass Kinder und Jugendliche aus zugewanderten Familien in Deutschland deutlich geringere Bildungserfolge erzielen als Schülerinnen und Schüler ohne Migrationsgeschichte (Alba, Handl, & Müller, 1994; Baumert & Schümer, 2001; Büchel & Wagner, 1996; Schwippert, Bos, & Lankes, 2003; Schwippert & Schnabel, 2000). Nur wenige Kinder mit Migrationshintergrund schaffen den Sprung in das Gymnasium, in Haupt- und Förderschulen dagegen sind sie deutlich überrepräsentiert (Herwartz-Emden, 2003). Befunden aus PISA, IGLU und der Hamburger Untersuchung zu Aspekten der Lernausgangslage (LAU) zufolge besteht eine entscheidende Hürde für Kinder aus zugewanderten Familien beim Übergang in die Sekundarstufe I darin, wie gut sie die Verkehrssprache beherrschen (Baumert & Schümer, 2001; Bos u.a., 2004; Lehmann, Peek, & Gänsfuß, 1997). Gleichzeitig weisen international vergleichende Analysen darauf hin, dass es in Deutschland weniger gut gelingt als in den meisten anderen Staaten, Schülerinnen und Schüler mit Migrationshintergrund beim Erwerb der Verkehrssprache zu unterstützen. So ist der Leistungsnachteil von 15-Jährigen, die zu Hause eine andere Sprache sprechen als die, in der sie den PISA-Test absolviert haben, in kaum einem Teilnehmerstaat so groß wie in Deutschland (Baumert & Schümer, 2001).

Auch in den USA liegen die schulischen Leistungen von Schülerinnen und Schülern mit Migrationshintergrund deutlich unterhalb des Durchschnitts (Linholm-Leary, 2000; Schmid, 2001). Als Ursache für diese Disparitäten wird häufig auf das Fehlen effektiver Sprachförderung für diese Gruppe zu Beginn der Schullaufbahn hingewiesen. Daraus resultiere oftmals ein Misserfolgsmuster, das auch dann nicht mehr überwunden werden kann, wenn schließlich ein angemessenes Niveau an Sprachkompetenz erreicht wird. Die Schülerinnen und Schüler werden häufig nicht in die nächste Klassenstufe oder höhere Leistungsstufe innerhalb eines Fachs versetzt und verlassen die Schule dann oft ohne einen Abschluss (Lindholm-Leary, 2000).

Zur schulischen Förderung von mehrsprachigen Kindern und Jugendlichen kommt eine Vielzahl von Ansätzen zur Anwendung, wobei im Hinblick auf ihre Bezeichnung und praktische Ausgestaltung allerdings wenig Einheitlichkeit besteht. Hakuta (1999) hat die gängigsten Modelle in fünf Kategorien unterteilt, die – erweitert um die Submersion als sechste Kategorie – in diesem Kapitel zur Unterscheidung der einzelnen Ansätze herangezogen werden (vgl. auch Reich, Roth u.a., 2002):

- *English as a second language (Englisch als Zweitsprache, ESL):* Bei diesem Ansatz erhalten Schülerinnen und Schüler spezielle Förderung in ihrer Zweitsprache, wobei sich der Unterricht ausschließlich auf die Vermittlung von Sprachkompetenzen (Grammatik, Wortschatz, mündliche Kommunikation usw.) konzentriert. Der Fachunterricht wird nicht systematisch einbezogen. Die gebräuchliche Bezeichnung für die Umsetzung dieses Ansatzes in Deutschland ist „Deutsch als Zweitsprache" (DaZ).

- *Structured immersion (strukturierte Immersion):* Alle Schülerinnen und Schüler im Programm verfügen über begrenzte Kenntnisse der Mehrheitssprache und sprechen gewöhnlich dieselbe Herkunftssprache. Der Unterricht wird an ihre sprachlichen Voraussetzungen angepasst. In der Regel werden Lehrkräfte eingesetzt, die selbst zweisprachig sind oder zumindest eine Qualifikation für Unterricht in Englisch als Zweitsprache besitzen. In den USA wird dieses Modell häufig auch als *sheltered English* bezeichnet.

- *Transitional bilingual education (bilinguale Transitionsprogramme):* Auch diese Programme richten sich primär an Schülerinnen und Schüler, die die Mehrheitssprache als Zweitsprache erlernen. Zunächst wird ein Teil des Unterrichts in der Herkunftssprache erteilt. Dieser Anteil wird im Verlauf der Grundschulzeit so lange reduziert, bis nur noch in der Zweitsprache unterrichtet wird. Häufig wird zwischen „frühen" *(early exit)* und „späten" *(late exit)* Transitionsprogrammen unterschieden: Bei den frühen Transitionsprogrammen wird anfänglich bis zu einem Drittel des Unterrichts in der Herkunftssprache erteilt. Bereits im zweiten Schuljahr erfolgt eine vollständige Umstellung auf Unterricht in der Mehrheitssprache. Bei den späten Transitionsprogrammen wird anfänglich etwa zwischen 40 und 90 Prozent in der Erstsprache unterrichtet. Es folgt ein allmählicher Übergang zum ausschließlichen Gebrauch der Zweitsprache, der in der Regel erst im fünften oder sechsten Schuljahr abgeschlossen wird (Ramirez u.a., 1991).

- *Maintenance bilingual education (bilinguale Maintenance-Programme):* In Programmen zur Erhaltung der Herkunftssprache werden die Schülerinnen und Schüler ebenfalls so gruppiert, dass sie in der Regel dieselbe Herkunftssprache sprechen und die Mehrheitssprache als Zweitsprache erlernen. Ein beträchtlicher Teil des Unterrichts wird während der gesamten Schulzeit in der Herkunftssprache erteilt, mit dem Ziel, in beiden Sprachen Lese- und Schreibkompetenzen auf hohem Niveau zu entwickeln.

- *Two-way bilingual education (bilinguale Two-way-Programme):* Bei diesem Ansatz werden Schülerinnen und Schüler mit zwei unterschiedlichen Erstsprachen gemeinsam unterrichtet. Ziel ist es, dass beide Gruppen, die im Idealfall gleich groß sind, Kenntnisse in den zwei Sprachen gemeinsam entwickeln. Dabei handelt es sich in der Regel um die im jeweiligen Land dominante Mehrheitssprache und um eine Minderheitensprache.

- *Submersion:* Die Submersion schließlich stellt einen Ansatz der Beschulung von Kindern und Jugendlichen mit Migrationshintergrund dar, der keine spezifische Förderkomponente beinhaltet. Die in Regelklassen untergebrachten Schülerinnen und Schüler erhalten keine systematische Unterstützung beim Erwerb der Zweitsprache. Dieser Ansatz ist in Deutschland auch heute noch relativ weit verbreitet, wobei die Bedeutung von Unterricht in Deutsch als Zweitsprache deutlich zunimmt.

Diese sechs Kategorien von Fördermodellen sind in der Theorie leichter zu definieren als in der Praxis, wo vielfältige Variationen vorkommen, die sich überdies in ihren Zielen und Methoden teilweise erheblich überschneiden. Eine grundlegende Differenzierung besteht darin, welche allgemeinen Ergebnisse die Unterrichtsmodelle für mehrsprachige Schülerinnen und Schüler anstreben. Während sich einige Ansätze primär dafür interessieren, Kompetenzen in der Zweitsprache zu vermitteln, zielen andere Programme explizit darauf ab, Bilingualität zu fördern (Christian & Genesee, 2001). Innerhalb der ersten Gruppe lassen sich die Ansätze darüber hinaus im Hinblick darauf unterscheiden, welche Rolle sie der Erstsprache beim Zweitspracherwerb beimessen. Programme, die ausschließlich Unterricht in Deutsch als Zweitsprache anbieten, nehmen an, dass Zweitspracherwerb auch ohne Einbeziehung der Erstsprache möglich ist (vgl. z.B. Rösch, 2003). Bilinguale Transitionsprogramme hingegen gehen davon aus, dass zumindest zeitweise die Erstsprache im Unterricht verwendet und gefördert werden muss, um einen erfolgreichen Zweitspracherwerb erreichen zu können.

In Deutschland besteht inzwischen weitgehende Einigkeit darüber, dass der Erwerb deutscher Sprachkompetenzen für den schulischen Erfolg von Schülerinnen und Schülern aus zugewanderten Familien entscheidend ist. Daher soll in diesem Kapitel primär der Frage nachgegangen werden, inwieweit die verschiedenen Ansätze der Förderung im Hinblick auf den *Zweitspracherwerb* erfolgreich sind. Aufgrund eines Mangels an entsprechenden Studien im deutschsprachigen Raum muss dabei auf Arbeiten aus anderen Ländern, vor allem den Vereinigten Staaten, zurückgegriffen werden. Vor dem Hintergrund der Kategorisierung von Förderprogrammen nach Hakuta (1999) wird im Folgenden zunächst kurz dargestellt, inwieweit diese Ansätze auch in Deutschland zur Anwendung kommen. Diese Zusammenfassung basiert in erster Linie auf einer umfassenden Bestandsaufnahme, die Reich, Roth u.a. (2002) im Auftrag der Hamburger Behörde für Bildung und Sport vorgelegt haben. Im Anschluss an diesen Überblick folgt eine ausführliche Zusammenfassung des Forschungsstands zur Wirksamkeit der verschiedenen Maßnahmen. Das Kapitel schließt mit einer Diskussion der Implikationen dieser Befunde und mit einer Darstellung zusätzlichen Forschungsbedarfs.

7.1 Ansätze der Sprachförderung in Deutschland

Die von Hakuta (1999) unterschiedenen Unterrichtsprogramme, die in den Vereinigten Staaten für Schülerinnen und Schüler mit Englisch als Zweitsprache angeboten werden, existieren zum Teil und mit einigen Abweichungen auch in Deutschland. Obwohl die *Submersion* offiziell nicht als Methode zur Integration von Kindern mit Migrationshintergrund angesehen wird, kommt es im deutschen Schulsystem nicht selten vor, dass die Schülerinnen und Schüler ohne strukturierte Sprachförderung in Regelklassen untergebracht werden (Gogolin, Neumann, & Roth, 2003; Reich, Roth u.a., 2002). Zwar ist in allen Bundesländern Förderunterricht für Kinder mit unzureichenden Deutschkenntnissen vorgesehen (Gogolin, Neumann, & Roth, 2003), das Angebot solcher Maßnahmen variiert jedoch erheblich.

In einer wachsenden Anzahl deutscher Schulen wird Unterricht in *Deutsch als Zweitsprache (DaZ)* erteilt. Dabei handelt es sich zumeist um zusätzliche Stunden vor oder nach dem Regelunterricht bei einer anderen Lehrkraft. Eine Integration von DaZ in den Regelunterricht ist eher die Ausnahme. Ein Überblick aus dem Jahr 2003 über Initiativen zur stärkeren Berücksichtigung der schulischen Bedürfnisse von Kindern und Jugendlichen mit Migrationshintergrund führt 13 Programme in ganz Deutschland auf, die einzelne Bestandteile von DaZ in den Lehrplan integrieren (Gogolin, Neumann, & Roth, 2003). Ein einheitlicher Ansatz ist dabei jedoch kaum zu erkennen. Der Schwerpunkt der DaZ-Aktivitäten liegt in der Grundschule. Darüber hinaus werden vermehrt auch sprachliche Fördermaßnahmen im vorschulischen Bereich eingesetzt. In der Sekundarstufe und in den beruflichen Schulen ist das Angebot von DaZ-Programmen dagegen erheblich weniger ausgebaut (Gogolin, Neumann, & Roth, 2003).

In die Kategorie der *strukturierten Immersion* lassen sich in Deutschland solche Modelle einordnen, bei denen die Kinder nach einer kurzen Einführungsphase in die Regelklasse mit Unterrichtsstunden in DaZ integriert werden (Reich, Roth u.a., 2002; Sächsisches Staatsministerium, 2000). Dabei wird die Erstsprache der Schülerinnen und Schüler weder während noch nach der Einführungsphase im Unterricht verwendet, sodass es sich hierbei nicht um ein zweisprachiges Modell handelt. Mit der Integration von DaZ-Komponenten wird jedoch versucht, die sprachlichen Schwächen der Kinder zu berücksichtigen und so weit wie möglich aufzuholen.

Bilinguale Maintenance-Modelle sind in deutschen Schulen wenig verbreitet. In manchen Schulbezirken haben Kinder mit Migrationshintergrund die Möglichkeit, an Herkunftssprachenunterricht teilzunehmen. Dieser wird allerdings häufig von externen Trägern angeboten und weitgehend unabhängig vom Regelunterricht erteilt. Weiterhin wird in einigen wenigen Schulen ein einzelnes Fach in einer Minderheitensprache unterrichtet. Darüber hinaus existieren Schulen für autochthone Minderheiten, zum Beispiel Dänen oder Sorben, in denen ein Großteil des Fachunterrichts in der Minderheitensprache erteilt wird (Reich, Roth u.a., 2002).

Das *Transitionsmodell,* wie es von Hakuta (1999) beschrieben wird, ist im staatlichen Schulwesen in Deutschland praktisch nicht mehr anzutreffen. Die Vorbereitungsklassen für Ausländer und Aussiedler, die früher gängig waren, werden heute kaum noch eingerichtet (Reich, Roth u.a., 2002). In einigen staatlich geförderten Schulen, wie auch in internationalen Schulen privater Träger, wird dagegen versucht, *bilinguale Two-way-Modelle* umzusetzen. So wird etwa in den Staatlichen Europaschulen Berlin, zu denen im Schuljahr 2004/05 18 Grundschulen und 15 Sekundarschulen gehörten, Deutsch mit jeweils einer von neun Partnersprachen (Englisch, Französisch, Russisch, Spanisch, Italienisch, Türkisch, Griechisch, Portugiesisch, Polnisch) gekoppelt und Fachunterricht in beiden Sprachen erteilt. Die in Deutschland existierenden Schulen, die nach dem bilingualen *Two-way-Ansatz* arbeiten, bieten jedoch bei weitem kein umfassendes Angebot für

Kinder und Jugendliche mit Migrationshintergrund. Darüber hinaus gelingt es nicht immer, die Klassen jeweils zur Hälfte mit Schülerinnen und Schülern deutscher und nichtdeutscher Herkunftssprache zu besetzen. Werden die Programme nahezu ausschließlich von Kindern nichtdeutscher Herkunftssprache besucht, lassen sie sich eher dem *bilingualen Maintenance-Modell* zuordnen.

Als Beispiel für ein bilinguales *Two-way-Programm,* das sich zu einem *Maintenance-Ansatz* entwickelt hat, ist das seit 1980 in Berlin existierende „Kreuzberger Modell" (Heintze, 1997; Rösch, 2001) zu nennen. Mit diesem Modell wird das Ziel verfolgt, Kindern aus türkischen Familien die Möglichkeit zu bieten, ihre Kompetenzen in zwei Sprachen in ausgeglichener Weise in der Schule weiterzuentwickeln. Obwohl das Programm im Sinne des *Two-way-Ansatzes* für eine relativ ausgewogene Mischung von deutsch- und türkischsprachigen Schülerinnen und Schülern konzipiert worden ist, bestehen die Klassen zumeist überwiegend aus Kindern türkischer Herkunft. Weiterhin hat die Mehrzahl der Schulen, die an der Modellphase des Projekts teilgenommen haben, mittlerweile wegen eines Mangels an qualifizierten zweisprachigen Lehrkräften das Konzept wieder aufgegeben. Die verbleibenden Schulen sind dagegen eher dazu übergegangen, den Ansatz auszudehnen und über die 4. Klassenstufe hinaus Unterricht in beiden Sprachen anzubieten[1].

Über die Wirksamkeit der verschiedenen Maßnahmen der Sprachförderung für Schülerinnen und Schüler mit Migrationshintergrund, die in Deutschland zur Anwendung kommen, ist wenig bekannt. Kaum eine Studie hat systematisch untersucht, wie sich die Leistungen der Kinder und Jugendlichen, die an den jeweiligen Programmen teilnehmen, entwickeln. Dies gilt auch für die als Modellversuch angelegten zweisprachigen Ansätze, wie beispielsweise das Kreuzberger Modell. Anhaltspunkte darüber, welche Maßnahmen im Hinblick auf die Förderung des Zweitspracherwerbs besonders erfolgreich sind, können daher zunächst fast ausschließlich aus der internationalen Literatur abgeleitet werden. Dieser Forschungsstand soll im Folgenden zusammengefasst und diskutiert werden.

Die Mehrzahl der relevanten Studien stammt aus den Vereinigten Staaten und untersucht die Wirksamkeit von bilingualen Programmen für Schülerinnen und Schüler mit Migrationshintergrund im Vergleich zum Unterricht an Regelschulen. In den Vereinigten Staaten werden bilinguale Modelle in 24 der 50 Bundesstaaten an staatlichen Schulen angeboten (vgl. Ramirez u.a., 1991; Thomas & Collier, 2003). Diese Ansätze, die häufig übergreifend als *Dual-Language Programs* bezeichnet werden, wurden Mitte der 1960er Jahre eingeführt. Bis 1999 stieg ihre Zahl auf 261 an. Die meisten bilingualen Modelle werden in der Primarstufe[2] eingesetzt und sind als transitorische Ansätze angelegt. Mit Ausnahme einiger weniger Angebote, die sich an Amerikaner indianischen Ursprungs richten (z.B. Bacon, Kidd, & Seaberg, 1982; Doebler & Mardis, 1980), sind die Programme für spanischsprachige Kinder und Jugendliche entwickelt worden (Lindholm-Leary, 2000).

Der folgende Überblick des Forschungsstands beginnt mit einer Beschreibung der Ergebnisse von Metaanalysen und anderen Ansätzen der Zusammenfassung empirischer Studien, die Befunde aus mehreren Untersuchungen integrieren. Anschließend werden einige der wichtigsten Einzelstudien ausführlicher dargestellt. Dabei wird auch auf Befunde von Untersuchungen aus Europa eingegangen, die vor allem aus den Niederlanden stammen. In der Diskussion des Forschungsstands wird unter anderem der Frage nachgegangen, inwieweit die vorliegenden Ergebnisse belastbar sind und welche Forschungslücken weiterhin bestehen.

Exkurs: Die Studie von Thomas und Collier (1997, 2003)

Eine Analyse, die häufig als Beleg für die Überlegenheit bilingualer Programme für den Zweitspracherwerb angeführt wird, stammt von Thomas und Collier (1997, 2003). Ein Grund für die große Aufmerksamkeit, die diese Publikationen erhalten ha7, dürfte die beeindruckende Stichprobengröße von über 700.000 Schülerinnen und Schülern sein, die von den Autoren angegeben wird. Dabei handelt es sich jedoch um eine Aggregierung von Daten aus vier in verschiedenen Teilen der Vereinigten Staaten durchgeführten Untersuchungen mit sehr unterschiedlichen Zielgruppen und Fragestellungen. Eine dieser Untersuchungen beschäftigte sich mit Kindern frankophoner Vorfahren, die selbst jedoch kaum Französisch sprachen. Im evaluierten Programm ging es nicht darum, den Zweitspracherwerb bei Schülerinnen und Schülern nichtenglischer Herkunftssprache zu fördern, sondern ihre durch Assimilation weitgehend verloren gegangenen französischsprachigen Wurzeln wiederzubeleben. Eine andere von Thomas und Collier (1997, 2003) einbezogene Studie analysierte die Effekte von Unterricht in Englisch als Zweitsprache (ESL), und in einer dritten Untersuchung umfasste die bilinguale Stichprobe letztlich nur noch 17 Schülerinnen und Schüler. Lediglich eine der vier Evaluationen beinhaltete tatsächlich einen Vergleich der Wirksamkeit bilingualer und monolingualer Programme für Schülerinnen und Schüler nichtenglischer Herkunftssprache. Auch diese Studie weist jedoch erhebliche methodische Mängel auf (z.B. Fehlen einer geeigneten Kontrollgruppe). Aufgrund der unkonventionellen Art der Aggregierung von Daten verschiedener Studien sind die von Thomas und Collier (1997, 2003) berichteten Fallzahlen und Befunde im hohen Maße irreführend. Weiterhin werden in dem Bericht zwar Ergebnisse für die Klassenstufen 1 bis 6 dargestellt. Da es sich hierbei jedoch jeweils um Querschnittsdaten handelt, ist es unzulässig, aus den Analysen Schlüsse über die Langzeiteffekte der untersuchten Programme abzuleiten, wie Thomas und Collier es dennoch tun. Die Liste von gravierenden Schwächen der Studie ließe sich noch beliebig verlängern (für eine ausführlichere Diskussion vgl. Rossell, 1998), was Slavin und Cheung (2004) dazu veranlasste, sie aus ihrem Literaturüberblick (siehe unten) auszuschließen. Umso überraschender ist es, dass die von Thomas und Collier berichteten Schlussfolgerungen trotz der offensichtlichen Schwächen der Analysen in der Literatur so häufig unhinterfragt zitiert worden sind (vgl. z.B. Reich, Roth u.a., 2002; Siebert-Ott, 2001; Skolverket, 2002).

7.2 Ergebnisse von Metaanalysen und anderen Zusammenfassungen des Forschungsstands

Aus den Vereinigten Staaten liegen drei umfassende Metaanalysen und eine *Best-evidence Synthesis* von Untersuchungen zur Wirksamkeit bilingualer Fördermodelle vor (Greene, 1997; Rossell & Baker, 1996; Slavin & Cheung, 2004; Willig, 1985). Diese Berichte basieren zwar im Großen und Ganzen auf denselben Ausgangsdaten, kommen jedoch zu sehr unterschiedlichen Schlussfolgerungen über die relative Wirksamkeit bilingualer Programme für die Leistungsentwicklung von Schülerinnen und Schülern mit Migrationshintergrund. Ein Grund für die abweichenden Urteile scheint darin zu liegen, dass in den Analysen variierende Kriterien für den Ausschluss von Studien aufgrund von methodischen Mängeln verwendet wurden. Weiterhin ist vor dem Hintergrund der teilweise sehr leidenschaftlich geführten Debatte über die Wirksamkeit verschiedener Förderansätze die Vermutung geäußert worden, dass die Befunde und Schlussfolgerungen der Analysen von den Ausgangsannahmen der Autoren beeinflusst sind (Krashen, 1999; Rossell, 1992, 1998, 2000; Rossell & Kuder, 2005).

Bei der ersten Zusammenfassung des Forschungsstands handelt es sich um eine 1985 von Willig durchgeführte Metaanalyse, in die 23 Forschungsarbeiten aus den Vereinigten Staaten mit insgesamt 466 verwertbaren Vergleichen eingingen. Anhand dieser Datenbasis versucht die Autorin, die Effekte bilingualer Programme im Hinblick auf eine Reihe von abhängigen Variablen zu bestimmen (Kompetenzen in der Zweitsprache Englisch, Leistungsentwicklung in anderen Fächern usw.). Dabei zeigt sich, dass die Vergleichsergebnisse über die Studien sehr stark variieren. Um die erheblichen methodischen Unzulänglichkeiten einzelner Analysen zu berücksichtigen, kontrolliert die Autorin bei der Schätzung der mittleren Effektstärken Merkmale der Untersuchungsdesigns (Zuweisung der Schülerinnen und Schüler zu den Untersuchungsbedingungen, verwendete Formel bei der Berechnung der Effektstärke usw.), die zur Erklärung der Variation in den Vergleichsergebnissen beitragen. Bei diesem umstrittenen Vorgehen (Baker, 1987; Willig, 1987) ergeben sich für die englischsprachigen Leistungsmessungen in den Bereichen Lesen, Sprachkompetenz, Mathematik und allgemeine Schulleistung leichte bis mittlere Vorteile der zweisprachig unterrichteten Schülerinnen und Schüler. Einschränkend beklagt Willig (1985) jedoch den Mangel an methodisch haltbaren Untersuchungen und das Problem der mangelnden Vergleichbarkeit der Kontrollgruppen. Die Hauptbotschaft ihres Beitrags lautet daher, dass sich aus der unzulänglichen Datenlage letztlich keine definitiven Schlussfolgerungen über die Wirksamkeit bilingualer Förderprogramme ableiten lassen.

Eine zweite Metaanalyse legten elf Jahre später Rossell und Baker (1996) vor, in die 70 Einzelstudien aus insgesamt 300 Programmevaluationen eingingen. Dabei wurde eine Studie nur dann in die Analyse einbezogen, wenn in ihrem Untersuchungsdesign eine Kontrollgruppe enthalten war. Waren die Schülerinnen und Schüler nicht per Zufall zu den Experimental- und Kontrollgruppen zugewiesen worden, mussten bei der Bestimmung der Effektstärken Vortestunterschiede zwischen den Gruppen kontrolliert worden sein. Darüber hinaus schlossen die Autoren Untersuchungen mit problematischen Effektmaßen und mangelnden Signifikanztests aus. Anstelle des üblichen Ansatzes, Effektstärken über verschiedene Studien hinweg zusammenzufassen, verwenden Rossell und Baker (1996) die Auszählmethode[3] und berichten die Anzahl der Befunde, die für eine Überlegenheit, Unterlegenheit oder Gleichwertigkeit der jeweils untersuchten Programme *(Immersion, Submersion, English as a second language)* sprechen. Anhand dieser Auszählung kommen die Autoren zu dem Schluss, dass sich das gängigste Modell bilingualer Förderung, das *Transitionsmodell,* in nur 22 Prozent der methodisch vertretbaren Studien im Vergleich zu monolingualen Programmen als wirksamer für die Leseförderung in der Mehrheitssprache erwiesen hat. Aus diesem Befund folgern sie, dass bilinguale Ansätze weniger effektiv sind als Unterricht in Regelklassen.

In einer Reanalyse der Studien, die in die Metaanalyse von Rossell und Baker (1996) eingegangen sind, kommt Greene (1997) zu dem Schluss, dass nur 11 der 70 berücksichtigten Untersuchungen methodisch vertretbar sind. Für seine eigene Metaanalyse wählte Greene (1997) nur solche Studien aus, die folgende Kriterien erfüllen: (a) Zweisprachig unterrichtete Schülerinnen und Schüler wurden mit einer Gruppe von nahezu ausschließlich einsprachig unterrichteten Schülerinnen und Schülern verglichen, (b) die Schülerinnen und Schüler wurden den beiden Gruppen per Zufall zugewiesen, oder es war möglich, bestehende Unterschiede zwischen den Gruppen statistisch zu kontrollieren, (c) zur Ermittlung der Effekte wurden Leistungen in standardisierten Englischtests herangezogen, und (d) die Leistungsunterschiede zwischen den Gruppen wurden mit angemessenen statistischen Analyseverfahren bestimmt. Auf der Grundlage der nach diesen Kriterien ausgewählten Untersuchungen kommt Greene (1997) zu Schlussfolgerungen, die deutlich von Rossell und Bakers (1996) Fazit abweichen. Demnach erzielten die Schülerinnen und Schüler in bilingualen Programmen etwas bessere Leistungen in standardisierten Englischtests als Gleichaltrige, die monolingual unterrichtet wurden. Die anhand der Stichprobengröße der Studien gewichteten Effektstärken (Hedges' g) für Leseleistungen in Englisch liegen bei +0,21 über alle zehn Studien und bei +0,41 über die vier Studien mit Zufallszuweisung zu den Gruppen, für die sich Effektstärken bestimmen lassen. Dabei ist jedoch zu beachten, dass die mittleren Effektstärken sehr stark durch die außergewöhnlich ausgeprägten Gruppenunterschiede aus nur zwei der elf Studien bestimmt werden (Bacon, Kidd, & Seaberg, 1982; Covey, 1973). Werden diese beiden Studien außer Betracht gelassen, verringern sich die mittleren Effektstärken auf +0,08 über alle Studien und +0,30 über die Studien mit Zufallszuweisung.

Eine weitere Zusammenfassung des Forschungsstands zur Wirksamkeit bilingualer Förderung für die Entwicklung von Lesekompetenz wurde kürzlich von Slavin und Cheung (2004) vorgelegt. Diese Autoren haben alle von Willig (1985), Rossell und Baker (1996) sowie Greene (1997) einbezogenen Untersuchungen gesichtet und anhand von besonders strengen Einschlusskriterien ausgewählt. In die Berechnung der Effektstärken gingen nur solche Studien ein, die den folgenden Standards entsprechen:
(1) Kinder, die das Lesen in zweisprachigem Unterricht lernten, wurden in der jeweiligen Studie mit Kindern aus englischsprachigen Immersionsklassen verglichen.

(2) Die Vergleichbarkeit der Gruppen wurde mithilfe von Prätests, Parallelisierung oder Randomisierung gewährleistet. Bestanden Vortestunterschiede zwischen den Gruppen im Umfang von einer Effektstärke oder mehr (ES ≥ ±1), wurde die Studie ausgeschlossen.

(3) Bei den Teilnehmern der Studie handelte es sich um Schülerinnen und Schüler, die Englisch als Zweitsprache erwarben und eine Primar- oder Sekundarschule in einem englischsprachigen Land besuchten.

(4) Als eine abhängige Variable wurden die Leseleistungen der Schülerinnen und Schüler in Englisch mit standardisierten Verfahren erfasst.

(5) Die Schülerinnen und Schüler hatten mindestens für die Dauer eines Schuljahres am jeweiligen Programm teilgenommen.

Vor dem Hintergrund dieser Qualitätskriterien kommen Slavin und Cheung (2004) zu dem Ergebnis, dass nur 18 der Studien als methodisch vertretbar eingestuft werden können, wovon lediglich 12 ausreichende Informationen zur Berechnung von Effektstärken präsentieren. Ähnlich wie Greene (1997) stellen sie fest, dass die meisten von Rossell und Baker (1996) einbezogenen Untersuchungen die Einschlusskriterien der Autoren verletzt hatten. Im Gegensatz zu Rossell und Baker konnten Slavin und Cheung bei keiner der berücksichtigten Studien negative Effektstärken für die bilingualen Modelle feststellen. Nach ihren Analysen erzielten die Schülerinnen und Schüler in den zweisprachigen Programmen im Mittel deutlich bessere Ergebnisse als die Vergleichsgruppen (Median ES = +0,52), wobei die Effektstärken über die Studien zwischen +0,15 und +2,21 variieren. Bei der Studie mit der größten Gruppendifferenz (ES = +2,21) handelt es sich allerdings um eine Untersuchung, die mit nur 20 Schülerinnen und Schülern an Sonderschulen durchgeführt worden ist.

Wie anhand dieses Überblicks deutlich geworden sein sollte, ist der Forschungsstand zur Effektivität bilingualer Ansätze der Förderung von Schülerinnen und Schülern mit Migrationshintergrund auch in den Vereinigten Staaten wenig eindeutig. Tendenziell weisen die Ergebnisse der beschriebenen Zusammenfassungen der Literatur auf eine Überlegenheit dieser Ansätze im Vergleich zu einsprachigen Programmen hin, aufgrund der umstrittenen Qualität einzelner Untersuchungen besteht jedoch weiterhin Uneinigkeit darüber, wie die Befundlage zu interpretieren ist. Im Folgenden sollen daher die von Slavin und Cheung (2004) analysierten Studien genauer beschrieben und im Hinblick darauf diskutiert werden, wie ihre Befunde zu bewerten sind. Das Hauptaugenmerk wird dabei auf die Frage gerichtet, welche Kontrollgruppen in den einzelnen Untersuchungen zur Beurteilung der Effekte von bilingualen Ansätzen herangezogen worden sind. Es wird dargestellt, wie die Kontrollgruppen ausgewählt wurden und welche Art der Förderung sie anstelle der bilingualen Programme erhalten haben. Da es in Deutschland schon aufgrund eines Mangels an geeigneten Lehrkräften gar nicht möglich wäre, flächendeckend alle Schülerinnen und Schüler nichtdeutscher Herkunftssprache in bilingualen Programmen zu unterrichten, ist die Frage, inwieweit mit einsprachigen Programmen ähnliche Leistungserfolge erzielt werden können wie mit zweisprachigen Ansätzen, von entscheidender Bedeutung. Im Folgenden soll daher auch untersucht werden, ob sich zu dieser Frage von den Befunden aus den Vereinigten Staaten Hinweise ableiten lassen.

Exkurs: Evaluationen von „French Immersion Programs" in Kanada

Ein weiteres Modell der Sprachförderung, das für die vorliegende Fragestellung relevant erscheint, ist der kanadische Ansatz der *French Immersion*. Dieses Modell wurden in den 1970er Jahren in Kanada eingeführt, um Bilingualität bei Heranwachsenden zu fördern. Das Programm richtet sich an Schülerinnen und Schüler aus englischsprachigen Familien, die Französisch lernen wollen. Dies soll durch den (freiwilligen) Besuch von Schulen erreicht werden, in denen der Unterricht nahezu ausschließlich auf Französisch stattfindet. Es besteht weitgehende Einigkeit darüber, dass mit dem *French Immersion*-Ansatz sehr gute Erfolge erzielt werden können (vgl. z.B. Barik, Swain, & Nwanunobi, 1977; Bruck, Lambert, & Tucker, 1977; Lambert & Tucker, 1972; Swain, 1997; Swain, Lapkin, & Andrew, 1981). Demnach erreichen die an den Programmen teilnehmenden Schülerinnen und Schüler in ihrer Zweitsprache Französisch und den anderen Unterrichtsfächern ein vergleichsweise hohes Kompetenzniveau. Einschränkend ist jedoch zu vermerken, dass auch die Studien zur Effektivität von *French Immersion*-Programmen aufgrund von methodischen Mängeln häufig nur bedingt aussagekräftig sind. Eine systematische Zusammenfassung der Ergebnisse mehrerer Untersuchungen liegt bislang nicht vor.

Auf den ersten Blick sind Schülerinnen und Schüler in *French Immersion*-Programmen in einer ähnlichen Situation wie beispielsweise türkischsprachige Kinder und Jugendliche, die Regelklassen in deutschen Schulen besuchen. In beiden Fällen wird der Unterricht nahezu ausschließlich in der Zweitsprache erteilt, und es wird erwartet, dass dieses Eintauchen in ein „Sprachbad" eine geeignete Methode für den Zweitspracherwerb darstellt. Dieser Annahme entsprechend haben Rossell und Baker (1996) die Studien zur Effektivität von *French Immersion*-Programmen in ihre Metaanalyse einbezogen. Willig (1987), Greene (1997) und Slavin und Cheung (2004) hingegen entschieden sich gegen eine Berücksichtigung dieser Untersuchungen. Diese Entscheidung basiert zunächst darauf, dass in den Literaturübersichten die Wirksamkeit bilingualer Ansätze im Zentrum des Interesses stand, worüber die Untersuchungen zur *French Immersion* aufgrund des Fehlens bilingual unterrichteter Vergleichsgruppen keinen Aufschluss geben. Weiterhin wird argumentiert, die Ergebnisse der *French Immersion*-Studien ließen sich nicht auf die Situation des Zweitspracherwerbs in Regelklassen übertragen. Als Begründung dafür werden teils fragwürdige, teils einleuchtende Argumente angeführt. Wenig überzeugend etwa ist das Argument, die *French Immersion*-Programme zielten auf den Erwerb einer Sprache ab, die den Schülerinnen und Schülern zwar nützlich sei, für die sie jedoch – anders als Kinder und Jugendliche mit Migrationshintergrund in Regelklassen – nicht zur Rechenschaft gezogen würden („not the language for which they will be held accountable"; Slavin & Cheung, 2004, S. 34). Tatsächlich sollte jedoch die größere Bedeutung der Zweitsprache für Schülerinnen und Schüler mit Migrationshintergrund die Motivation, diese Sprache zu erwerben, eher steigern. Insofern ist es in hohem Maße unplausibel, dass aus dem von Slavin und Cheung (2004) genannten Grund das Eintauchen in ein Sprachbad im Rahmen von *French Immersion*-Programmen funktionieren soll, in Regelklassen hingegen nicht.

Ein zweites problematisches Argument gegen die Übertragbarkeit von Ergebnissen zur Wirksamkeit des *French Immersion*-Ansatzes ist, dass es sich bei den Teilnehmern dieser Programme um eine positiv ausgelesene Schülerschaft handelt, die aus bildungsorientierten Familien stammt und daher mit den meisten Gruppen von Kindern und Jugendlichen aus zugewanderten Familien nicht vergleichbar sei (vgl. z.B. Slavin & Chueng, 2004). Hier wird von einer Wechselwirkung zwischen den Eingangsvoraussetzungen der Schülerinnen und Schüler und dem Treatment ausgegangen (*Aptitude-Treatment*-Interaktion), die zwar durchaus plausibel ist, bislang jedoch nicht geprüft wurde. Auch für die Effekte bilingualer Programme liegen übrigens keine Untersuchungen zu möglichen *Aptitude-Treatment*-Interaktionen vor. In der Literatur zur bilingualen Sprachentwicklung zeigt sich, dass es durchaus möglich ist, ein hohes Kompetenzniveau in mehr als einer Sprache zu erwerben (Bialystok, 2001). Diese Befunde beziehen sich jedoch ebenfalls häufig auf Kinder und Jugendliche mit günstigen Eingangsvoraussetzungen (Hopf, 2005), und ihre Gültigkeit für andere Gruppen ist weitgehend ungeklärt.

Gegen die Übertragbarkeit von Evaluationen der *French Immersion* auf den Zweitspracherwerb in Regelklassen spricht allerdings tatsächlich, dass Schülerinnen und Schüler, die in der Schule Schwierigkeiten haben, kaum an den Programmen teilnehmen dürften (Worswick, 2003). Entsprechend beziehen sich die Evaluationsergebnisse auf eine Schülerschaft, die anhand ihres schulischen Erfolgs vorselektiert ist. Dennoch ist nicht von der Hand zu weisen, dass der Immersionsansatz – ebenso wie bilinguale Förderung – zumindest für einige Gruppen von Schülerinnen und Schülern durchaus erfolgreich sein kann. Über die Gelingens- und Misslingensbedingungen ist jedoch wenig bekannt.

7.3 Beschreibung ausgewählter Einzelstudien

Von den 18 bei Slavin und Cheung (2004) analysierten Einzelstudien konnten 16 lokalisiert werden. Darüber hinaus wird in die folgende Zusammenfassung eine weitere, von Slavin und Cheung nur außerhalb des eigentlichen Reviews erwähnte Studie einbezogen, die ein relativ solides Längsschnittdesign aufweist (Gersten & Woodward, 1995). Die Tabellen 7.1a und 7.1b am Schluss des Kapitels enthalten einen Überblick der Untersuchungen im Hinblick auf solche zentralen Merkmale wie untersuchter Programmtyp, institutioneller Kontext der Förderung, untersuchte Populationen und Versuchsdesign. Um die Vergleichbarkeit zu erleichtern, wurden zur Einordnung der verschiedenen Programmtypen die von Hakuta (1999) vorgeschlagenen Kategorien verwendet. Diese stimmen nicht immer mit den von den Autoren selbst gewählten Bezeichnungen überein.

In der überwiegenden Mehrzahl der Studien beziehen sich die Evaluationen auf Förderprogramme im Bereich der Grundschule. Die wenigen Untersuchungen, die in der Sekundarstufe I durchgeführt wurden, werden in einem separaten Abschnitt berichtet.

7.3.1 Evaluationen von bilingualen Transitionsprogrammen: Frühe Transition

In nur einer der von Slavin und Cheung (2004) einbezogenen Studien wurde ein bilinguales Transitionsprogramm untersucht, das sich eindeutig als früher Transitionansatz klassifizieren lässt. Diese von Maldonado (1994) in Texas durchgeführte Evaluation ergab unter allen berücksichtigten Untersuchungen die größten Effektstärken. Aufgrund der Zusammensetzung und des geringen Umfangs der Stichprobe sind die Befunde jedoch nur sehr begrenzt aussagekräftig. Bei den Untersuchungsteilnehmern handelte es sich um zweisprachige Zweitklässler mit Lernbehinderungen, die nach dem Zufall einem „integrierten bilingualen Sonderschulprogramm" (N = 10) und einem „herkömmlichen Sonderschulprogramm" (N = 10) zugewiesen wurden. Die Gruppen waren hinsichtlich Alter, Behinderung, Sprachkompetenz und familiärem Hintergrund vergleichbar und hatten bereits seit durchschnittlich drei Jahren ein reguläres Sonderschulprogramm besucht. Im ersten Jahr wurde die Experimentalgruppe in erster Linie auf Spanisch unterrichtet und erhielt zusätzlich jeden Tag 45 Minuten ESL-Förderung. Im zweiten Jahr wurden 50 Prozent des Unterrichts auf Englisch erteilt. Im dritten Jahr schließlich erfolgte die Umstellung auf den regulären Sonderschulunterricht auf Englisch unter Weiterführung der ESL-Förderung. Die Kontrollgruppe hingegen wurde weder in der Erst- noch in der Zweitsprache gesondert gefördert, sondern erhielt lediglich den regulären Sonderschulunterricht auf Englisch. Zum Zeitpunkt des Nachtests nach drei Schuljahren erzielte die bilinguale *Treatment*-Gruppe in den englischen Sprach- und Lesetests des *Comprehensive Test of Basic Skills* (CTBS) deutlich bessere Ergebnisse als die Kontrollgruppe (ES = 2,21). Dieses Ergebnis deutet darauf hin, dass die Integration der Erstsprache bei lernbehinderten Schülerinnen und Schülern für den Zweitspracherwerb förderlich sein kann. Schlüsse für Heranwachsende ohne Behinderungen lassen sich daraus jedoch nicht ableiten. Darüber hinaus wäre eine Replikation der Studie mit einer größeren Probandengruppe wünschenswert.

7.3.2 Evaluationen von bilingualen Transitionsprogrammen: Späte Transition

In einer von Campeau u.a. (1975) berichteten Studie wurde in Houston über einen Zeitraum von drei Jahren ein Programm evaluiert, das am ehesten dem späten Transitionsansatz zu entsprechen scheint. Dieses Programm umfasste alle Klassenstufen bis zur

Highschool. In der Grundschule beinhaltete es einen nicht näher spezifizierten Zeitblock am Tag für Unterricht in Lesen und Schriftsprache auf Spanisch. Während des Rests des Tages wurde auf Englisch unterrichtet, wobei Kinder mit sehr geringen Englischkenntnissen im Anschluss zusätzliche Hilfe erhielten, um den Unterrichtsstoff zu bewältigen. Auch in höheren Jahrgängen konnten Schülerinnen und Schüler, die dieses benötigten, weiterhin Unterstützung in Englisch als Zweitsprache bekommen und an Fachunterricht (z.B. Geschichte oder Mathematik) auf Spanisch teilnehmen.

Im ersten Jahr der Evaluation des Programms wurden die Klassenstufen K–3 (Vorschulklasse bis 3. Schuljahr) in die Analyse einbezogen, im zweiten und dritten Jahr die Klassenstufen K–4 (Vorschulklasse bis 4. Schuljahr). Die Kinder in der Kontrollgruppe scheinen ausschließlich englischsprachigen Unterricht erhalten zu haben, zu dem die Autoren allerdings keine genaueren Angaben machen. Es wurde in der Studie der Versuch unternommen, die Schülerinnen und Schüler in der Kontrollbedingung so auszuwählen, dass sie im Hinblick auf wichtige Hintergrundmerkmale mit der Experimentalgruppe vergleichbar waren.

In den drei Jahren des Projekts nahm jeweils eine unterschiedliche Anzahl von Kindern der verschiedenen Klassenstufen an der Untersuchung teil. In den bilingual unterrichteten Gruppen waren es im ersten Jahr 496, im zweiten Jahr 782 und im dritten Jahr 701 Kinder aus sieben Schulen. Die Kontrollgruppe umfasste im ersten Jahr 320, im zweiten Jahr 322 und im dritten Jahr 300 Schülerinnen und Schüler aus zwei anderen Schulen. Die Kinder in der Kontrollgruppe waren anhand von Kriterien der Ähnlichkeit zur *Treatment*-Gruppe hinsichtlich ihres Sprachhintergrunds, ihres sozioökonomischen Status und ihrer fachlichen Leistungen ausgewählt worden. Genauere Angaben zum *Matching*-Verfahren sind in der Beschreibung der Studie jedoch nicht enthalten.

Zur Bewertung der Leistungsentwicklung wurden in der Studie jeweils im Oktober und im Mai der einbezogenen Schuljahre die *Inter-American Series Tests in English* durchgeführt. Anhand der resultierenden Ergebnisse kommen die Autoren zu dem Schluss, dass über diese Zeiträume von sieben Monaten im bilingualen Programm jeweils deutlich höhere Leistungssteigerungen in Englisch erzielt werden konnten als in der Kontrollgruppe. Für die bilingual unterrichtete Gruppe waren über alle einbezogenen Klassenstufen und über alle drei Jahre in den Tests der allgemeinen Sprachkompetenz in Englisch signifikant bessere Leistungen zu beobachten als für die Kontrollgruppen. Eine Ausnahme bildeten lediglich die Klassenstufen 1 und 3 im dritten Jahr der Untersuchung, in denen keine bedeutsame Überlegenheit der zweisprachig unterrichteten Gruppe zu erkennen war. Für die übrigen Vergleiche variieren die berichteten Effektstärken zwischen 0,4 und 4,2 und weisen somit auf deutlich positive Einflüsse des bilingualen Programms auf die allgemeine Sprachkompetenz in Englisch hin. Die mangelnde Information über die Zusammensetzung der Gruppen, den bilingualen Unterricht und den Unterricht der Kontrollgruppe erschwert die Interpretation dieser Ergebnisse jedoch erheblich.

7.3.3 Vergleichende Evaluation von bilingualen Transitionsprogrammen

Die bis heute größte Studie zu bilingualen Programmen, die über einen Zeitraum von acht Jahren mit insgesamt 1.500 Schülerinnen und Schülern durchgeführt worden ist, stammt von Ramirez u.a. (1991). Das Hauptanliegen des Projekts bestand weniger darin, die Wirksamkeit von bilingualen Programmen im Vergleich zur Submersion oder zu monolingualem Unterricht zu untersuchen, als vielmehr die Effekte von frühen und späten Transitionsmodellen gegenüber einem strukturierten englischen Immersionsmodell, das häufig auch ein gewisses Maß an Unterstützung in der Erstsprache beinhaltet, zu bestimmen. Die in die Studie einbezogenen Schülerinnen und Schüler nahmen an verschiedenen Orten der Vereinigten Staaten an einem Programm der drei untersuchten Ansätze – späte Transition, frühe Transition und strukturierte Immersion – teil. Dabei verfügten nach Angabe der Autoren auch die strukturierten Immersionsprogramme über zweisprachige Lehrkräfte, die mit den Schülerinnen und Schülern im Unterricht auf Spanisch kommunizieren konnten. Demnach handelte es sich hierbei also nicht um vollständig monolinguale Maßnahmen. Die Stichprobe der Studie, die mehrere Kohorten umfasste, setzte sich aus Kindern mexikanischer Herkunft von der Vorschulklasse bis zur 6. Klassenstufe zusammen. Es wurde eine Reihe von Hintergrundmerkmalen der Kinder erfasst (sozioökonomischer Status, Familiengröße, Sprachgebrauchsmuster), wobei die Ergebnisse darauf hinwiesen, dass die Familien der Kinder in den strukturierten Immersionsprogrammen und in den frühen Transitionsprogrammen weitgehend vergleichbar waren.

Nach den von Ramirez u.a. (1991) berichteten Ergebnisse erreichten die Schülerinnen und Schüler in den frühen Transitionsprogrammen und in der strukturierten englischen Immersion bei einem standardisierten Englischtest (CTBS) ähnliche Leistungen[4]. Auf einen entsprechenden Vergleich für die späte Transition verzichteten die Autoren, da sich die Schülerinnen und Schüler in dieser Bedingung systematisch von den anderen Gruppen unterschieden (z.B. erhielten sie mehr Hilfe von den Eltern und verfügten zu Hause über mehr Lesematerial). Anhand eines Abgleichs der Leistungen mit der Normstichprobe des Tests kommen Ramirez u.a. (1991) allerdings dennoch zu dem Schluss, dass mit dem späten Transitionsprogramm bessere Ergebnisse erzielt werden konnten.

Neben der äußerst unübersichtlichen, 2.000 Seiten umfassenden Darstellung der Untersuchung weisen die Analysen von Ramirez u.a. (1991) eine Reihe von methodischen Schwächen auf, die ihre Interpretierbarkeit erheblich beeinträchtigen (Baker, 2001; Moran & Hakuta, 2001). So wurde nicht kontrolliert, dass die verschiedenen Förderprogramme teilweise in unterschiedlichen Schuleinzugsgebieten angeboten wurden. Weiterhin ist das Vorgehen fragwürdig, die beobachteten Leistungen anhand der Normstichprobe des Tests zu bewerten, die im Hinblick auf ihre Zusammensetzung von der Stichprobe der Untersuchung stark abweichen dürfte (Moran & Hakuta, 2001). Trotz dieser Schwächen, und obwohl zwischen der frühen Transition und der strukturierten Immersion keine Unterschiede zu beobachten waren, wird die Studie häufig als Beleg für die Überlegenheit bilingualer Programme angeführt (vgl. z.B. Cummins, 1992).

Eine Studie aus Texas, die Slavin und Cheung (2004) zwar beschreiben, aufgrund des Fehlens einer monolingual unterrichteten Vergleichsgruppe jedoch nicht in ihr eigentliches Review einbeziehen, verglich ebenfalls die Effekte eines frühen Transitionsprogramms (von den Autoren als „bilinguale Immersion" bezeichnet) mit denen eines späten Transitionsprogramms (Gersten & Woodward, 1995). Aufgrund des relativ sorgfältig angelegten quasi-experimentellen Versuchsdesigns und den ausführlich beschriebenen Methoden soll diese Studie hier ebenfalls dargestellt werden.

Die an der Studie von Gersten und Woodward (1995) teilnehmenden Schülerinnen und Schüler besuchten zehn verschiedene Schulen desselben Schulbezirks. Um in die Studie einbezogen zu werden, mussten sie zu Beginn der 1. Klasse als „praktisch ohne Englischkenntnisse" eingestuft worden sein und in der 4. Klasse den *Iowa Test of Basic Skills* (ITBS) absolviert haben. Die Schülerinnen und Schüler wurden über einen Zeitraum von mindestens fünf Jahren entweder nach dem frühen Transitionsmodell (N = 111) oder nach dem späten Transitionsmodell (N = 117) unterrichtet, wobei die Zuweisung zu den Gruppen nicht nach dem Zufall erfolgte. Die Autoren prüften die Gruppen jedoch auf Vergleichbarkeit hinsichtlich ihres sozioökonomischen Hintergrunds und ihrer Sprachkompetenzen in Englisch. Da sich für die Sprachkompetenzen leichte Unterschiede zwischen den Gruppen ergaben, wurden bei der Auswertung die Prätestwerte kovarianzanalytisch kontrolliert.

Im späten Transitionsprogramm wurde der Unterricht zunächst überwiegend auf Spanisch erteilt mit zusätzlicher Förderung in ESL. Im Laufe der Zeit erfolgte eine graduelle Erhöhung des Anteils englischsprachigen Unterrichts, sodass bis zur 4. oder 5. Klassenstufe der Übergang zur einsprachigen Instruktion abgeschlossen werden konnte. Die Kinder im frühen Transitionsprogramm erhielten in der 1. Klasse pro Tag etwa 90 Minuten Unterricht auf Spanisch, der bis zur 4. Klasse auf 30 Minuten reduziert wurde. Im Gegensatz zur Studie von Ramirez u.a. (1991) konnten in der Untersuchung von Gersten und Woodward (1995) anhand der Ergebnisse im *Test of Basic Skills* am Ende der 4. Klassenstufe Hinweise auf einen leichten Vorteil des frühen Transitionsmodells identifiziert werden (ES = 0,16), der allerdings bis zur Klassenstufe 7 nahezu vollständig verschwunden war (ES = 0,07).

7.3.4 Evaluationen von bilingualen Transitionsprogrammen nicht spezifizierter Dauer

In weiteren Evaluationen von Transitionsprogrammen ist die Dauer des Zeitraums vor der Umstellung auf den ausschließlichen Gebrauch der Zweitsprache im Unterricht nicht genau spezifiziert. Bei einer dieser Studien handelt es sich um eine Untersuchung von Morgan (1971), die mit französischsprachigen Erstklässlern in Louisiana über einen Zeitraum von sechs Monaten durchgeführt wurde. Anhand eines Fragebogens über die Sprachgewohnheiten im sozialen Umfeld wählte die Autorin 193 Kinder aus Familien aus, in denen im Vergleich zur restlichen zweisprachigen Bevölkerung überdurchschnittlich viel Französisch gesprochen wurde. Aus dieser Gruppe von Kindern wurden

100 in Klassen eingeschult, in denen nach dem Prinzip der Submersion unterrichtet wurde. Die restlichen 93 Kinder erhielten Unterricht in bilingualen Klassen. Die Zuweisung der Kinder zu den Gruppen erfolgte jedoch nicht nach dem Zufallsprinzip, sondern nach anderen, unspezifizierten Kriterien. Auch geht aus der Beschreibung der Studie nicht eindeutig hervor, welchem Ansatz das bilinguale Programm zuzuordnen ist; aus einzelnen Hinweisen lässt sich lediglich implizit schließen, dass es als Transitionsmodell konzipiert worden war. Dabei scheint allerdings nur ein relativ geringer Anteil des Unterrichts in der Erstsprache erteilt worden zu sein.

Zu Beginn der Untersuchung von Morgan (1971) wurden die „Lesereife" und die kognitiven Grundfähigkeiten der Kinder erfasst. Dabei zeigte sich, dass die beiden Gruppen auf diesen Variablen über ein vergleichbares Ausgangsniveau verfügten. Während des ersten Schuljahres erhielt die Experimentalgruppe täglich 30 Minuten Unterricht auf Französisch und sollte auch während der restlichen Zeit nach Belieben Französisch sprechen. Die Kontrollgruppe bekam keine besondere Behandlung und wurde nicht dazu ermutigt, Französisch zu sprechen. Nach sechs Monaten wurde in beiden Gruppen der *Stanford Achievement Test* durchgeführt, der das Lesen von Wörtern, Textverständnis, Wortanalyse, Wortschatz und Rechtschreibung auf Englisch erfasst. Bei drei der fünf Maße (Wörterlesen, Textverständnis und Wortanalyse) zeigte die bilingual unterrichtete Gruppe deutlich bessere Leistungen. Auf den anderen beiden Skalen (Rechtschreibung und Wortschatz) waren dagegen keine signifikanten Unterschiede zu verzeichnen. Trotz moderater mittlerer Effektstärken (ES = 0,26) ist es bemerkenswert, dass sich bei nur 30 Minuten bilingualen Unterrichts pro Tag über eine Dauer von sechs Monaten signifikante Effekte zeigten. Über die Nachhaltigkeit der Effekte lassen sich jedoch keine Schlussfolgerungen ableiten.

In einer Studie von Doebler und Mardis (1980) wurde in Mississippi die Wirkung bilingualer Bildungsprogramme in Choctaw und Englisch bei einer Gruppe von 63 Kindern indianischen Ursprungs untersucht. Die Kinder in der Stichprobe stammten aus sechs Schulen in sechs verschiedenen Reservatsgemeinschaften. 80 Prozent der untersuchten Schülerinnen und Schüler wurden anhand ihrer Ergebnisse im *Test of Oral English Production* als nicht englischsprachig klassifiziert. Alle Teilnehmer der Studie waren in der Vorschulklasse und der 1. Schulklasse auf Choctaw mit systematischer ESL-Förderung unterrichtet worden. In der 2. Klassenstufe wurden sie dann einer Experimentalgruppe (N = 26) und einer Kontrollgruppe (N = 37) zugeteilt. Diese Zuteilung erfolgte auf der Klassenebene, indem per Zufall vier Klassen für die bilinguale Förderung und drei Klassen für den einsprachigen Unterricht ausgewählt wurden. Zur Vergleichbarkeit der beiden Gruppen hinsichtlich des familiären Hintergrunds und des Leistungsstands zu Beginn der Studie werden in der Beschreibung der Studie allerdings keine Angaben gemacht.

Die Kinder in der Kontrollgruppe wurden unabhängig vom jeweiligen Sprachstand ausschließlich auf Englisch unterrichtet, während die Experimentalgruppe Unterricht auf Choctaw mit zusätzlicher ESL-Förderung erhielt. Das bilinguale Programm beinhaltete eine phonetische Annäherung an den Schriftspracherwerb in Choctaw, ein experimentelles Naturwissenschaftsprogramm in Choctaw und eine in Choctaw übersetzte

Fassung eines englischen Curriculums für Mathematik. Der in Choctaw abgehaltene Unterricht wurde von speziell für diese Art des Unterrichts ausgebildeten Personen mit Unterstützung durch die englischsprachigen Klassenlehrerinnen und -lehrer erteilt.

In der Studie wurde ein Vortest durchgeführt und bei der Analyse der Nachtestergebnisse als Kovariate verwendet. Die Analyse zeigte, dass sich die Experimentalgruppe und die Kontrollgruppe in ihren Leseleistungen auf Englisch, die mit dem *Metropolitan Achievement Test* erfasst wurden, nur geringfügig voneinander unterschieden (nach Berechnungen von Slavin & Cheung, 2004: ES = 0,15). Da zwischen dem Vortest und dem Nachtest ein Zeitraum von nur sieben Monaten lag, beurteilen die Autoren die Ergebnisse der Studie dennoch positiv. Dass allerdings alle Teilnehmerinnen und Teilnehmer bereits vor Beginn der Studie über einen Zeitraum von ein bis zwei Jahren in der Erstsprache unterrichtet worden waren, beeinträchtigt die Aussagekraft des Vergleichs insofern, als auch die Kontrollgruppe bereits zweisprachige Förderung erhalten hat. Weiterhin ist es möglich, dass die Leistungen der Kontrollgruppe in der 2. Klasse durch den abrupten Wechsel in einen ausschließlich englischsprachigen Unterricht beeinträchtigt worden sind.

Alvarez (1975) untersuchte in Texas die Effekte bilingualer und monolingualer Unterrichtsansätze bei 147 Schülerinnen und Schülern mexikanischer Herkunft in der 2. Klassenstufe. Die Stichprobe umfasste sieben Klassen aus zwei Schulen. In vier dieser Klassen (N = 90) wurde zweisprachig, in drei Klassen (N = 57) ausschließlich auf Englisch unterrichtet. Die Zuweisung der Schülerinnen und Schüler zu den Untersuchungsbedingungen erfolgte dabei nicht nach dem Zufallsprinzip, sondern auf Grundlage der Entscheidung durch die Eltern. In der Beschreibung der Studie sind kaum Angaben zum familiären Hintergrund der Schülerinnen und Schüler enthalten; es wird lediglich erwähnt, dass „fast alle" Teilnehmer aus beiden Gruppen einen relativ niedrigen sozioökonomischen Status aufwiesen und sich in kultureller und wirtschaftlicher Hinsicht von der Schülerschaft in anderen Schulen unterschieden (S. 56). Ein Großteil der Kinder (82%) war seit der 1. Klasse, der Rest bereits seit der Vorschulklasse zweisprachig unterrichtet worden.

Die bilingualen Klassen sollten in ausgewogener Mischung (jeweils zu etwa 50%) auf Spanisch und auf Englisch unterrichtet werden, wobei für Schülerinnen und Schüler mit sehr geringen Englischkenntnissen der Anteil des spanischsprachigen Unterrichts erhöht wurde (z.B. auf 75%). Unterricht in Mathematik, Naturwissenschaften und Sozialkunde erhielten die Schülerinnen und Schüler in ihrer jeweiligen dominanten Sprache. In der Vergleichsgruppe wurden die Kinder auf Englisch mit einer Betonung der Wertschätzung von Bikulturalität unterrichtet; spezielle Sprachförderung scheinen die Kinder in den monolingualen Klassen jedoch nicht erhalten zu haben. Zwischen den Klassen innerhalb der beiden Untersuchungsbedingungen bestanden allerdings zum Teil erhebliche Unterschiede. So wurde beispielsweise in drei Klassen der bilingualen Bedingung ausgewogen zweisprachiger Unterricht jeweils gemeinsam von zwei Lehrkräften erteilt, während die Schülerinnen und Schüler in der vierten Klasse überwiegend englischsprachigen Unterricht erhielten. Dennoch werden die Ergebnisse für die bilinguale Bedingung ausschließlich über alle vier Klassen zusammengefasst berichtet.

Zu Beginn des 1. Schuljahres waren die Leseleistungen der Schülerinnen und Schüler in Englisch mit dem *Metropolitan Readiness Test* erfasst worden. Diesen Test setzte Alvarez (1975) im Rahmen seiner Studie nochmals am Ende des 2. Schuljahres ein. Im Vergleich der Ergebnisse konnten zwischen den Kindern der bilingualen und der monolingualen Gruppe keine signifikanten Unterschiede festgestellt werden[5].

7.3.5 Evaluationen von bilingualen Maintenance-Modellen

Eine etwas größere Anzahl von Studien beschäftigt sich mit der Wirksamkeit von bilingualen Programmen, die darauf abzielen, sowohl in der Erstsprache als auch in der Zweitsprache ein hohes Kompetenzniveau zu erreichen. In den von Campeau u.a. (1975) berichteten Studien wurden Längsschnittdesigns mit Kontrollgruppen eingesetzt. Die erste dieser Untersuchungen, die in verschiedenen Städten im Süden der Vereinigten Staaten durchgeführt wurden, begann 1969 in Santa Fe, New Mexico. In 19 Klassen des Schulbezirks Santa Fe wurden bilinguale Programme mit dem Ziel eingeführt, den Kindern gute Sprachkenntnisse in Spanisch und Englisch zu vermitteln sowie ein positives Selbstkonzept zu fördern. Alle bilingual unterrichteten Kinder der Klassenstufen 1 bis 4 aus drei Schulen nahmen an der Studie teil sowie pro Klassenstufe je eine nach dem Zufallsprinzip ausgewählte Kontrollgruppe nichtbilingual unterrichteter Kinder. Insgesamt umfasste die Experimentalgruppe 234 Kinder und die Kontrollgruppe 84 Kinder aus vier Klassenstufen. Über die teilnehmenden Schülerinnen und Schüler werden in der Beschreibung der Studie kaum Hintergrundinformationen geliefert, abgesehen von der Anmerkung, dass 80 Prozent der Kinder spanische Nachnamen hatten und bei Schulbeginn „allgemein" weder im Englischen noch im Spanischen über gute Sprachkenntnisse verfügten.

Das bilinguale Curriculum beinhaltete in der Studie die Unterrichtsfächer Schriftsprache, Naturwissenschaften/Mathematik und Bildende Kunst. Die Inhalte wurden häufig in der einen Sprache unterrichtet und anschließend in der anderen Sprache noch einmal wiederholt, um sie auf diese Weise zu festigen. Die Autoren geben dem gewählten Ansatz zwar keine Bezeichnung, es scheint sich jedoch um ein *Maintenance*-Programm zu handeln, da ein Übergang zur ausschließlichen Verwendung von Englisch als Unterrichtssprache nicht erwähnt wird. Zur Kontrollgruppe wird lediglich angegeben, dass sie nicht an einem bilingualen Programm teilnahm.

Mit den Kindern wurde im September und im Mai der *Metropolitan Achievement Test* durchgeführt. Da Gruppenunterschiede in den Vortests bestanden, kontrollierten die Autoren in ihren Analysen die Ausgangswerte, um differenzielle Leistungssteigerungen feststellen zu können. Dabei konnten nur für die 1. Klassenstufe Unterschiede zwischen den Gruppen identifiziert werden. Die bilingual unterrichteten Erstklässler zeigten sowohl in den Prätests als auch in den Posttests eine deutlich bessere Lesekompetenz in Englisch. Für die Klassenstufen 2 bis 4 waren dagegen keine Leistungsdifferenzen zu beobachten. Diese Befunde werden von Campeau u.a. (1975) allerdings in einer derart sparsamen Weise dargestellt, dass sich daraus kaum Schlüsse ziehen lassen. So berichten die Autoren weder die Effektstärken, noch liefern sie die zur Berechnung von Effektstärken notwendigen Informationen. Obwohl also die Studie über ein einigermaßen akzeptables Studiendesign verfügt, lässt die mangelhafte Darstellung der Ergebnisse kaum ein Urteil über die Wirksamkeit des bilingualen Unterrichts in Santa Fe zu.

Eine weitere von Campeau u.a. (1975) dargestellte Evaluation wurde 1973 bis 1974 mit 316 zweisprachig und 141 einsprachig unterrichteten Kindern in Kingsville, Texas, durchgeführt. In der Untersuchung ging es um die Wirksamkeit eines offenbar am *Maintenance*-Modell orientierten bilingualen Programms, in dem zu 50 Prozent auf Englisch und zu 50 Prozent auf Spanisch unterrichtet wurde. Der zweisprachige Unterricht bezog sich auf die Fächer Mathematik, Sozialkunde und Naturwissenschaften. Die Untersuchung umfasste die Klassenstufen K–4 (Vorschulklasse bis 4. Schuljahr), in denen zur Leistungsmessung im September und im April des Schuljahres der *SRA Achievement Test* und die *Inter-American Series* eingesetzt wurden. Über die Dauer des bilingualen Unterrichts vor Durchführung der Prätests sind im Bericht über die Studie keine Informationen enthalten. Die Zuweisung der Kinder zu den Gruppen des Untersuchungsdesigns erfolgte nicht zufällig. Die insgesamt 16 bilingualen Versuchsklassen befanden sich in derselben Schule mit drei bis vier Klassen pro Klassenstufe (N = 316). Die Kontrollgruppe (N = 141) rekrutierte sich aus zwei Klassen pro Klassenstufe (also insgesamt 10 Klassen) einer anderen Schule mit einer nach Angaben der Autoren ähnlichen sozioökonomischen und ethnischen Zusammensetzung. Empirische Belege für die Vergleichbarkeit der Gruppen werden allerdings nicht geliefert. Auch ist im Bericht über die Untersuchung keine Information darüber enthalten, welche Art von Unterricht die Kontrollgruppe erhalten hat.

Die Präsentation der Befunde der Studie beschränkt sich auf eine Darstellung der Ergebnisse für die Leistungen der Schülerinnen und Schüler in der *Inter-American Series;* auf eine Auswertung der *SRA Achievement Tests* wird verzichtet. Innerhalb der Klassenstufen vergleichen die Autoren jeweils alle bilingualen Versuchsklassen mit den einzelnen Kontrollklassen. In 8 der insgesamt 35 Vergleiche erwiesen sich die bilingualen Klassen als überlegen (sechs Vorschulklassen, eine 1. Klasse, eine 4. Klasse), in 5 Fällen waren die Leistungen der Kontrollklassen signifikant höher. In der Interpretation der Ergebnisse stellen die Autoren heraus, dass die Mehrzahl der Vergleiche zu Gunsten der bilingualen Förderung ausfielen, wobei sich allerdings sechs der acht signifikanten Unterschiede in dieser Richtung auf die Schülerinnen und Schüler in den Vorschulklassen beziehen. Es werden in der Studie weder die Mittelwerte noch die Standardabweichungen angegeben, sodass keine Effektstärken bestimmt werden können. Aufgrund der ungewöhnlichen Darstellung der Ergebnisse und den anderen genannten Mängeln der Untersuchung ist es also kaum möglich, Schlussfolgerungen aus den Befunden zu ziehen.

Campeau u.a. (1975) berichten weiterhin über die Ergebnisse einer von 1972 bis 1974 in einem Schulbezirk in Alice, Texas, durchgeführten Evaluation. Das untersuchte Programm zielte darauf ab, Sprachkompetenzen in Spanisch und Englisch zu entwickeln und gleichzeitig ein Gefühl des Stolzes sowohl für die lateinamerikanische als auch für die US-amerikanische Kultur zu fördern. Der Unterricht im Lesen wurde zunächst auf Spanisch erteilt, ging dann aber in der zweiten Hälfte des 1. Schuljahres in zweisprachigen Unterricht über (50 % Spanisch, 50 % Englisch). Es handelt sich in diesem Fall also offenbar ebenfalls um eine Umsetzung des bilingualen *Maintenance*-Modells. Zur Evaluation des Programms wurden über einen Zeitraum von zwei Jahren Daten von Kindern der Klassenstufen K–4 (Vorschulklasse bis 4. Schuljahr) erfasst. Für die bilinguale Förderung wurden Kinder ausgewählt, die bei einem Test mündlicher Sprachfähigkeiten in Englisch schlecht abgeschnitten hatten und deren Eltern mit der Teilnahme ihrer Kinder an dem Programm einverstanden waren. Im ersten Jahr der Untersuchung befanden sich 397 Kinder in der bilingualen *Treatment*-Gruppe, im zweiten Jahr belief sich ihre Zahl auf 504. Die Teilnehmer waren über die fünf einbezogenen Klassenstufen gleichmäßig verteilt. Aus der Beschreibung der Studie geht allerdings nicht klar hervor, seit wann die Kinder in den verschiedenen Klassenstufen bilingualen Unterricht erhalten hatten.

In jeder Jahrgangsstufe wurde eine Kontrollklasse ausgewählt, die ähnliche Durchschnittergebnisse in einem Test mündlicher Sprachkompetenz in Englisch erzielt hatte. Weitere Angaben zur Zusammensetzung der Kontrollgruppe hinsichtlich des sprachlichen, familiären oder ethnischen Hintergrunds der Schülerinnen und Schüler und ihrer diesbezüglichen Vergleichbarkeit mit den Kindern in der *Treatment*-Gruppe sind in der Beschreibung der Studie nicht enthalten.

Die allgemeinen Sprachkenntnisse der Kinder in Englisch wurden jeweils im September und im April eines Schuljahres mit dem *Abilities Test of the Inter-American Series* erfasst. Obwohl die Daten über einen Zeitraum von zwei Jahren erhoben wurden, führten die Autoren die Vergleiche der Testergebnisse nur innerhalb der einzelnen Schuljahre durch. Dabei zeigte sich, dass die bilingual unterrichteten 1. Klassen im Lesen sowohl im Schuljahr 1972/73 als auch im Schuljahr 1973/74 ihre Leistungen im Vergleich mit der Kontrollgruppe bedeutsam stärker steigern konnten. Für die 3. und 4. Klassen waren entsprechende Leistungszuwächse in den bilingual unterrichteten Gruppen dagegen nur im Schuljahr 1973/74 zu beobachten. Die Kontrollgruppe zeigte in keiner Klassenstufe bedeutsame Leistungssteigerungen[6]. Auch in dieser Studie fehlen jedoch explizite Angaben zur Vergleichbarkeit der Gruppen, zur Unterrichtsvorgeschichte der Schülerinnen und Schüler in der *Treatment*-Bedingung und zum Unterricht, den die Kontrollgruppe im Rahmen der Studie erhalten hat, was die Interpretation der Ergebnisse erschwert.

7.3.6 Bilinguale Two-way-Programme

Im Rahmen einer Längsschnittstudie von Cohen (1975) wurden in Kalifornien 90 Kinder mexikanischer Herkunft aus drei Kohorten über drei Jahre begleitet. Die bilingual unterrichtete Gruppe (N = 45) besuchte eine Schule, in der zweisprachiger Unterricht angeboten wurde. Die Kontrollgruppe (N = 45) kam aus einer in der Nähe gelegenen Schule, in der ausschließlich konventioneller Unterricht auf Englisch erteilt wurde. Die

Darstellung der Studie enthält eine sehr gute Beschreibung der demographischen Zusammensetzung der Gruppen. Baseline-Daten zum Sprachgebrauch und zum Sprachstand wurden in beiden Gruppen mit standardisierten Sprach- und Leistungstests erfasst. Die bilingual unterrichtete Gruppe nahm an einem Programm nach dem bilingualen *Two-way*-Ansatz teil, in dem etwa 50 Prozent der Kinder in den Klassen englischsprachig waren. Der Unterricht der Kontrollgruppe folgte dagegen im Wesentlichen dem Prinzip der *Submersion*. Einige Schülerinnen und Schüler in der Kontrollgruppe erhielten allerdings auch Instruktion in Englisch als Zweitsprache (ESL), worauf im Bericht über die Studie jedoch nicht näher eingegangen wird. In den Analysen der Leistungen zeigte sich, dass alle drei Kohorten der zweisprachig unterrichteten Kinder nach zwei und drei Jahren ähnliche Leseleistungen in Englisch (gemessen mit der *English Inter-American Series*) erzielt hatten wie die einsprachig unterrichteten Kinder[7]. Dabei ist allerdings zu beachten, dass die einzelnen Kohorten innerhalb der *Treatment-* und Kontrollbedingungen relativ klein waren (N = 14–16) und sich nicht bestimmen lässt, welche Wirkung die ESL-Förderung auf die Kinder der Kontrollgruppe hatte.

7.3.7 Evaluationen von nicht eindeutig zuzuordnenden bilingualen Programmen

In einer Reihe von Studien wurden bilinguale Programme evaluiert, die sich nicht eindeutig einem der von Hakuta (1999) definierten Ansätze zuordnen lassen. Hierzu gehört eine Studie von Huzar (1973) zu den Auswirkungen eines zweisprachigen Alphabetisierungsprogramms auf die englische Lesefähigkeit von Grundschulkindern. Für die Studie wurde in Perth Amboy, New Jersey, eine Schule mit mehr als 40 Prozent spanischsprachigen Schülerinnen und Schülern ausgewählt. Alle teilnehmenden Kinder kamen aus sozial schwachen Wohnvierteln mit einem hohen Anteil von Arbeitslosen und Sozialhilfeempfängern. Vor Einführung des bilingualen Programms in der 1. Klassenstufe wurden 160 Schülerinnen und Schüler von der Schulverwaltung zufällig auf vier Experimentalklassen (N = 84) und vier Kontrollklassen (N = 76) verteilt. Die Kinder waren zu Beginn der Studie entweder bilingual oder ausschließlich spanischsprachig. Zum Zeitpunkt des Posttests befand sich etwa die Hälfte der Schülerinnen und Schüler in der 2., die andere Hälfte in der 3. Klassenstufe. Die Kinder in den Experimentalklassen hatten zu diesem Zeitpunkt also zwei oder drei Jahre Unterricht in Spanisch und Englisch erhalten. Um die Vergleichbarkeit der Gruppen zu gewährleisten, wurden im ersten Schuljahr ein Lesetest *(Metropolitan Readiness Test)* und zu Beginn des 3. Schuljahres ein Intelligenztest durchgeführt. Zwischen den Schülerinnen und Schülern in den beiden Untersuchungsbedingungen ergaben sich keine signifikanten Unterschiede in den Ergebnissen dieser Tests. Informationen zur Zusammensetzung der Gruppen in Bezug auf familiäre Hintergrundmerkmale werden in der Beschreibung der Studie jedoch nicht berichtet.

In den bilingualen Experimentalklassen erhielten die Kinder bei unterschiedlichen Lehrkräften täglich 45 Minuten Leseunterricht auf Spanisch und 45 Minuten Leseunterricht auf Englisch, wobei korrespondierende spanische und englische Texte eingesetzt wurden. Nach Angabe des Autors sprachen die Kinder und Lehrkräfte im Englischunterricht ausschließlich Englisch, im Spanischunterricht ausschließlich Spanisch. In den Kontrollklassen wurde ebenfalls Leseunterricht auf Englisch im Umfang von 45 Minuten erteilt. Es ist jedoch unklar, womit sich die Schülerinnen und Schüler in dieser Gruppe beschäftigten während die Kinder in den bilingualen Klassen Spanischunterricht erhielten. Die Instruktionsmethoden und Unterrichtsmaterialien waren in beiden Versuchsbedingungen weitgehend vergleichbar. Obwohl der Unterricht relativ genau beschrieben wird, lässt sich nicht eindeutig beurteilen, ob das bilinguale Programm dem Transitionsansatz oder dem *Maintenance*-Modell zuzuordnen ist.

Im Posttest zeigten sich zwischen den Experimental- und Kontrollbedingungen der Studie von Huzar (1973) keine signifikanten Unterschiede in den englischen Leseleistungen der Kinder (gemessen mit der *Inter-American Series*), wobei allerdings die Effektstärke für die Drittklässler eine mittlere Größe erreichte (ES = +0,32). Innerhalb der Gruppe der Jungen wurden die Vergleichsergebnisse teilweise auch signifikant. Demnach erzielten die bilingual unterrichteten Jungen bessere Leseleistungen als die Jungen in der Kontrollgruppe (ES = +0,44).

Die Studie von Huzar (1973) gehört zu den wenigen Untersuchungen, in denen ein experimentelles Design mit Zufallszuweisung zu den Gruppen verwendet wurde. Auch die Dokumentation der Studie kann als vergleichsweise sorgfältig und ausführlich bewertet werden. Offen ist allerdings, welchem bilingualen Ansatz das umgesetzte Programm zuzuordnen ist (Transitionsansatz oder *Maintenance*-Ansatz) und mit welchen Aktivitäten die Kinder in der Kontrollgruppe beschäftigt waren während die Kinder in der Experimentalgruppe Spanischunterricht erhielten. Weiterhin ist festzuhalten, dass das bilinguale Programm ausschließlich Leseunterricht in beiden Sprachen beinhaltete. Insofern war die bilinguale Förderung auf diesen inhaltlichen Aspekt eingeschränkt und hatte auch zeitlich einen relativ geringen Anteil am Curriculum.

Plante (1976) führte 1974 bis 1975 eine vergleichsweise sorgfältig konzipierte experimentelle Studie mit überwiegend spanischsprachigen Erst- und Zweitklässlern in New Haven, Connecticut, durch. In zwei Schulbezirken wurden im Frühjahr 1974 alle Kinder mit spanischem Nachnamen in den Vorschulklassen und in den 1. Klassen mit dem *Inter-American Test of General Ability* zur Bestimmung der dominanten Sprache getestet. Kinder, bei denen das Spanische als dominant festgestellt wurde, nahmen an der Studie teil. Die Schülerinnen und Schüler wurden dann nach dem Zufall den *Treatment*- und Kontrollgruppen zugeteilt. Es konnte gezeigt werden, dass die zwei Gruppen im Hinblick auf die Geschlechterverteilung, ihre Spanisch- und Englischkenntnisse und ihr Selbstkonzept vergleichbar waren. Vollständige Daten über alle Messzeitpunkte innerhalb des zweijährigen Untersuchungszeitraums lagen für 31 Kinder in der *Treatment*-Gruppe und für 22 Kinder in der Kontrollgruppe vor.

Alle an der Studie teilnehmenden Schülerinnen und Schüler besuchten eine 1. oder 2. Klasse in zwei Schulen. Die Kinder in der *Treatment*-Gruppe, die alle in einer Klasse von zwei Lehrkräften unterrichtet wurden, erhielten zunächst in den Fächern Lesen, Schreiben, Mathematik, Sozialkunde und Naturwissenschaften eine Einführung auf

Spanisch, mit einer allmählichen Integration mündlicher Instruktion auf Englisch durch eine zweite, englischsprachige Lehrkraft. Der Kontrollgruppe wurde in zwei Klassen herkömmlicher Unterricht „mit zusätzlicher tutorieller oder kompensatorischer Förderung" erteilt (Plante, 1976, S. 20). Die Art der Förderung wird in der Beschreibung der Studie jedoch nicht näher spezifiziert. Da ebenfalls nicht erwähnt wird, wie lange das bilinguale Programm fortgeführt werden sollte, war es weiterhin nicht möglich zu bestimmen, ob es sich dabei um ein Transitions- oder ein *Maintenance*-Modell handelte. Nach zwei Jahren bilingualen Unterrichts zeigte die *Treatment*-Gruppe in beiden Klassenstufen etwas bessere Ergebnisse in ihren Leseleistungen auf Englisch als die Kontrollgruppe (ES = 0,27). Besonders ausgeprägt war der Vorsprung bei den Zweitklässlern, die seit der 1. Klasse zweisprachig unterrichtet worden waren (ES = 0,62). Die Befunde dieser methodisch vergleichsweise sorgfältig durchgeführten Studie deuten darauf hin, dass bilingualer Unterricht für den Erwerb von Lesekompetenzen in einer Zweitsprache hilfreich sein kann, wenn er am Anfang der Schulzeit eingeführt wird, der Ansatz jedoch an Wirksamkeit verliert, wenn damit erst nach der 1. Klasse begonnen wird. Allerdings wurde über die Art der zusätzlichen Förderung für die Kontrollgruppe wiederum zu wenig Information geliefert, um nachvollziehen zu können, womit das zweisprachige Programm verglichen wurde.

In Arizona untersuchten Saldate, Misgra und Medina (1985) über einen Zeitraum von drei Jahren die fachlichen Fortschritte von 19 Paaren spanischsprachiger Schülerinnen und Schüler, die entweder an einem bilingualen Förderprogramm oder an regulärem Schulunterricht nach dem Prinzip der Submersion teilnahmen. Die Experimentalgruppe setzte sich aus allen Teilnehmern eines bilingualen Programms in einer Schule zusammen, in der 99 Prozent der Schülerschaft mexikanischer Herkunft waren. Die Kontrollgruppe wurde aus anderen, nahe gelegenen Schulen rekrutiert, in denen der Anteil von Schülerinnen und Schülern mexikanischer Herkunft 60 bis 90 Prozent betrug. Bei der Bildung der Experimental- und Kontrollgruppen wurde darauf geachtet, dass sie im Hinblick auf ihre Sprachkompetenzen in Englisch, die anhand des *Peabody Picture Vocabulary Test* ermittelt wurden, vergleichbar waren.

Auch in der Beschreibung dieser Studie sind keine genauen Angaben zur Struktur des bilingualen Programms oder zum Unterricht der Kontrollgruppe enthalten. Lediglich die Ziele, die das bilinguale Programm verfolgte, werden aufgezählt: (a) Entwicklung bilingualer Sprachkompetenz in Spanisch und Englisch[8], (b) Verbesserung kognitiver Grundfähigkeiten, (c) Entwicklung eines positiven Selbstkonzepts und schulischer Motivation, (d) Aufbau einer positiven Beziehung zwischen Eltern und Schule mit stärkerer Einbeziehung der Eltern in die schulische Arbeit. Die Ergebnisse der Studie weisen darauf hin, dass sich der Nachteil der *Treatment*-Gruppe in der 2. Klassenstufe (ES: Hedge's g = −0,28; Glass's Delta = −0,29) bis zur 3. Klasse in einen deutlichen Vorteil verwandelt hatte (ES: Hedge's g = +0,89; Glass's Delta = +1,47). Die Ergebnisse in den beiden Klassenstufen basieren allerdings auf unterschiedlichen Tests (2. Klassenstufe: *Metropolitan Achievement Test*; 3. Klassenstufe: *Wide Range Achievement Test*). Weiterhin ist es aufgrund der mangelnden Beschreibung des Unterrichts, der in den beiden Gruppen erteilt wurde, schwierig, die Studie zu interpretieren oder zu replizieren. Darüber hinaus ist es bei der geringen Anzahl der teilnehmenden Schülerinnen und Schüler, die überdies den Untersuchungsbedingungen nicht zufällig zugewiesen wurden, kaum anzunehmen, dass sich die Befunde generalisieren lassen.

Zielgruppe einer Studie von Bacon und Kollegen (1982) waren Kinder indianischen Ursprungs. Die Autoren wählten für ihre Untersuchung drei Gruppen von Schülerinnen und Schülern der Klassenstufe 8 aus: (1) 17 Schülerinnen und Schüler, die für die Dauer von fünf aufeinander folgenden Jahren (Klassenstufe 1–5) zweisprachig auf Englisch und Cherokee unterrichtet worden waren; (2) 18 Schülerinnen und Schüler, die für die Dauer von vier aufeinander folgenden Jahren (Klassenstufe 2–5) zweisprachig auf Englisch und Cherokee unterrichtet worden waren; und (3) 18 Schülerinnen und Schüler, die nie an einem bilingualen Programm teilgenommen hatten (Kontrollgruppe). Für die Kontrollgruppe wurden Kinder ausgewählt, die zu mindestens 25 Prozent indianischer Abstammung waren, deren kognitive Grundfähigkeiten einem Wert innerhalb der Bandbreite in der Experimentalgruppe entsprachen und die noch nie eine Klasse wiederholt hatten. Aus der Gruppe aller Schülerinnen und Schüler, die diesen Kriterien entsprachen, wurde in den Vergleichsschulen eine Zufallsstichprobe gezogen, die allerdings etwas bessere Durchschnittsnoten aufwies als die Experimentalgruppe. Weder das bilinguale Programm noch der Unterricht, den die Kontrollgruppe erhielt, wird in der Darstellung der Untersuchung genauer beschrieben.

Die Ergebnisse der Untersuchung weisen darauf hin, dass alle zweisprachig unterrichteten Schülerinnen und Schüler unabhängig von der Dauer des Programms (vier oder fünf Jahre) deutlich bessere Leistungen in den durchgeführten englischen Lesetests (*SRA Achievement Series*) erzielten als die Schülerinnen und Schüler der Kontrollgruppe (mittlere ES = 0,70). Obwohl das Programm über vier bis fünf Jahre lief, handelt es sich bei der Untersuchung dennoch nicht um eine echte Längsschnittstudie, da kein Vortest durchgeführt wurde. In ihren Analysen kontrollierten die Autoren jedoch eine Reihe von Hintergrundmerkmalen (Alter, Geschlecht, Grad indianischer Abstammung, Stammeszugehörigkeit, bestandene und nicht bestandene Kurse, Durchschnittsnote, Sprachhintergrund Cherokee und Bildungsniveau des Vaters).

7.3.8 Studien in der Sekundarstufe I

Zwei der von Slavin und Cheung (2004) einbezogenen Studien beziehen sich auf Evaluationen von Programmen in der Sekundarstufe I. Bei einer davon (Kaufman, 1968) handelt es sich um die älteste unter den Untersuchungen, die im Überblick von Slavin und Cheung enthalten sind. Für die Teilnahme an der Evaluation wurden Schülerinnen und Schüler lateinamerikanischer Herkunft der 7. Klassenstufe in zwei Schulen ausgewählt, die mindestens drei Jahre lang in New York zur Schule gegangen waren. Die Schülerinnen und Schüler wurden nach dem Zufallsprinzip einer Experimentalgruppe (N = 75) und einer Kontrollgruppe (N = 64) zugewiesen, die im Hinblick auf ihre Leistungen im *Metropolitan Achievement Test* vergleichbar waren. Zu Hintergrundmerkmalen der

Schülerinnen und Schüler, wie etwa ihrem sozioökonomischen Status, enthält die Beschreibung der Studie keine Angaben. Die Experimentalgruppe erhielt je nach Schule pro Woche drei oder vier Unterrichtsstunden (jeweils 45 Minuten) auf Spanisch mit besonderem Schwerpunkt auf Leseförderung. In der Kontrollgruppe wurde stattdessen in vergleichbarem Umfang zusätzlicher Unterricht in den Fächern Kunst, Musik oder Gesundheit erteilt. Die Dauer der Teilnahme an der Studie betrug im Falle der einen Schule ein Jahr, im Falle der anderen Schule zwei Jahre. Nach sechs Monaten zeigte die Experimentalgruppe (N = 24) in der Schule, dessen bilinguales Programm drei Stunden Unterricht auf Spanisch umfasste, deutlich bessere Leistungen in einem standardisierten Lesetest *(Durrell Sullivan Reading Achievement Test)* als die Kontrollgruppe[9]. Weitere sechs Monate später war dieser Unterschied jedoch nicht mehr nachzuweisen.

Bei der Studie von Kaufman (1968) handelt es sich um eine weitere der wenigen Untersuchungen mit einem echten experimentellen Design und Zufallszuweisung der Schülerinnen und Schüler zu den Versuchsbedingungen. Dass die Evaluation lediglich in einer der beiden Schulen zu positiven Ergebnissen führte, die auch nur zu einem Messzeitpunkt signifikant waren, lässt die Generalisierbarkeit der Befunde allerdings fraglich erscheinen. Da weiterhin die zweisprachige Komponente erst in der 7. Klassenstufe eingeführt wurde, lassen sich aus den Ergebnissen keine allgemeinen Schlussfolgerungen über die Wirksamkeit von Förderansätzen ableiten, die bereits ab der 1. Klasse zweisprachigen Unterricht anbieten. Die in der Experimentalgruppe umgesetzte Maßnahme lässt sich kaum von herkömmlichem Fremdsprachenunterricht, der in der 7. Klasse eingeführt wird, unterscheiden. Entsprechend zielte die Studie auch gar nicht darauf ab, Aufschluss über die Wirksamkeit bilingualer Unterrichtsmodelle zu liefern.

In einer Doktorarbeit von Covey (1973) zu Effekten bilingualen Unterrichts wurden 200 Schülerinnen und Schüler mexikanischer Herkunft der Klassenstufe 9 einer Highschool in Arizona nach dem Zufall einer Experimentalgruppe (N = 100) und einer Kontrollgruppe (N = 100) zugewiesen. Um in die Studie aufgenommen werden zu können, mussten die Jugendlichen mindestens eine der folgenden Bedingungen, die anhand von Schulunterlagen und Hausbesuchen durch Schulberater bestimmt wurden, erfüllen: eingeschränkte Englischkenntnisse, ein bilinguales familiäres Umfeld, eine manifeste Leseschwäche oder deutliche Defizite in den Fächern Mathematik oder Englisch. Das in der Experimentalgruppe umgesetzte Programm wird relativ vage als „Unterricht in Englisch, Spanisch und Sozialkunde" mit einem „zweisprachigen Unterrichtsassistenten zur Unterstützung der Lehrkraft und einem zweisprachigen Berater für Hausbesuche und Unterstützung bei der Berufswahl" (S. 136, eigene Übersetzung) beschrieben. Aus der Veröffentlichung geht nicht genau hervor, worin sich der Unterricht in der Experimentalgruppe und der Kontrollgruppe unterschied. Die Schülerinnen und Schüler der Kontrollgruppe wurden nach dem herkömmlichen Lehrplan der Highschool unterrichtet und hatten denselben Tagesablauf wie die Experimentalgruppe. Welche Art der bilingualen Förderung die Jugendlichen in der Experimentalgruppe erhielten, wird aus der Beschreibung jedoch nicht deutlich. Anhand von standardisierten Lesetests *(Iowa Test of Educational Development* und *Stanford Diagnostic Reading Test)* zeigte sich nach einem

Jahr, dass die Schülerinnen und Schüler, die an dem bilingualen Programm teilgenommen hatten, deutlich bessere Ergebnisse als die Kontrollgruppe erzielten (ES = 0,82). Aufgrund der unzureichenden Beschreibung des *Treatments*, dem Mangel an Informationen zum familiären Hintergrund der Schülerinnen und Schüler und dem späten Beginn der Maßnahme (9. Klassenstufe) ist es jedoch auch anhand dieser Untersuchung kaum möglich, von den Ergebnissen allgemeine Schlüsse über bilinguale Programme abzuleiten.

7.3.9 Beschreibung ausgewählter Einzelstudien aus den Vereinigten Staaten: Fazit

Die Beschreibung der einzelnen Studien verdeutlicht, dass die von Slavin und Cheung (2004) in ihren Überblick einbezogenen Untersuchungen trotz der relativ strengen Einschlusskriterien eine Reihe von methodischen Schwächen aufweisen. Ein Problem besteht häufig darin, dass Informationen fehlen, die zur Berechnung von Effektstärken und zum Vergleich der Ergebnisse verschiedener Studien notwendig sind. Dies war nur bei elf der in Tabelle 7.1 aufgeführten Studien möglich. Auch die erheblichen Unterschiede in der Ausführlichkeit und Qualität der Beschreibung der Programme und ihrer Implementierungen schränken die Interpretierbarkeit der Befunde und die Ableitung allgemeiner Schlussfolgerungen in hohem Maße ein. Da häufig unklar ist, wie viel und in welcher Form Unterricht in der Erstsprache und in der Zweitsprache erteilt wurde, lassen sich kaum übergreifende Schlüsse ziehen. Weiterhin schränken die teilweise sehr kleinen Stichproben, die unter mangelhaft kontrollierten Bedingungen untersucht wurden, die Belastbarkeit der Befunde ein. Besonders problematisch schließlich ist die Einbeziehung schlecht definierter Vergleichsgruppen, die kein Urteil darüber zulassen, im Vergleich zu welcher Art von Unterricht die untersuchten bilingualen Programme mehr oder weniger erfolgreiche Ergebnisse erzielten. Nicht zuletzt aufgrund der ungenauen Charakterisierungen der *Treatment-* und Kontrollbedingungen ist es schwierig, aus dem bestehenden Forschungsstand Schlüsse über mögliche Vor- oder Nachteile von bilingualen Förderprogrammen für Schülerinnen und Schüler mit Migrationshintergrund zu ziehen. Auf diesen Aspekt wird im folgenden Abschnitt genauer eingegangen.

7.4 Das Problem der Kontrollgruppen in Studien zur Wirksamkeit von Ansätzen der Sprachförderung

Bei den von Slavin und Cheung (2004) in ihren Überblick einbezogenen Studien wurden die untersuchten bilingualen Programme mit einer Form der Immersion bzw. ausschließlich englischsprachigem Unterricht verglichen. In der Umsetzung verbirgt sich hinter diesen Bezeichnungen jedoch eine große Bandbreite an unterschiedlichen Unterrichtsmethoden, die von der Anwesenheit einer bilingualen Hilfslehrkraft in der Klasse über einen geringeren Anteil von Unterricht in der Erstsprache und systematischer ESL-Förderung bis hin zur ungestützten Submersion reichen. Die jeweilige Methode wird in den Studien zumeist nur insoweit beschrieben, als es sich um Unterricht handelte, in dem überwiegend Englisch gesprochen wurde (Slavin & Cheung, 2004). Besonders unbefriedigend ist dabei, dass Willig (1985) diesen Mangel an klar definierten Kontrollgruppen bereits vor zwei Jahrzehnten festgestellt und beanstandet hatte. Dennoch hat sich die Qualität der Studien in dieser Hinsicht bislang nur geringfügig verbessert.

Das Problem der uneinheitlichen Kategorisierung von Ansätzen der Sprachförderung für Schülerinnen und Schüler mit Migrationshintergrund wurde bereits im ersten Abschnitt des Kapitels angesprochen. Dieses Problem gewinnt bei der Bestimmung der Behandlung von Experimental- und Kontrollgruppen in Untersuchungen zur Wirksamkeit verschiedener Modelle zusätzlich an Bedeutung. Die Unterschiede zwischen Immersionsmethoden und bilingualem Unterricht sind in den Beschreibungen der Studien bisweilen so verschwommen, dass die beiden Modelle kaum noch auseinander gehalten werden können. So wurden in einigen Untersuchungen 30 bis 60 Minuten Unterricht in der Erstsprache pro Tag zum Immersionsprogramm erklärt und als Kontrollbedingung untersucht (z.B. Doebler & Mardis, 1980), während in anderen Evaluationen dasselbe Ausmaß an täglichem Unterricht in der Erstsprache dem bilingualen Modell zugeordnet und als *Treatment*-Bedingung analysiert wurde (z.B. Kaufman, 1968; Morgan, 1971). Für die Interpretation der Ergebnisse ist jedoch entscheidend, womit die jeweilige *Treatment*-Bedingung verglichen wird. So wäre die beobachtete Überlegenheit eines bilingualen Ansatzes beispielsweise anders zu bewerten, wenn die jeweilige Kontrollgruppe ausschließlich Unterricht unter Bedingungen ungestützter Submersion erhalten hätte, als wenn sie im Rahmen eines strukturierten Immersionsprogramms mit systematischer ESL-Förderung (bzw. DaZ-Förderung) unterrichtet worde wäre. Um ein Urteil über den Einfluss der Einbeziehung der Erstsprache für die Förderung der Zweitsprache fällen zu können, ist es letztlich notwendig, die Wirksamkeit von qualitativ hochwertigen mehrsprachigen und einsprachigen Modellen zu vergleichen. Eine solche Untersuchung liegt bislang jedoch nicht vor.

Ein weiteres in diesem Forschungsbereich seit Jahren diskutiertes Problem ist das der Verteilung der Schülerinnen und Schüler auf die Untersuchungsbedingungen. Um Aufschluss über die relative Wirksamkeit verschiedener Ansätze der Förderung zu erhalten, ist es notwendig, Vergleichsgruppen zu bilden, die sich nur im Hinblick auf die Teilnahme an den untersuchten Programmen unterscheiden. Auf diese Weise lassen sich beobachtete Leistungsdifferenzen zwischen den Gruppen mit vergleichsweise hoher Sicherheit auf die Wirkungen der *Treatments* zurückführen. Dies kann letztlich nur durch die randomisierte Zuweisung der Untersuchungsteilnehmer auf die Bedingungen realisiert werden (Slavin, 2002, 2004). Eine solche Vorgehensweise ist jedoch aus verschiedenen Gründen in Studien zur Wirksamkeit von unterschiedlichen Ansätzen der Sprachförderung problematisch. So bedarf die Zuweisung von Schülerinnen und Schülern zu unterschiedlichen Förderprogrammen der Zustimmung ihrer Eltern, die einem Zufallsverfahren verständlicherweise skeptisch gegenüberstehen, wenn es um die Zukunft ihrer Kinder geht. Dennoch ist es möglich, ethisch verantwortungsvolle und gleichzeitig wissenschaftlich fundierte Evaluationen verschiedener Fördermodelle durchzuführen. Entscheidend ist dabei, dass sowohl in den Experimentalgruppen als auch in den Kontrollgruppen qualitativ hochwertiger Unterricht angeboten wird, von dem sich nicht bereits vorab sagen lässt, welcher die größeren Erfolge erzielen wird. Nur auf diese Weise wird man Eltern, Schulen und Lehrkräfte dafür gewinnen können, sich auf eine Zufallszuweisung der Schülerinnen und Schüler zu den Untersuchungsbedingungen einzulassen.

7.5   Europäische Studien zu bilingualen Programmen

Aus der Zusammenfassung und Diskussion des Forschungsstands in den Vereinigten Staaten sollte deutlich geworden sein, dass die Befundlage zur relativen Wirksamkeit zweisprachiger und einsprachiger Modelle der Förderung des Zweitspracherwerbs keinesfalls eindeutig ist (vgl. auch Hopf, 2005, Söhn, 2005). Darüber hinaus ist es angesichts der erheblichen Unterschiede in der Zusammensetzung der Migrantengruppen und der involvierten Sprachen fraglich, inwieweit sich die Ergebnisse aus den Vereinigten Staaten auf die deutsche Situation übertragen lassen. Daher sollen im Folgenden Befunde aus Studien, die in Europa durchgeführt worden sind, dargestellt und diskutiert werden. Auch diese lassen sich zwar nicht unbedingt direkt auf Deutschland übertragen. Extra und Vallen (1990) machen jedoch darauf aufmerksam, dass zwischen einigen europäischen Ländern – etwa den Niederlanden, Belgien und Deutschland[10] – zentrale strukturelle Ähnlichkeiten bestehen, die eine gemeinsame Verwertung von Forschungsergebnissen zur Situation von Schülerinnen und Schülern mit Migrationshintergrund sinnvoll erscheinen lassen. Zu diesen Ähnlichkeiten gehören: (1) die demographische Entwicklung der Arbeitsmigration und anderer Formen der Zuwanderung, (2) der im Durchschnitt geringere sozioökonomische Status der ethnischen Minderheiten, (3) der Anteil von Migranten in Schulen, der höher ist als in der Gesamtpopulation, und (4) die EU-Richtlinien für die Beschulung von Kindern und Jugendlichen mit Migrationshintergrund, die für alle Mitgliedsländer der Europäischen Union gelten.

Trotz des relativ hohen Anteils von Schülerinnen und Schülern aus zugewanderten Familien in einigen Ländern Europas und des erheblichen Bedarfs an Wissen darüber, wie diese Gruppe von Heranwachsenden am besten gefördert werden kann, sind im europäischen Raum bislang nur wenige systematische Untersuchungen zur Wirksamkeit verschiedener Fördermaßnahmen durchgeführt worden[11]. Slavin und Cheung (2004) zufolge existieren außerhalb des nordamerikanischen Raums keine auf Englisch publizierten Studien, die den Kriterien für die Einbeziehung von Untersuchungen in ihren Überblicksartikel entsprechen. Obwohl sich einige Untersuchungen mit der Sprachentwicklung bilingualer Kinder beschäftigen, liegen bislang kaum Längsschnittstudien zu Effekten verschiedener Ansätze der Förderung vor. Die bislang veröffentlichen Analysen beschränken sich in der Regel darauf, bilinguale Programme im Kontext einzelner Schulen zu untersuchen, ohne dabei eine Vergleichsgruppe einzubeziehen. Auch in Deutschland besteht ein erheblicher Mangel an empirischen Studien zur Wirksamkeit von Modellen der Förderung des Zweitspracherwerbs für Schülerinnen und Schüler mit Migrationshintergrund, der bereits von anderen Autoren beanstandet worden ist: „Dass auch zu den Erfolgen einer zusätzlichen Deutschförderung keinerlei Evaluationen vorliegen, ist als ein besonders schwerwiegendes Versäumnis der deutschen Forschung anzusehen." (Reich, Roth u.a., 2002, S. 24)

Die wenigen auf Englisch oder Deutsch publizierten Studien aus europäischen Ländern, die Ansätze zur Förderung des Zweitspracherwerbs mit quantitativen Methoden evaluiert haben, werden in den nächsten Abschnitten zusammengefasst und diskutiert. Um den Forschungsstand innerhalb Deutschlands möglichst umfassend zu skizzieren, werden dabei auch Studien einbezogen, die Programme zur Förderung von Bilingualität an deutschen Schulen untersucht haben. Der Abschnitt schließt mit einer Beschreibung von ausgewählten Analysen des Zweitspracherwerbs, die keinen Vergleich verschiedener Förderansätze beinhalten. Diese Art von Untersuchungen sollen jedoch zumindest exemplarisch einbezogen werden, da sie, sofern über den Einzelfall hinausgehende Analysen durchgeführt werden, wichtige Anhaltspunkte für die Entwicklung und Evaluation von Fördermaßnahmen liefern können.

7.5.1 Studien zum Vergleich verschiedener Ansätze der Förderung des Zweitspracherwerbs bei Schülerinnen und Schülern mit Migrationshintergrund

In einer methodisch vergleichsweise sorgfältig angelegten quasi-experimentellen Studie versuchte Apple (1984), die Wirkungen eines frühen Transitionsprogramms auf die Sprachkompetenzen im Niederländischen bei Kindern mit türkischem und marokkanischem Hintergrund zu bestimmen. Dabei wurde eine Gruppe von 24 Kindern (11 türkischer, 13 marokkanischer Herkunft), die an einem bilingualen Modellprogramm teilnahmen, über einen Zeitraum von drei Jahren untersucht. Die Kinder waren zwischen 7 und 12 Jahre alt und befanden sich entsprechend in unterschiedlichen Klassenstufen. Zur Evaluation des Programms wurde eine Kontrollgruppe mit 33 Kindern (15 türkischer, 18 marokkanischer Herkunft) aus sechs Schulen und drei Städten herangezogen. Die Auswahl der Kontrollgruppe erfolgte nach Kriterien der Vergleichbarkeit mit der *Treatment*-Gruppe im Hinblick auf das Alter, die Nationalität und das Geschlecht der Kinder. Es konnte gezeigt werden, dass sich die Schülerinnen und Schüler in Bezug auf die nonverbalen kognitiven Fähigkeiten, den sozioökonomischen Hintergrund, den Bildungsstand der Eltern und Kinder, die Freizeitaktivitäten und das Fernsehverhalten nicht voneinander unterschieden. Weiterhin legte der Autor besonderen Wert darauf, die Untersuchungsbedingungen im Hinblick auf den Schultyp, die Ausbildung und den Erfahrungshintergrund der Lehrkräfte, die spezielle Förderung der Zweitsprache in kleinen Lerngruppen und das eingesetzte Unterrichtsmaterial zu parallelisieren.

Im ersten Jahr des Programms erhielten die Schülerinnen und Schüler in der *Treatment*-Gruppe zunächst in allen Fächern Unterricht in ihrer Erstsprache. Nachdem im zweiten Jahr der Unterricht zu etwa gleichen Teilen in der Erstsprache und in Nieder-

ländisch erteilt wurde, erfolgte im dritten Jahr die Integration der Kinder in eine Regel-
klasse. Die Kinder in der Kontrollgruppe wurden nach dem Immersionsansatz unter-
richtet, wobei allerdings auch hier zu etwa 13 Prozent die Erstsprache verwendet wurde.
Darüber hinaus erhielten die Kinder in beiden Untersuchungsbedingungen spezielle
Förderung in der Zweitsprache, die etwa 20 Prozent des Schultags in Anspruch nahm.
Im dritten Jahr schließlich war dann auch der Anteil des Unterrichts, der täglich in der
Erstsprache erteilt wurde, in den Gruppen vergleichbar.

Nach zwei Jahren zeigte sich in der Studie von Apple (1984) anhand von Ergebnissen
in einer Reihe von Leistungstests, dass die Kinder in der *Treatment*-Gruppe deutlich bessere mündliche Sprachkompetenzen in der Zweitsprache aufwiesen als die Kinder in der
Kontrollgruppe. Sie bildeten komplexere Sätze, verwendeten Pronomen mit größerer
Sicherheit und beherrschten den Satzbau besser. Am Ende des dritten Jahres, also ein Jahr
nach Abschluss des Transitionsprogramms, unterschied sich die *Treatment*-Gruppe jedoch nur noch im Bereich der Satzbildung signifikant von der Kontrollgruppe. Der Autor
betrachtet diese Befunde als Beleg dafür, dass die Einbeziehung der Erstsprache im Unterricht den Erwerb der Zweitsprache beschleunigen kann. Dies führt er jedoch weniger auf
kognitive Mechanismen im Sinne der Schwellenhypothese von Cummins (1976) zurück,
als auf sozioemotionale Faktoren, wie etwa die Abfederung eines möglichen „Kultur-
schocks" und positive Auswirkungen auf motivationale Orientierungen. Da in der Studie
darauf verzichtet wurde, die Lese- und Schreibkompetenzen der Schülerinnen und Schüler zu erfassen, können aus den Befunden allerdings keine Schlussfolgerungen darüber
abgeleitet werden, ob sich die Untersuchungsbedingungen in differenzieller Weise auf
diese für die schulische Leistung zentralen Domänen ausgewirkt haben.

Bei der Studie von Apple (1984) handelt es sich um eine relativ sauber durchgeführte
quasi-experimentelle Untersuchung, die trotz mangelnder Zufallszuweisung der Kinder zu
den Gruppen aufschlussreich ist. Der Autor hat erhebliche Anstrengungen darauf verwendet, die Vergleichbarkeit der *Treatment*- und Kontrollgruppen durch Parallelisierung anhand von zentralen Merkmalen sicherzustellen. Er liefert zudem klare Beschreibungen der
Untersuchungsbedingungen für beide Gruppen, anhand derer sich die Studie zumindest
strukturell replizieren ließe. Studien dieser Art – mit größeren Stichproben und unter Einbeziehung von Tests zur Erfassung von Lese- und Schreibkompetenzen sowie Leistungen
in anderen Fächern – können als Alternative zu Experimenten mit randomisierter Verteilung der Schülerinnen und Schüler auf die Gruppen, die nicht immer umsetzbar sind,
durchaus sinnvoll sein. Dies ist insbesondere dann der Fall, wenn das Forschungsdesign
Replikationen der Untersuchung mit unterschiedlichen Stichproben vorsieht.

In einem Expertenbericht für den Europarat beschreiben Nehr und Karajoli (1995) die
Entwicklung von Sprachkompetenzen bei deutschen und türkischen Kindern, die in fünf
Berliner Schulen nach dem *Two-way*-Ansatz des so genannten „Kreuzberger Modells"
unterrichtet worden sind (vgl. Abschnitt 7.1). Mit der Studie sollte vor allem bestimmt
werden, inwieweit sich die Wirkungen des Programms in gemischten deutsch-türki-
schen Schülergruppen und in rein türkischen Schülergruppen unterscheiden. Die Stichprobe der zweijährigen Untersuchung, die in den 1. und 2. Jahrgangsstufen durchgeführt

wurde, umfasste 36 türkische Kinder in homogenen Klassen mit ausschließlich türkischen Schülerinnen und Schülern sowie 40 türkische und 44 deutsche Kinder in gemischten Klassen. Als abhängige Variablen wurden auf Deutsch und auf Türkisch Aussprache, Verwendung von Lesestrategien, Lesegeschwindigkeit und Textverständnis
erfasst. Dabei zeigte sich, dass nach zwei Jahren bilingualen Unterrichts (1) die türkischen Kinder in gemischten Klassen auf Türkisch schneller lesen konnten als die türkischen Kinder in homogenen Klassen, (2) die türkischen Kinder in gemischten Klassen
in Deutsch ein besseres Textverständnis und bessere Lesestrategien aufwiesen als die türkischen Kinder in homogenen Klassen, (3) die türkischen Kinder in gemischten Klassen
in Deutsch höhere Leistungen in Bezug auf Textverständnis, Lesestrategien und Lesegeschwindigkeit zeigten als die deutschen Kinder in homogenen Klassen, (4) die türkischen Kinder in gemischten Klassen sich in Bezug auf Textverständnis, Lesestrategien
und Aussprache in Deutsch nicht von ihren deutschen Mitschülerinnen und Mitschü-
lern unterschieden und lediglich im Hinblick auf die Lesegeschwindigkeit geringere Leistungen erzielten. Aufgrund dieser Ergebnisse kommt die Autorin der Studie zu dem
Schluss, dass der bilinguale Unterricht in sprachlich gemischten Schülergruppen die
Entwicklung der Lesekompetenz im Deutschen bei türkischen Kindern fördert und be-
schleunigt. Allerdings ist auch im Fall dieser Untersuchung die Interpretierbarkeit der
Ergebnisse stark eingeschränkt, da keine Angaben zur Vergleichbarkeit der Kinder in den
verschiedenen Gruppen im Hinblick auf ihre familiären und kognitiven Eingangsvoraussetzungen gemacht werden. Der Unterricht, den die Gruppen jeweils erhalten haben, ist
im Bericht ebenfalls nur wenig ausführlich beschrieben. Da nur wenige der deutschen
Kinder sich entschieden hatten, Lesen und Schreiben auf Türkisch zu lernen, wird das
untersuchte Förderprogramm als „asymmetrisch bilingual" bezeichnet. Es bleibt jedoch
weitgehend unklar, wie dieses Modell im Unterricht umgesetzt worden ist. Weiterhin
lässt die Studie die wichtige Frage offen, inwieweit das bilinguale Programm einsprachigen Ansätzen überlegen ist. Zur Beantwortung dieser Frage wären zusätzliche Vergleichsgruppen von Schülerinnen und Schülern notwendig gewesen, die ausschließlich
auf Deutsch alphabetisiert worden sind.

7.5.2 Evaluationen von Programmen zur Förderung von Bilingualität

Eine ebenfalls sehr kleine Zahl von Untersuchungen, die in Deutschland durchgeführt
worden sind, beschäftigt sich mit der Effektivität von Programmen zur Förderung von
Bilingualität. Hier geht es weniger um die Frage, ob der Zweitspracherwerb besser mit
monolingualen oder mit bilingualen Ansätzen gefördert werden kann, sondern es soll
sichergestellt werden, dass mit dem jeweiligen Programm bei den Schülerinnen und
Schülern die angestrebte Zweisprachigkeit erreicht wird und mit dem bilingualen Unterrichtsansatz keine Nachteile für die Entwicklung der Verkehrssprache verbunden sind.
Bei entsprechender Anlage der Untersuchungen mit geeigneten Kontrollgruppen können die Ergebnisse dieser Gruppe von Studien allerdings durchaus auch Aufschluss über
die Wirksamkeit von Förderansätzen für den Zweitspracherwerb geben.

In einer Evaluation des deutsch-italienischen *Two-way*-Programms an einer der Staatlichen Europaschulen in Berlin, die kürzlich als Pilotstudie durchgeführt worden ist (Gräfe-Bentzien, 2001), wurden die folgenden vier Gruppen von Zweitklässlern untersucht: jeweils eine Gruppe bilingual unterrichteter Kinder aus italienischsprachigen (N = 18) und deutschsprachigen (N = 18) Familien, die am bilingualen Programm teilnahmen, eine Gruppe von Kindern aus einer in der Nähe gelegenen Schule mit einsprachig deutschem Unterricht (N = 10) und eine Gruppe italienischer Kinder in Italien mit einsprachig italienischem Unterricht (N = 9). Bei der Auswahl der Vergleichsgruppen wurde darauf geachtet, dass die Schulen in ähnlichen, durch Familien der gehobenen Mittelschicht geprägten Einzugsgebieten lagen wie die zu evaluierende Europaschule. Es blieb jedoch ungeprüft, ob die Schülerinnen und Schüler unter den verschiedenen Untersuchungsbedingungen im Hinblick auf ihre kognitiven Eingangsvoraussetzungen und andere Hintergrundvariablen vergleichbar waren. Mit Ausnahme der einsprachig unterrichteten italienischen Gruppe, in der sich im Durchschnitt etwas jüngere Kinder befanden, waren die Kinder aller Gruppen gleichaltrig.

Im aktuell vorliegenden Bericht über die Untersuchung an der deutsch-italienischen Europaschule (Gräfe-Bentzien, 2001) werden vor allem die Ergebnisse einer Datenerhebung am Ende der 2. Klassenstufe präsentiert. Auf der Grundlage umfassender Leistungstests, die über zufrieden stellende psychometrische Eigenschaften verfügen, wurden die Ergebnisse der vier Gruppen in den Bereichen Prosodie, Hörverständnis, Wortschatz, Lesekompetenz, Rechtschreibung und kommunikatives Sprachverhalten miteinander verglichen. Die Befunde weisen darauf hin, dass sowohl die deutschen als auch die italienischen Schülerinnen und Schüler im bilingualen Unterricht am Ende des 2. Schuljahres ein ähnliches Leistungsniveau erreicht hatten wie die monolingual unterrichteten Schülerinnen und Schüler. Da ein Teil der italienischen Kinder in der bilingualen Gruppe zu Beginn der 1. Klassenstufe relativ schwache Sprachkompetenzen im Italienischen aufwies, wird dies als besonders positives Ergebnis gewertet. Trotz der relativ ausführlichen Beschreibung der Unterrichtsprogramme und Erhebungen sind jedoch auch diese Ergebnisse aufgrund der unklaren Vergleichbarkeit der Untersuchungsbedingungen nicht eindeutig interpretierbar. Weiterhin dürfte die Teststärke aufgrund der kleinen Stichprobengröße stark eingeschränkt gewesen sein, sodass die Wahrscheinlichkeit eines Fehlers zweiter Art (tatsächlich vorliegende Unterschiede zwischen den Gruppen werden nicht identifiziert) in der Studie sicherlich hoch war. Darüber hinaus wäre es zur Überprüfung der Wirksamkeit bilingualer Unterrichtsmodelle für den Erwerb der Zweitsprache wichtig gewesen, die italienischsprachigen Kinder im bilingualen Programm zusätzlich auch mit Kindern aus italienischsprachigen Familien in Schulen mit einsprachig deutschem Unterricht zu vergleichen.

In einer weiteren Evaluation eines bilingualen *Two-way*-Programms untersuchten Sandfuchs und Zumhasch (2002) die deutsch-italienische Schule in Wolfsburg. In dieser Studie wurden zwischen 1993 und 1997 im Rahmen eines Querschnittsdesigns zu vier Zeitpunkten die Leistungen der Schülerinnen und Schüler und das Schulklima an der Schule erfasst. Von den teilnehmenden Kindern, die alle bilingualen Unterricht erhielten, stammten 90 aus italienischen Familien, 82 aus deutschen Familien und 26 aus Familien mit einem deutschen und einem italienischen Elternteil. Eine Kontrollgruppe war im Untersuchungsdesign nicht enthalten. Anhand von Vergleichen der *Treatment*-Gruppe mit den Normstichproben der eingesetzten Grammatik- und Lesetests kommen die Autoren zu dem Schluss, dass die Leistungen der deutschen Stichprobe durch den bilingualen Unterricht nicht beeinträchtigt wurden. Für die Gruppe der italienischen Schülerinnen und Schüler zeigte sich dagegen, dass sie im Lesen und Schreiben auf Deutsch deutlich unter den Leistungen der deutschen Kinder und der Normstichproben lagen. Da sich die Gruppen im Hinblick auf den sozioökonomischen Status ihrer Familien unterschieden, sollten die Ergebnisse dieser Studie jedoch mit Vorsicht behandelt werden. Die deutschen Familien gehörten überwiegend der Mittelschicht an, während die italienischen Kinder aus weniger privilegierten Verhältnissen stammten. Weiterhin fehlt auch in dieser Untersuchung ein Vergleich mit einer Kontrollgruppe italienischer Kinder, die nach dem Prinzip der Submersion bzw. Immersion unterrichtet wurden. Es können aus den Befunden also keine Rückschlüsse über die relative Wirksamkeit des bilingualen Programms im Vergleich zu einsprachigen Ansätzen gezogen werden.

Ähnliche Einschränkungen gelten auch für eine Untersuchung des „Nürnberger Modells" (Kupfer-Schreiner, 1994). Dabei handelt es sich ebenfalls um ein *Two-way* Programm, in dem Deutsch mit einer Partnersprache gekoppelt wird. In der Studie wurde die Lernentwicklung von 19 Kindern einer deutsch-spanischen Klasse zu drei Zeitpunkten im Verlauf des 3. Schuljahres anhand von frei verfassten Texten der Schülerinnen und Schüler untersucht. Die Ergebnisse weisen darauf hin, dass sich die bilingual aufwachsenden Kinder in ihren Leistungen den zunächst ausschließlich deutschsprachigen Kindern teilweise annähern konnten. Ohne eine Vergleichsgruppe bilingualer Kinder in einsprachigen Unterrichtskontexten sind jedoch auch die Ergebnisse dieser Studie für die Frage nach der relativen Effektivität verschiedener Ansätze der Zweitsprachförderung wenig aufschlussreich.

7.5.3 Studien zur Entwicklung des Zweitspracherwerbs ohne Vergleich verschiedener Förderansätze

Eine etwas größere Anzahl von Studien in Europa hat sich mit der Entwicklung des Zweitspracherwerbs bei Schülerinnen und Schülern mit Migrationshintergrund beschäftigt, ohne dabei die Wirksamkeit verschiedener Förderansätze in den Blick zu nehmen. Insbesondere aus den Niederlanden liegen eine Reihe solcher Analysen vor. Um das Bild des Forschungsstands abzurunden, sollen einige der wichtigsten dieser Untersuchungen im folgenden Abschnitt ebenfalls kurz zusammengefasst werden.

Verhoeven und Aarts (1998, Aarts & Verhoeven, 1999) untersuchten in einer Längsschnittanalyse 222 türkische und 140 niederländische Schülerinnen und Schüler aus Sekundarschulen, in denen türkischer Herkunftssprachenunterricht im Umfang von zwei bis drei Stunden pro Woche angeboten wurde. Zur Bewertung der Erstsprachentwicklung bei den türkischen Kindern in den Niederlanden wurden die Leistungen von 276 türkischen Kindern in der Türkei herangezogen. Im Vergleich der Gruppen zeigte sich, dass die wenigen Stunden Herkunftssprachenunterricht in den niederländischen Schulen den Kindern im Bereich Lesen dazu verhalf, in Bezug auf die Wortdekodierung und das Wortverständnis im Türkischen ein ähnliches Niveau zu erreichen wie gleichaltrige Kinder in der Türkei. Im Hinblick auf andere Aspekte, wie etwa Rechtschreibung und Wortschatz, blieben die in niederländischen Schulen unterrichteten Kinder türkischer Herkunft jedoch hinter den Gleichaltrigen in der Türkei zurück. Im Niederländischen erzielten die türkischen Kinder deutlich geringere Leistungen als ihre niederländischen Mitschülerinnen und Mitschüler, wobei die Differenz bei schulischen Texten (akademische Sprachkompetenz) größer war als bei alltagssprachlichen Texten (funktionale Sprachkompetenz). Die Autoren berichten außerdem, dass sich Kompetenzen in der Zweitsprache bei Kindern mit Migrationshintergrund durch entsprechende Kompetenzen in der Erstsprache vorhersagen lassen und bewerten dies als Beleg für die Interdependenz ihrer Entwicklung. Da die allgemeine Intelligenz der Schülerinnen und Schüler in diesen Analysen nicht kontrolliert wurde, ist diese Schlussfolgerung jedoch nicht zulässig.

Aus den Niederlanden liegen noch einige weitere interessante Studien vor, die sich mit der Sprachentwicklung von Kindern mit Migrationshintergrund befassen, ohne dabei jedoch die Wirksamkeit unterschiedlicher Fördermaßnahmen für die Entwicklung der Zweitsprache in den Blick zu nehmen. Hierzu gehören unter anderem eine Analyse der Erstsprachentwicklung bei jungen türkischen Kindern (Boeschoten, 1990) und eine groß angelegte Längsschnittstudie, in der Kompetenzen in der Zweitsprache bei sechs Gruppen von Grundschulkindern mit unterschiedlichem Sprachhintergrund (fünf verschiedene Minderheitensprachen und ein niederländischer Dialekt) untersucht wurden (Driessen, Van der Silk, & De Bot, 2002). In diesen Studien wurde zwar der familiäre Hintergrund der Schülerinnen und Schüler berücksichtigt, nicht jedoch der Unterricht, den sie in der Erst- und in der Zweitsprache erhielten. De Bot, Driessen und Jungbluth (1991) schließlich analysierten zwar die Wirkung von Erstsprachunterricht bei Schülerinnen und Schülern unterschiedlicher Herkunftssprachen, als abhängige Variable bezogen sie jedoch ausschließlich die Entwicklung der Erstsprache ein. Die Effekte des Unterrichts auf die niederländischen Sprachkompetenzen blieben in den Analysen unberücksichtigt.

Auch in Österreich wird derzeit eine Längsschnittstudie durchgeführt, die sich mit der Entwicklung der Erst- und Zweitsprachen bei Kindern mit Migrationshintergrund beschäftigt (Olechowski u.a., 2000; Peltzer-Karpf u.a., 2003). Eine Besonderheit dieser Studie liegt darin, dass sie unterschiedliche Erstsprachen einbezieht (Bosnisch/Serbisch/Kroatisch, Türkisch und Englisch). Erste Auswertungen aus diesem Projekt zeigen, dass sich der Besuch eines Kindergartens positiv auf die Entwicklung von Deutsch als Zweitsprache auswirkt. Ergebnisse zu Effekten schulischer Faktoren auf die Sprachentwicklung von Schülerinnen und Schülern mit Migrationshintergrund sind in den bislang veröffentlichten Berichten über die Studie nicht enthalten.

In einer Untersuchung, die an einer Hauptschule in Deutschland durchgeführt wurde, berichtet Knapp (1997), dass einsprachig unterrichtete Schülerinnen und Schüler mit Migrationshintergrund, die vor ihrer Ankunft in Deutschland bereits in ihrem Herkunftsland eine Schule besucht hatten, im Bereich Grammatik weniger gute Leistungen, in den Bereichen Textkohärenz und -konventionen hingegen bessere Leistungen erzielten als Schülerinnen und Schüler mit Migrationshintergrund, die nicht in ihrem Herkunftsland zur Schule gegangen waren. Der Autor sieht dies als Bestätigung der von Cummins (1989, 2000) vertretenen Schwellenhypothese, nämlich dass erst ein gewisses Kompetenzniveau in einer Erstsprache erreicht werden muss, bevor eine zweite Sprache erlernt werden kann. Dies sollte sich nach Cummins jedoch insbesondere auch auf den Erwerb von Grammatik auswirken, wofür die Studie keine Belege finden konnte.

Eine Reihe von weiteren Studien aus Deutschland zielte darauf ab, durch Analysen von Material, das von Schülerinnen und Schülern mit Migrationshintergrund geschrieben wurde, die Entwicklung des Zweitspracherwerbs im Detail nachzuzeichnen. So analysierte Berkemeier (1997) Texte von acht Kindern aus den Klassenstufen 1 bis 3 einer griechisch-deutschen Schule in Thessaloniki, um auf diese Weise Aufschluss über die kognitiven Prozesse beim Erwerb zweisprachiger Lese- und Schreibkompetenz zu erhalten. Aus ihren Befunden folgert die Autorin, dass für die aufeinander folgende Alphabetisierung in zwei Sprachen unterschiedliche didaktische Prinzipien und Methoden angewendet werden sollten. In einer ähnlichen Studie untersuchte Corvacho Del Toro (2004) anhand von Textanalysen die Entwicklung von Lese- und Schreibkompetenzen bei 20 Kindern aus spanischsprachigen Familien, die auf Spanisch und Deutsch unterrichtet wurden. Sie kommt zu dem Schluss, dass Fehler in einer Schriftsprache häufig von der Struktur der jeweils anderen Sprache beeinflusst sind. Diese Art von Detailanalysen können wichtige Hinweise darauf liefern, welche spezifischen Hürden beim Erlernen einer Zweitsprache auftreten können. Solche Erkenntnisse werden für die Entwicklung von Ansätzen der Förderung und von Tests zur Überprüfung ihrer Wirksamkeit dringend benötigt. Um Aussagen über die Generalisierbarkeit der Schlussfolgerungen aus diesen Studien treffen zu können, ist es jedoch notwendig, sie mit standardisierten Verfahren anhand von größeren Stichproben mit Kontrollgruppen zu überprüfen.

7.6 Diskussion

Zusammenfassend lässt sich über den Forschungsstand zur Wirksamkeit von verschiedenen Ansätzen der Sprachförderung bei Schülerinnen und Schülern mit Migrationshintergrund sagen, dass die Befundlage alles andere als eindeutig ist[12]. Die Mehrzahl der Untersuchungen weist methodische Mängel auf, die ihre Interpretierbarkeit stark beeinträchtigen. Aufgrund der erheblichen Variationen in den zu Grunde gelegten Populationsdefinitionen, Begrifflichkeiten und Methoden sind verallgemeinernde Schlussfolgerungen kaum möglich (Fitzgerald, 1995). Ein besonderes Problem stellt dabei die in der Regel unzulängliche Auswahl und Beschreibung der Vergleichsgruppen dar. Studien in Grundschulen mit Zufallszuweisung der Schülerinnen und Schüler zu den Versuchsbedingungen wurden bislang kaum durchgeführt, und allgemein wurde häufig wenig Sorgfalt darauf verwendet, die Vergleichbarkeit der Gruppen sicherzustellen. Darüber hinaus hat kaum eine Studie in angemessener Weise dokumentiert, welche Art des Unterrichts die jeweiligen Kontrollgruppen erhalten haben. Um Aufschluss über die Effekte bilingualer Modelle für die Entwicklung der Zweitsprache zu erhalten, wäre es notwendig, diese Ansätze einsprachigen Fördermaßnahmen von vergleichbarer Qualität gegenüberzustellen. Die einsprachigen Maßnahmen sollten systematische Förderung in Englisch bzw. Deutsch als Zweitsprache beinhalten.

Durch die starke Fokussierung der Debatte auf die Frage, welche Rolle die Erstsprache in der Förderung des Zweitspracherwerbs spielen sollte, scheint fast vollständig aus dem Blick geraten zu sein, dass es immer auch notwendig sein wird, monolinguale Modelle umzusetzen. Selbst wenn sich zeigen sollte, dass mit bilingualen Programmen auch für die Entwicklung der Zweitsprache bessere Ergebnisse erzielt werden können, wäre es kaum möglich, solche Ansätze flächendeckend anzubieten. Aufgrund der großen Sprachvielfalt, die in vielen Schulen besteht, ist es in solchen Situationen unrealistisch, für jede Sprachgruppe einen bilingualen, mit dem allgemeinen Curriculum verzahnten Unterricht umsetzen zu wollen. Umso wichtiger ist es, sich nicht nur auf die Evaluation bilingualer Modelle zu konzentrieren, sondern sich verstärkt auch mit der Wirksamkeit von einsprachigen Maßnahmen der Förderung von Schülerinnen und Schülern mit Migrationshintergrund zu beschäftigen. Hierzu liegen bislang so gut wie keine systematischen Analysen vor. So konnten trotz gründlicher Literaturrecherchen in den Datenbanken ERIC und PsychLit sowie im Internet keine Reviews oder Metaanalysen zu Studien von einsprachigen Fördermaßnahmen wie „English as a second language" (Englisch als Zweitsprache, ESL) oder „English as a foreign language" (Englisch als Fremdsprache, EFL) bzw. „Deutsch als Zweitsprache" (DaZ) oder „Deutsch als Fremdsprache" (DaF) ausfindig gemacht werden[13]. Zwar haben Escamilla u.a. (2003) neun unterschiedlich strukturierte ESL-Unterrichtsmethoden beschrieben, diese jedoch weder untereinander noch mit reiner Submersion oder bilingualen Modellen anhand von Leistungsergebnissen verglichen. In Anbetracht der von den Autoren angeführten Teilnahme von fast 50.000 Schülerinnen und Schülern aus zwölf verschiedenen Schulbezirken des US-Staates Colorado an ESL-Programmen, ist dieser Mangel an Daten bemerkenswert. Ein Vergleich der Fördermaßnahmen wird allerdings unter anderem auch dadurch erschwert, dass die Bezeichnungen der ESL-Methoden stark variieren und es daher schwierig ist, sie einzelnen Programmtypen zuzuordnen. Beispielsweise kommt es nach Escamilla u.a. (2003) vor, dass ein Unterrichtsansatz, der in einem Schulbezirk als „ESL-Klasse" bezeichnet wird, dem als „bilingual" beschriebenen Programm eines anderen Bezirks sehr ähnlich ist.

Auch in Deutschland ist der Forschungsstand zur Wirksamkeit von Ansätzen der DaZ-Förderung mehr als unbefriedigend. Eine erste Studie, die sich dieser Fragestellung widmet, ist das Jacobs-Sommercamp-Projekt (Stanat, Müller, & Baumert, 2005; Stanat, Baumert, & Müller, 2005), bei dem im Rahmen eines experimentellen Designs eine

Gruppe von Drittklässlern aus zugewanderten Familien in den Sommerferien Unterricht in Deutsch als Zweitsprache erhalten hat. Erste Ergebnisse weisen darauf hin, dass mit dem dabei verwendeten sprachsystematischen Ansatz über einen relativ kurzen Zeitraum von nur drei Wochen nachweisbare Effekte auf Kompetenzen in den Bereichen Grammatik und Lesen erzielt werden konnten.

Zum Abschluss des Kapitels soll noch einmal betont werden, dass mit dem Plädoyer für mehr Forschung zur Wirksamkeit einsprachiger Ansätze der Sprachförderung für Schülerinnen und Schüler mit Migrationshintergrund kein Urteil über den intrinsischen Wert der Erstsprache verbunden ist. Der vorliegende Beitrag beschäftigt sich primär mit der Frage, mit welchen Maßnahmen sich die Zweitsprache bei Schülerinnen und Schülern mit Migrationshintergrund am erfolgreichsten fördern lässt. Dabei hat sich gezeigt, dass noch weitgehend ungeklärt ist, welche der verschiedenen bilingualen und monolingualen Ansätze, die bislang zur Anwendung kommen, überlegen sind (vgl. auch Hopf, 2005; Söhn, 2005). Darüber hinaus ließe sich selbstverständlich diskutieren, inwieweit es Schülerinnen und Schülern mit Migrationshintergrund durch entsprechende Unterrichtsangebote ermöglicht werden sollte, ihre Kompetenzen in der Herkunftssprache systematisch weiterzuentwickeln. Hierbei handelt es sich um eine Frage der gesellschaftlichen Wertschätzung von Mehrsprachigkeit, die sich nicht mit empirischen Mitteln beantworten lässt und daher im vorliegenden Kapitel nicht behandelt wurde.

Autoren	Zeitraum der Datenerhebung	Schulstufe	Programmtyp (vgl. Hakuta, 1999)	Stichprobengröße	Klassenstufe[1]	Herkunftssprache	Populationsbeschreibung	Quer-/Längsschnitt	Zufallszuweisung
Alvarez (1975)	1972 bis 1974	Primarstufe	Bilinguales Transitionsprogramm vs. Submersion	147 – Treatmentgruppe: 90, Kontrollgruppe: 57	2	Lateinamerikanisches Spanisch	Niedriger sozioökonomischer Status, Minderheitensprache	Längsschnitt	Nein
Bacon, Kidd, & Seaberg (1982)	1978	Primarstufe	Nicht näher definiertes bilinguales Programm vs. Submersion	53 – Treatmentgruppe: 35, Kontrollgruppe: 18	1 bis 5	Cherokee	Cherokee-Herkunft	Querschnitt	Nein
Campeau u.a. (1975)	1969	Primarstufe	Nicht näher definiertes bilinguales Programm vs. Submersion	318 – Treatmentgruppe: 234, Kontrollgruppe: 84	1 bis 4	Lateinamerikanisches Spanisch	Meist aus spanischsprachigen Familien, geringe Sprachkompetenz	Längsschnitt	Nein
Campeau u.a. (1975)	1971 bis 1974	Primarstufe	Nicht näher definiertes bilinguales Programm vs. Submersion	1001 im letzten Jahr der Untersuchung – Treatmentgruppe: 701, Kontrollgruppe: 300	Vorschule bis 4	Lateinamerikanisches Spanisch	Keine Angaben	Längsschnitt	Nein
Campeau u.a. (1975)	1972 bis 1974	Primarstufe	Nicht näher definiertes bilinguales Programm vs. Submersion	640 im letzten Jahr der Untersuchung – Treatmentgruppe: 504, Kontrollgruppe: 136	Vorschule bis 4	Lateinamerikanisches Spanisch	Keine Angaben	Längsschnitt	Nein
Campeau u.a. (1975)	1973 bis 1974	Primarstufe	Nicht näher definiertes bilinguales Programm vs. Submersion	457 – Treatmentgruppe: 316, Kontrollgruppe: 141	Vorschule bis 4	Lateinamerikanisches Spanisch	Meist aus spanischsprachigen Familien	Längsschnitt	Nein

[1] Die in den Vereinigten Staaten als „Kindergarten" bezeichnete Klassenstufe entspricht am ehesten der deutschen Vorschule und wird daher unter diesem Begriff aufgeführt.

Tabelle 7.1a Auswahl von Studien zur Wirksamkeit bilingualer Programme für den Zweitspracherwerb (nach Slavin & Cheung, 2004) – Merkmale der Untersuchungsdesigns

Autoren	Zeitraum der Datenerhebung	Schulstufe	Programmtyp (vgl. Hakuta, 1999)	Stichprobengröße	Klassenstufe[1]	Herkunftssprache	Populationsbeschreibung	Quer-/Längsschnitt	Zufallszuweisung
Cohen (1975)	1969 bis 1972	Primarstufe	Bilinguales Two-way-Programm vs. Submersion (mit Anteilen von ESL)	90 – Treatmentgruppe: 45, Kontrollgruppe: 45	Vorschule bis 1, 1 bis 2, 1 bis 3	Lateinamerikanisches Spanisch	Niedriger sozioökonomischer Status, Minderheitensprache dominant	Längsschnitt	Nein
Covey (1973)	1970 bis 1971	Sekundarstufe	Bilinguales Maintenance-Programm vs. Submersion	200 – Treatmentgruppe: 100, Kontrollgruppe: 100	9	Lateinamerikanisches Spanisch	Entweder Defizite in Englisch, bilinguales familiäres Umfeld, Leseschwäche oder Defizite in Mathematik und Englisch	Längsschnitt	Ja
Doebler & Mardis (1980)	1979 bis 1980	Primarstufe	Bilinguales Transitionsprogramm vs. Submersion (zuvor 2 Jahre bilingualer Unterricht)	63 – Treatmentgruppe: 26, Kontrollgruppe: 37	2	Choctaw	Choctaw als Muttersprache, lebend in Reservaten, Erstsprachenförderung in Vorschule und 1. Klasse	~	Zufallszuweisung der Klassen
Gersten & Woodward (1995)	1985 bis 1991	Primarstufe/ Sekundarstufe I	Spätes bilinguales Transitionsprogramm vs. frühes bilinguales Transitionsprogramm („bilinguale Immersion")	228 – Treatmentgruppe 1: 111, Treatmentgruppe 2: 117	4 bis 7	Lateinamerikanisches Spanisch	Niedriger sozioökonomischer Status, keine Englischkenntnisse zu Beginn der 1. Klasse, mindestens 4 Jahre in einem bilingualen Programm	Längsschnitt	Nein
Huzar (1973)	1969 bis 1972	Primarstufe	Nicht näher definiertes bilinguales Programm vs. Submersion	160 – Treatmentgruppe: 84, Kontrollgruppe: 76	1 bis 2, 1 bis 3	Spanisch	Niedriger sozioökonomischer Status, puertoricanische Familien, spanischsprachig	Längsschnitt	Ja
Kaufman (1968)	1963 bis 1965	Sekundarstufe I	Bilinguales Maintenance-Programm vs. Submersion	139 – Treatmentgruppe: 75, Kontrollgruppe: 64	7	Lateinamerikanisches Spanisch	Schülerinnen und Schüler mit Leseschwäche	Längsschnitt	Ja

[1] Die in den Vereinigten Staaten als „Kindergarten" bezeichnete Klassenstufe entspricht am ehesten der deutschen Vorschule und wird daher unter diesem Begriff aufgeführt.

noch Tabelle 7.1a: Auswahl von Studien zur Wirksamkeit bilingualer Programme für den Zweitspracherwerb (nach Slavin & Cheung, 2004) – Merkmale der Untersuchungsdesigns

Autoren	Zeitraum der Datenerhebung	Schulstufe	Programmtyp (vgl. Hakuta, 1999)	Stichprobengröße	Klassenstufe[1]	Herkunftssprache	Populationsbeschreibung	Quer-/ Längsschnitt	Zufallszuweisung
Maldonado (1994)	1987 bis 1990	Primarstufe (Sonderpädagogik)	Frühes Transitionsprogramm („Integrative bilinguale Sonderpädagogik" mit einer ESL-Komponente) vs. Submersion	20 – Treatmentgruppe: 10, Kontrollgruppe: 10	2 bis 4, 3 bis 5	Lateinamerikanisches Spanisch	Lernbehinderte Kinder, niedriger bis mittlerer sozioökonomischer Status, Minderheitensprache	Längsschnitt	Ja
Morgan (1971)	1970 bis 1971	Primarstufe	Bilinguales Transitionsprogramm vs. Submersion	193 – Treatmentgruppe: 93, Kontrollgruppe: 100	1	Französisch	Meist aus französischsprachigen Familien	Längsschnitt	Ja
Plante (1976)	1974 bis 1975	Primarstufe	Nicht näher definiertes bilinguales Programm vs. Strukturierte Immersion	53 – Treatmentgruppe: 31, Kontrollgruppe: 22	1 bis 2	Lateinamerikanisches Spanisch	Spanisch bei Beginn dominant	Längsschnitt	Nein
Ramirez, Yuen, Ramey, & Pasta (1991)	1983 bis 1991	Vorschule/ Primarstufe	Frühes Transitionsprogramm vs. Strukturierte Immersion	1126 – Treatmentgruppe 1: 674, Treatmentguppe 2: 452 im ersten Jahr	Vorschule bis 6	Lateinamerikanisches Spanisch	Niedriger sozioökonomischer Status, Minderheitensprache	Längsschnitt	Nein
Saldate, Mishra, & Medina (1985)	~	Primarstufe	Douglas Bilingual/Bicultural Project (bilinguales/ bikulturelles Projekt für spanischsprachige Kinder) vs. Submersion	38 – Treatmentgruppe: 19, Kontrollgruppe: 19	1 bis 3	Lateinamerikanisches Spanisch	Niedriger sozioökonomischer Status, Minderheitensprache	Längsschnitt	

[1] Die in den Vereinigten Staaten als „Kindergarten" bezeichnete Klassenstufe entspricht am ehesten der deutschen Vorschule und wird daher unter diesem Begriff aufgeführt.

noch Tabelle 7.1a: Auswahl von Studien zur Wirksamkeit bilingualer Programme für den Zweitspracherwerb (nach Slavin & Cheung, 2004) – Merkmale der Untersuchungsdesigns

Autoren	Eingesetzte Kontrollvariablen	Beschreibung der Kontrollgruppe (K)	Baseline-/Vortest-Erhebung	Design, Zeitpunkt und Anzahl der Posttests	Behandlung 1 (B1)	Behandlung 2 (B2)	Ergebnisse (Unterschiede zwischen den Gruppen)	Mittlere Effektstärke
Alvarez (1975)	Sozioökonomischer Status und „Lesereife" als Kovariaten	Unterricht ausschließlich auf Englisch, möglicher Einsatz einiger ESL-Strategien	Metropolitan Readiness Test	2 Jahre zwischen Prä- und Posttest	Unterrichtsaufteilung etwa 50 % Spanisch, 50 % Englisch	?	B1 = K	Nicht verfügbar
Bacon, Kidd, & Seaberg (1982)	Alter, Geschlecht, Grad indianischer Abstammung, Stammeszugehörigkeit, Anteil bestandener und nicht bestandener Kurse, Notendurchschnitt und sozioökonomischer Status der Familie	Von Regelschulen aus der Umgebung mit ausschließlich Englisch als Unterrichtssprache	Keine	Nur 1 Test	Bilingualer Unterricht in den Klassenstufen 1–5	Bilingualer Unterricht in den Klassenstufen 2–5	B1 > K B2 > K B1 = B2	0,70
Campeau u.a. (1975)	Keine. Um Abweichungen zu Beginn der Studie zu kontrollieren, wurden die durchschnittlichen Leistungssteigerungen gemessen	Keine Angaben	Metropolitan Achievement Test	9 Monate zwischen Prä- und Posttest	In allen Fächern bilingualer Unterricht	?	Klasse 1: B1 > K Klasse 2–4: B1 = K	Nicht verfügbar
Campeau u.a. (1975)	Klassen parallelisiert nach Sprache, sozioökonomischem Status und schulischer Leistung	Aus demselben Schulbezirk, keine zusätzliche Hilfe oder Förderung	Inter-American Series	Einmal jährlich 8 Monate zwischen Prä- und Posttest	In Lesen und Sprache der Unterricht auf Spanisch, restlicher Unterricht auf Englisch	?	B1 > K	1,14
Campeau u.a. (1975)	Klassen parallelisiert nach den Ergebnissen eines Tests für mündliche Sprachkompetenz	Aus einem einkommensschwachen Schulbezirk	Inter-American Series	Einmal jährlich 8 Monate zwischen Prä- und Posttest	Ab Mitte der 1. Klasse Unterrichtsaufteilung etwa 50 % Spanisch, 50 % Englisch	?	B1 > K	Nicht verfügbar
Campeau u.a. (1975)	Klassen parallelisiert nach sozioökonomischem Status und ethnischer Herkunft	Aus einer anderen Schule	Inter-American Series, SRA Achievement Test	Einmal jährlich 8 Monate zwischen Prä- und Posttest	Unterrichtsaufteilung etwa 50 % Spanisch, 50 % Englisch	?	B1 = K	Nicht verfügbar

Tabelle 7.1b: Auswahl von Studien zur Wirksamkeit bilingualer Programme für den Zweitspracherwerb (nach Slavin & Cheung, 2004) – Merkmale der Untersuchungsdesigns

Autoren	Eingesetzte Kontrollvariablen	Beschreibung der Kontrollgruppe (K)	Baseline-/Vortest-Erhebung	Design, Zeitpunkt und Anzahl der Posttests	Behandlung 1 (B1)	Behandlung 2 (B2)	Ergebnisse (Unterschiede zwischen den Gruppen)	Mittlere Effektstärke
Cohen (1975)	Sozioökonomischer Status und „Lesereife" als Kovariaten	Ausschließlich auf Englisch erteilter Regelunterricht, 50 % erhielten ESL-Förderung	Murphey-Durrell Reading Readiness Test	2-3 Jahre zwischen Prä- und Posttest	Klassenstufen 1–3: bilingualer Unterricht mit ESL-Komponente	Klassenstufen 1–2: bilingualer Unterricht mit ESL-Komponente Behandlung 3: Klassenstufen K–1: bilingualer Unterricht mit ESL-Komponente	B1, 2, 3 = K	Nicht verfügbar
Covey (1973)	~	Keine Angaben	Iowa Test of Educational Development, Stanford Diagnostic Reading Test	Posttest nach 1 Jahr	Unterrichtsaufteilung etwa 50 % Spanisch, 50 % Englisch	~	B1 < K	0,82
Doebler & Mardis (1980)	Sprachkompetenzen in Englisch beim Vortest als Kovariate	Unterricht ausschließlich auf Englisch ohne Rücksicht auf Englischkenntnisse	Metropolitan Achievement Test	Posttest nach 6 Monaten	Unterricht in der Erstsprache mit ESL-Komponente	~	B1 > K	0,15
Gersten & Woodward (1995)	Sozioökonomischer Status und Englischkenntnisse	~	Oral Language Dominance Measure	4 Posttests innerhalb von 4 Jahren	Spätes bilinguales Transitionsprogramm	Frühes Transitionsprogramm	Klassen 4–6: B1 < B2 Klasse 7: B1 = B2	0,07

noch Tabelle 7.1b: Auswahl von Studien zur Wirksamkeit bilingualer Programme für den Zweitspracherwerb (nach Slavin & Cheung, 2004) – Merkmale der Untersuchungsdesigns

Autoren	Eingesetzte Kontrollvariablen	Beschreibung der Kontrollgruppe (K)	Baseline-/Vortest-Erhebung	Design, Zeitpunkt und Anzahl der Posttests	Behandlung 1 (B1)	Behandlung 2 (B2)	Ergebnisse (Unterschiede zwischen den Gruppen)	Mittlere Effektstärke
Gersten & Woodward (1995)	Sozioökonomischer Status und Englischkenntnisse	~	Oral Language Dominance Measure	4 Posttests innerhalb von 4 Jahren	Spätes bilinguales Transitionsprogramm	Frühes Transitionsprogramm	Klassen 4–6: B1 < B2 Klasse 7: B1 = B2	0,07
Huzar (1973)	Schulreifetest in der 1. Klasse, Intelligenztest in der 3. Klasse	Unterricht ausschließlich auf Englisch; monolinguale Lehrkräfte, 45 Minuten Leseunterricht am Tag	Metropolitan Readiness Test	Posttest nach 2 oder 3 Jahren	Jeweils 45 Minuten Leseunterricht auf Spanisch und Englisch von 1. bis 2. Klasse	Jeweils 45 Minuten Leseunterricht auf Spanisch und Englisch von 1. bis 3. Klasse	B1 = K B2 = K	0,16
Kaufman (1968)	~	Unterricht ausschließlich auf Englisch anstelle Unterricht auf Spanisch, Stunden in Kunst, Hygiene und Musik	Durrell Sullovan Reading Test, California Test of Mental Maturity	Posttest nach 1 und 2 Jahren	2 Jahre lang 4 Unterrichtsstunden (45 Minuten) wöchentlich auf Spanisch	1 Jahr lang 3 Unterrichtsstunden (45 Minuten) wöchentlich auf Spanisch	B1 = K B2 > K	Nicht verfügbar
Maldonado (1994)	~	„Traditioneller Sonderschulunterricht" ausschließlich auf Englisch (Submersion), gleiche Anzahl an Unterrichtsstunden in Sprache und Lesen wie die Behandlungsgruppe	Comprehensive Test of Basic Skills (CTBS)	3 Jahre zwischen Prä- und Posttest	1. Jahr: Unterricht nur auf Spanisch, täglich 45 Min. ESL-Förderung, 2. Jahr: bilingualer Unterricht (50/50), 3. Jahr: nur ESL-Förderung	~	B1 > K	2,21

noch Tabelle 7.1b: Auswahl von Studien zur Wirksamkeit bilingualer Programme für den Zweitspracherwerb (nach Slavin & Cheung, 2004) – Merkmale der Untersuchungsdesigns

Autoren	Eingesetzte Kontrollvariablen	Beschreibung der Kontrollgruppe (K)	Baseline-/Vortest-Erhebung	Design, Zeitpunkt und Anzahl der Posttests	Behandlung 1 (B1)	Behandlung 2 (B2)	Ergebnisse (Unterschiede zwischen den Gruppen)	Mittlere Effektstärke
Morgan (1971)	Kognitive Fähigkeiten und Lesereife	Unterricht ausschließlich auf Englisch, mit täglich 120 Minuten Sprachunterricht	Science Research Associates Primary Mental Abilities Test, Metropolitan Readiness Test	Posttest nach 6 Monaten	Täglich 30 Min. Unterricht auf Französisch	?	B1 > K	0,26
Plante (1976)	Geschlechterverteilung, Spanisch- und Englischkenntnisse sowie Selbstkonzept	Regelunterricht mit kompensatorischer Hilfe	Inter-American Test of General Ability	Posttest nach 2 Jahren	Anfänglich Einführung in alle Fächer auf Spanisch, von Klassenstufe 1–2 allmähliche Integration des Englischen durch einen 2. Lehrer in Kunst und Musik	Anfänglich Einführung in alle Fächer auf Spanisch, von Klassenstufe 2–3 allmähliche Integration des Englischen durch einen 2. Lehrer in Kunst und Musik	B1 > K, B2 = K	0,27
Ramirez, Yuen, Ramey, & Pasta (1991)	Parallelisiert nach „ähnlichem" sozioökonomischem Status, Familiengröße, Sprachgebrauch in der Familie. Kontrollgruppe hatte etwas höheres Einkommen und mehr Vorschulunterricht auf Englisch	Normpopulation des CTBS 1972–1973	Comprehensive Test of Basic Skills (CTBS)	Bis zu 8 Posttests innerhalb von 4 Jahren	Frühes bilinguales Transitionsprogramm, bilinguale Immersion	?	B1 = B2, B1, B2 = K	Nicht verfügbar
Saldate, Mishra, & Medina (1985)	Parallelisiert nach mündlichen Sprachkompetenzen und Sprachstand	Von Regelschulen aus der Umgebung mit ausschließlich Englisch als Unterrichtssprache	Peabody Picture Vocabulary Test	3 Jahre zwischen Prä- und Posttest	?	?	B1 > K	0,59

noch Tabelle 7.1b: Auswahl von Studien zur Wirksamkeit bilingualer Programme für den Zweitspracherwerb (nach Slavin & Cheung, 2004) – Merkmale der Untersuchungsdesigns

Anmerkungen

1   Schulen, in denen nach der 4. Klasse ein Übergang zu einsprachig deutschem Unterricht stattfindet, ließen sich auch dem Transitionsansatz zuordnen. Allerdings ist mit dem Kreuzberger Modell dezidiert das Anliegen verbunden, Bilingualität zu fördern, während Transitionsprogramme nach der Definition von Hakuta (1999) primär auf den Zweitspracherwerb abzielen.

2   Die in den Vereinigten Staaten als „Kindergarten" oder „K" bezeichnete Klassenstufe entspricht am ehesten der deutschen Vorschule und wird daher im Folgenden entsprechend benannt.

3   Diese Methode wird allgemein als problematisch erachtet, da die Ergebnisse aller Studien unabhängig von der Stichprobengröße und der berichteten Effektstärke mit gleichem Gewicht in die Zusammenfassung der Befunde eingehen. Ein signifikanter Unterschied zwischen Experimental- und Kontrollgruppe von .80 bei einem Stichprobenumfang von 60 wird also genauso gewertet wie eine signifikante Differenz von .15 bei einem Stichprobenumfang von 3.000 (Cooper & Hedges, 1994).

4   Die Effektstärken konnten für die Studie von Ramirez u.a. (1991) wegen fehlender Angaben nicht berechnet werden.

5   Die Effektstärken konnten für die Studie von Alvarez (1975) wegen fehlender Angaben nicht berechnet werden.

6   Die Effektstärken konnten für diese von Campeau u.a. (1975) berichtete Studie wegen fehlender Angaben nicht mit herkömmlichen Verfahren berechnet werden.

7   Die Effektstärken konnten für die Studie von Cohen (1975) wegen fehlender Angaben nicht berechnet werden.

8   Dieses Ziel weist darauf hin, dass sich das bilinguale Programm möglicherweise am *Maintenance*-Ansatz orientierte. Als Basis für eine Zuordnung der evaluierten Maßnahme zur entsprechenden Gruppe von Studien ist diese Aussage jedoch nicht ausreichend.

9   Die Effektstärken konnten für die Studie von Kaufman (1968) wegen fehlender Angaben nicht berechnet werden.

10   Diese von Extra und Vallen (1990) genannte Liste von Ländern ließe sich sicherlich erweitern, nicht zuletzt um Österreich und die Schweiz.

11   Aufgrund der begrenzten Mehrsprachigkeit der Autorinnen können in den Überblick nur Studien einbezogen werden, die auf Englisch oder Deutsch veröffentlicht worden sind.

12   Ein kurz vor Fertigstellung dieses Kapitels erschienener Bericht des Wissenschaftszentrums Berlin (Söhn, 2005) kommt zu ganz ähnlichen Schlussfolgerungen.

13   Eine Metaanalyse mit dem Titel „Effectiveness of L2 Instruction" („Wirksamkeit des Zweitsprachenunterrichts") wurde zwar identifiziert (Norris & Ortega, 2000), diese beschäftigte sich jedoch in erster Linie mit dem Fremdsprachenunterricht in der Sekundarstufe II und in der Universität.

Literatur

Aarts, R. , & Verhoeven, L. (1999). Literacy attainment in a second language submersion context. *Applied Psycholinguistics, 20,* 377–393.

Alba, R. D., Handl, J., & Müller, W. (1994). Ethnische Ungleichheit im deutschen Bildungssystem. *Kölner Zeitschrift für Soziologie und Sozialpsychologie, 46* (2), 209–237.

Alvarez, J. (1975). *Comparison of academic aspirations and achievement in bilingual versus monolingual classrooms.* Doctoral dissertation, The University of Texas at Austin.

Apple, R. (1984). *Immigrant children learning Dutch: Sociolinguistic and psycholinguisitc aspects of second language acquisition.* Dordrecht: Foris.

Bacon, H., Kidd, G., & Seaberg, J. (1982). The effectiveness of bilingual instruction with Cherokee Indian students. *Journal of American Indian Education, 21,* 34–43.

Baker, K. (1987). Comment on Willig's „A meta-analysis of selected studies in the effectiveness of bilingual education". *Review of Educational Research, 57,* 351–362.

Barik, H., Swain, M., & Nwanunobi, E. A. (1977). English-French bilingual education: The Elgin study through grade five. *Canadian Modern Language Review, 33,* 459–475.

Baumert, J., & Schümer, G. (2001). Familiäre Lebensverhältnisse, Bildungsbeteiligung und Kompetenzerwerb. In J. Baumert, E. Klieme, M. Neubrand, M. Prenzel, U. Schiefele, W. Schneider, P. Stanat, K.-J. Tillmann, & M. Weiß (Hrsg.), *PISA 2000. Basiskompetenzen von Schülerinnen und Schülern im internationalen Vergleich* (S. 323–407). Opladen: Leske + Budrich.

Berkemeier, A. (1997). *Kognitive Prozesse beim Zweitschrifterwerb. Zweitalphabetisierung griechisch-deutsch-bilingualer Kinder im Deutschen.* Frankfurt a.M.: Lang.

Bialystok, E. (2001). *Bilingualism in development: Language, literacy & cognition.* Cambridge, UK: Cambridge University Press.

Boeschoten, H. (1990). *Acquisition of Turkish by immigrant children.* Wiesbaden: Harrassowitz.

Bos, W., Voss, A., Lankes, E.-M., Schwippert, K., Thiel, O., & Valtin, R. (2004). Schullaufbahnempfehlungen von Lehrkräften für Kinder am Ende der vierten Jahrgangsstufe. In W. Bos, E.-M. Lankes, M. Prenzel, K. Schwippert, R. Valtin, & G. Walther (Hrsg.), *IGLU: Einige Länder der Bundesrepublik Deutschland im nationalen und internationalen Vergleich* (S. 191–228). Münster: Waxmann.

Bruck, M., Lambert, W., & Tucker, G. (1977). Cognitive consequences of bilingual schooling: The St. Lambert project through grade six. *Linguisitics, 24,* 13–33.

Büchel, F., & Wagner, G. (1996). Soziale Differenzen der Bildungschancen in Westdeutschland – Unter besonderer Berücksichtigung von Zuwandererkindern. In W. Zapf, J. Schupp, & R. Habich (Hrsg.), *Lebenslagen im Wandel. Sozialberichterstattung im Längsschnitt* (Bd. 7, S. 80–96). Frankfurt a.M.: Campus.

Campeau, P., Roberts, A., Oscar, H., Bowers, J., Austin, M., & Roberts, S. (1975). *The identification and description of exemplary bilingual education programs.* Palo Alto, CA: American Institutes of Research.

Christian, D., & Genesee, F. (Eds.). (2001). *Bilingual education.* Alexandria, VA: TESOL.

Cohen, A. D. (1975). *A sociolinguistic approach to bilingual education*. Rowley, MA: Newbury House Press.

Cooper, H., & Hedges, L. V. (Eds.). (1994). *Handbook of research synthesis*. New York: Russell Sage Foundation.

Corvacho Del Toro, I. M. (2004). *Zweitalphabetisierung und Orthographieerwerb*. Frankfurt a.M.: Lang.

Covey, D. (1973). *An analytical study of secondary freshmen bilingual education and its effects on academic achievement and attitudes of Mexican-American students*. Doctoral dissertation, Arizona State University.

Cummins, J. (1976). The influence of bilingualism on cognitive growth: A synthesis of research findings and explanatory hypotheses. *Working Papers on Bilingualism, 9*, 1–43.

Cummins, J. (1989). Language and literacy in acquisitions in bilingual contexts. *Journal of Multilingual and Multicultural Development, 10*, 17–31.

Cummins, J. (1992). Bilingual education and English immersion: The Ramírez Report in theoretical perspective. *Bilingual Research Journal, 16*, Winter/Spring.

Cummins, J. (2000). *Language, power, and pedagogy: Bilingual children in the crossfire*. Clevedon, UK: Multilingual Matters.

De Bot, K., Dreissen, G., & Jungbluth, P. (1991). An evaluation of migrant teaching in the Netherlands. In K. Jaspaert & S. Kroon (Eds.), *Ethnic minority languages and education* (pp. 25–35). Amsterdam: Swets & Zeitlinger.

Doebler, L., & Mardis, L. (1980). Effects of a bilingual education program for native American children. *NABE Journal, 5*, 23–28.

Driessen, G., Van der Silk, F., & De Bot, K. (2002). Home language and language proficiency: A large-scale longitudinal study in Dutch primary schools. *Journal of Multilingual and Multicultural Development, 23*, 175–194.

Escamilla, K., Chavez, L., Fitts, S., Mahon, E., & Vigil, P. (2003). *Limited English proficient students and the Colorado students assessment program (CSAP): The state of the state 2002–2003*. Colorado: Colorado Association for Bilingual Education.

Extra, G., & Vallen, T. (1990). Zweitspracherwerb an der Grundschule. *Deutsch Lernen, 3*, 254–284.

Fitzgerald, J. (1995). English as a second language learners' cognitive reading processes: A review of research in the United States. *Review of Educational Research, 65*, 145–166.

Gersten, R., & Woodward, J. (1995). A longitudinal study of transitional and immersion bilingual education programs in one district. *The Elementary School Journal, 95*, 223–239.

Gogolin, I., Neumann, U., & Roth, H.-J. (2003). Förderung von Kindern und Jugendlichen mit Migrationshintergrund. In Bund-Länder-Kommission für Bildungsplanung und Forschungsförderung (BLK) (Hrsg.), *Materialien zur Bildungsplanung und zur Forschungsförderung* (Bd. 107). Bonn: BLK.

Gräfe-Bentzien, S. (2001). *Evaluierung bilingualer Kompetenz*. Unveröff. Dissertation, Freie Universität Berlin.

Greene, J. (1997). A meta-analysis of the Rossel and Baker review of bilingual education research. *Bilingual Research Journal, 21,* 103–121.

Hakuta, K. (1999). The debate on bilingual education. *Developmental and Behavioral Pediatrics, 20,* 36–37.

Heintze, A. (1997). Das Kreuzberger Modell einer zweisprachigen Alphabetisierung und Erziehung türkischsprachiger Kinder. Geschichte, Konzeption und Sichtweisen beteiligter LehrerInnen. In A. Heintze, G. Helbig, P. Jungbluth u.a. (Hrsg.), *Schule und multiethnische Schülerschaft. Sichtweisen, Orientierungen und Handlungsmuster von Lehrerinnen und Lehrern* (S. 63–124). Frankfurt a.M.: IKO – Verlag für Interkulturelle Kommunikation.

Herwartz-Emden, L. (2003). Einwandererkinder im deutschen Bildungswesen. In K. S. Cortina, J. Baumert, A. Leschinsky, K. U. Mayer, & L. Trommer (Hrsg.), *Das Bildungswesen in der Bundesrepublik Deutschland. Strukturen und Entwicklungen im Überblick* (S. 661–709). Reinbek: Rowohlt.

Hopf, D. (2005). Zweisprachigkeit und Schulleistung bei Migrantenkindern. *Zeitschrift für Pädagogik, 51,* 236–251.

Huzar, H. (1973). *The effects of an English-Spanish primariy grade reading program on second and third grade students.* Unbublished master's thesis, Rutgers University, New Jersey.

Kaufman, M. (1968). Will instruction in reading Spanish affect ability in reading English? *Journal of Reading, 11,* 521–527.

Knapp, W. (1997). *Schriftliches Erzählen in der Zweitsprache.* Tübingen: Niemeyer.

Krashen, S. (1999, May). *Bilingual education: Arguments for and (bogus) arguments against.* Paper presented at the Georgetown University Roundtable on Languages and Linguistics, Washington, DC.

Kupfer-Schreiner, C. (1994). *Sprachdidaktik und Sprachentwicklung im Rahmen interkultureller Erziehung – Das Nürnberger Modell. Ein Beitrag gegen Rassismus und Ausländerfeindlichkeit.* Weinheim: Deutscher Studien Verlag.

Lambert, W., & Tucker, G. (1972). *Bilingual education of children: The St. Lambert Experience.* Rowley, MA: Newbury House Press.

Lehmann, R. H., Peek, R., & Gänsfuß, R. (1997). *Aspekte der Lernausgangslage von Schülerinnen und Schülern der fünften Klassen an Hamburger Schulen. Bericht über die Untersuchung im September 1996.* Hamburg: Behörde für Schule, Jugend und Berufsbildung, Amt für Schule (BSJB).

Lindholm-Leary, K. (2000). *Biliteracy for a global society.* Washington, DC: National Clearinghouse for Bilingual Education.

Maldonado, J. (1994). Bilingual special education: Specific learning disabilities in language and reading. *Journal of Education Issues of Language Minority Students, 14,* 127–147.

Morgan, J. (1971). *The effects of bilingual instruction of the English language arts achievement of first-grade children.* Doctoral dissertation, Northwestern State University of Louisiana.

Moran, C. E., & Kenji H. (2001). Bilingual education: Broadening research perspectives. In J. A. Banks (Ed.), Handbook of research on multicultural education (pp. 445–462). San Francisco: Jossey-Bass.

Nehr, M., & Karajoli, E. (1995). *Bilingual literacy education of Turkish schoolchildren in Berlin.* Berlin: Council of Europe.

Norris, J., & Ortega, L. (2000). Effectiveness of L2 instruction: A research synthesis and quantitative meta-analysis. *Language Learning, 50,* 417–528.

Olechowski, R., Hanisch, G., Katschnig, T., Khan-Svik, G., & Persy, E. (2000). Zwischenbericht zur Studie Bilingualität und Schule. In W. Weidinger (Hrsg.) *Bilingualität und Schule* (S. 8–63). Wien: öbv & hpt.

Peltzer-Karpf, A., u.a. (2003). *Projektbericht: Sprachstandserhebung bei Schulanfängern: Bilingualer Spracherwerb in der Migration – Das dritte Schuljahr.* Graz: Karl-Franzens-Universität.

Plante, A. (1976). *A study of the effectiveness of the Connecticut „pairing" model of bilingual-bicultural education.* Hamden, CT: National Institute of Education, U.S. Department of Health, Education and Welfare.

Ramirez, J. D., Yuen, S., Ramey, D., & Pasta, D. (1991). *Final report: Longitudinal study of structured English immersion strategy, early exit and late exit transitional bilingual education programs for language minority children.* San Mateo, CA: Aguirre International.

Reich, H., Roth, H. J., in Zusammenarbeit mit Dirim, I., Jørgensen, J. N., List, G., Neumann, U., Siebert-Ott, G., Steinmüller, U., Teunissen, F., Vallen, T., & Wurnig, V. (2002). *Spracherwerb zweisprachig aufwachsender Kinder und Jugendlicher. Ein Überblick über den Stand der nationalen und internationalen Forschung.* Hamburg: Behörde für Bildung und Sport, Amt für Schule.

Rösch, H. (2001). Zweisprachige Erziehung in Berlin im Elementar- und Primarbereich. *Essener Linguistische Skripte (EliSe), 1* (1), 23–44.

Rösch, H. (2003). *Deutsch als Zweitsprache. Grundlagen, Übungsideen und Kopiervorlagen für die Sprachförderung.* Hannover: Schroedel.

Rossell, C. (1992). Nothing matters? A critique of the Ramirez et al. longitudinal study of instructional programs for language minority children. *Bilingual Research Journal, 16,* 159–186.

Rossell, C. (1998). Mystery on the bilingual express: A critique of the Thomas and Collier study. *Read Perspectives, 2,* 5–32.

Rossell, C. (2000). Different questions, different answers: A critique of the Hakuta, Butler, and Witt report. *Read Perspectives, 7,* 134–154.

Rossell, C., & Baker, K. (1996). The effectiveness of educational alternatives for limited English proficient children. *Research in the Teaching of English, 30,* 7–69.

Rossell, C., & Kuder, J. (2005, April). *Meta-Murky: A rebuttal to recent meta-analyses of bilingual education.* Paper presented at the workshop „The effectiveness of bilingual school programs for immigrant children", Berlin.

Sächsisches Staatsministerium für Kultus. (2000). *Sächsische Konzeption zur Integration von ausländischen Schülern und Kindern von Aussiedlern an den allgemeinbildenden und* beruflichen Schulen im Freistaat Sachsen. Lehrplan Deutsch als Zweitsprache. Dresden: Sächsisches Staatsministerium.

Saldate, M., Mishra, S., & Medina, M. (1985). Bilingual instruction and academic achievement: A longitudinal study. Journal of Instructional Psychology, 12, 24–30.

Sandfuchs, U., & Zumhasch, C. (2002). Wissenschaftliche Begleituntersuchung zum Schulversuch Deutsch-Italienische Grundschule Wolfsburg. Reflexionen und ausgewählte Ergebnisse. Interkulturell: Forum für Interkulturelle Kommunikation, Erziehung und Beratung, 1/2, 104–139.

Schmid, C. L. (2001). Educational achievement, language-minority students, and the new second generation. Sociology of Education, Extra Issue, 71–87.

Schwippert, K., Bos, W., & Lankes, E.-M. (2003). Heterogenität und Chancengleicheit am Ende der vierten Jahrgangsstufe im internationalen Vergleich. In W. Bos, E.-M. Lankes, M. Prenzel, K. Schwippert, G. Walther, & R. Valtin (Hrsg.), Erste Ergebnisse aus IGLU (S. 265–302). Münster: Waxmann.

Schwippert, K., & Schnabel, K. (2000). Mathematisch-naturwissenschaftliche Grundbildung ausländischer Schulausbildungsabsolventen. In J. Baumert, W. Bos, & R. Lehmann (Hrsg.), TIMSS/III. Dritte Internationale Mathematik- und Naturwissenschaftsstudie – Mathematische und naturwissenschaftliche Bildung am Ende der Schullaufbahn: Bd 1. Mathematische und naturwissenschaftliche Grundbildung am Ende der Pflichtschulzeit (S. 282–300). Opladen: Leske + Budrich.

Siebert-Ott, G. (2001). Zweisprachigkeit und Schulerfolg. Die Wirksamkeit von schulischen Modellen zur Förderung von Kindern aus zugewanderten Sprachminderheiten: Ergebnisse der (Schul-)Forschung. Soest: Landesinstitut für Schule und Weiterbildung NRW.

Skolverket. (2002). More languages – more opportunities. Offprint of report no. 228.

Slavin, R. (2002). Evidence-based educational policy: Transforming educational practice and research. Educational Researcher, 31, 15–21.

Slavin, R. (2004). Education research can and must address „what works" questions. Educational Researcher, 33, 27–28.

Slavin, R., & Cheung, A. (2004). A synthesis of research on language of reading instruction for English language learners. Baltimore: John Hopkins University, Center for Research on the Education of Students Placed at Risk (CRESPAR).

Söhn, J. (2005). Zweisprachicher Schulunterricht für Migantenkinder. Ergebnisse der Evaluationsforschung zu seinen Auswirkungen auf Zweitspracherweb und Schulerfolg. Berlin: Wissenschaftszentrum für Sozialforschung (AKI-Forschungsbilanz 2).

Stanat, P., Baumert, J., & Müller, A. G. (2005). Förderung von deutschen Sprachkompetenzen bei Kindern aus zugewanderten und sozial benachteiligten Familien: Das Jacobs-Sommercamp Projekt. Zeitschrift für Pädagogik.

Stanat, P., Müller, A., & Baumert, J. (2005). Die Kofferbande auf Reisen. Das Jacobs-Sommercamp Projekt. Pädagogik, 57 (2), 57–58.

Swain, M. (1997). French immersion programs in Canada. In J. Cummins & D. Corson (Eds.), Encyclopedia of language and education: Vol. 5. Bilingual education (pp. 37–56). Dordrecht: Kluwer Academic Publishers.

Swain, M., Lapkin, S., & Andrew, C. M. (1981). Early French immersion later on. *Journal of Multilingual and Multicultural Development, 2* (1), 1–23.

Thomas, W., & Collier, V. (1997). *School effectiveness for language minority students.* Washington, DC: National Clearinghouse for Bilingual Education.

Thomas, W., & Collier, V. (2003). The multiple benefits of dual language. *Educational Leadership, 61,* 61–64.

Verhoeven, L., & Aarts, R. (1998). Attaining functional biliteracy in the Netherlands. In A. Durgunoglu & L. Verhoeven (Eds.), *Literacy development in a multilingual society* (pp. 111–133). Mahwah, NJ: Erlbaum.

Willig, A. (1985). A meta-analysis of selected studies on the effectiveness of bilingual education. *Review of Educational Research, 55,* 269–317.

Willig, A. (1987). Examining bilingual education research through meta-analysis and narrative review: A response to Baker. *Review of Educational Research, 57,* 363–376.

Worswick, C. (2003, June). *School program choice and streaming: Evidence from French immersion programs.* Paper presented at the meeting of the Canadian Employment Research Forum, Ottawa.

Abbildungsverzeichnis

Tabellenverzeichnis

Zeitschrift für Erziehungswissenschaft

Herausgegeben von:

Jürgen Baumert (Schriftleitung),
Hans-Peter Blossfeld,
Ingrid Gogolin (Schriftleitung),
Stephanie Hellekamps,
Frieda Heyting (1998-2003),
Olaf Köller,
Heinz-Hermann Krüger (Schriftleitung),
Dieter Lenzen (Schriftleitung und
Geschäftsführung),
Meinert A. Meyer,
Manfred Prenzel,
Thomas Rauschenbach,
Hans-Günther Roßbach,
Uwe Sander,
Annette Scheunpflug,
Christoph Wulf

Redaktion:

Friedrich Rost,
Eva Wunderlich

Rezensionen:

Yvonne Ehrenspeck

Die Erziehungswissenschaft des 21. Jahrhunderts steht vor einer neuen Herausforderung. Stichworte wie Globalisierung, Ökonomisierung, Neuer Rationalismus, Konstruktivismus, empirische Wende markieren Ereignisse in Gesellschaft und Wissenschaft, denen sich auch eine modernisierte Erziehungswissenschaft stellen muss. Für die Ergebnisse der daraus hervorgehenden Forschungen ein Forum zu schaffen, ist die Absicht der Zeitschrift für Erziehungswissenschaft.

8. Jahrgang 2005 – 4 Hefte jährlich

Jahresabonnement

Privat	EUR 56,00
Institutionen	EUR 66,00
Studentenabonnement	EUR 39,00
Einzelheftpreis	EUR 20,00

Abonnieren Sie gleich!

tatjana.hellwig@gwv-fachverlage.de
Tel: 0611.7878151 · Fax: 0611.7878423

Erhältlich im Buchhandel oder beim Verlag.
Änderungen vorbehalten. Stand: Juli 2005.

www.vs-verlag.de

VS VERLAG FÜR SOZIALWISSENSCHAFTEN

Abraham-Lincoln-Straße 46
65189 Wiesbaden
Tel. 0611.7878-722
Fax 0611.7878-400

Handbücher Erziehungswissenschaft

Werner Helsper / Jeanette Böhme (Hrsg.)

Handbuch der Schulforschung

2004. 994 S. Geb. EUR 69,90
ISBN 3-8100-3659-5

Das Handbuch fasst den aktuellen Stand der interdisziplinären Schulforschung im deutschsprachigen Raum zusammen und ergänzt diesen um internationale Perspektiven. Im Auftakt wird die Entstehung und Etablierung der Schulforschung von ihren Anfängen bis in die Gegenwart aufgezeigt und die damit verbundene Entwicklung von Forschungsansätzen dargestellt. Auf dem Hintergrund der historischen Differenzierung des Schulsystems und damit auch des Lehrerberufs wird das aktuelle Spektrum der Forschungsfelder systematisiert. So werden in den Beiträgen Forschungen zur Entwicklung der Schule und ihrem Verhältnis zu angrenzenden Bildungsräumen ebenso bilanziert, wie die Ergebnisse der Unterrichts- und Lehr-Lernforschung und vorliegende Studien zu LehrerInnen und SchülerInnen. Das Handbuch schließt mit einem Überblick zur international vergleichenden Schulforschung.

Rudolf Tippelt (Hrsg.)

Handbuch Erwachsenen-bildung/Weiterbildung

2. Aufl. 1999. 785 S. Br. EUR 39,90
ISBN 3-8100-2329-9

Erhältlich im Buchhandel oder beim Verlag. Änderungen vorbehalten. Stand: Juli 2005.

Erwachsenenbildung und Weiterbildung stehen mehr denn je im Fokus erziehungswissenschaftlicher und bildungspolitischer Diskurse. Als Grundlagenwerk zu Geschichte, Theorien, Forschungsmethoden und Institutionen vermittelt das Handbuch einen systematischen Überblick über einen vielfältigen Themenbereich. Die zahlreichen Zielgruppen der Erwachsenenbildung und Weiterbildung wie auch die verschiedenen Methoden des Lehrens und Lernens in diesen Zielgruppen werden zugleich einführend und umfassend dargestellt.

Rudolf Tippelt (Hrsg.)

Handbuch Bildungsforschung

2002. 845 S. Br. EUR 39,00
ISBN 3-8100-3196-8

Als umfassendes Nachschlagewerk zum Thema Bildungsforschung vermittelt das Handbuch einen zuverlässigen und systematischen Überblick über das gesamte Diskussions- und Erkenntnisspektrum eines der elementaren Forschungsbereiche der Erziehungswissenschaft. Die einzelnen Beiträge führen in Bezugsdisziplinen, Institutionen, Methoden und Handlungsfelder ein und bieten eine grundlegende Information für eine vertiefende Beschäftigung mit den Themenfeldern von A wie Acceleration bis Z wie Zielgruppen.

www.vs-verlag.de

VS VERLAG FÜR SOZIALWISSENSCHAFTEN

Abraham-Lincoln-Straße 46
65189 Wiesbaden
Tel. 0611.7878-722
Fax 0611.7878-400